우리말의 부정 표현을 가려잡는 낱말 연구

2017년도 강원대학교 대학회계 학술연구조성비로 연구하였음(관리번호-520170457)

우리말의 부정 표현을 가려잡는 낱말 연구

한 길

역락

머리말

말을 이루고 있는 단위 가운데 말살이에서 가장 기본적이며, 월을 짜 이루는 데 밑바탕이 되는 것이 낱말이다. 낱말이 바탕이 되고 낱말이 모 이되 여기에 말본 규칙이 적용되어 적격한 월이 만들어진다. 낱말 가운 데 일부는 월 짜임이나 다른 월조각에 영향을 미치기도 하고 말본 범주 에 제약을 일으키기도 하여 통사적 지배 제약을 일으키는 통제자로서의 역할을 담당한다. 따라서 낱말에 관한 연구의 한 가지로, 낱말이 지니는 이와 같은 통사적 특성을 면밀히 규명할 필요성이 제기된다.

이 책에서는 말본 범주 가운데 부정법에 제약을 일으키는 낱말의 통사 적 특성을 규명하고자 하였다. 책 이름을 『우리말의 부정법을 가려잡는 낱말 연구』로 정했다가 막바지에 부정법 대신에 부정 표현으로 바꾸어 『우리말의 부정 표현을 가려잡는 낱말 연구』로 바꾸었다. 그 까닭은 부 정 표현이 부정법보다 외연이 넓기 때문이었다.

부정법은 긍정이건 부정이건 주어진 언어 내용에 대하여 부정을 실현 하는 통사적 방법, 부정 낱말에 의한 방법, 파생적 방법 따위의 말본적 방법이다. 부정법에서는 뜻에서 주로 부정을 나타내지만 이중 부정이나 반어법 월 따위에서는 긍정을 나타내기도 한다. 따라서 부정의 방식을 갖추면 뜻에서 부정만이 아니라 긍정을 나타내더라도 부정법의 테두리에 포함된다.

부정법과 관련하여 부정은 형식과 내용으로 나누어 볼 수 있다. 형식 이 부정이냐 아니냐, 내용이 부정이냐 아니냐로 구분하여, 이들의 조합 에 따라 첫째, 형식이 부정이고 내용도 부정인 경우, 둘째, 형식이 부정 이지만 내용이 부정이 아닌 경우, 셋째, 형식은 부정이 아니지만 내용이 부정인 경우, 넷째, 형식이 부정이 아니고 내용도 부정이 아닌 경우이다. 이 가운데 넷째는 부정법이나 부정 표현과 관련이 없다. 부정법에 속하는 것은 첫째와 둘째이며, 셋째는 부정법의 실현 방법을 취하지 않았기 때문에 부정법에서 제외되지만 내재적으로 부정을 나타내는 점에서 부정 표현에 해당된다.

부정 표현을 가려잡는 낱말의 선정 기준은 첫째, 형식이 부정이고 내용도 부정인 경우의 부정월을 가려잡는 낱말이 부정 표현을 가려잡는 낱말에 해당함은 당연하다. 둘째, 형식이 부정이지만 내용이 부정이 아닌 부정월을 가려잡는 낱말들도 부정 표현을 가려잡는 낱말에 포함된다. 셋째, 형식은 부정이 아니지만 내용이 부정인 긍정의 반어법 월도 부정 표현을 가려잡는 낱말에 포함된다.

대다수의 낱말은 부정 표현이건 긍정 표현이건 가리 않지만 극히 일부 낱말은 부정 표현만을 가려잡는다. 부정 표현을 가려잡는 낱말을 품사[씨]별로 나누고, 부정 표현만을 가려잡는 낱말, 뭇뜻 가운데 일부가 부정 표현을 가려잡는 낱말, 주로 부정 표현을 가려잡는 낱말로 가른 다음 낱말마다 지니고 있는 통사적 특성을 밝히고자 하였다.

부정 표현을 가려잡는 낱말은 공통성을 띠기도 하지만, 낱말에 따라 통사적 특성에서 차이를 보이기도 하기 때문에 이에 관한 규명이 필요하다. 통사적 특성으로는 부정 실현의 5가지 통사적 방법 가운데 가능한 방법의 제약 관계, 부정 낱말에 의해 실현되는 어휘적 방법의 제약 관계, 형식상 부정이지만 내재적으로 긍정이거나, 형식상 긍정이지만 내재적으로 부정에 해당하는 반어법 월에서의 제약 관계, 부정적 의미를 함의하는 낱말이 쓰인 월에서의 제약 관계 따위를 규명하고자 하였다.

어려운 여건 속에서도 책을 펴낼 때마다 기꺼이 출판을 맡아 주신 이대현 사장님께 감사를 드리며, 이 책이 출간될 수 있도록 여러 모로 애써 주신 편집장 권분옥 님과 실무를 맡아 주신 편집부 대리 임애정 님을 비롯한 관계자 여러분들께도 고마운 마음을 전한다.

2018년 11월
지은이 적음

차례

우리말의 부정 표현을
가려잡는 낱말 연구

제1장

모두풀이

1.1 낱말의 통사적 기능

이 글의 연구 대상은 우리말의 낱말 가운데 부정 표현을 가려잡는 낱말이다.[1] 이에 속하는 낱말을 선정하고, 낱말마다 지니는 통사적 특성을 밝히는 데 목적이 있다. 부정 표현을 가려잡는 낱말의 통사적 특성을 밝힘으로써 낱말이 지니는 통사적 특성을 정밀화하는 데 이바지하고자 한다.

월을 짜 이루는 요소 가운데 하나인 낱말은 말살이에서 중요한 자리를 차지한다. 어린이가 말을 배울 때 낱말부터 배우서 말하고, 누구나가 말의 단위로서 낱말을 자명한 것으로 생각한다. 아울러 낱말은 월을 짜 이루는 데 가장 기본적인 재료가 된다. 그러나 낱말을 한정하고 정의하는 일은 그리 쉬운 일은 아니다. 지금까지 낱말에 대해 여러 가지 정의가 이루어졌지만, 아직 일치된 견해는 없는 것으로 보아 낱말을 한정하

---

[1] 부정 표현은 부정법을 실현하는 부정월, 형식상 긍정이지만 내재적으로 부정으로 해석되는, 반어법을 실현하는 월 따위를 포괄한다. 이에 관하여는 1.2에서 자세히 논의하기로 한다.

는 일은 쉬운 일이 아니다. 한길(2006:108)에서는 낱말을 다음과 같이 정의한 바 있다.

> 단어는 최소 자립 형식으로서, 앞과 뒤에 휴지가 놓일 수 있지만 그 내부에는 휴지를 둘 수 없으며, 단어 구성 요소 사이에 다른 단어를 넣어 확대·분리할 수 없고 구성 요소 사이에 전위가 일어나지 않는 말의 단위다.

위 정의를 만족시키는 월 짜임의 요소가 낱말에 해당하는 것으로 간주하고 논의를 진행하기로 한다. 낱말은 말본적 성질과 뜻의 특성에 따라 공통적인 것들끼리 몇 갈래의 묶음으로 나눈 것이 품사[씨]에 해당한다. 말본적 성격은 첫째, 꼴바꿈이 일어나느냐, 일어나지 않느냐, 일어나는 경우 어떻게 일어나느냐에 따라 가를 수 있다. 둘째, 월에서 어떤 기능을 하느냐에 따라 가를 수 있다. 뜻의 특성은 낱말의 속성 개념으로 이에 따라 가를 수 있다. 이들 기준에 따라 낱말을 가르면 다음과 같다.2)

1. 임자씨 - 이름씨
   - 대이름씨
   - 셈씨
2. 풀이씨 - 움직씨
   - 그림씨
   - 잡음씨3)
3. 꾸밈씨 - 매김씨
   - 어찌씨
4. 홀로씨 - 느낌씨
5. 걸림씨 - 토씨

---

2) 낱말의 갈래는 기준에 따라 달라진다. 여기서의 씨가름은 한길(2006:481)을 따랐다.
3) 잡음씨에는 '이다'와 '아니다'가 있다. 이들의 꼴바꿈이 움직씨나 그림씨와 대체로 같은 점에 착안하여 풀이씨의 한 갈래로 처리하였다. 이전의 말본에서는 '이다'의 품사[씨] 처리 문제가 쟁점이 되었었다.

대다수의 낱말은 월에서 월조각으로 쓰인다. 토씨는 스스로는 월조각이 될 수 없으며, 주로 임자씨나 이름마디에 덧붙어 쓰인다. 임자씨는 스스로 월조각이 되기도 하지만 토씨가 덧붙어 월조각이 된다.

낱말 가운데 일부는 월에서 월이나 월 짜임, 월조각 따위에 영향을 미친다. 또한 말본 범주에 영향을 미치기도 한다. 낱말이 지니는 이와 같은 기능은 통사적 특성에 해당한다. 곧 낱말이 월 짜임에 제약을 일으키고 말본 범주에 영향을 미치는 통사적 지배 제약을 일으키는 통제자 역할을 하는 것을 낱말의 통사적 기능이라 하기로 한다.

낱말 가운데 일부 어찌씨가 지니는 통사적 기능에 관하여 한길(2016)에서 논의한 바 있다. 어찌씨의 통사적 제약 가운데 월 짜임에 제약을 일으키는 어찌씨의 보기를 들면, 어찌씨 '훨씬'은 단순히 꾸밈말로만 기능을 하는 것이 아니라 '견줌'의 대상이 되는 보충 낱말을 반드시 필요로 한다.4) 꾸밈말로서의 기능도 통사적 특성에 해당될 수 있지만, 이는 모든 어찌씨의 일반적 특성이기 때문에 굳이 언급할 필요가 없다. 그러나 보충 낱말을 요구하는 것 자체는 월을 짜 이루는 데 제약을 일으키기 때문에 '훨씬'이 지닌 고유의 통사적 특성에 해당한다.

    (1) ㄱ. 순이가 예쁘다.
       ㄴ. #순이가 **훨씬** 예쁘다.
       ㄷ. 순이가 **영희보다 훨씬** 예쁘다.

(1)에서 ㄱ은 적격한 월이다. ㄱ에 '예쁘다'의 꾸밈말인 '훨씬'이 놓이게 되면 불완전한 월이 된다. '훨씬'이 단순히 꾸밈말로서의 기능만을 하면 ㄴ도 적격한 월이 되어야 하지만, '훨씬'이 놓임으로써 불완전한 월이

---

4) '훨씬'의 통사적 제약에 관한 자세한 논의는 한길(2016:51-57)을 참고.

되었다.5) 완전한 월이 되기 위해서는 ㄷ과 같이 보충 낱말인 '영희보다'가 쓰여야 한다. '훨씬'으로 말미암아 보충 낱말을 반드시 필요로 하여 월 짜임에 제약을 일으키게 되었다. 따라서 '훨씬'은 월 짜임에서 보충 낱말을 요구하는 통사적 지배 제약을 일으키는 통제자 역할을 하였다.

월 짜임에 제약을 일으키는 어찌씨 가운데 일부는 홑월에서는 쓰이지 않고 겹월에서만 쓰이는 제약을 지니기도 한다. '차라리'는 홑월에서 쓰이면 부적격한 월이 되며, 반드시 겹월 가운데 이은월의 뒷마디에서 쓰여야만 적격한 월이 되기 때문에 '차라리'가 월 짜임 제약을 일으키는 어찌씨에 속한다.6)

(2) ㄱ. 부끄럽게 사느니 **차라리** 죽음을 택하겠다.
ㄴ. ***차라리** 부끄럽게 사느니 죽음을 택하겠다.
ㄷ. **#차라리** 죽음을 택하겠다.

(2)에서 꾸밈말로 쓰인 '차라리'는 단지 꾸밈 받는 월조각을 꾸미는 일만 하는 것은 아니다. '차라리'가 삭제되면 모두 적격한 월이 되지만 '차라리'가 쓰여 ㄱ은 적격한 월이 되었지만 ㄴ은 부적격한 월이 되었으며, ㄷ은 불완전한 월이 되었다. ㄷ이 적격한 월이 되기 위해서는 앞마디가 반드시 있어야만 한다. 곧 '차라리'가 월 짜임에 영향을 미쳐서 적격한 월이 되기 위한 조건으로 이은겹월이어야 하며, 뒷마디에 놓여야 하는 통사적 제약을 지닌다. 따라서 '차라리'는 월 짜임에 영향을 미치는 통사적 지배 제약을 일으키는 통제자 역할을 하는 것으로 보아야 한다.

어찌씨 '얼씬'과 '여간'은 월을 짜 이루는 데에 반드시 필요한 월조각

---

5) '훨씬' 자리에 '매우, 아주, 꽤' 따위가 놓이면 완전한 월이 되어 '훨씬'이 놓이는 것과 차이를 보인다.
6) '차라리'의 통사적 제약에 관한 자세한 논의는 한길(2016:141-144)을 참고.

으로 쓰인다. 일반적으로 어찌씨는 월을 짜 이루는 데 필수적인 월조각이 되지 못하지만 '얼씬'과 '오죽'은 필수적인 월조각으로 생략되면 부적격한 월이 된다.

(3) ㄱ. 이 근처에 개미 새끼 하나도 **얼씬** 못하게 하세요.
　　→*이 근처에 개미 새끼 하나도 못하게 하세요.
　　ㄴ. 그의 말솜씨가 **여간** 옹글지 않다.
　　→$7)그의 말솜씨가 옹글지 않다.

(3)에서 ㄱ은 '얼씬'이 필수 월조각으로 쓰이기 때문에 '얼씬'이 삭제되면 부적격한 월이 됨을 알 수 있는 보기이다. ㄴ은 '여간'이 필수 월조각으로 쓰여 '여간'이 삭제되면 부적격해지지는 않지만, 삭제 전과 후의 월 뜻이 달라지기 때문에 '여간'은 월 짜임에서 삭제될 수 없는 필수적인 월조각임을 알 수 있다.

이와 같이 일부 어찌씨는 꾸밈의 기능 밖에도 월 짜임에 영향을 미치기 때문에 통사적 기능을 지니는 것으로 보아야 한다. 어찌씨 밖의 다른 품사[씨]에서도 월 짜임에 영향을 미치는 통사적 기능을 지닌다.

낱말 가운데 일부는 밀본 범주에 영향을 미치기도 하여 통사적 기능을 지닌다. 말본 범주 제약 어찌씨8)에 관하여 한길(2016:35-42)에서 논의한 내용을 살피기로 한다.

말본 범주는 말본적 관념을 실현하는 범주로, 말이 이루어지는 데 관여하는 요소 사이의 관계를 표시하는 방식이다. 권재일(1992:71)에서는 우리말의 말본 범주의 유형을 다음과 같이 체계화하였다.

---

7) $는 자체로는 적격한 월이지만 특징의 월소각이 생략되기 전과는 다른 월에 해당함을 표시한다.
8) 한길(2016:29-44)에서는 통사어찌씨를 말본 범주 제약 어찌씨와 월 짜임 제약 어찌씨 둘로 갈랐다.

1. 화자와 관계됨
   ① 청자에 대한 태도…의향법, 청자높임법
   ② 명제에 대한 판단…시제법, 강조법
2. 월성분 사이의 관계…주체높임법, 객체높임법, 사동법, 피동법, 부정법, 격

위에서 든 우리말의 말본 범주 가운데 어찌씨가 통사적 지배 제약을 일으키는 통제자 역할을 하는 것으로, 의향법, 높임법, 때매김법, 부정법 순으로 살피기로 한다.

의향법은 마침씨끝에 의해 말할이와 들을이 사이에 어떤 의사 전달 행위가 이루어졌는가, 말할이가 명제 내용에 대하여 어떤 태도를 가지는 가를 표시하는 말본 범주에 해당한다.(한길, 2006:216) 우리말의 의향법은 1차적으로 베풂법, 물음법, 함께함법, 시킴법으로 체계화된다.9) 의향법에 제약을 가하는 어찌씨는 어찌씨에 따라 가려잡는 의향법 종류에서 차이를 보인다.10) 서술법과 물음법을 가려잡고 함께함법, 시킴법을 가려잡지 않아 의향법에 제약을 일으키는 어찌씨로, '곧잘'의 통사적 기능을 살피기로 한다.

(4) ㄱ. 그분이 해결사 노릇을 한다.
    ㄴ. 그분이 해결사 노릇을 하니?
    ㄷ. 해결사 노릇을 하자.
    ㄹ. 해결사 노릇을 해라.

(4)는 베풂법, 물음법, 함께함법, 시킴법에 해당하는데 모두 적격한 월이다. 여기에 꾸밈말로 어찌씨 '곧잘'이 놓이면 (5)에서와 같이 베풂법과

---

9) 의향법 체계에 관한 자세한 논의는 한길(2004:64-70) 참고.
10) 이에 관한 자세한 논의는 한길(2016:329-407) 참고.

물음법인 ㄱ과 ㄴ은 적격한 월이 되지만, 함께함법과 시킴법인 ㄷ과 ㄹ
은 부적격한 월이 된다.

(5) ㄱ. 그분이 해결사 노릇을 **곧잘** 한다.
ㄴ. 그분이 해결사 노릇을 **곧잘** 하니?
ㄷ. *해결사 노릇을 **곧잘** 하자.
ㄹ. *해결사 노릇을 **곧잘** 해라.

이와 같이 어찌씨 '곧잘'이 의향법 종류에 영향을 미쳐 베풂법과 물음
법만 가려잡게 하는 통사적 지배 제약을 일으키게 한다.

우리말의 높임법은 말할이가 말에 등장하는 사람을 높임의 정도에 따
라 높낮이를 표시하는 말본 범주에 해당하다.(한길, 2016:409) 말에 등장하
는 사람으로는 월의 임자말 자리에 놓이는 주체, 말의 듣는 사람인 들을
이, 부림말이나 어찌말로 등장하는 객체가 있으며, 이에 따라 높임법은
주체높임법, 들을이높임법, 객체높임법으로 나뉜다. 어찌씨 가운데 일부
는 높임법에 통사적 지배 제약을 일으키는 통제자 역할을 한다. 높임법
가운데 주체높임법에 제약을 일으키는 어찌씨 '친히'의 통사적 기능을
살피기로 한다.[11]

(6) ㄱ. **교수님**께서 피아노 연주를 하**시**었다.
ㄴ. **학생**이 피아노 연주를 하였다.

(6)에서는 월의 주체에 따라 ㄱ은 높임의 대상인 '교수님'이기 때문에
주체높임법이 '께서'와 '-시-'에 의해 실현된 적격한 월이다. ㄴ은 높임의
대상이 아닌 '학생'이기 때문에 주체높임법을 실현하는 '께서'와 '-시-'가

---

11) '친히'의 통사적 특성에 관한 자세한 논의는 한길(2016:413-414) 참조.

실현되면 부적격한 월이 되지만, 실현되지 않았기 때문에 적격한 월이
된다. 모두 적격한 월인 (6)에 <(윗사람이) 자기 손으로 직접>의 뜻을
지닌 어찌씨 '친히'가 꾸밈말로 쓰이게 되면 (7)에서와 같이 월의 적격성
에 차이를 보인다.

> (7) ㄱ. **교수님**께서 **친히** 피아노 연주를 하시었다.
> ㄴ. *__학생__이 **친히** 피아노 연주를 하였다.

'친히'가 꾸밈말로 쓰이기 전에는 적격했던 월이 '친히'로 말미암아 주
체높임법이 실현된 월인 ㄱ은 적격한 월이 되었지만, 그렇지 않은 ㄴ은
부적격한 월로 바뀌었다. 따라서 '친히'가 주체높임에 영향을 미침이 확
인된다. 곧 '친히'는 주체높임법에 영향을 미치는 통사적 기능을 지닌다.
때매김법은 시간과 관련된 말본 범주로,12) 기준시점을 바탕으로 하여
그 시점을 나타내거나, 그 이전 시점, 그 이후 시점을 나타낸다. 또한 기
준 시점에 끝나거나 기준시점부터 계속되거나 기준시점 이전부터 계속
됨을 나타내기도 한다. 양태와 관련하여 추정이나 의도를 나타내기도 한
다.(한길, 2016:421-422) 어찌씨 가운데 일부는 때매김법에 통사적 지배 제
약을 일으키는 통제자 역할을 한다. 때매김법에 제약을 일으키는 어찌씨
'방금(方今)'의 통사적 기능을 살피기로 한다.

> (8) ㄱ. 아이가 밥을 먹는다.
> ㄴ. 아이가 밥을 먹**었**다.
> ㄷ. 아이가 밥을 먹**겠**다.
> ㄹ. 아이가 밥을 먹**더**라.

---

12) 때매김법 제약 통사어찌씨에 관한 논의는 한길(2016:421-443) 참조.

(8)의 때매김법에서 ㄱ은 현실법, ㄴ은 완결법, ㄷ은 미정법, ㄹ은 회상법으로 모두 적격한 월이다. (8)에 꾸밈말로 <발화시보다 조금 전에>의 뜻을 지닌 '방금'이 쓰이게 되면 (9)에서와 같이 월의 적격성에서 차이를 보인다.

(9) ㄱ. *아이가 **방금** 밥을 먹는다.
    ㄴ. 아이가 **방금** 밥을 먹**었**다.
    ㄷ. *아이가 **방금** 밥을 먹**겠**다.
    ㄹ. 아이가 **방금** 밥을 먹**더**라.

'방금'이 꾸밈말로 쓰이기 전에는 적격했던 월이 '방금'이 쓰임으로 말미암아 때매김법이 각기 다른 월인 (9)에서 ㄴ과 ㄹ은 적격한 월이 되었지만, ㄱ과 ㄷ은 부적격한 월로 바뀌었다. 따라서 '방금'이 때매김에 영향을 미침이 확인된다. 곧 '방금'은 때매김법에 영향을 미치는 통사적 기능을 지닌다.

부정법은 주어진 언어 내용을 의미적으로 부정하는 말본적 방법으로, 말본 범주 가운데 하나이다. 어찌씨 가운데 일부는 부정법에 통사적 지배 제약을 일으키는 통제자 역할을 한다. 부정법에 제약을 일으키는 어찌씨 '결코'의 통사적 기능을 살피기로 한다.

(10) ㄱ. 저분은 술을 마신다.
     ㄴ. 저분이 술을 마시니?
     ㄷ. 이번 일은 잊자.
     ㄹ. 이번 일은 잊어라.

(10)은 긍정월로 모두 적격한 월이다. (10)에 꾸밈말로 <어떤 경우라

도 절대로>의 뜻을 지닌 '절대로'가 놓이게 되면 (11)에서와 같이 모두 부적격한 월이 된다.

(11) ㄱ. *저분은 술을 **결코** 마신다.
ㄴ. *저분이 술을 **결코** 마시니?
ㄷ. *이번 일은 **결코** 잊자.
ㄹ. *이번 일은 **결코** 잊어라.

(11)에서와 같이 적격했던 월이 부적격한 월이 된 까닭은 꾸밈말로 '결코'가 쓰였기 때문이다. '결코'가 부정월을 가려잡는 통사적 기능을 지닌다. 부적격한 월인 (11)을 부정월로 바꾸면 적격한 월이 되는 것으로 보아 이를 확인할 수 있다.

(12) ㄱ. 저분은 술을 **결코** 마시**지 않**는다.
ㄴ. 저분이 술을 **결코** 마시**지 않**니?
ㄷ. 이번 일은 **결코** 잊**지 말**자.
ㄹ. 이번 일은 **결코** 잊**지 마**라.

이와 같이 어찌씨 '결코'는 부정법을 가려잡는 통사적 지배 제약을 일으키는 통제자임이 확인되었다.

위에서 논의한 바와 같이, 낱말 가운데 일부는 월 짜임에 제약을 일으키고 말본 범주에 영향을 미치는 통사적 지배 제약을 일으키는 통제자 역할을 하는 것을 낱말의 통사적 기능이라고 하고, 어찌씨를 보기로 들어 살펴보았다. 앞으로는 말본 범주 가운데 부정법에 국한하여 낱말이 지니는 부정법 제약의 통사적 기능을 논의하기로 한다.

1.2 부정법과 부정 표현

부정 표현을 가려잡는 낱말의 통사적 특성을 규명하기에 앞서, 우리말 부정법의 실현 방법과 부정의 뜻에 관하여 개략적으로 살피기로 한다.[13]

부정법은 말본 범주 가운데 하나로, 주어진 언어 내용을 의미적으로 부정하는 말본적 방법이다. 부정법을 실현하는 말본적 방법 가운데 통사적 층위에서 실현되는 경우를 살피기로 한다. 부정법이 적용되기 전의 언어 내용은 긍정일 수도 있고 부정일 수도 있는데, 긍정의 언어 내용으로 베풂월을 보기로 들면 (13)과 같다.

> (13) ㄱ. 꽃이 예쁘다.
> ㄴ. 철수가 밥을 먹는다.

긍정의 베풂월인 (13)을 가능한 통사적 층위에서의 부정 방법을 적용하여 부정월로 바꾸면 (14)와 같다.

> (14) ㄱ. 꽃이 예쁘다.
> → 꽃이 **안** 예쁘다.
> → 꽃이 예쁘**지 않**다.
> ㄴ. 철수가 밥을 먹는다.
> → 철수가 밥을 **안** 먹는다.
> → 철수가 밥을 먹**지 않**는다.
> → 철수가 밥을 **못** 먹는다.
> → 철수가 밥을 먹**지 못한**다.

---

13) 그동안 우리말 부정법에 관한 많은 논의가 있었지만, 여기서는 이를 참고하여 이 글의 주제와 관련된 내용만을 개괄적으로 기술하기로 한다.

위와 같이 통사적 층위에서의 부정 방법은 '안' 부정과 '못' 부정이 있으며, 짧은 꼴인 '안'과 '못', 긴 꼴인 '-지 아니하-'와 '-지 못하-' 부정이 있다. '안' 부정은 ㄱ에서와 같이 '언어 내용[어떤 상태]가 그렇지 않음'을 나타내거나, ㄴ에서와 같이 '동작주의 의지에 의해서 언어 내용[어떤 사건]이 일어나지 않음'을 나타낸다. 이와 같은 뜻을 지닌 '안' 부정을 단순부정이라고 하고, '못' 부정은 ㄴ에서와 같이 '동작주의 의지가 아닌 그의 능력이나 그 밖의 다른 외적인 원인 때문에 언어 내용[어떤 사건]이 일어나지 않음'을 나타내기 때문에 능력부정이라고 한다. 통사적 층위의 부정 방법을 정리하면 (15)와 같다.

(15)   단순부정   능력부정
짧은 꼴   안   못
긴 꼴   -지 아니하-   -지 못하-

베풂월만이 아니라 물음월인 경우에도 통사적 층위의 부정 방법은 같다. 그러나 함께함월과 시킴월인 경우에는 이와 다른 방법으로 실현된다. 긍정의 언어 내용으로 함께함월과 시킴월을 보기로 들면 (16)과 같다.

(16) ㄱ. 밥을 먹자.
　　 ㄴ. 밥을 먹어라.

긍정의 함께함월과 시킴월인 (16)을 통사적 층위의 부정 방법을 적용한 부정월로 바꾸면 (17)과 같다.

(17) ㄱ. 밥을 먹**지 말**자.
　　 ㄴ. 밥을 먹**지 마**라.

이와 같이 함께함월과 시킴월에서는 (15)의 부정 방법으로 실현되지 않고, '-지 말-'로 실현되는 특성을 보인다.

부정법이 적용되기 전의 언어 내용은 앞서와 같이 긍정일 수도 있고, 부정일 수도 있는데 부정의 언어 내용으로 베풂월을 보기로 들면 (18)과 같다.

(18) ㄱ. 꽃이 **안** 예쁘다.
　　ㄴ. 철수가 밥을 **안** 먹는다.
　　ㄷ. 철수가 밥을 **못** 먹는다.

부정법이 적용되기 전의 언어 내용이 부정인 (18)을 통사적 층위의 부정 방법을 적용하여 단순부정으로 바꾸면 (19)와 같다. 긴 꼴 부정은 가능하지만 짧은 꼴 부정은 불가능하다.

(19) ㄱ. 꽃이 **안** 예쁘**지 않**다.
　　ㄴ. 철수가 밥을 **안** 먹**지 않**는다.
　　ㄷ. 철수가 밥을 **못** 먹**지 않**는다.

부정월인 (18)을 통사적 층위의 부정 방법을 적용하여 능력부정으로 바꾸면 (20)과 같다. ㄴ만이 긴 꼴 부정이 가능할 뿐이고, ㄱ과 ㄷ은 불가능하여 부적격한 월이 된다.

(20) ㄱ. *꽃이 **안** 예쁘**지 못하**다.
　　ㄴ. 철수가 밥을 **안** 먹**지 못한**다.
　　ㄷ. *철수가 밥을 **못** 먹**지 못한**다.

부정의 언어 내용으로 베풂월만이 아니라 물음월인 경우에도 부정의 방법은 같다.

부정의 언어 내용으로 함께함월과 시킴월을 보기로 든 (17)에 통사적 층위의 부정 방법을 적용하여 부정월로 바꾸면 (21)과 같이 부적격한 월이 된다.

    (21) ㄱ. *밥을 먹**지 말지 말**자.
       ㄴ. *밥을 먹**지 말지 마**라.

이와 같이 부정의 언어 내용을 부정하면 적격한 월이 되기도 하고 부적격한 월이 되기도 하는데, 적격한 월인 경우, 뜻으로 보면 부정의 부정이기 때문에 긍정을 나타낸다. 이에 해당하는 월은 뜻에서 긍정을 나타내더라도 이중 부정으로 부정법의 테두리에 들어간다.

부정법을 실현하는 말본적 방법 가운데 부정 낱말 층위에서 실현되는 경우를 살피기로 한다. '이다'의 부정 낱말 '아니다', '있다'의 부정 낱말 '없다',14) '알다'의 부정 낱말 '모르다'가 있다. 긍정의 언어 내용으로 이들 풀이씨가 풀이말로 쓰인 베풂월을 보기로 들면 (22)와 같다.15)

---

14) 모든 '있다'의 부정이 '없다'인 것은 아니다. '있다'의 뜻에 따라 <소유>와 <존재>인 경우에 '없다'로 실현되지만, <머무름>인 경우에는 '없다'로 실현되지 않고, 단순부정과 능력부정, '-지 말-' 부정으로 실현된다. 이에 관한 자세한 논의는 한길(2017)을 참고.
  ㄱ. 철수는 방학동안 서울에 있는다.
    →철수는 방학동안 서울에 **안** 있는다./**못** 있는다./있**지 않**는다./있**지 못한**다.
  ㄴ. 오늘 집에 있자./오늘 집에 있어라.
    →오늘 집에 있**지 말**자./오늘 집에 있**지 마**라.
15) 물음월인 경우에 긴 꼴의 단순부정으로 실현되는 경우에는 부정의 뜻을 나타내지 않고 다음과 같이 긍정 확인의 뜻을 나타낸다.
  ㄱ. 철수가 학생이**지 않**니?
  ㄴ. 철수가 친구가 있**지 않**니?
  ㄷ. 철수가 영어를 알**지 않**니?

(22) ㄱ. 철수가 학생이다.

　　ㄴ. 철수가 친구가 있다.

　　ㄷ. 철수가 영어를 안다.

긍정인 (22)를 부정 낱말 층위에서 실현되는 부정월로 바꾸면 (23)과
같다.

(23) ㄱ. 철수가 학생이 **아니**다.

　　ㄴ. 철수가 친구가 **없**다.

　　ㄷ. 철수가 영어를 **모른**다.

부정법이 적용되기 전의 언어 내용이 부정인 (23)을 단순부정으로 바
꾸면 (24)와 같이, 긴 꼴 부정은 가능하지만 짧은 꼴 부정은 불가능하다.
능력부정으로 바꾸면 모두 부적격한 월이 된다.

(24) ㄱ. *철수가 학생이 **아니지 않**다.16)

　　ㄴ. 철수가 친구가 **없지 않**다.

　　ㄷ. 철수가 영어를 **모르지 않**는다.

이와 같이 부정의 언어 내용을 부정하면 적격한 월이 되기도 하고 부
적격한 월이 되기도 한다. 적격한 월인 경우, 뜻으로 보면 부정의 부정
이기 때문에 긍정을 나타낸다.17) (24)는 뜻에서 긍정을 나타내더라도 부

---

16) 물음월인 경우 "철수가 학생이 **아니지 않**니?"와 같이 적격한 월이 된다. 이렇게 되
　　면 뜻에서 부정의 부정으로 긍정이어야 하지만, 부정의 뜻인, 부정법이 적용되기 전
　　의 언어 내용을 확인하는 뜻을 나타낸다.

17) ㄴ과 ㄷ도 물음월인 경우 부정의 부정으로 긍정이어야 하지만, 다음 보기와 같이 부
　　정법이 적용되기 전의 언어 내용을 확인하는 뜻을 나타낸다.
　　철수가 친구가 **없지 않**니?
　　철수가 영어를 **모르지 않**니?

정법의 테두리에 들어간다.

부정법을 실현하는 말본적 방법 가운데 파생적 층위에서 실현되는 경우를 살피기로 한다. 부정의 파생앞가지로는 한자말에서 온 '불/부(不)-', '비(非)-', '무(無)-', '미(未)-', '물(勿)-', '무(毋)-', '막(莫)-', '몰(沒)-'이 있다. 이 가운데 '불/부(不)-', '비(非)-', '무(無)-'에 국한하여 살피기로 한다.[18]

파생적 부정법이 적용되기 전의 긍정의 언어 내용의 보기를 들면 (25)와 같다.

> (25) ㄱ. 철수의 도움이 필요하다.
> ㄴ. 그분의 생각이 합리적이다.
> ㄷ. 이번 사건은 계획적이다.

긍정인 (25)를 파생적 부정 방법을 적용하여 부정월로 바꾸면 (26)과 같다. 긍정인 (25)가 반드시 파생적 부정 방법으로 부정월로 실현되는 것은 아니다.

> (26) ㄱ. 철수의 도움이 **불**필요하다.
> ㄴ. 그분의 생각이 **비**합리적이다.
> ㄷ. 이번 사건은 **무**계획적이다.

부정법이 적용되기 전의 언어 내용이 파생적 부정 방법에 실현된 부정월 (26)을 단순부정으로 바꾸면 (27)과 같다. 긴 부정은 가능하지만 짧은 부정은 불가능하다. 능력부정으로 바꾸면 모두 부적격한 월이 된다.

---

18) 부정의 파생앞가지로 이루어진 경우 부정법의 테두리에 들어가느냐에 다른 주장이 있을 수 있지만 여기서는 부정법에 포함될 수 있는 것 중심으로 간략히 논의하기로 한다.

(27) ㄱ. 철수의 도움이 **불**필요하**지 않**다.

　　ㄴ. 그분의 생각이 **비**합리적이**지 않**다.

　　ㄷ. 이번 사건은 **무**계획적이**지 않**다.

이와 같이 부정의 언어 내용을 부정하면 적격한 월이 되기도 하고 부적격한 월이 되기도 하는데, 뜻으로 보면 부정의 부정이기 때문에 긍정을 나타낸다. 뜻에서 긍정을 나타내더라도 부정법의 테두리에 들어간다.

앞에서 살핀 바와 같이, 부정법은 긍정이건 부정이건 주어진 언어 내용에 대하여 부정을 실현하는 통사적 방법, 부정 낱말에 의한 방법, 파생적 방법 따위의 말본적 방법이다. 부정법에서는 뜻에서 주로 부정을 나타내지만 이중 부정이나 반어법 따위에서는 긍정을 나타내기도 한다. 따라서 부정의 방식을 갖추면 뜻에서 부정만이 아니라 긍정을 나타내더라도 부정법의 테두리에 포함된다.

부정은 긍정을 전제로 한 대립적 개념으로, 논리학에서는 긍정과 부정의 관계를 모순 관계라고 이른다. 말에서 긍정 표현은 특별히 긍정을 표시하는 형식적인 틀이 없지만, 일반적으로 부정 표현은 긍정 표현에 대해 부정을 표시하는 말본적 방법(통사적, 부정 낱말, 부정 파생접두사)이 있기 때문에 긍정 표현은 무표적(unmarked)이지만 부정 표현은 유표적(marked)인 셈이다.

긍정 표현과 부정 표현은 대립적 관계를 이루지만 반의 관계(이를테면 '높다-낮다')에 해당하는 것이 아니라 모순 관계(이를테면 '높다-높지 않다')에 해당한다. 곧 긍정 표현과 부정 표현은 상보적 분포 관계를 이룬다. 전체 환경이 긍정과 부정의 합인 경우에 둘이 합쳐야만 전체 환경에 해당하지만, 긍정과 부정은 같은 환경에서 농시에 실현될 수 없는 배타적 관계를 이룬다.

부정법과 관련하여 부정은 형식과 내용으로 나누어 볼 수 있다. 형식이 부정이냐 아니냐, 내용이 부정이냐 아니냐로 구분하여, 이들의 조합에 따라 첫째, 형식이 부정이고 내용도 부정인 경우, 둘째, 형식이 부정이지만 내용이 부정이 아닌 경우, 셋째, 형식이 부정이 아니지만 내용이 부정인 경우, 넷째, 형식이 부정이 아니고 내용도 부정이 아닌 경우 4가지이다. 이 가운데 네 번째는 부정법과 관련이 없어 논의의 대상에서 제외된다.

첫째, 형식과 내용이 부정인 경우를 보면, 대다수의 부정 표현이 이에 해당한다. (28)은 형식과 내용 모두 부정에 속한다.

> (28) ㄱ. 철수가 학교에 **안** 간다./가**지 않**는다.
> ㄴ. 철수가 학교에 **못** 간다./가**지 못한**다.
> ㄷ. 철수가 돈이 **없**다.
> ㄹ. 철수가 **비**활동적이다.

(28)에서 형식적으로 ㄱ과 ㄴ은 통사적 방법에 의한 부정법으로, ㄱ은 단순부정에, ㄴ은 능력부정에 해당한다. ㄷ은 부정 낱말에 의한 부정법이고, ㄹ은 부정의 파생앞가지에 의한 부정법에 해당한다. 형식에서 모두 부정이면서 내재적 의미에서도 축자적 의미 그대로 부정에 해당하여 (28)은 전형적인 부정법의 테두리에 속한다.

둘째, 형식은 부정이지만 내용이 부정이 아닌 경우를 보면, 반어법을 실현하는 월 가운데 축자적으로는 부정이지만 내재적 의미에서는 긍정으로 해석되는 (29)가 이에 해당한다.[19]

---

19) 우리말의 반어법에 관한 자세한 논의는 한길(2005) 참고.

(29) ㄱ. 철수가 학교에 갔**지 않**니?

　　　 [철수가 학교 갔다.][20]

　　ㄴ. 철수가 왜 학교에 **못** 가니?[21]

　　　 [철수가 학교에 간다.]

　　ㄷ. 철수가 왜 돈이 **없니**?[22]

　　　 [철수가 돈이 있다.]

　　ㄹ. 철수가 왜 **비**활동적이니?

　　　 [철수가 활동적이다.]

　(29)는 형식상으로는 부정의 물음월이지만, 내재적 의미에서는 부정으로 해석되지 않고 긍정의 베풂월로 해석되는, 반어법을 실현하는 월에 해당한다.[23] 내재적 의미에서는 부정이 아니더라도 형식상 부정에 해당하기 때문에 부정법의 테두리에 포함된다. (30)에서는 형식상으로 부정의 물음월이지만 내재적 의미에서는 긍정의 함께함월과 시킴월로 해석되는 경우도 있다.

　(30) ㄱ. 나와 같이 **안** 가겠니?[24]

　　　 [나와 같이 가자.]

　　ㄴ. 어서 집에 **안** 가니?

　　　 [어서 집에 가거라.]

---

20) [ ] 안은 내재적 의미를 가리킨다.
21) 이 월은 축자적으로 부정이고 내재적 의미로도 부정으로 해석되기도 하여 중의성을 띤다.
22) 이 월도 축자적으로 부정이고 내재적 의미로도 부정으로 해석되기도 하여 중의성을 띤다.
23) 이와 같은 월을 김동식(1981)에서는 '부정 아닌 부정'이라고 한 바 있다.
24) 이 월도 축자적으로 부정이고 내재적 의미로도 부정으로 해석되기도 하여 중의성을 띤다.

(30)에서 ㄱ은 형식상 부정의 물음월이지만 내재적으로는 긍정의 함께함월로 해석되며, ㄴ은 형식상 부정의 물음월이지만 내재적으로는 긍정의 시킴월로 해석된다. 이들도 당연히 부정법의 테두리에 포함된다.25)

셋째, 형식은 부정이 아니지만 내용이 부정인 경우를 보면, 반어법을 실현하는 월 가운데 축자적으로는 긍정이지만 내재적 의미에서 부정으로 해석되는 (31)이 이에 해당한다.

(31) ㄱ. 철수가 어디 밥을 먹니?
     [철수가 밥을 먹**지 않**는다.]
   ㄴ. 철수가 왜 집에 가니?
     [철수는 집에 가**지 못한**다.]
   ㄷ. 철수가 어디 돈이 있니?
     [철수는 돈이 **없다**.]
   ㄹ. 철수가 뭐가 합리적이니?
     [철수가 **비**합리적이다.]

(31)은 형식상으로는 긍정의 물음월이지만 내재적 의미에서는 긍정으로 해석되지 않고 부정의 베풂월로 해석되는, 반어법을 실현하는 월에 해당한다. 내재적 의미에서는 부정이더라도 형식상 긍정에 해당하기 때문에 부정법의 테두리에 포함되지는 않는다. 곧 (31)은 뜻에서 부정과 관련되지만 형식상 부정을 실현하는 방법이 적용되지 않았기 때문에 부정법에 해당되지는 않는다. 부정법에는 포함되지 않지만 뜻에서 부정을 나타나기 때문에 이 글에서는 부정 표현의 테두리에 넣기로 한다.

(32)에서와 같이 형식상으로는 긍정의 물음월이지만 내재적 의미에서

---

25) 앞에서 살핀 이중 부정도 형식상 부정이지만 내재적으로 긍정에 해당하여 부정법의 테두리에 포함된다.

는 긍정으로 해석되지 않고 부정의 함께함월이나 시킴월로 해석되기도
한다.

    (32) ㄱ. 왜 나와 같이 학교에 가니?
        [나와 같이 학교에 가**지 말**자.]
      ㄴ. 집에 왜 가니?
        [집에 가**지 마**라.]

    (32)도 뜻에서는 부정과 관련되지만 형식상 부정을 실현하는 방법이
적용되지 않았기 때문에 당연히 부정법의 테두리에 포함되지 않지만
(31)에서와 같이 부정 표현에 해당한다.

    (33)에서와 같이 형식상으로는 긍정의 베풂월이지만, 내재적 의미에서
는 긍정으로 해석되지 않고 부정의 베풂월로 해석되기도 한다.

    (33) ㄱ. 철수가 어디 밥을 먹어야지.
        [철수가 밥을 **안** 먹는다.]
      ㄴ. 철수가 어디 수영을 할 수 있어야지.
        [철수가 수영을 하**지 못한**다.]
      ㄷ. 철수가 어디 돈이 있어야지.
        [철수가 돈이 **없다**.]
      ㄹ. 철수가 어디 합리적이어야지.
        [철수가 **비**합리적이다.]

    (33)도 뜻에서는 부정과 관련되지만 형식상 부정을 실현하는 방법이
적용되지 않았기 때문에 당연히 부정법의 테두리에 포함되지 않지만, 부
정의 뜻을 가시기 때문에 부정 표현에 포함된다.

    이 밖에 부정과 관련된 표현으로, '힘들다', '어렵다', '거북하다' 따위가

있다. 이들은 부정법과 관련이 없지만 (34)에서와 같이 내재적으로 부정의 뜻을 함의하고 있다.

> (34) ㄱ. 나는 친구들과 어울리는 것이 **힘들다**.
> ㄴ. 홑옷으로는 추위를 막기가 **어렵다**.
> ㄷ. 낯선 사람과 한방에서 거처하기가 **거북하다**.

(34)는 당연히 부정법이나 부정 표현에는 포함되지 않지만, '힘들다'와 '어렵다'는 <쉽지 않다>란 부정적인 뜻을 함의하고 있으며, '거북하다'는 <편치 않다>란 부정적인 뜻을 함의하고 있다. (34)를 부정적인 뜻에 따라 다시 쓰면 (35)와 같다.

> (35) ㄱ. 나는 친구들과 어울리는 것이 **쉽지 않**다.
> ㄴ. 홑옷으로는 추위를 막기가 **쉽지 않**다.
> ㄷ. 낯선 사람과 한방에서 거처하기가 **편치 않**다.

(34)와 (35)는 뜻에서 그리 큰 차이를 보이지 않기 때문에 (34)가 전형적인 부정은 아니더라도 부정적 표현에 해당하는 것으로 볼 수 있다. 부정 표현을 가려잡는 낱말 가운데 극히 일부는 이들 부정적 표현을 가려잡기도 한다.

위에서 살핀 바와 같이 부정법은 주어진 언어 내용을 의미적으로 부정하는 말본적 방법이다. 부정법을 실현하는 말본적 방법에는 통사적 방법, 부정 낱말에 의한 방법, 부정 파생앞가지에 의한 방법이 있다. 주어진 언어 내용은 긍정일 수고 있고 부정일 수도 있다. 부정인 경우에는 이중 부정으로 긍정에 해당한다. 부정 표현의 반어법 따위에서는 긍정을 나타내기도 한다. 따라서 부정의 방식을 갖추면 부정만이 아니라 긍정을 나타내더라도 부정법의 테두리에 포함된다. 부정은 형식상 부정과 내용상 부정으로 나뉠 수 있다. 첫째, 형식이 부정이고 내용도 부정인 경우, 둘째, 형식은 부정이지만 내용이 부정이 아닌 경우, 셋째, 형식은 부정이 아니지만 내용이 부정인 경우로 나뉜다. 이 세 가지가 부정 표현에 해당하지만, 셋째인 경우에는 부정법에 포함되지 않는다. 부정과 관련된 표현으로, '힘들다', '어렵다', '거북하다' 따위가 있다. 이들은 부정법과 관련이 없는 부정적 표현에 해당한다.

1.3 부정 표현을 가려잡는 낱말 선정 원칙

부정 표현을 가려잡는 낱말을 품사[씨]별로 구분하여 이름씨, 움직씨, 그림씨, 어찌씨, 토씨, 대이름씨, 매김씨 순으로 살피기로 한다.

앞에서 논의한 바와 같이, 부정법과 관련하여 부정은 형식과 내용으로 나누어 볼 수 있다. 형식이 부정이냐 아니냐, 내용이 부정이냐 아니냐로 구분하여, 이들의 조합에 따라 첫째, 형식이 부정이고 내용도 부정인 경우, 둘째, 형식이 부정이지만 내용이 부정이 아닌 경우, 셋째, 형식은 부정이 아니지만 내용이 부정인 경우, 넷째, 형식이 부정이 아니고 내용도 부정이 아닌 경우 4가지이다. 이 가운데 넷째는 부정법이나 부정 표현과 관련이 없다. 부정법에 속하는 것은 첫째와 둘째이며, 셋째는 부정법의 실현 방법을 취하지 않았기 때문에 부정법에서 제외되지만 내재적으로 부정을 나타내는 점에서 부정 표현에 해당된다.

부정 표현에서는 형식이나 내용에서 부정에 해당하면 되기 때문에 첫째, 둘째와 아울러 셋째도 포함된다. 따라서 첫째, 둘째, 셋째의 조건을 만족시키면 부정 표현에 해당한다. 부정 표현을 가려잡는 낱말의 선정

원칙은 이 세 가지 가운데 한 가지 이상을 만족시키는 낱말로 한정된다.

첫째, 형식이 부정이고 내용도 부정인 경우의 부정 표현을 가려잡는 낱말이 부정 표현을 가려잡는 낱말에 해당함은 당연하다. <마음에 두고 걱정하거나 잊지 않다>의 뜻을 지닌 움직씨 '괘념(掛念)하다'는 (36)과 같이 긍정월에 쓰이면 부적격해지고 부정월에 쓰이면 적격해진다.

 (36) ㄱ. *당신은 이번 일에 괘념하세요.
   ㄴ. 당신은 이번 일에 괘념하**지 마**세요.

(36)에서 긍정월인 ㄱ에 '괘념하다'가 쓰여 부적격해졌으며, 적격한 월인 ㄴ은 부정월로 형식상으로나 내용상으로 부정 표현에 해당하기 때문에 '괘념하다'는 부정 표현을 가려잡는 낱말에 해당한다.

둘째, 형식이 부정이지만 내용이 부정이 아닌 경우에도 부정 표현을 가려잡는 낱말에 포함된다. 토씨 '밖에'는 (37)과 같이 긍정월에 쓰이면 부적격해지고 부정월에 쓰이면 적격해진다.

 (37) ㄱ. *이 기차는 수원까지**밖에** 갑니다.
   ㄴ. 이 기차는 수원까지**밖에 안** 갑니다.

(37)에서 긍정월인 ㄱ에 '밖에'가 쓰여 부적격해졌으며, ㄴ은 부정월에 '밖에'가 쓰였기 때문에 적격한 월이 되었다. ㄴ은 부정월이더라도 (38)에서와 같이 의미적으로 긍정에 해당된다.

 (38) 이 기차는 수원까지**밖에 안** 갑니다.
   [이 기차는 수원까지만 갑니다.]

(38)은 부정월로, 형식상으로는 부정 형식이지만 내용상으로 긍정 표현에 해당한다. '밖에'는 긍정월에서는 쓰이지 않기 때문에 '밖에'는 부정 표현을 가려잡는 낱말에 해당한다. 이처럼 형식이 부정이지만 내용이 부정이 아닌 낱말들도 부정 표현을 가려잡는 낱말에 포함된다.

셋째, 형식은 부정이 아니지만 내용이 부정인 경우에도 부정 표현을 가려잡는 낱말에 포함된다. 매인이름씨 '리'는 (39)와 같이 긍정월에 쓰이면 부적격해지고 부정월에 쓰이면 적격해진다.

(39) ㄱ. *저들이 우리를 도와줄 **리**가 **있다**.
ㄴ. 저들이 우리를 도와줄 리가 **없다**.

(39)에서 ㄱ은 형식상으로도 내용상으로도 긍정에 해당하기 때문에 부적격한 월이 되었다. ㄴ은 형식상으로도 내용상으로도 부정에 해당하기 때문에 적격한 월이 되었다. 곧 '리'는 부정 표현을 가려잡는 낱말에 해당한다. 그러나 '리'가 (40)에서와 같이 긍정월에서도 적격하게 쓰이기도 한다.

(40) 저들이 우리를 도와줄 **리**가 **있니**?
[저들이 우리를 도와줄 **리**가 **없다**.]

(40)은 긍정월로, '리'가 쓰여 부적격한 월에 해당될 것 같다. 그러나 형식상으로 긍정의 물음월이지만 내재적 의미에서는 부정의 베풂월이기 때문에 적격한 월이 되었다. 이처럼 형식은 긍정이지만 내용이 부정인 경우에 해당하는 월을 가려잡는 낱말들도 부정 표현을 가려잡는 낱말에 포함된다.

부정법의 방식을 갖추지 않았고 의미상으로 부정은 아니지만, 부정적 표현에 해당하는 월에서 쓰이는 낱말도 부정 표현을 가려잡는 낱말에 포함된다. 왜냐하면 일반적으로 형식상으로도 내용상으로도 긍정인 월에서는 쓰이지 않기 때문이다. <어림짐작으로 헤아려 알아내다>의 뜻을 지닌 움직씨 '종잡다'는 (41)과 같이 긍정월에 쓰이면 부적격해지고 부정월에 쓰이면 적격해진다.

> (41) ㄱ. *무슨 뜻인지 종잡을 수 있다.
> ㄴ. 무슨 뜻인지 종잡을 수 **없다**.

(41)에서 ㄱ은 형식상으로도, 내용상으로도 긍정에 해당하기 때문에 부적격한 월이 되었다. ㄴ은 형식상으로도, 내용상으로도 부정에 해당하기 때문에 적격한 월이 되었다. 곧 '종잡다'는 부정 표현을 가려잡는 낱말에 해당한다. 그러나 '종잡다'가 (42)에서와 같이 긍정월에서도 적격하게 쓰이기도 한다.[26]

> (42) ㄱ. 무슨 뜻인지 종잡기 **어렵다**.
> ㄴ. 무슨 뜻인지 종잡기 **힘들다**.

(42)는 형식상으로 긍정이지만 내용상으로는 부정적 표현에 해당한다. '어렵다'와 '힘들다'는 <쉽지 않다>란 부정적인 뜻을 함의하기 때문에 일반적인 긍정월과 차이를 보인다. '종잡다'는 일반적인 긍정월에 쓰이게

---

26) '종잡다'는 아래 보기와 같이 형식상 긍정이지만, 내용상 부정인 월에서도 적격하게 쓰인다.
ㄱ. 무슨 뜻인지 어디 종잡을 수 있겠니?
 [무슨 뜻인지 종잡을 수 **없다**.]
ㄴ. 무슨 뜻인지 어디 종잡을 수 있어야지.
 [무슨 뜻인지 종잡을 수 **없다**.]

되면 부적격해진다. 이처럼 부정적 뜻을 함의하는 월을 가려잡는 낱말들도 부정 표현을 가려잡는 낱말에 포함된다.

낱말은 뜻에서 '한 뜻[단의]'을 지닌 것과 '뭇뜻[다의]'을 지닌 것이 있다. '한 뜻'의 낱말이 긍정월에서 쓰이면 부적격해지고 부정월에서 쓰이면 적격해져서 오로지 부정 표현을 가려잡게 되면 당연히 부정 표현을 가려잡는 낱말에 해당한다. 또한 극히 일부 긍정월에서 쓰이는 경우가 있더라도 부정적 표현에 해당하거나 빈도수에서 무시할 정도인 경우에 한하여 부정 표현을 가려잡는 낱말 테두리에 넣기로 한다.

'뭇뜻'을 지닌 낱말이 모든 뜻에서 긍정월에서 쓰이면 부적격해지고, 부정월에서 쓰이면 적격해져서 오로지 부정 표현을 가려잡게 되면 당연히 부정 표현을 가려잡는 낱말에 해당한다. '뭇뜻' 가운데 일부는 긍정월에서 쓰이면 부적격해지고 부정월에서 쓰이면 적격해져서 부정 표현을 가려잡게 되면 당연히 부정 표현을 가려잡는 낱말에 포함된다. 그러나 긍정월이건 부정월이건 가리지 않고 적격한 뜻인 경우에는 부정 표현을 가려잡는 낱말에서 제외된다.

위에서 제시한 부정 표현을 가려잡는 낱말 선정 기준을 적용하기로 한다. 이름씨 가운데 이 기준을 만족시키는 것으로는 '간단(間斷)', '거침', '과언(過言)', '괘념(掛念)', '기탄(忌憚)', '꼼짝', '내색', '대수', '더이상', '두말', '미동(微動)', '별고(別故)', '별도리(別道理)', '별차', '보통내기', '본데', '볼품', '상종', '숨김', '스스럼', '아랑곳', '아무짝', '일면식(一面識)', '일언반구(一言半句)', '입추(立錐)', '주변머리', '주체', '터무니', '하등(何等)', '형언(形言)', '개뿔', '거리낌', '경황(景況)', '구김살', '까닭', '꾸밈', '끄떡', '낯', '물색', '별것', '별수', '별수단', '별일', '인정사정', '일고(一顧, 一考)', '주책', '쥐뿔', '채신', '추호', '털끝', '틀림', '겨를', '나위', '리'가 있다. 제2장에서는 이들 이름씨를 대상으로 삼아 통사적 특성에 관하여 구체적으로 논의하기로 한다.

움직씨 가운데 이 기준을 만족시키는 것으로는 '개의(介意)하다', '괘념(掛念)하다', '굴(屈)하다', '기탄(忌憚)하다', '꼼짝달싹하다', '꼼짝하다', '끄떡하다', '끊이다', '내색하다', '달가워하다', '두말하다', '묵과(默過)하다', '상관(相關)하다', '상종(相從)하다', '서슴다', '아랑곳하다', '형언(形言)하다'가 있다. 제3장에서는 이들 움직씨를 대상으로 삼아 통사적 특성에 관하여 구체적으로 논의하기로 한다.

그림씨 가운데 이 기준을 만족시키는 것으로는 '남부럽다', '녹록(碌碌)하다', '달갑다', '대수롭다', '마땅하다', '마뜩하다', '변변하다', '별다르다', '석연(釋然)하다', '심상(尋常)하다', '여간(如干)하다', '여의(如意)하다', '종잡다', '주체하다', '칠칠맞다', '칠칠하다', '탐탁스럽다', '탐탁하다'가 있다. 제4장에서는 이들 그림씨를 대상으로 삼아 통사적 특성에 관하여 구체적으로 논의하기로 한다.

어찌씨 가운데 이 기준을 만족시키는 것으로는 '꼼짝', '꼼짝달싹', '얼씬', '옴짝', '옴짝달싹', '여간', '그렇게', '이만저만', '간대로', '결코', '구태여', '당최', '더이상', '도무지', '도저히', '도통', '미처', '바이', '변변히', '별달리', '별로', '별반', '비단', '여간', '이루', '좀처럼/좀체', '차마', '채', '통', '결단코', '과히', '굳이', '그렇게', '그다지', '그리', '끝내', '도대체', '백날', '설마', '아예', '영', '일절', '전연', '전혀', '절대(로)', '종내', '이만저만', '하등', '쓸데없이', '만만히', '지레', '함부로'가 있다. 제5장에서는 이들 어찌씨를 대상으로 삼아 통사적 특성에 관하여 구체적으로 논의하기로 한다.

토씨 가운데 이 기준을 만족시키는 것으로는 '밖에', '이라고는', '커녕', '은커녕', '인들'이 있다. 제6장에서는 이들 토씨를 대상으로 삼아 통사적 특성에 관하여 구체적으로 논의하기로 한다.

대이름씨와 매김씨 가운데 이 기준을 만족시키는 것으로는, 대이름씨에 '아무', '아무것', '아무데'가 있고, 매김씨에 '아무', '아무런'이 있다. 제7장에서는 이들 대이름씨와 매김씨를 대상으로 삼아 통사적 특성에 관하여 구체적으로 논의하기로 한다.

어찌씨 자체는 본디 부정 표현만을 가려잡지 않고 긍정 표현도 가려잡지만, 도움토씨 '는'이 덧붙음으로써 이 기준을 만족시키는 것으로는 '다시는', '더는', '일부러는', '다는', '그냥은', '자주는', '많이는', '멀리는'이 있다. 제8장에서는 이들 어찌말을 대상으로 삼아 통사적 특성에 관하여 구체적으로 논의하기로 한다.

낱말 자체는 본디 부정 표현만을 가려잡지 않고 긍정 표현도 가려잡지만, 도움토씨 '도'가 덧붙음으로써 이 기준을 만족시키는 것으로는 '조금도', '꿈에도', '추호도', '털끝만큼도', '눈곱만큼도', '하나도'가 있으며, 합성이름씨 '한+이름씨'는 긍정이건 부정이건 가리지 않지만 도움토씨 '도'가 덧붙음으로써 이 기준을 만족시키는 것으로는 '한구석', '한마디', '한말씀', '한순간', '한술', '한숨', '한시', '한입', '한잠', '한치', '한푼'이 있다. 제9장에서는 '도'가 덧붙음으로써 부정 표현을 가려잡는 이들 낱말을 대상으로 삼아 통사적 특성에 관하여 구체적으로 논의하기로 한다.

1.4 부정 표현을 가려잡는 낱말의 통사 특성

앞에서 선정한 부정 표현을 가려잡는 낱말들은 부정 표현을 실현하는 방법 등 통사적 특성에서 공통성을 띠기도 하지만 낱말에 따라 차이를 보이기도 한다. 이들 낱말들의 통사적 특성으로 어떤 것들이 있으며, 각 특성에서 낱말에 따라 어떤 차이를 보이는지 논의하기로 한다.

부정법의 실현 방법에는 통사적 방법, 어휘적 방법, 파생적 방법이 있는데, 통사적 방법과 어휘적 방법에서 낱말에 따라 어떤 차이를 보이는지 살피기로 한다.

앞에서 살핀 바와 같이, 통사적 방법에는 단순부정과 능력부정에 긴 꼴과 짧은 꼴이 있으며 함께함월과 시킴월인 경우 '-지 말-'이 있다. 곧 '-지 아니하-', '안 풀이씨', '-지 못하-', '못 풀이씨', '-지 말-'의 5가지 유형이 있다. 일반적으로 움직씨는 (43)에서와 같이 이 5가지 유형으로 부정법이 실현된다.

> (43) ㄱ. 철수가 학교에 가**지 않**는다.
> ㄴ. 철수가 학교에 **안** 간다.
> ㄷ. 철수가 학교에 가**지 못한**다.
> ㄹ. 철수가 학교에 **못** 간다.
> ㅁ. 학교에 가**지 말**자.
> ㅂ. 학교에 가**지 마라**.

부정 표현을 가려잡는 움직씨 가운데 5가지가 모두 가능한 것부터 일부만 가능한 것에 이르기까지 부정법 실현 방법에서 차이를 보이기 때문에 이를 밝힐 필요성이 제기된다. 부정 표현을 가려잡는 움직씨 가운데 '끊이다'와 '서슴다'는 부정법 실현 방법에서 차이를 보기로 한다. '끊이다'의 부정법 실현 방법은 (44)와 같다.

> (44) ㄱ. 관광객들이 끊이**지 않**는다.
> ㄴ. 관광객들이 **안** 끊인다.
> ㄷ. *관광객들이 끊이**지 못한**다.
> ㄹ. *관광객들이 **못** 끊인다.
> ㅁ. *끊이**지 말**자.
> ㅂ. *끊이**지 마라**.

'끊이다'는 움직씨이지만, 긴 꼴과 짧은 꼴의 단순부정만 가려잡는 통사적 특성을 지닌다. '서슴다'의 부정법 실현 방법은 (45)와 같다.

(45) ㄱ. 그는 주위 사람들에게 쓴소리하기를 서슴**지 않**는다.
ㄴ. *그는 주위 사람들에게 쓴소리하기를 **안** 서슴는다.
ㄷ. *그는 주위 사람들에게 쓴소리하기를 서슴**지 못한**다.
ㄹ. *그는 주위 사람들에게 쓴소리하기를 **못** 서슴는다.
ㅁ. 주위 사람들에게 쓴소리하기를 서슴**지 말**자.
ㅂ. 주위 사람들에게 쓴소리하기를 서슴**지 마**라.

'서슴다'도 움직씨이지만 긴 꼴의 단순부정과 '-지 말-' 부정법을 가려잡아 '끊이다'와 차이를 보인다. 움직씨이건 그림씨이건 긴 꼴의 단순부정은 적격한 월이 되지만, '주체하다'는 단순부정에 쓰이면 부적격한 월이 된다.

(46) ㄱ. *피곤해서 몸을 주체하**지 않**았다.
ㄴ. *피곤해서 몸을 **안** 주체하였다.
ㄷ. 피곤해서 몸을 주체하**지 못하**였다.
ㄹ. *피곤해서 몸을 **못** 주체하였다.

그림씨인 '주체하다'는 긴 꼴의 단순부정은 가려잡지 않고 능력부정인 월을 가려잡는다. 이와 같이 부정 표현을 가려잡는 낱말들이 부정법 실현의 통사적 방법에서 차이를 보이기 때문에 이에 관해 규명할 필요가 있다.

부정법을 실현하는 어휘적 방법으로는 부정 낱말 '아니다', '없다', '모르다'에 의해 실현된다. 부정 표현을 실현하는 낱말에 따라 모두 가능한 것부터 일부만 가능한 것에 이르기까지 부정법 실현 방법에서 차이를 보이기 때문에 이를 밝힐 필요성이 제기된다. 부정 표현을 가려잡는 이름씨 가운데 '별차'는 '아니다', '없다', '모르다'를 가려잡는다.

(47) ㄱ. 수학 실력은 **별차**가 **없**다.
　　 ㄴ. 약효에서는 **별차**가 **아니**다.
　　 ㄷ. 약효에서는 **별차**를 **모르**겠다.

이와 달리 (48)에서와 같이 '거침'은 '없다'만을 가려잡고, '과언'은 '아니다'만을 가려잡아 '별차'와 차이를 보인다.

(48) ㄱ. 철수는 말이나 행동에 **거침**이 **없**다.
　　 ㄴ. 이건 학대라고 해도 **과언**이 **아니**다.

이와 같이 부정 표현을 가려잡는 낱말들이 부정법 실현의 어휘적 방법에서 차이를 보이기 때문에 이에 관해 규명할 필요가 있다.

형식상으로는 부정이지만 내용상으로 긍정에 해당하는 부정 표현을 가려잡는 낱말들이 있다. (49)는 형식상 부정의 반어법 월이지만 내재적으로 긍정월로 해석되는데, 이 역할을 '여간'이 한다.

(49) ㄱ. 오늘은 **여간** 추운 날씨가 **아니**다.
　　 ㄴ. 저 아이는 고집이 **여간** 센 게 **아니**다.

(49)는 형식상으로는 부정의 베풂월이지만 내재적 의미에서는 (50)과 같은 긍정의 베풂월로 해석된다.

(50) ㄱ. [오늘은 아주 추운 날씨이다.]
　　 ㄴ. [저 아이는 고집이 아주 세다.]

부정 표현을 가려잡는 모든 낱말들이 이와 같은 용법으로 쓰이는 것이 아니고 일부 낱말만이 해당되기 때문에 이에 관해 규명할 필요가 있다.

형식상으로는 긍정이지만 내용상으로 부정에 해당하는 부정 표현을 가려잡는 낱말들이 있다. (51)은 긍정의 반어법 월이지만 내재적으로 부정월로 해석되어 '꼼짝하다'가 부정 표현을 가려잡는 낱말에 해당한다.

(51) ㄱ. 자리가 비좁아 꼼짝할 수가 **있어야지**.
　　　[자리가 비좁아 꼼짝할 수가 **없다**.]
　　ㄴ. 자리가 비좁아 어디 **꼼짝하겠니**?
　　　[자리가 비좁아 꼼짝하**지 못하**겠다.]

곧 부정 표현을 가려잡는 모든 낱말들이 (51)과 같은 용법 쓰이는 것이 아니고 일부 낱말만이 해당된다. 이에 속하는 낱말일지라도 실현 방법에서 차이를 보이기도 하기 때문에 이에 관해 규명할 필요가 있다.

부정법의 방식을 갖추지 않고 의미상으로도 부정 표현은 아니지만, 부정적 표현에 해당하는 낱말이 쓰인 월을 가려잡는 부정 표현 낱말들이 있다. 곧 '꼼짝하다'가 (52)에서와 같이, 부정적 의미를 함의하는 '싫다', '힘들다', '어렵다' 따위가 쓰인 긍정월에서 적격하게 쓰이기도 한다.

(52) ㄱ. 너무 피곤해서 손가락 하나 꼼짝하기가 **싫다**.
　　ㄴ. 너무 피곤해서 몸을 꼼짝하기도 **힘들다**.
　　ㄷ. 요즘 바빠서 꼼짝하기가 **어렵다**.

'꼼짝하다'가 긍정월에서 적격하게 쓰일 수 있는 '싫다', '힘들다', '어렵다' 따위는 공통적으로 뜻에서 부정을 함의하는 낱말들이다. '싫다'는 <좋지 않다>, '힘들다', '어렵다'는 <쉽지 않다>라는 부정적인 뜻을 함의한다. 부정 표현을 가려잡는 모든 낱말들이 (52)와 같이 쓰이는 것이 아니고 일부 낱말만이 해당하기 때문에 이에 관해 규명할 필요가 있다.

부정 표현을 가려잡는 낱말 가운데 일부는 뒤에 놓이는 부정 표현과 통사적 짜임새를 이루었다가 토씨 생략과 아울러 결합과정을 거쳐 한 낱말로 어휘화하기도 한다. 이를테면 통사적 짜임새인 '거침이 없다'는 '이'가 삭제된 다음 낱말 되기 과정을 거쳐 부정 낱말 '거침없다'가 도출 되었으며, 여기에 어찌씨 파생가지 '-이'가 결합하여 파생어찌씨 '거침없 이'가 도출되었다.

(53) ㄱ. 석기의 목소리는 여전히 **거침없다**.
ㄴ. 혼사는 **거침없이** 맺어졌다.

(53)에서 '거침없다'와 '거침없이'는 뜻에서 차이 없이 통사적 짜임새 인 '거침이 없다'와 '거침이 없이'로 환원될 수 있다. 부정 표현을 가려잡 는 모든 낱말들이 (53)과 같이 어휘화하는 것은 아니고, 일부 낱말만이 해당하기 때문에 이에 관해 규명할 필요가 있다.

이 밖에도 부정 표현을 가려잡는 낱말마다 지니는 통사적 특성이 있을 수 있는데, 이에 관한 논의는 낱말에 따라 구체적으로 논의하기로 한다.

제 2 장

부정 표현을 가려잡는 이름씨의 통사 특성

2.1 들머리

대다수의 이름씨는 긍정월이건 부정월이건 가리지 않고 쓰이지만, 일부 이름씨는 긍정월에서는 쓰이지 않고 부정월에서만 쓰이는 것들이 있다.[27] 이를테면, '상종(相從)'은 긍정월에서 쓰이면 부적격해진다.

    (1) ㄱ. *나는 그 사람과 **상종**을 한다.
       ㄴ. *그 사람과 **상종**을 하자.

'상종'이 쓰인 (1)은 긍정월이기 때문에 부적격한 월이 되었지만, 부정월로 바꾸면 (2)와 같이 적격해진다.

    (2) ㄱ. 나는 그 사람과 **상종**을 **안** 한다.
       ㄴ. 그 사람과 **상종**을 하**지 말**자.

---

27) 부정월에서 주로 쓰이는 품사[씨]로는 이름씨 밖에 어찌씨, 매김씨, 토씨 따위가 있다. 부정월을 가려잡는 어찌씨에 관한 논의로는 한길(2016) 참고.

부적격한 월인 (1)에서 '상종' 자리에 다른 이름씨가 놓이게 되면(운동, 회의 협상 …) 적격해지기 때문에 '상종'이 부정월을 가려잡는 통사적 지배 제약을 일으키는 통제자에 해당한다. 이와 같이 극히 일부의 이름씨는 부정월에서만 쓰이기 때문에 부정 표현을 가려잡는 이름씨라 하고, 이에 해당하는 이름씨를 선정하여 그 통사적 특성을 규명하고자 한다. 부정 표현을 가려잡는 이름씨는 일반 이름씨와 달리 토씨와의 결합에 제약이 심하고 통합 관계를 이룰 수 있는 풀이씨도 극히 한정되는 특성을 보인다.

> (3) ㄱ. 이 아이는 **여간내기**가 **아니**다.
>   *이 아이는 **여간내기**이다.
> ㄴ. 그의 외모는 **볼품**이 **없**다.
>   *그의 외모는 **볼품**이 있다.
> ㄷ. 그는 남의 시선에 **아랑곳**을 하**지 않**는다.
>   *그는 남의 시선에 **아랑곳**을 한다.

(3)의 ㄱ에서와 같이 '여간내기'는 부정월에서만 쓰이고, 긍정월에서는 쓰이지 않는 제약이 있다. 뒤에는 자리토씨 '이'만이 결합될 수 있으며, 풀이말로는 부정 낱말 '아니다'를 가려잡는다. ㄴ의 '볼품'도 부정월에서 만 쓰이고, 자리토씨 '이'와 일부 도움토씨만이 결합될 수 있으며, 풀이 씨로는 부정 낱말 '없다'를 가려잡는다. 또한 '볼품이 없다'란 통사적 짜임새에서 토씨 '이'가 삭제된 다음 결합과정을 거쳐 그림씨 '볼품없다'로 어휘화하기도 한다. ㄷ의 '아랑곳'도 부정월에서만 쓰이고, 자리토씨 '을' 과 일부 도움토씨가 결합될 수 있는 제약을 보인다. '아랑곳을 하지 않 다'에서 '을'이 삭제된 다음 '아랑곳하지 않다'로, '아랑곳하다'란 부정월 을 가려잡는 움직씨로 어휘화하기도 한다.

이와 같이 부정월을 가려잡는 이름씨들은 특수한 통사적 제약을 보이는 것들이 대분이다. 따라서 이 장에서는 부정월을 가려잡는 이름씨들을 선정하고, 통사적 제약에 따라 유형별로 나누어 각각의 통사적 특성을 규명하기로 한다.

2.2 부정 표현을 가려잡는 이름씨 선정

긍정월에서는 쓰이지 않고 부정월에서만 쓰이는 이름씨들은 전체 이름씨에서 극히 일부분에 속한다. 이들 이름씨는 일반 이름씨와 달리 통사적 제약이 심한 편이기 때문에 이에 관한 논의가 필요하다.

부정월을 가려잡는 이름씨 가운데 오로지 부정월만을 가려잡는 것들도 있고, 일부 긍정월에서 쓰일 수 있더라도 주로 부정월을 가려잡는 것들도 있다. 긍정월을 가려잡더라도 내면적으로 부정으로 해석되는, 반어법을 실현하는 것들도 있다. 또한 부정월을 가려잡는 매인이름씨도 있다. 이 장에서는 이들 모두 부정 표현을 가려잡는 이름씨로 선정하기로 한다.

(3)에서 언급한 부정 표현을 가려잡는 이름씨 '여간내기', '볼품', '아랑곳'은 부정 표현만을 가려잡기 때문에 당연히 부정 표현을 가려잡는 이름씨로 선정된다. 이에 해당하는 이름씨로는 '간단, 거침, 과언, 괘념, 기탄, 다수, 더이상, 두말, 별도리, 별차, 보통내기, 본데, 상종, 숨김, 스스럼, 아랑곳, 아무짝, 이만저만, 일언반구, 입추, 주변머리, 주체, 터무니, 하등' 따위가 있다. '기탄'과 '이만저만'은 아래와 같이 부정 표현에서만 적격하게 쓰일 수 있어 부정 표현만을 가려잡는 이름씨에 해당한다.

(4) ㄱ. 나는 아무런 **기탄**이 **없**다.

ㄴ. 고생이 **이만저만**이 **아니**다.

　주로 부정월에서 쓰이되 부정의 뜻으로 해석되는, 일부 반어법을 실현하는 긍정의 물음월에서 쓰이는 것 밖에 일부 긍정월에서 쓰이는 것들도 있다. 이에 해당하는 이름씨들은 여러 뜻을 지닌 것들로, 여러 뜻 가운데 특정한 뜻일 때만 부정월에서 쓰이는 특성을 지닌다. 이를테면 '구김살은 <①구겨서 생긴 금. ②마음속이나 표정이 밝지 못한 것. ③순조롭지 못한 상태>의 뜻을 지닌다.

　(5) ㄱ. 양복에 **구김살**①이 갔다.
　　　ㄴ. 요즘 아이들 표정에는 **구김살**②이 **없**다.
　　　ㄷ. 양국 우호관계에 **구김살**③이 갔다.

　(5)와 같이 '구김살'의 뜻 ①, ②, ③ 가운데 ①과 ③은 긍정월이건 부정월이건 가리지 않고 쓰일 수 있지만,[28) ②인 경우에는 부정월에서만 쓰이는 제약이 있다. 이와 같이 특정의 뜻일 때 부정월을 가려잡는 이름씨도 이 연구 대상에 포함되며, 이에 해당하는 이름씨로는 '구김살'을 비롯해 '경황, 까닭, 꾸밈, 끄떡, 물색, 별것, 별수, 별수단, 별일, 주책, 털끝' 따위가 있다.
　'별고'는 주로 부정월에서 쓰인다. 일반적으로 긍정월에서 쓰이면 (6 ㄱ)과 같이 부적격한 월이 된다.

　(6) ㄱ. *집안은 모두 **별고**가 있습니다.
　　　ㄴ. 집안은 모두 **별고**가 없습니다.

---

28) ①과 ③의 '구김살'이 부정월에서도 쓰일 수 있다. 그 보기를 들면 다음과 같다.
　① 양복에 **구김살**이 **안** 갔다.
　③ 양국 우호관계에 **구김살**이 **안** 갔다.

(6)에서와 같이 '별고'는 부정월에서 쓰이지만, 극히 일부 긍정월에서도 적격하게 쓰이는 경우가 있다. (7)과 같이 극히 일부 내재적으로도 긍정의 물음월로 해석되는 긍정의 물음월에서 쓰이기도 한다.

(7) 집안에 무슨 **별고**라도 있으십니까?

(7)은 형식상으로 긍정의 물음월이고 내재적으로도 동일하지만, '별고'가 적격하게 쓰였다. 따라서 '별고'가 부정월에서만 쓰인다고 할 수 없지만, 이는 '별고'의 특수한 쓰임이고 주로 부정 표현에서 쓰인다.

'별고'와 같이 주로 부정월을 가려잡지만 극히 일부 긍정월에서 쓰이는 것들도 당연히 이 연구의 논의 대상에 포함된다. 이와 동일하게 쓰이는 이름씨로는 '개뿔, 거리낌, 꼼짝, 낯, 내색, 미동, 별고, 볼품, 인정사정, 일고, 일면식, 쥐뿔, 채신, 추호, 틀림, 형언' 따위가 있다.

매인이름씨 가운데에도 극히 일부는 부정월에서만 쓰이고 긍정월에서는 안 쓰이는 것들이 있다. 이를테면 <더할 수 없는 여유나 더 해야 할 필요>의 뜻을 지닌 '나위'는 부정월에서만 쓰이는 특성을 보인다.

(8) ㄱ. *앞뒤를 생각할 **나위**가 있다.
ㄴ. 앞뒤를 생각할 **나위**가 **없**다.

이와 같이 부정월에서만 쓰이는 매인이름씨로는 '나위'를 비롯해 '겨를, 리' 따위가 있다. 부정월을 가려잡는 매인이름씨에도 오로지 부정월만을 가려잡는 것, 특수한 제약 아래 부정월을 가려잡는 것이 있는데, 모두 이 장의 연구 대상에 해당한다.

2.3 부정 표현만을 가려잡는 이름씨

2.3.1 간단(間斷)

<잠시 그치거나 끊어짐>의 뜻을 지닌 이름씨 '간단(間斷)'은 (9)에서와 같이, 부정월만을 가려잡아 긍정월에서 쓰이면 부적격해진다.

> (9) ㄱ. *학문의 세계에는 **간단(間斷)**이 있다.
> ㄴ. 학문의 세계에는 **간단(間斷)**이 **없**다.

'간단'이 적격하게 쓰이기 위해서는 뒤에 토씨 '이'가 놓여야 하며, 풀이씨로는 '없(다)'가 놓여야 하는 제약이 따른다. 비록 부정월이라고 하더라도 이를 지키지 않으면 부적격한 월이 된다. '없(다)' 대신에 '있(다)'가 놓이는 경우가 있을 수 있지만, 이때에도 뒤에 부정이 놓여야만 적격해진다.

> (10) ㄱ. 학문 세계에서 **간단**이 **있을 수 없**다.
> ㄴ. 학문 세계에서 **간단**이 **있어서는 안** 된다.

통사적 짜임새인 '간단이 없다'는 '이'가 삭제된 다음 낱말 되기 과정을 거쳐 부정 낱말 '간단없다'가 도출되었으며,29) 여기에 어찌씨 파생가지 '-이'가 결합하여 파생어찌씨 '간단없이'가 도출되었다. '간단없다'와 '간단없이'는 뜻에서 별다른 차이 없이 통사적 짜임새인 '간단이 없다'와 '간단이 없이'로 환원될 수 있다.

---

29) '간단없다'는 주로 매김꼴 '간단없는'으로 꼴바꿈을 하여 뒤에 놓이는 말을 꾸민다.

이와 같이 '간단'은 부정월에서 적격하게 쓰이며, 뒤에 놓이는 토씨와 풀이씨에 제약이 심하여 주로 '간단이 없-'이란 통사적 짜임새를 이루어 쓰인다.

2.3.2 거침[30)

<행동이나 말 따위가 중간에 걸리거나 막힘>의 뜻을 지닌 이름씨 '거침'은 (11)과 같이 부정월에서만 쓰이는 제약이 따라 긍정월에서 쓰이면 부적격한 월이 된다.

    (11) ㄱ. *석기의 걸음은 **거침**이 있었다.
        ㄴ. 석기의 걸음은 **거침**이 **없**었다.

'거침'은 부정월만을 가려잡지만, '거침'이 적격하게 쓰이기 위해서는 뒤에 토씨 '이'가 놓여야 하며, 풀이씨로는 부정 낱말 '없(다)'가 놓여야 하는 제약이 따른다. 토씨 '이' 자리에는 도움토씨 '도'가 놓일 수 있다. 이 조건을 지키지 않으면 부적격한 월이 된다.

통사적 짜임새인 '거침이 없다'는 '이'가 삭제된 다음 낱말 되기 과정을 거쳐 부정 낱말 '거침없다'가 도출되었으며, 여기에 어찌씨 파생가지 '-이'가 결합하여 파생어찌씨 '거침없이'가 도출되었다.

---

30) 『연세한국어사전』과 『고려대 한국어대사전』에는 이름씨로 올림말에 올라 있지만, 『표준국어대사전』에는 올림말로 올라 있지 않다. '거침'은 '거치다'의 줄기에 이름씨 파생가지 '-ㅁ'이 결합되어 도출되었나. '거지다'는 긍정월이나 부정월을 가리지 않고 쓰이지만, '거침'은 부정월에서만 쓰이는 특성을 보인다. 편의상 앞으로 『표준국어대사전』은 『표』로, 『연세한국어사전』은 『연』으로, 『고려대 한국어대사전』은 『고』로 『우리말큰사전』은 『한』으로 표시한다.

(12) ㄱ. 석기의 목소리는 여전히 **거침없다**.

ㄴ. 혼사는 **거침없이** 맺어졌다.

(12)에서 '거침없다'와 '거침없이'는 뜻에서 별다른 차이 없이 통사적 짜임새인 '거침이 없다'와 '거침이 없이'로 환원될 수 있다.

이와 같이 '거침'은 부정월에서 적격하게 쓰이며, 뒤에 놓이는 토씨와 풀이씨에 제약이 심하여 주로 '거침이 없-'이란 통사적 짜임새를 이루어 쓰인다.

2.3.3 과언(過言)

<정도가 지나친 말>의 뜻을 지닌 이름씨 '과언(過言)'은 (13)에서와 같이 부정월에서 적격하게 쓰이는 제약이 따라 긍정월에서 쓰이면 부적격한 월이 된다.

(13) ㄱ. *인생은 긴장과 갈등의 연속이라고 해도 **과언**이다.

ㄴ. 인생은 긴장과 갈등의 연속이라고 해도 **과언**이 **아니**다.

'과언'은 부정월만을 가려잡지만, '과언'이 적격하게 쓰이기 위해서는 뒤에 토씨 '이'가 놓여야 하며, 풀이씨로는 부정 낱말 '아니(다)'가 놓여야 하는 제약이 따른다. 토씨 '이' 자리에는 도움토씨 '은'이 놓일 수 있다. 이 조건을 지키지 않으면 부적격한 월이 된다. 이 제약 밖에도 '과언'은 홀월에서는 쓰이지 않고, 주로 앞자리에 특별한 통사적 짜임새인 '-다고 해도'가 놓여야 완전한 월이 된다. 따라서 '-다고 해도 과언이 아니(다)'란 특수한 짜임새로 쓰이는 특성을 보인다.

(14) ㄱ. 지금은 가히 컴퓨터의 시대**라고 해도 과언**이 **아니**다.
ㄴ. 그는 세계 제일의 피아니스트**라고 해도 과언**이 **아니**다.

이와 같이 '과언'은 특수한 통사적 짜임새인 '과언이 아니-'의 부정월에서 적격하게 쓰일 수 있는 제약을 지니고 있다.

2.3.4 괘념(掛念)

<마음에 두고 걱정하거나 잊지 않음>의 뜻을 지닌 이름씨 '괘념'은 (15)에서와 같이 부정월에서만 쓰이는 제약이 따라 긍정월에서 쓰이면 부적격한 월이 된다.

(15) ㄱ. *아이들 말투에 **괘념**을 하세요.
ㄴ. 아이들 말투에 **괘념**을 하**지 마**세요.

'괘념'은 부정월만을 가려잡지만, '괘념'이 적격하게 쓰이기 위해서는 뒤에 토씨 '을'이 놓여야 하며, 풀이씨로는 '하(다)'가 놓여야 하는 제약이 따른다. '괘념'이 적격하게 쓰이기 위해서는 부정월 가운데 단순부정이어야 하며 능력부정인 경우는 부적격해진다.

(16) ㄱ. 나는 그 일에 **괘념**을 하**지 않**는다.
ㄴ. *나는 그 일에 **괘념**을 하**지 못한**다.

'괘념'은 의향법에 제약을 일으키지 않아 베풂월, 물음월, 힘께함월, 시킴월에서도 쓰일 수 있다. 함께함월과 시킴월에서는 '-지 말'을 가려잡는다. (15ㄴ)과 (16ㄱ)에서 '하지'가 생략될 수 있으며, '을'까지도 생략되어

쓰이기도 한다.31)

> (17) ㄱ. 아이들 말투에 **괘념**을 **마**세요.
> 　　아이들 말투에 **괘념 마**세요.
> 　　ㄴ. 나는 그 일에 **괘념**을 **않**는다.
> 　　나는 그 일에 **괘념 않**는다.

‘괘념’은 부정 낱말 가운데 ‘아니다’, ‘없다’를 가려잡기도 한다. ‘아니다’, ‘없다’가 ‘괘념을’ 직접적으로 요구하지는 않지만 부정월 가운데 이들 부정 낱말이 쓰이면 적격한 월이 된다.

> (18) ㄱ. 영수가 이런 소문에 **괘념**을 할 사람이 **아니**다.
> 　　ㄴ. 이 문제에 대하여는 **괘념**을 할 것이 **없**다.

이와 같이 ‘괘념’은 부정월에서 적격하게 쓰이되, 뒤에 놓이는 토씨와 풀이씨에 제약이 심하며, 단순부정에서만 적격하게 쓰이는 제약을 보인다.

2.3.5 기탄(忌憚)

<어렵게 여겨 꺼림>의 뜻을 지닌 이름씨 ‘기탄’은 주로 부정월에서 쓰이는 제약이 따라 긍정월에서 쓰이면 부적격해진다.

> (19) ㄱ. *그와 나 사이에는 **기탄**이 있다.
> 　　ㄴ. 그와 나 사이에는 **기탄**이 **없**다.

---

31) 이름씨 가운데 뒤에 ‘을 하다’가 놓이는 경우, 이와 같이 ‘하지’가 생략될 수 있고 ‘을’도 생략될 수 있는 것이 보편적이다. ‘걱정’의 보기를 들면 다음과 같다.
걱정을 하지 않는다./마라. → 걱정을 않는다./마라. → 걱정 않는다./마라.

'기탄'은 부정월을 가려잡지만, '기탄'이 적격하게 쓰이기 위해서는 뒤에 토씨 '이'가 놓여야 하며, 풀이씨로는 부정 낱말 '없(다)'가 놓여야 하는 제약이 따른다. 토씨 '이' 자리에는 도움토씨도 놓일 수 없다. 곧 '기탄'은 '기탄이 없-'이란 통사적 짜임새로 쓰이는 특성을 보인다. 이 조건을 지키지 않으면 부적격한 월이 된다.

통사적 짜임새인 '기탄이 없다'에서 '이'가 삭제된 다음 낱말 되기 과정을 거쳐 부정 낱말 '기탄없다'가 도출되며, 여기에 어찌씨 파생가지 '-이'가 결합하여 파생어찌씨 '기탄없이'가 도출되었다.

(20) ㄱ. 나는 무슨 일이 생겨도 **기탄없다**.
ㄴ. 우리 **기탄없이** 이야기해 보자.

(20)에서 '기탄없다'와 '기탄없이'는 뜻에서 별다른 차이 없이 통사적 짜임새인 '기탄이 없다'와 '기탄이 없이'로 환원될 수 있다.

'기탄'은 부정월에서 쓰이지만, 반어법을 실현하는 긍정의 물음월에서도 쓰일 수 있다.

(21) 너와 나 사이에 무슨 **기탄**이 있니?

(21)은 표면적으로 긍정의 물음월이지만 내재적으로는 부정의 베풂월로 해석되어, 반어법을 실현하는 월에 해당된다. (21)의 내재적 의미를 다시 쓰면 (22)와 같다.

(22) [너와 나 사이에 아무 기탄이 없다.]

(21)은 형식상으로는 긍정의 물음월이지만, 내재적으로는 (22)와 같이

부정의 베풂월로 이해되는 반어법 물음월에서 쓰일 수 있기 때문에 '기탄'은 부정 표현을 가려잡는 낱말에 해당한다.

이와 같이 '기탄'은 특수한 통사적 짜임새인 '기탄이 없-'의 부정월에서만 적격하게 쓰일 수 있으며, 형식상으로는 긍정의 물음월이지만, 내재적으로는 부정의 베풂월로 해석되는 반어법 물음월에서 쓰일 수 있다.

2.3.6 대수

<①대단하고 중요한 일. ②최상의 일>의 뜻을 지닌 이름씨 '대수'는 부정월에서 적격하게 쓰여 긍정월에서 쓰이면 부적격해지는 특성을 지닌다.

(23) ㄱ. *동생은 형을 **대수**로 여긴다.
　　 ㄴ. 동생은 형을 **대수**로 여기**지 않**는다.

(23)에서와 같이 '대수'는 부정월에서 적격하게 쓰이되, 뒤에 토씨 '로'가 놓여야 하고, 풀이씨로는 '여기다', '생각하다' 따위가 놓이는 제약이 따른다. 토씨 '로' 자리에는 대치될 수 있는 도움토씨는 없다. 또한 뒤에 토씨 '가'가 놓이고, 풀이씨로 '아니다'가 놓이는 경우에도 적격하게 쓰인다. 토씨 '가' 자리에 도움토씨 '도'가 놓이더라도 적격성에는 영향을 미치지 않는다. '이다'가 놓이는 경우에 '대수'가 쓰이면 부적격해진다.

(24) ㄱ. *돈만 있으면 **대수**이다.
　　 ㄴ. 성공만 하면 이까짓 일은 **대수**가 **아니**다.

'대수'는 극히 제한된 긍정월에서 쓰이기도 하는데, 형식상 반어법을 실현하는 긍정의 물음월에서 적격하게 쓰일 수 있다.

(25) ㄱ. 요즘 세상에 선생을 **대수**로 여기겠어?
ㄴ. 돈만 있으면 **대수**인가?

(25)은 표면적으로 긍정의 물음월이지만 내재적으로는 부정의 베풂월로 해석되는 부정 표현으로, 반어법을 실현하는 월에 해당된다. (25)의 내재적 의미를 다시 쓰면 (26)과 같다.

(26) ㄱ. [요즘 세상에 선생을 대수로 여기**지 않**을 것이다.]
ㄴ. [돈만 있다고 대수가 **아니**다.]

(25)는 긍정의 물음월이지만 내재적으로 베풂월인 (26)으로 해석되어, '대수'가 적격하게 쓰이는 부정 표현의 조건에 들어맞는다.

이와 같이 '대수'는 특수한 통사적 짜임새에서만 적격하게 쓰일 수 있으며, 형식상으로는 긍정의 물음월이지만, 내재적으로는 부정의 베풂월로 해석되는 반어법 물음월에서 쓰일 수 있다.

2.3.7 더이상(以上)[32]

'더이상'은 <지금의 상태나 단계보다 더 많이>의 뜻을 지닌 어찌씨와 <어떤 상태나 단계에 이른 일에 대해 그보다 더 크거나 많은 것>의 뜻

---

32) 『연』과 『고』에는 '더이상'이 어찌씨와 이름씨로 올림말로 올라 있다. 『표』에는 올림말로 올라 있지 않다. 한 낱말로 처리하지 않고 통사적 짜임새인 '더 이상'으로 본 것으로 추정된다.

을 지닌 이름씨로, 어찌씨인 '더이상'도 부정월을 가려잡으며,[33] 이름씨 '더이상'도 부정월을 가려잡아 긍정월에서 쓰이면 부적격해진다.

(27) ㄱ. ***더이상**의 지원은 있다.
ㄴ. **더이상**의 지원은 **없**다.

(27)에서와 같이 이름씨 '더이상'이 긍정월에서 쓰이면 부적격해지고, 부정월에서 쓰여야 적격해진다. 이름씨 '더이상'은 부정월에서 쓰이더라도 제약이 따른다. '더이상' 뒤에는 토씨 '의'가 놓여야 한다.[34] '의' 자리에 대치되어 쓰일 수 있는 자리토씨나 도움토씨는 없다. 또한 '더이상의'의 수식을 받는 이름씨 뒤에는 임자자리토씨나 부림자리토씨가 놓일 수 있지만 도움토씨 '은'이 놓이는 것이 더 자연스럽다.

(28) ㄱ. **더이상의** 실랑이**는**(가) 무의미하다.
ㄴ. **더이상의** 실수**는**(를) 용납하**지 않**겠다.

이름씨 '더이상'은 단순부정이건 능력부정이건 가리 않고 쓰일 수 있다. 의향법 종류에도 제약이 없어 부정의 함께함월이나 시킴월에서도 적격하게 쓰일 수 있다.

(29) ㄱ. **더이상**의 지원은 **안** 한다./하**지 않**는다.
ㄴ. **더이상**의 지원은 **못** 한다./하**지 못한**다.
ㄷ. **더이상**의 지원은 하**지 말**자./하**지 마**라.

---

33) 어찌씨 '더이상'의 쓰임에 관한 논의는 한길(2016) 참조.
34) '더이상' 뒤에 도움토씨 '은'이 놓이는 경우에는 이름씨에 해당하지 않고 어찌씨에 속한다. 일부 어찌씨 뒤에 '은'이 결합될 수 있는 것과 같다.
나는 그 일에 대해 **더이상** 말할 수가 없다.
나는 그 일에 대해 **더이상은** 말할 수가 없다.

이름씨 '더이상'은 통사적 짜임새 '**더이상**+의 꾸밈받는 이름씨+은 부정'으로 쓰이는 것이 일반적이다. 이 통사적 짜임새는 뜻에서 별다른 차이 없이 '꾸밈받는 이름씨+은 **더이상** 부정'으로 바뀌어 쓰일 수 있다.

(30) ㄱ. **더이상**의 지원은 **없**다.
　　→ 지원은 **더이상 없**다.
　　ㄴ. **더이상**의 지원은 **안** 한다./하**지 않**는다.
　　→지원은 **더이상 안** 한다./하**지 않**는다.

이렇게 변환이 가능한 것으로 미루어 보면, '더이상'은 본디 어찌씨였던 것이, 변환 과정에서 이름씨를 꾸미게 됨에 따라 '의'가 덧붙게 되어 이름씨의 용법으로 쓰이게 된 것으로 보는 것이 합리적이다. 곧 '더이상'이 본디 이름씨라면 토씨와의 결합에서 '의' 밖에도 결합 가능한 토씨가 있어야 하지만 토씨 결합에서 '의'만이 가능한 점을 통해 확인된다.

이와 같이 이름씨 '더이상'은 토씨 '의'가 결합되어 단순부정이건 능력부정이건 가리 않고 쓰일 수 있으며, 의향법 종류에도 제약이 없다.

2.3.8 두말

<①이랬다저랬다 하는 말. ②이러니저러니 불평을 하거나 덧붙이는 말>의 뜻을 지닌 이름씨 '두말'은 부정월에서 적격하게 쓰이는 특성을 지닌다. 따라서 긍정월에서 쓰이면 부적격해진다.

(31) ㄱ. *이번 일은 **두말**을 필요로 한다.
　　ㄴ. 이번 일은 **두말**을 필요로 하**지 않**는다.

'두말'은 단순부정이건 능력부정이건 가리지 않고 쓰일 수 있다. 의향법 종류에도 제약이 없어 부정의 함께함월이나 시킴월에서도 적격하게 쓰일 수 있다.

(32) ㄱ. 한 입으로 **두말**은 하**지 않**겠다.
　　 ㄴ. 한 입으로 **두말**은 하**지 못하**겠다.
　　 ㄷ. 한 입으로 **두말**은 하**지 말**자./하**지 마**라.

(32)에서 '하지'가 생략될 수 있으며, 토씨 '은'까지도 생략될 수 있다. 모두 생략된 월은 (33)과 같다.

(33) ㄱ. 한 입으로 **두말 않**겠다.
　　 ㄴ. 한 입으로 **두말 못하**겠다.
　　 ㄷ. 한 입으로 **두말 말**자./**마**라.

'두말'은 부정 낱말 '없다'가 쓰인 월에서도 적격하게 쓰인다.

(34) ㄱ. 처음부터 확실히 해야지 나중에 **두말**이 **없다**.
　　 ㄴ. 그는 어른의 말씀이면 **두말**이 **없이** 따른다.

통사적 짜임새 '두말이 없다'에서 토씨 '이'가 삭제된 다음 결합과정을 거쳐 <①이러니저러니 불평을 하거나 덧붙이는 말이 없다. ②이러니저러니 말할 필요도 없이 확실하다>의 뜻을 지닌 그림씨 '두말없다'가 도출되었다. '두말없다'의 줄기에 어찌씨 파생가지 '-이'가 결합하여 파생어 찌씨 '두말없이'가 도출되었다. (34)는 뜻에서 별다른 차이 없이 (35)로 바꾸어 쓸 수 있다.

(35) ㄱ. 처음부터 확실히 해야지 나중에 **두말없다**.

　　ㄴ. 그는 어른의 말씀이면 **두말없이** 따른다.

'두말'이 부정월에서 쓰이지만 극히 일부 긍정월에서도 적격하게 쓰이는 경우가 있다. 형식상으로 긍정의 물음월이만 내재적으로 부정의 베풂월이나 시킴월로 해석되는, 반어법을 실현하는 월에서 적격하게 쓰인다.

(36) ㄱ. 이제 와서 **두말**을 하면 어떻게 하니?

　　ㄴ. 왜 한 입으로 **두말**을 하니?

(36)은 형식상으로 긍정의 물음월이지만, 내재적인 의미에서 ㄱ은 부정의 베풂월로 해석되고, ㄴ은 부정의 시킴월로 해석된다. (36)의 내재적 의미를 다시 쓰면 (37)과 같다.

(37) ㄱ. [이제 와서 **두말**을 하면 **안** 된다.]

　　ㄴ. [한 입으로 두말을 하**지 마라**.]

(36)은 긍정의 물음월이지만 내재적으로 (37)로 해석되어 '두말'이 부정 표현에서 쓰인다는 조건에 들어맞는다.

이와 같이 '두말'은 단순부정이건 능력부정이건 가리지 않고 쓰일 수 있으며, 형식상으로는 긍정의 물음월이지만, 내재적으로는 부정의 베풂월이나 시킴월로 해석되는 반어법 물음월에서 쓰일 수 있다.

2.3.9 별도리(別道理)

<달리 어떻게 할 방법이나 수단>의 뜻을 지닌 이름씨 '별도리'는 부

정월에서 쓰인다. 일반적으로 긍정월에서 쓰이면 부적격해진다.

(38) ㄱ. *지금으로서는 **별도리**가 있다.
     ㄴ. 지금으로서는 **별도리**가 **없**다.

'별도리'가 부정월에서 쓰이더라도 극히 일부 부정월에서만 쓰이는 제약이 따른다. '별도리' 뒤에는 토씨 '가'가 놓이며, 그 뒤에 풀이씨로는 부정 낱말의 '없다'가 놓이는 제약이 따른다. 곧 주로 통사적 짜임새 '별도리가 없-'으로 쓰인다. 토씨 '가' 자리에 놓일 수 있는 도움토씨로는 '는'이 있다. '가'도 생략되어 쓰이는 경우가 많다.

(39) ㄱ. 이번 일은 나도 **별도리 없**다.
     ㄴ. 버스가 끊겨 **별도리 없**이 택시를 탔다.

(39)에서 '별도리'와 '없-'은 결합과정을 거쳐 '별도리없-'이란 그림씨가 도출되지 않기 때문에 (40)은 부적격한 월이 된다.

(40) ㄱ. *이번 일은 나도 **별도리**없다.
     ㄴ. *버스가 끊겨 **별도리**없이 택시를 탔다.

'별도리'는 반어법을 실현하는 긍정의 베풂월과 물음월에서 적격하게 쓰이기도 한다. 베풂월인 경우 마침씨끝으로는 '-어야지'가 주로 쓰여 통사적 짜임새 '별도리가 있어야지'를 이룬다. 물음월인 경우에는 통사적 짜임새 '별도리가 있+물음꼴 마침씨끝'으로 쓰인다.

(41) ㄱ. 나로서는 **별도리**가 있**어야지**.
     ㄴ. 나라고 **별도리**가 있나?

(41)에서 ㄱ은 형식상으로 긍정의 베풂월이지만 내재적으로 부정의 베풂월로 해석되고, ㄴ은 형식상으로 긍정의 물음월이지만 내재적으로 부정의 베풂월로 해석된다. (41)의 의미를 다시 쓰면 (42)와 같다.

(42) ㄱ. [나로서는 별도리가 **없다**.]
ㄴ. [나라고 별도리가 **없다**.]

(41)은 긍정의 베풂월과 물음월이지만 내재적으로 부정의 베풂월인 (42)로 해석되어, '별도리'가 적격하게 쓰이는 부정 표현의 조건에 들어맞는다.

이와 같이 '별도리'는 특수한 통사적 짜임새에서만 적격하게 쓰일 수 있으며, 형식상으로는 긍정의 베풂월과 물음월이지만, 내재적으로는 부정의 베풂월로 해석되는 반어법 물음월에서 쓰일 수 있다.

2.3.10 별차

<별다른 차이>의 뜻을 지닌 이름씨 '별차'는 (43)에서와 같이 부정월에서 쓰이며, 일반적으로 긍정월에서 쓰이면 부적격한 월이 된다.

(43) ㄱ. *수학 실력은 **별차**를 보인다.
ㄴ. 수학 실력은 **별차**를 보이**지 않**는다.

부정월을 가려잡는 '별차'는 긴 꼴이나 짧은 꼴의 단순부정에서 적격하게 쓰이며, 능력부정에서 쓰이면 부적격해진다. '별차'는 '없다', '아니다', '모르다' 등 부정의 풀이씨들이 쓰인 월에서도 적격하게 쓰이기도 한다.

(44) ㄱ. 수학 실력은 **별차가 없다**.

　　ㄴ. 약효에서는 **별차가 아니다**.

　　ㄷ. 약효에서는 **별차를 모르**겠다.

'별차'가 부정월을 가려잡기 때문에 (44)의 긍정월에서 '별차'가 쓰이게 되면 부적격한 월이 된다. 따라서 '별차'가 부정월을 가려잡음이 확인된다.

'별차'는 (45)에서와 같이 반어법을 실현하는 긍정의 베풂월과 물음월에서 적격하게 쓰이기도 한다. 베풂월인 경우 마침씨끝으로는 '-어야지'가 주로 쓰인다.

(45) ㄱ. 약효에서는 어디 **별차가 있어야지**.

　　ㄴ. 이 정도로 **별차가 있겠니**?

(45)에서 ㄱ은 형식상으로 긍정의 베풂월이지만 내재적으로 부정의 베풂월로 해석되고, ㄴ은 긍정의 물음월이지만 내재적으로 부정의 베풂월로 해석된다. (45)의 내재적 의미를 다시 쓰면 (46)과 같다.

(46) ㄱ. [약효에서는 **별차가 없다**.]

　　ㄴ. [이 정도로 **별차가 없다**.]

(45)는 긍정의 베풂월과 물음월이지만 내재적으로는 부정의 베풂월인 (46)으로 해석되어 '별차'가 적격하게 쓰이는 부정 표현의 조건에 들어맞는다.

이와 같이 '별차'는 단순부정에서 적격하게 쓰이며, 형식상으로는 긍정의 베풂월과 물음월이지만, 내재적으로는 부정의 베풂월로 해석되는 반어법 물음월에서 쓰일 수 있다.

2.3.11 보통내기

<만만하게 여길 만큼 평범한 사람>의 뜻을 지닌 이름씨 '보통내기'는 (47)에서와 같이 부정월에서 쓰이며, 일반적으로 긍정월에서 쓰이면 부적격한 월이 된다.

(47) ㄱ. *그 아이는 **보통내기**이다.
ㄴ. 그 아이는 **보통내기**가 **아니**다.

'보통내기'가 부정월에서 쓰이더라도 극히 일부 부정월에서만 쓰이는 제약이 따른다. '보통내기' 뒤에는 토씨 '가'가 놓이며, 그 뒤에 풀이씨로는 부정 낱말 '아니다'가 놓이는 제약이 따른다. 곧 주로 통사적 짜임새 '보통내기가 아니-'로 쓰인다. 토씨 '가' 자리에 놓일 수 있는 도움토씨로는 '는'이 있다.

'보통내기'는 반어법을 실현하는 긍정의 베풂월과 물음월에서 적격하게 쓰이기도 한다. 베풂월인 경우 마침씨끝으로는 '-어야지'가 주로 쓰여, 통사적 짜임새 '보통내기이어야지'를 이룬다. 물음월인 경우에는 통사적 짜임새 '보통내기이+물음꼴 마침씨끝'으로 쓰인다.

(48) ㄱ. 그 아이가 여간 **보통내기**이**어야지**.
ㄴ. 그 사람이 어디 **보통내기**입니까?

(48)에서 ㄱ은 형식상으로 긍정의 베풂월이지만 내재적으로 부정의 베풂월로 해석되고, ㄴ은 긍정의 물음월이지만 내재적으로 부정의 베풂월로 해석된다. (48)의 내재적 의미를 다시 쓰면 (49)와 같다.

(49) ㄱ. [그 아이는 여간 **보통내기**가 **아니**다.]

　　ㄴ. [그 사람이 **보통내기**가 **아닙**니다.]

　(48)은 긍정의 베풂월과 물음월이지만 내재적으로는 부정의 베풂월인 (49)로 해석되어, '보통내기'가 적격하게 쓰이는 부정월의 조건에 들어맞는다.

　'보통내기'는 반어법을 실현하는 긍정월만이 아니라 (50)과 같이 극히 일부 긍정월에서 쓰이기도 한다.

(50) ㄱ. **보통내기** 같으면 벌써 그만 두었을 것이다.

　　ㄴ. **보통내기**이라면 이미 포기했을 거야.

　(50)은 긍정월이지만 내용상으로는 (51)과 같이 부정의 뜻을 함의하기 때문에 일반적인 물음월과는 차이를 보인다.[35]

(51) ㄱ. [보통내기가 아니기 때문에 그만 두**지 않**았다.]

　　ㄴ. [보통내기가 아니기 때문에 포기하**지 않**았다.]

　따라서 (50)도 부정의 의미를 함의한다는 점에서 '보통내기'가 부정 표현에서 쓰인다는 점은 유효하다.

　이와 같이 '보통내기'는 특수한 통사적 짜임새인 '보통내기가 아니-'로 쓰인다. 반어법을 실현하는 긍정의 베풂월과 물음월에서 적격하게 쓰이기도 하며 부정의 뜻을 함의하는 일부 긍정월에서 쓰이기도 한다.

---

35) 일반적으로 긍정의 물음월에서 '보통내기'가 쓰이게 되면 당연히 부적격한 월이 된다.

2.3.12 본데

<보아서 배운 범절이나 솜씨 또는 지식>의 뜻을 지닌 이름씨 '본데'는 (52)에서와 같이 부정월에서 쓰이며, 긍정월에서 쓰이면 부적격해진다.

(52) ㄱ. *저분은 **본데**가 있는 사람이다.
ㄴ. 저분은 **본데**가 **없는** 사람이다.

'본데'가 부정월에서 쓰이더라도 극히 일부 부정월에서만 쓰이는 제약이 따른다. '본데' 뒤에는 토씨 '가'가 놓이며, 그 뒤에 풀이씨로는 부정낱말 '없다'가 놓이는 제약이 따른다. 따라서 '본데'는 통사적 짜임새 '본데가 없-'으로 주로 쓰인다. 토씨 '가'는 생략되어 쓰일 수 있으며, '본데'와 '없-'이 결합과정을 거쳐 <보고 배운 것이 없어 예의나 지식 따위가 없다>의 뜻을 지닌 합성그림씨 '본데없다'가 도출되었다. '본데없다'의 줄기에 어찌씨 파생가지 '-이'가 결합하여 파생어찌씨가 도출되었다.

(53) ㄱ. 그 아이는 **본데없는** 놈 같다.
ㄴ. 그 아이는 **본데없이** 자랐다.

'본데'는 반어법을 실현하는 긍정의 베풂월과 물음월에서 적격하게 쓰이기도 한다. 베풂월인 경우 마침씨끝으로는 '-어야지'가 주로 쓰여 통사적 짜임새 '본데가 있어야지'를 이룬다.

(54) ㄱ. 그 아이가 어디 **본데가 있어야지**.
ㄴ. 요즘 학생들이 어디 **본데가 있겠어**?

(54)는 형식상으로 긍정의 베풂월과 물음월이지만 내재적인 의미에서 부정의 베풂월로 해석된다. (54)의 의미를 다시 쓰면 (55)와 같다.

(55) ㄱ. [그 아이가 본데가 **없**다.]
　　 ㄴ. [요즘 학생들은 본데가 **없**을 것이다.]

(54)는 긍정의 베풂월과 물음월이지만 내재적으로는 부정의 베풂월인 (55)로 해석되어 '본데'가 적격하게 쓰이는 부정 표현의 조건에 들어맞는다.

이와 같이 '본데'는 부정 표현을 가려잡는 이름씨로, 주로 특수한 통사적 짜임새 '본데가 없-'으로 쓰인다. 반어법을 실현하는 긍정의 베풂월과 물음월에서 적격하게 쓰이기도 한다.

2.3.13 상종

<서로 따르며 친근하게 지냄>의 뜻을 지닌 이름씨 '상종'은 (56)에서와 같이 부정월에서 쓰이며, 긍정월에서 쓰이면 부적격해진다.

(56) ㄱ. *나는 저런 사람과 **상종**을 한다.
　　 ㄴ. 나는 저런 사람과 **상종**을 하**지 않**는다.

'상종'은 단순부정이나 능력부정을 가리지 않으며, 부정의 함께함월이나 시킴월에서도 쓰일 수 있다. '상종'은 뒤에 놓이는 토씨와 풀이씨에 제약이 따른다. 토씨로는 주로 '을'이 놓이며, 풀이씨로는 '하다'가 놓인다. '을' 자리에는 도움토씨 '도' 따위가 놓이기도 한다.

(57) ㄱ. 나는 비겁한 사람과는 **상종**을 하**지 않**는다.

ㄴ. 저분은 **상종**을 하**지 못할** 사람이다.

ㄷ. 저런 사람과는 **상종**을 하**지 말**자./하**지 마**라.

(57)에서 토씨 '을'이 생략되거나, '하지'가 생략되거나, '을 하지'가 모두 생략되어 쓰이기도 한다. (58)은 (57)에서 '을 하지'가 모두 생략된 월이다.

(58) ㄱ. 나는 비겁한 사람과는 **상종 않**는다.

ㄴ. 저분은 **상종 못**할 사람이다.

ㄷ. 저런 사람과는 **상종 말**자./**마**라.

'상종'은 부정월에서 적격하게 쓰이지만, 반어법을 실현하는 긍정의 물음월에서 적격하게 쓰이기도 한다.

(59) ㄱ. 누가 저런 사람과 **상종**을 하니?

ㄴ. 저런 사람과 왜 **상종**을 하니?

(59)는 형식상으로 긍정의 물음월이지만, 내재적 의미로 보면, ㄱ은 부정의 베풂월로 해석되고 ㄴ은 부정의 시킴월로 해석된다. (59)의 내재적 의미를 다시 쓰면 (60)과 같다.

(60) ㄱ. [아무도 저런 사람과 상종을 하**지 않**는다.]

ㄴ. [저런 사람과 상종을 하**지 마**라.]

따라서 (59)도 부정의 뜻을 함의하기 때문에 '상종'이 부정 표현에서 쓰인다는 점은 유효하다.

이와 같이 '상종'은 단순부정이나 능력부정을 가리지 않고 가려잡으며,

부정의 함께함월이나 시킴월에서도 쓰일 수 있다. 부정의 베풂월이나 시킴월로 해석되는, 반어법을 실현하는 긍정의 물음월에서 적격하게 쓰이기도 한다.

2.3.14 숨김[36]

'숨김'을 이름씨로 처리한 『한』을 제외한 대다수 사전에서는 '숨김'을 이름씨로 처리하지 않고 움직씨 '숨기다'의 이름꼴 끝바꿈으로 보아 올림말로 싣지 않은 것으로 보인다. '숨김'이 이름꼴 끝바꿈인 경우도 있지만 이름씨 파생가지 '-ㅁ'이 결합하여 도출된 파생이름씨 '숨김'이 있음이 분명하다.

> (61) ㄱ. 나는 철수가 잘못을 **숨김**을 눈치 챘다.
> ㄴ. 조금의 **숨김**도 **없**다.

(61)에서 ㄱ의 '숨김'은 이름씨가 아니라 '숨기다'의 이름꼴 끝바꿈으로 안김월의 풀이말로서의 기능을 수행하면서 이름마디 안김월로 기능을 하게 하는 역할을 한다. 이런 기능이 풀이씨의 이름꼴 끝바꿈의 일반적 특성에 해당한다. 따라서 ㄱ의 '숨김'은 이름씨가 아니고 움직씨임이 확실하다. ㄴ의 '숨김'은 풀이말로서의 기능과 이름마디 안김월을 이끄는 기능을 가지는 것이 아니라 일반 이름씨와 같은 기능을 담당하다. 곧 매김말의 꾸밈을 받을 수 있으며, 어찌씨의 꾸밈을 받을 수 없다는 점이

---

36) 『표』를 비롯해 『연』과 『고』에는 '숨김'이 올림말로 올라 있지 않다. 『한』에는 이름 씨로 올라 있다. '숨김'이 풀이말의 역할을 하지 않는 점에서 이름씨로 보는 것이 합리적이다.

다.37) 이 장의 연구 대상은 이름씨인 ㄴ의 '숨김'으로 한정된다.

<숨기는 일>의 뜻을 지닌 이름씨 '숨김'은 (62)에서와 같이 부정월에서 적격하게 쓰이며 긍정월에서 쓰이면 부적격해진다.

> (62) ㄱ. *그것은 **숨김**이 있는 거짓이다.
> ㄴ. 그것은 **숨김**이 <u>없</u>는 사실이다.

'숨김'이 부정월에서 쓰이더라도 극히 일부 부정월에서만 쓰이는 제약이 따른다. '숨김' 뒤에는 토씨 '이'가 놓이며, 그 뒤에 풀이씨로는 부정 낱말 '없다'가 놓이거나 뒤에 부정이 놓이는 '있다'가 놓이는 제약이 따른다. 따라서 '숨김'은 통사적 짜임새 '숨김이 없-'이나 '숨김이 있- +부정'으로 주로 쓰인다. 토씨 '이'는 생략되어 쓰일 수 있으며, '이' 자리에는 도움토씨 '는', '도', '이라곤' 따위가 놓일 수 있다.

> (63) ㄱ. 철수는 자신의 실수를 **숨김**이 <u>없</u>이 털어놓았다.
> ㄴ. 조금의 **숨김**이라도 <u>있</u>어서는 <u>안</u> 된다.

통사적 짜임새인 '숨김이 없다'에서 토씨 '이'가 삭제된 다음 결합과정을 거쳐 <남에게 감추어지지 않은 상태에 있다>의 뜻을 지닌 합성그림씨 '숨김없다'가 도출되었다. '숨김없다'의 줄기에 어찌씨 파생가지 '-이'가 결합하여 파생어찌씨 '숨김없이'가 도출되었다.

> (64) ㄱ. 그는 **숨김**이 <u>없</u>는 태도를 보였다.
> → 그는 **숨김없는** 태도를 보였다.
> ㄴ. 내가 묻는 말에 **숨김**이 <u>없</u>이 내답해.

---

37) 이와 반대로 '숨기다'의 이름꼴 꼴바꿈인 '숨김'은 매김씨의 꾸밈을 받지 못하고 어찌씨의 꾸밈을 받는다.

→내가 묻는 말에 **숨김없이** 대답해.

'숨김'은 부정월에서 쓰이지만, (65)에서와 같이 반어법을 실현하는 긍정의 물음월에서 적격하게 쓰이기도 한다.

(65) 내가 무슨 **숨김**이 있겠니?

(65)는 형식상으로 긍정의 물음월이지만, 내재적 의미로 보면 부정의 베풂월로 해석된다. (65)의 내재적 의미를 다시 쓰면 (66)과 같다.

(66) [나는 아무런 **숨김**이 **없**다.]

따라서 (65)도 부정의 뜻을 함의한다는 점에서 '숨김'이 부정 표현에서 쓰인다는 점은 유효하다.

이와 같이 이름씨 '숨김'은 통사적 짜임새 '숨김이 없-'이나 '숨김이 있-+부정'으로 주로 쓰인다. 부정의 베풂월로 해석되는, 반어법을 실현하는 긍정의 물음월에서 적격하게 쓰이기도 한다.

2.3.15 스스럼[38]

<조심하거나 어려워하는 마음이나 태도>의 뜻을 지닌 이름씨 '스스럼'은 (67)에서와 같이 부정월에서 적격하게 쓰이며 긍정월에서 쓰이면 부적격해진다.

---

38) 『연』과 『고』에서는 '스스럼'을 낱말인 이름씨로 올림말로 실었지만, 『표』에서는 낱말로 올라 있지 않다.

(67) ㄱ. *그는 행동에 **스스럼**이 있었다.

ㄴ. 그는 행동에 **스스럼**이 **없**었다.

'스스럼'이 부정월에서 쓰이더라도 극히 일부 부정월에서만 쓰이는 제약이 따른다. '스스럼' 뒤에는 토씨 '이'가 놓이며, 그 뒤에 풀이씨로는 부정 낱말 '없다'가 놓이는 것이 자연스럽다. 따라서 '스스럼'은 주로 통사적 짜임새 '스스럼이 없-'으로 쓰인다. 토씨 '이'는 생략되어 쓰일 수 있으며, '이' 자리에는 도움토씨 '는', '도', '이라곤' 따위가 놓일 수 있다.

(68) ㄱ. 우리는 **스스럼**이라곤 **없**는 사이이다.

ㄴ. 우리는 **스스럼**이 **없**이 지내는 사이다.

통사적 짜임새인 '스스럼이 없다'에서 토씨 '이'가 삭제된 다음 결합과정을 거쳐 <조심하거나 부끄러운 마음이 없다>의 뜻을 지닌 합성그림씨 '스스럼없다'가 도출되었다. '스스럼없다'의 줄기에 어찌씨 파생가지 '-이'가 결합하여 파생어찌씨 '스스럼없이'가 도출되었다.

(69) ㄱ. 우리는 **스스럼없**는 사이이다.

ㄴ. 우리는 **스스럼없**이 지내는 사이다.

'스스럼'은 부정월에서 쓰이지만, 반어법을 실현하는 긍정의 물음월에서 적격하게 쓰이기도 한다.

(70) 우리 사이에 무슨 **스스럼**이 있겠니?

(70)은 형식상으로 긍정의 물음월이지만, 내재적으로 보면 부정의 베

품월로 해석된다. (70)의 내재적 의미를 다시 쓰면 (71)과 같다.

(71) [우리 사이에 아무런 **스스럼**이 **없다**.]

따라서 (70)도 부정의 뜻을 함의한다는 점에서 '스스럼'이 부정 표현에서 쓰인다는 점은 유효하다.

이와 같이 '스스럼'은 주로 통사적 짜임새 '스스럼이 없-'으로 쓰인다. 부정의 베풂월로 해석되는, 반어법을 실현하는 긍정의 물음월에서 적격하게 쓰이기도 한다.

2.3.16 아랑곳

<남의 일에 나서서 알려고 들거나 참견하거나 마음에 두고 생각하는 일>의 뜻을 지닌 이름씨 '아랑곳'은 (72)에서와 같이 부정월에서 적격하게 쓰이며 긍정월에서 쓰이면 부적격해진다.

(72) ㄱ. *그분은 그 일에는 **아랑곳**을 하였다.
ㄴ. 그분은 그 일에는 **아랑곳**을 하**지 않**았다.

'아랑곳'이 부정월에서 쓰이더라도 일부 부정월에서만 쓰이는 제약이 따른다. 곧 단순부정에서는 적격하게 쓰일 수 있지만, 능력부정에서 쓰이면 부적격해진다. '아랑곳' 뒤에 놓이는 토씨와 풀이씨에도 제약이 따른다. '아랑곳' 뒤에는 풀이씨로 '하다'와 '없다'가 놓이는 제약이 따른다. 풀이씨가 '하다'인 경우에는 부림자리토씨 '을'이, '없다'인 경우에는 임자자리토씨 '이'가 놓인다. '을'과 '이'는 생략될 수 있으며, 그 자리에 도움토씨 '도', '어라곤' 따위가 놓일 수 있다.

'아랑곳' 뒤에 놓이는 풀이씨가 '하다'인 경우를 보면, 통사적 짜임새인 '아랑곳을 하지 않-'이나 '아랑곳을 안 하-'로 쓰이는데, 앞인 경우 토씨 '을'이 생략되거나, '하지'가 생략되거나, '을 하지'가 모두 생략되어 쓰이기도 한다. (72ㄴ)에 가능한 생략형을 적용하면 (73)과 같다.

(73) ㄱ. 그분은 그 일에는 **아랑곳** 하**지 않**았다.
ㄴ. 그분은 그 일에는 **아랑곳**을 **않**았다.
ㄷ. 그분은 그 일에는 **아랑곳 않**았다.

(73ㄱ)에서 '아랑곳'과 '하-'는 결합과정을 거쳐 부정월에서 주로 쓰이는 합성움직씨 '아랑곳하다'가 도출되었다.

'아랑곳' 뒤에 놓이는 풀이씨가 '없다'인 경우를 보면, 통사적 짜임새인 '아랑곳이 없-'으로 쓰인다. 토씨 '이'는 생략될 수 있으며, 이 자리에 도움토씨 '도', '이라곤' 따위가 놓일 수 있다. '아랑곳'과 '없다'는 결합과정을 거쳐 <마음을 쓰거나 간섭하지 않다>란 뜻을 지닌 합성그림씨 '아랑곳없다'가 도출되었다. 아랑곳없다'의 줄기에 어찌씨 파생가지 '-이'가 결합하여 파생어찌씨 '아랑곳없이'가 도출되었다.

(74) ㄱ. 그는 내 이야기에는 **아랑곳없다**.
ㄴ. 추위에도 **아랑곳없이** 우리는 산에 올랐다.

'아랑곳'은 부정월에서 적격하게 쓰이지만, 반어법을 실현하는 긍정의 물음월에서 적격하게 쓰이기도 한다.

(75) ㄱ. 사장님이 우리 일에 **아랑곳**이나 하겠어?

ㄴ. 그분이 내 이야기에 **아랑곳**이 있겠어?

(75)는 형식상으로 긍정의 물음월이지만, 내재적 의미로 보면 부정의 베풂월로 해석된다. (75)의 내재적 의미를 다시 쓰면 (76)과 같다.

(76) ㄱ. [사장님이 우리 일에 **아랑곳**을 하**지 않**을 것이다.]
ㄴ. [그분이 내 이야기에 **아랑곳**이 **없**을 것이다.]

따라서 (75)도 부정의 뜻을 함의한다는 점에서 '아랑곳'이 부정 표현에서 쓰인다는 점은 유효하다.

이와 같이 '아랑곳'은 통사적 짜임새인 '아랑곳을 하지 않-'이나 '아랑곳을 안 하-', '아랑곳이 없-'으로 쓰이며, 부정의 베풂월로 해석되는, 반어법을 실현하는 긍정의 물음월에서 적격하게 쓰이기도 한다.

2.3.17 아무짝

<아무 방면>의 뜻을 지닌 '아무짝'은 이름씨에 해당하지만 토씨와의 결합에서 제약이 심하여 어찌자리토씨 '에'가 결합한 다음 그 뒤에 도움토씨 '도'가 결합되어 쓰이는 제약을 보인다. 곧 '아무짝에도'란 짜임새로만 쓰이며, 부정월을 가려잡는 통사적 특성을 지닌다. 따라서 '아무짝'이 긍정월에서 쓰이면 (77)과 같이 부적격해진다.

(77) ㄱ. *그것은 **아무짝**에도 쓰겠다.
ㄴ. *그는 **아무짝**에도 쓸모가 있는 인물이다.

(77)은 모두 긍정월로, '아무짝'이 쓰여 부적격한 월이 되었다. '아무짝' 자리에 부정월이건 긍정월이건 가리지 않는 이름씨가 놓이면 모두 적격한 월이 되는 것으로 보아, (77)이 부적격한 월이 된 것은 바로 '아무짝'에 원인이 있음이 확인된다. 곧 '아무짝'이 부정월을 가려잡는 '통제자'임이 분명하다. 부적격한 월인 (77)을 부정월로 바꾸면 (78)과 같이 모두 적격한 월이 된다.

(78) ㄱ. 그것은 **아무짝**에도 **못** 쓰겠다.
ㄴ. 그는 **아무짝**에도 쓸모가 **없**는 인물이다.

부정월에서 쓰이는 '아무짝'은 모든 부정월에서 적격하게 쓰이는 것은 아니고, 극히 심한 제약이 따른다. '아무짝' 뒤에는 어찌자리토씨 '에'에 도움토씨 '도'가 결합되어 한 몸처럼 쓰이며, 부정월에도 제약이 따라 (79)와 같이 단순부정은 가려잡지 않고 능력부정을 가려잡는다.

(79) ㄱ. *그것은 아무짝에도 **안** 쓰겠다./*쓰**지 않**겠다.
ㄴ. 그것은 아무짝에도 **못** 쓰겠다./쓰**지 못**하겠다.

'아무짝'이 능력부정을 가려잡더라도 풀이씨에 제약이 심하여 '쓰다' 등 극히 일부 풀이씨만 가려잡는다.

'아무짝' 뒤에 놓이는 '쓸모가 없다'와 '소용이 없다'에서 토씨가 생략된 다음 결합과정을 거쳐 합성그림씨 '쓸모없다'와 '소용없다'로 쓰이기도 한다.

(80) ㄱ. 평생을 보은 재산이지만 아무짝에도 **쓸모가 없다./쓸모없다**.
ㄴ. 망가진 이 의자는 아무짝에도 **소용이 없다./소용없다**.

'아무짝'은 부정월에서 쓰이지만, 반어법을 실현하는 긍정월에서는 쓰이지 않는 통사적 특성을 지닌다.

이와 같이 '아무짝'은 어찌자리토씨 '에'에 도움토씨 '도'가 결합되어 한 몸처럼 쓰이며, 부정월에도 제약이 따라 능력부정만을 가려잡는다. '아무짝'은 부정 낱말 가운데 '없다'를 가려잡지만, 제약이 따라 앞에 '쓸모', '소용'이 놓여 '쓸모가 없다', '소용이 없다'의 통사적 짜임새를 이루어 쓰인다.

2.3.18 이만저만

'이만저만'은 <이만하고 저만함>의 뜻을 지닌 이름씨와 <이만하고 저만한 정도로>의 뜻을 지닌 어찌씨가 있다. 이 둘을 구별할 수 있는 방법은 월에서 이름씨처럼 쓰이느냐, 어찌씨처럼 쓰이느냐에 따라 판별된다.

> (81) ㄱ. 이번 홍수로 손해가 **이만저만**이 **아니**다.
> ㄴ. 요즘 회사 사정이 **이만저만** 어려운 게 **아니**다.

(81)에서 ㄱ의 '이만저만'이 이름씨로, 이 장의 연구 대상이다. 이름씨 '이만저만'은 부정월을 가려잡기 때문에 긍정월에 쓰이면 부적격해진다.

> (82) ㄱ. *부모님들의 걱정이 **이만저만**이다.
> ㄴ. *아내의 불평이 **이만저만**이다.

(82)가 부적격한 것은 '이만저만'이 긍정월에서 쓰였기 때문이다. (82)를 부정월로 바꾸면 (83)과 같이 적격한 월이 되는 것으로 보아 '이만저만'이 부정월을 가려잡음이 확인된다.

(83) ㄱ. 부모님들의 걱정이 **이만저만**이 **아니**다.

　　ㄴ. 아내의 불평이 **이만저만**이 **아니**다.

‘이만저만’이 부정월에 쓰이더라도 모든 부정월에서 적격하게 쓰이는 것은 아니고 심한 통사적 제약이 따른다. ‘이만저만’이 적격하게 쓰일 수 있는 환경으로 뒤에 토씨 ‘이’가 결합되어야 하며, 그 뒤에 풀이씨 ‘아니다’가 놓여야 한다. 곧 통사적 짜임새 ‘이만저만이 아니-’로 한 몸처럼 쓰이게 된다.

‘이만저만’은 부정월에서 쓰이지만, (84)에서와 같이 반어법을 실현하는 긍정의 베풂월과 물음월에서 적격하게 쓰이기도 한다.

(84) ㄱ. 그의 노기가 **이만저만**이어야지.

　　ㄴ. 주식 투자자들의 걱정이 **이만저만**이겠니?

(83)은 형식상으로 긍정의 베풂월(ㄱ)과 물음월(ㄴ)이지만, 내재적 의미로 보면 부정의 베풂월로 해석된다. (84)의 내재적 의미를 다시 쓰면 (85)와 같다.

(85) ㄱ. [그의 노기가 **이만저만**이 **아니**다.]

　　ㄴ. [주식 투자자들의 걱정이 **이만저만**이 **아닐** 것이다.]

따라서 (84)도 부정의 뜻을 함의한다는 점에서 ‘이만저만’이 부정 표현에서 쓰인다는 점은 유효하다.

이와 같이 ‘이만저만’은 부정월을 가려잡되, 뒤에 토씨 ‘이’가 결합되어야 하며, 그 뒤에 풀이씨 ‘아니다’가 놓여 통사적 짜임새 ‘이만저만이 아니-’로 한 몸처럼 쓰이게 된다. 부정의 베풂월로 해석되는, 반어법을 실현하는 긍정의 베풂월과 물음월에서 적격하게 쓰이기도 한다.

2.3.19 일언반구(一言半句)[39]

<한 마디 말과 반 구절이라는 뜻으로, 아주 짧은 말을 이르는 말>의 뜻을 지닌 이름씨 '일언반구'는 (86)에서와 같이 부정월에서 쓰이며, 긍정월에서 쓰이면 부적격해진다.

> (86) ㄱ. *그 사건에 대해 그는 **일언반구**도 있었다.
> ㄴ. 그 사건에 대해 그는 **일언반구**도 **없었**다.

부정월에서 쓰이는 '일언반구'는 모든 부정월에서 적격하게 쓰이는 것은 아니고, 통사적 제약이 따른다. '일언반구'가 적격하게 쓰일 수 있는 환경으로 첫째, '일언반구' 뒤에는 토씨 '가'가 놓이며, 그 뒤에는 '없다'가 놓인다. '가' 자리에는 도움토씨 '도'가 대치되어 쓰이는 경우가 일반적이다. 곧 통사적 짜임새 '일언반구가/도 없-'으로 한 몸처럼 쓰이게 된다.

> (87) ㄱ. 그는 이번 일에 대해 **일언반구가 없**다.
> ㄴ. 그는 이번 일에 대해 **일언반구도 없**다.

(87ㄱ)에서 '가'가 생략될 수 있지만 '일언반구'와 '없다'가 결합과정을 거쳐 합성그림씨 '일언반구없다'가 도출되지는 않는다.

> (88) ㄱ. 그 일에 대해 **일언반구 없는** 그가 야속했다.
> → *그 일에 대해 **일언반구없는** 그가 야속했다.

---

39) '일언반사(一言反辭)'는 '일언반구'와 뜻 및 쓰임에서 별다른 차이가 없다.

ㄴ. 그는 내게 **일언반구 없이** 떠나갔다.

→*그는 내게 **일언반구없이** 떠나갔다.

둘째, '일언반구' 뒤에는 토씨 '의'가 결합된 다음, 특정의 이름씨 '대꾸, 의논, 해명 따위'가 놓이고, 그 뒤에 도움토씨 '도'가 결합되며 그 뒤에 부정 낱말 '없다'나 부정 형식이 놓인다. 토씨 '의'는 생략될 수 있다.

(89) ㄱ. 그는 이번 일에 대해서 **일언반구(의) 대꾸도** 없다./**하지 않**는다.

ㄴ. 그는 이번 일에 대해서 **일언반구(의) 의논도** 없다./**하지 않**는다.

ㄷ. 그는 이번 일에 대해서 **일언반구(의) 의논도** 없다./**하지 않**는다.

이와 같이 '일언반구'는 부정 표현을 가려잡는 이름씨로, '일언반구가/도 없-'이나 '일언반구의 대꾸(의논, 해명 …)도 부정' 등 특수한 통사적 제약 아래에서 쓰인다.

2.3.20 입추(立錐)

<송곳을 세우는 것>이란 뜻을 지닌 이름씨 '입추'는 (90)에서와 같이 부정월에서 적격하게 쓰이며, 긍정월에서 쓰이면 부적격해진다.

(90) ㄱ. *관람석은 **입추**의 여지가 있었다.

ㄴ. 관람석은 **입추**의 여지가 **없**었다.

부정월에서 쓰이는 '입추'는 모든 부정월에서 적격하게 쓰이는 것은 아니고, 극히 심한 통사적 제약이 따른다. '입추' 뒤에는 매김자리토씨 '의'가 결합되어야 하며, 그 뒤에는 이름씨 '여지'만 놓이고 그 뒤에는 토씨 '가'가 결합된다. 그 뒤에는 부정 낱말 '없다'가 놓이는 제약이 따른다. 곧 통사적 짜임새 '입추의 여지가 없-'으로 쓰인다. 토씨 '의'는 생략될 수 없으며, 토씨 '가' 자리에는 도움토씨 '도'가 놓일 수 있다.

> (91) ㄱ. 농구장은 팬으로 **입추의 여지가 없**다.
> → *농구장은 팬으로 **입추 여지가 없**다.
> ㄴ. 농구장은 팬으로 **입추의 여지도 없**다.
> → *농구장은 팬으로 **입추 여지도 없**다.

이와 같이 '입추'는 통사적 제약이 심하여, 통사적 짜임새 '입추의 여지가/도 없-'으로 한 몸처럼 쓰여 익은말을 이루게 된다.

2.3.21 주변머리[40)

<일을 주선하거나 변통하는 재주>의 뜻을 지닌 이름씨 '주변머리'는 '주변'의 속된 말로, '주변'과 달리 (92)에서와 같이 부정월에서 적격하게 쓰이며, 긍정월에서 쓰이면 부적격해진다.

> (92) ㄱ. *그에게는 그럴 만한 **주변머리**가 있었다.
> ㄴ. 그에게는 그럴 만한 **주변머리**가 **없**었다.

부정월에서 쓰이는 '주변머리'는 모든 부정월에서 적격하게 쓰이는 것은 아니고, 극히 심한 통사적 제약이 따른다. '주변머리' 뒤에는 토씨 '가'

---

40) 사전류에서는 '주변'이 속된 말로 정의되어 있다. '주변'은 긍정월이건 부정월이건 가리지 않고 쓰일 수 있지만, '주변머리'는 부정월에서 쓰이는 점에서 차이를 보인다.
ㄱ. 그는 **주변**이 좋아 사업을 잘 꾸리고 있다.
ㄴ. 그는 **주변**이 **없**는 사람이다.

가 결합되며, 그 뒤에는 부정 낱말 '없다'가 놓인다. '가' 자리에는 도움토씨 '도, 라곤' 따위로 대치될 수 있다. 토씨 '가'는 생략될 수 있지만, '주변머리'와 '없다'가 결합과정을 거쳐 합성그림씨 '주변머리없다'가 도출되지는 않는다.

(93) ㄱ. 그분은 참 **주변머리**(가/도/라곤) **없**다.
　　　→*그분은 참 **주변머리없**다.
　　ㄴ.이처럼 **주변머리**(가/도/라곤) **없**는 분은 처음 보네.
　　　→*이처럼 **주변머리없**는 분은 처음 보네.

곧 '주변머리'는 통사적 짜임새 '주변머리가/도/라도 없-'으로 한 몸처럼 쓰여 익은말을 이루게 된다.

'주변머리'는 일반적으로 통사적 짜임새 '주변머리가/도/라도 없-'으로 쓰이지만, 이 밖에 '주변머리' 다음에는 (94)와 같이 토씨 '로/로는'이 결합된 다음 능력부정으로 '- 지 못하다'와 '-을 수 없다'가 놓이기도 한다.

(94) ㄱ. 그 사람의 **주변머리로는** 그런 말을 **하지 못한**다.
　　ㄴ. 그 사람의 **주변머리로는** 그럴 수가 **없**었다.

'주변머리'는 부정월에서 쓰이지만, (95)에서와 같이 반어법을 실현하는 긍정의 베풂월과 물음월에서 적격하게 쓰이기도 한다.

(95) ㄱ. 젊은 사람이 **주변머리**라도 있어야지.
　　ㄴ. 그분이 어디 **주변머리**가 있겠니?

(94)은 형식상으로 긍정의 베풂월(ㄱ)과 물음월(ㄴ)이지만, 내재적 의미로 보면 부정의 베풂월로 이해된다. (95)의 내재적 의미를 다시 쓰면

(96)과 같다.

> (96) ㄱ. [젊은 사람이 **주변머리**도 **없다**.]
> ㄴ. [그분은 **주변머리**가 **없겠다**.]

따라서 (95)도 부정의 뜻을 함의한다는 점에서 '주변머리'가 부정 표현에서 쓰인다는 점은 유효하다.

이와 같이 '주변머리'는 주로 통사적 짜임새 '주변머리가/도/라도 없-'으로 한 몸처럼 쓰여 익은말을 이루게 된다. 부정의 베풂월로 해석되는, 반어법을 실현하는 긍정의 베풂월과 물음월에서 적격하게 쓰이기도 한다.

2.3.22 주체[41]

<잡스럽거나 귀찮은 것을 능히 처리함>의 뜻을 지닌 이름씨 '주체'는 (97)에서와 같이 부정월에서 적격하게 쓰이며, 긍정월에서 쓰이면 부적격해진다.

> (97) ㄱ. *일이 밀려도 **주체**를 할 수 있다.
> ㄴ. 일이 밀려 **주체**를 할 수 **없**다.

부정월에서 쓰이는 '주체'는 모든 부정월에서 적격하게 쓰이는 것은 아니고, 심한 통사적 제약이 따른다. '주체' 뒤에는 부림자리토씨 '를'이 결합되며, 그 뒤에는 부정 표현인 '할 수 없다'와 '하지 못하다'가 놓이는

---

41) <①어떤 일에 적극적으로 나서서 그 일을 주도해 나가는 세력. ②어떤 사안을 담당하는 사람. 또는 그러한 단체. ③자기를 의식하고 자기를 기준하여 객체를 판단하는 존재>의 뜻을 지닌 '주체'는 이와 별개의 낱말에 해당한다.

제약이 따른다. 곧 통사적 짜임새인 '주체를 할 수 없-/주체를 하지 못하-'
로 쓰인다.

통사적 짜임새인 '주체를 할 수 없-'에서 '를'이 생략된 다음 '주체'와
'하-'가 결합과정을 거쳐 <귀찮고 부담스러운 일을 거두어서 처리하다>
의 뜻을 지닌 합성움직씨 '주체하다'가 도출되었다.

    (98) ㄱ. 가슴이 **주체를 할 수 없**을 만큼 뛰었다.
       ㄴ. 가슴이 **주체할 수 없**을 만큼 뛰었다.

통사적 짜임새인 '주체를 하지 못하-'에서 '를'이 생략되고 '주체'와 '하-'
가 결합과정을 거쳐 합성움직씨가 도출될 수도 있으며, '하지'가 생략될
수도 있다. 또한 '를 하지'가 생략되어 쓰일 수도 있다.

    (99) ㄱ. 나는 일이 너무 밀려 **주체를 하지 못하**겠다.
       ㄴ. 나는 일이 너무 밀려 **주체하지 못하**겠다.
       ㄷ. 나는 일이 너무 밀려 **주체를 못하**겠다.
       ㄹ. 나는 일이 너무 밀려 **주체 못하**겠다.

'주체'는 부정월에서 쓰이지만, 반어법을 실현하는 긍정의 베풂월과 물
음월에서 적격하게 쓰이기도 한다.

    (100) ㄱ. 일이 너무 많아 **주체**를 할 수가 있어야지.
       ㄴ. 돈이 밀려들어 어디 **주체**를 할 수가 있겠니?

(100)은 형식상으로 긍정의 베풂월(ㄱ)과 물음월(ㄴ)이지만, 내재적으
로 보면 부성의 베풂월로 이해된다. (100)의 내재적 의미를 다시 쓰면
(101)과 같다.

(101) ㄱ. [일이 너무 많아 **주체**를 할 수가 **없**다.]

ㄴ. [돈이 밀려들어 **주체**를 할 수가 **없**다.]

따라서 (100)도 부정의 뜻을 함의한다는 점에서 '주체'가 부정 표현에서 쓰인다는 점은 유효하다.

이와 같이 '주체'는 주로 통사적 짜임새인 '주체를 할 수 없-/주체를 하지 못하-'로 쓰인다. 부정의 베풂월로 해석되는 반어법을 실현하는 긍정의 베풂월과 물음월에서 적격하게 쓰이기도 한다.

2.3.23 터무니

<정당한 이유나 근거>의 뜻을 지닌 이름씨 '터무니'는 부정월에서 적격하게 쓰이며, 긍정월에서 쓰이면 부적격해진다.

(102) ㄱ. *그의 발언은 **터무니**가 있는 내용이었다.

ㄴ. 그의 발언은 **터무니**가 **없**는 내용이었다.

부정월에서 쓰이는 '터무니'는 모든 부정월에서 적격하게 쓰이는 것은 아니고, 심한 통사적 제약이 따른다. '터무니' 뒤에는 임자자리토씨 '가'가 결합되며, 그 뒤에는 부정 낱말 '없다'가 놓이는 제약이 따른다. 곧 통사적 짜임새인 '터무니가 없-'으로 쓰인다. '가' 자리에는 도움토씨 '도'가 결합될 수 있다.

통사적 짜임새인 '터무니가 없-'에서 '가'가 생략된 다음 '터무니'와 '없-'이 결합과정을 거쳐 <정당한 이유 없이 허황하고 엉뚱하다>의 뜻을 지닌 합성그림씨 '터무니없다'가 도출되었다. '터무니없다'의 줄기에 어찌씨 파생가지 '-이'가 결합하여 파생어찌씨 '터무니없이'가 도출되었다.

(103) ㄱ. 주인은 집값을 **터무니없게** 많이 불렀다.
　　　ㄴ. 옷값이 **터무니없이** 비싸다.

'터무니'는 부정월에서 쓰이지만, 반어법을 실현하는 긍정의 베풂월에서 적격하게 쓰이기도 한다.

(104) 말을 지어내도 **터무니**가 있어야지.

(104)는 형식상으로 긍정의 베풂월이지만, 내재적 의미로 보면 부정의 베풂월로 해석된다. (104)의 내재적 의미를 다시 쓰면 (105)와 같다.

(105) [말을 지어내도 **터무니**가 **없**다.]

따라서 (104)도 부정의 뜻을 함의한다는 점에서 '터무니'가 부정 표현에서 쓰인다는 점은 유효하다.

이와 같이 '터무니'는 주로 통사적 짜임새인 '터무니가 없-'으로 쓰인다. 부정의 베풂월로 해석되는 긍정의 베풂월에서 적격하게 쓰이기도 한다.

2.3.24 하등(何等)[42]

<어떠한 것. 아무런 것. 아무것>의 뜻을 지닌 이름씨 '하등'은 부정월에서 적격하게 쓰이며, 긍정월에서 쓰이면 부적격해진다.

---

[42] 부정월을 가려잡는 어찌씨 '하등'에 관하여는 한길(2016) 참조.

(106) ㄱ. *너는 **하등**의 잘못이 있다.

ㄴ. 너는 **하등**의 잘못이 **없다**.

부정월에서 쓰이는 '하등'은 모든 부정월에서 적격하게 쓰이는 것은 아니고, 심한 통사적 제약이 따른다. '하등' 뒤에는 매김자리토씨 '의'가 놓이며, 뒤에는 부정 표현이 놓이는데, 부정 낱말 '없다'가 주로 놓이며, 단순부정이나 능력부정이 놓일 수 있다. '의' 자리에는 어떤 토씨로도 대치될 수 없는 제약이 따른다.

(107) ㄱ. 그와 나는 **하등의** 관계도 **없다**.

ㄴ. 그는 **하등의** 부끄러움도 느끼**지 않**는다.

ㄷ. 그런 건 모두 **하등의** 문제가 되**지 못한**다.

이와 같이 '하등'은 부정월을 가려잡되, 뒤에는 매김자리토씨 '의'가 놓여야 하며, 뒤에는 부정 표현이 놓이는데, 부정 낱말 '없다'가 주로 놓인다. 단순부정이나 능력부정이 놓일 수도 있다.

2.4 뭇뜻 가운데 일부가 부정 표현을 가려잡는 이름씨

2.4.1 경황(景況)

<①자세히 살펴볼 수 있는 여유. ②자세히 살펴볼 여유가 없는 급한 상황>의 뜻을 지닌 '경황'은 뜻에 따라 긍정월에서도 쓰이기도 하고 부정월에서 쓰이기도 한다. ②의 '경황'은 (108)에서와 같이 긍정월에서도 쓰인다.

(108) ㄱ. 아버지는 그 **경황** 속에서도 가문을 생각했다.

ㄴ. 저분은 이런 **경황** 중에서도 체면을 차린다.

②의 '경황'이 긍정월에서 적격하게 쓰이는 경우에도 일정한 제약이 따른다. 곧 (108)과 같은 조건에서만 적격하게 쓰일 수 있다. 긍정월에서 적격하게 쓰이는 ②는 이 장의 논의 대상에서 제외된다.

①의 '경황'은 부정월에서 적격하게 쓰인다. 일반적으로 긍정월에서 쓰이면 (109)의 ㄴ과 같이 부적격해진다.

(109) ㄱ. 너무 바빠서 제대로 인사할 **경황**이 **없다**.

ㄴ. *너무 한가해서 인사할 **경황**이 있다.

①의 '경황'은 부정월을 가려잡지만, '경황'이 적격하게 쓰이기 위해서는 뒤에 토씨 '이'가 놓여야 하며, 풀이말로는 부정 낱말 '없다'가 놓여야 하는 제약이 따른다. 토씨 '이' 자리에는 도움토씨 '도', '조차'가 놓일 수 있다. 이 조건을 지키지 않으면 부적격한 월이 된다.

통사적 짜임새인 '경황이 없다'는 '이'가 삭제된 다음 결합과정을 거쳐 <몹시 바쁘거나 괴롭거나 하여 정신적인 여유나 시간적인 겨를이 없다>의 뜻을 지닌 합성그림씨 '경황없다'가 도출되며, '경황없다'의 줄기에 어찌씨 파생가지 '-이'가 결합하여 파생어찌씨 '경황없이'가 도출되었다.43)

①'의 경황은 형식상 반어법을 실현하는 긍정의 베풂월과 물음월에서도 쓰일 수 있다. 이 경우에도 월 짜임에 통사적 제약이 따른다. 곧 뒤에 토씨 '이'가 결합되어야 하며, 풀이씨로 '있다'가 쓰여야 적격한 월이 된다.

---

43) '인사할 **경황**이 **없다**.'에서 '**경황**이 **없다**'가 '경황없다'로 대치되어 쓰일 수는 없다. '경황없다'는 그림씨로 매김말의 꾸밈을 받을 수 없다.

(110) ㄱ. 너무 바빠서 **경황**이 있어야지.

　　　 ㄴ. 이 판국에 점심 먹을 **경황**이 어디 있나?

(110)에서 ㄱ은 표면적으로 긍정의 베풂월이지만 내재적으로는 부정의 베풂월로 해석되며, ㄴ은 표면적으로 긍정의 물음월이지만 내재적으로는 부정의 베풂월로 해석되어, ㄱ과 ㄴ은 반어법을 실현하는 월에 해당된다. (110)의 내재적 의미를 다시 쓰면 (111)과 같다.

(111) ㄱ. [너무 바빠서 **경황**이 **없**다.]

　　　 ㄴ. [이 판국에 점심 먹을 **경황**이 **없**다.]

(110)은 형식상으로는 긍정의 베풂월(ㄱ)과 긍정의 물음월(ㄴ)이지만, 내재적으로는 부정의 베풂월로 해석되는 반어법 베풂월에서 쓰일 수 있기 때문에 ①의 '경황'이 부정 표현에서만 쓰임은 확실하다.

이와 같이 ①의 '경황'은 주로 통사적 짜임새인 '경황이 없다'로 쓰인다. 부정의 베풂월로 해석되는, 반어법을 실현하는 긍정의 베풂월과 물음월에서도 쓰일 수 있다.

2.4.2 구김살

<①구겨져서 생긴 잔금. ②일 따위가 순조롭지 못하고 지장이 있는 상태. ③표정이나 성격에 서려 있는 그늘지고 뒤틀린 모습>의 뜻을 지닌 '구김살'은 ①과 ②의 뜻인 경우에는 긍정월이건 부정월이건 가리지 않고 쓰일 수 있지만, ③의 뜻인 경우에는 부정월에서만 적격하게 쓰이는 제약이 있다.

(112) ㄱ. 가. 양복에 **구김살**이 갔다.

　　　나. 양복에 **구김살**이 가**지 않**았다.

　　ㄴ. 가. 지역 경제에 **구김살**이 생겼다.

　　　나. 지역 경제에 **구김살**이 생기**지 않**았다.

　　ㄷ. 가. *아이들의 얼굴에는 **구김살**이 있다.

　　　나. 아이들의 얼굴에는 **구김살**이 **없**다.

　(112)에서 ㄱ의 '구김살'은 ①의 뜻이고, ㄴ의 '구김살'은 ②의 뜻으로, 긍정월이건 부정월이건 가리지 않고 '구김살'이 적격하게 쓰였음을 알 수 있다. 따라서 이들은 이 장의 논의 대상에서 제외된다. ㄷ의 '구김살'은 ③의 뜻으로 부정월에서는 적격하게 쓰였지만 긍정월에서는 부적격해졌다. 이를 통해 ③'구김살'은 부정월에서만 쓰이는 제약이 있음이 확인된다.

　③의 '구김살'이 부정월에서만 쓰이더라도 통사적 제약이 따른다. 주로 뒤에는 임자자리토씨 '이'가 놓이고 풀이씨로 '없다'가 놓여야 한다. 임자자리토씨 '이' 자리에는 도움토씨 '은', '도'가 놓이기도 한다.

　(113)에서 임자자리토씨 '이'가 삭제되더라도 적격한 월이 되지만 통사적 짜임새인 '구김살 없다'나 '구김살 없이'는 결합과정을 거쳐 '구김살없다'나 '구김살없이'가 도출되지는 않는다.

　(113) ㄱ. 가. **구김살**이 없는 아이들이 표정이 밝다.

　　　나. **구김살** 없는 아이들이 표정이 밝다.

　　　다. ***구김살**없는 아이들이 표정이 밝다.

　　ㄴ. 가. 아이들이 **구김살**이 없이 밝게 자랐다.

　　　나. 아이들이 **구김살** 없이 밝게 자랐다.

　　　다. *아이들이 **구김살**없이 밝게 자랐다.

이와 같이 ③의 '구김살'은 부정 표현에서 주로 쓰이지만, 주로 극히 제한된 통사적 짜임새인 '구김살이 없-'으로 쓰인다.

2.4.3 까닭

<①어떤 일이 있게 된 사정이나 이유. ②(의존적으로 쓰이어) 수, 리>의 뜻을 지닌 '까닭'은 뜻에 따라 쓰임에서 차이를 보인다. ①의 '까닭'은 (114)에서와 같이 긍정월이건 부정월이건 가리지 않고 쓰이더라도 적격한 월이 되어, 부정 표현을 가려잡는 이름씨에 해당하지 않는다.

> (114) ㄱ. 갑자기 고향으로 돌아온 **까닭**이 분명하다.
> ㄴ. 갑자기 고향으로 돌아온 **까닭**이 분명하**지 않**다.

②의 '까닭'은 부정월에서 적격하게 쓰이는 제약이 있다. 일반적으로 긍정월에서 쓰이면 부적격해진다.

> (115) ㄱ. *문학이 뭔지 알 **까닭**이 있다.
> ㄴ. 문학이 뭔지 알 **까닭**이 **없**다.

②의 '까닭'이 주로 부정월을 가려잡지만, '까닭'이 적격하게 쓰이기 위해서는 앞에는 매김꼴씨끝 '-을'이 놓이고 뒤에 토씨 '이'가 놓여야 하며, 풀이씨로는 부정 낱말 '없다'가 놓여야 하는 제약이 따른다. 앞에 놓이는 매김꼴씨끝은 '-을'만을 취하며, 반드시 요구되기 때문에 ②의 '까닭'은 의존성을 지니는 것으로 보아야 한다. 곧 ②의 '까닭'은 주로 '-을 까닭이 없-'이란 통사적 짜임새로 쓰이는 특성을 보인다. 이 조건을 지키지

않으면 부적격한 월이 된다.

②의 '까닭'은 부정월에서 쓰이지만, 반어법을 실현하는 긍정의 물음월에서도 쓰일 수 있다.

(116) 그분이 여기 올 **까닭**이 어디 있니?

(116)은 표면적으로 긍정의 물음월이지만 내재적 의미로는 부정의 베풂월로 해석되어, 반어법을 실현하는 월에 해당된다. (116)의 내재적 의미를 다시 쓰면 (117)과 같다.

(117) [그분이 여기에 올 **까닭**이 **없다**.]

(116)은 형식상으로는 긍정의 물음월이지만, 내재적 의미로는 (117)과 같이 부정의 베풂월로 해석되는 반어법 물음월에서 쓰이기 때문에 ②의 '까닭'이 부정 표현을 가려잡음은 유지된다.

이와 같이 ②의 '까닭'은 주로 '-을 까닭이 없-'이란 통사적 짜임새로 쓰인다. 부정의 베풂월로 해석되는, 반어법을 실현하는 긍정의 물음월에서도 쓰일 수 있다.

2.4.4 꾸밈

'꾸미다'의 줄기에 이름씨 파생가지 '-ㅁ'이 결합하여 도출된 이름씨 '꾸밈'은 <①꾸민 상태나 모양. 또는 꾸민 것. ②(어학 용어로) 임자씨나 풀이씨 따위에 밀려 그 말의 뜻을 더하거나 자세하게 설명하는 일>의 뜻을 지닌다. ②의 '꾸밈'은 (118)과 같이 긍정월에서건 부정월에서건 가리지 않고 쓰일 수 있어 제약이 따르지 않아 이 장의 논의 대상에서 제외된다.

(118) ㄱ. 이름씨는 관형사의 **꾸밈**을 받는다.
ㄴ. 관형사는 이름씨의 **꾸밈**을 받**지 않**는다.

①의 '꾸밈'은 부정월에서 적격하게 쓰이며, 긍정월에서 쓰이게 되면 부적격해진다. (119)를 통해 이를 확인할 수 있다.

(119) ㄱ. *그의 태도는 **꾸밈**이 있다.
ㄴ. 그의 태도는 **꾸밈**이 **없**다.

①의 '꾸밈'은 부정월에서 쓰이지만, 모든 부정월에서 적격하게 쓰일 수 있는 것은 아니고 극히 제한된 조건에서만 적격하게 쓰인다. ①의 '꾸밈' 뒤에는 '이'가 놓이며, 풀이씨로 '없다'가 놓여야 한다. 곧 주로 '꾸밈이 없다'란 통사적 짜임새를 이루어 사용되는 특성을 지닌다. '이' 자리에는 도움토씨 '은'이 놓일 수 있다. 통사적 짜임새인 '꾸밈이 없다'에서 '이'가 삭제된 다음 결합과정을 거쳐 <거짓이 없고 참되고 순수하다>의 뜻을 지닌 합성그림씨 '꾸밈없다'가 도출되었다. '꾸밈없다'의 줄기에 어찌씨 파생가지 '-이'가 결합하여 파생어찌씨 '꾸밈없이'가 도출되었다.

①의 '꾸밈'이 극히 제한된 조건을 갖춘 부정월에서 쓰이지만, 형식상 반어법을 실현하는 긍정의 물음월에서도 쓰일 수 있다.

(120) 어린아이의 얼굴에 무슨 **꾸밈**이 있겠느냐?

(120)은 표면적으로 긍정의 물음월이지만 내재적 의미로는 부정의 베

품월로 해석되어, 반어법을 실현하는 월에 해당된다. (120)의 내재적 의미를 다시 쓰면 (121)과 같다.

(121) [어린아이의 얼굴에 아무 **꾸밈**이 **없다**.]

(120)은 형식상으로는 긍정의 물음월이지만, 내재적으로는 (121)과 같이 부정의 베풂월로 해석되는 반어법 물음월에서 쓰일 수 있기 때문에 ①의 '꾸밈'이 부정 표현에서 쓰인다는 전제는 유지된다.

이와 같이 ①의 '꾸밈'은 주로 '꾸밈이 없-'이란 통사적 짜임새를 이루어 쓰인다. 부정의 베풂월로 해석되는, 반어법을 실현하는 긍정의 물음월에서도 쓰일 수 있다.

2.4.5 끄떡[44]

'끄떡'은 <고개나 손발 따위를 앞뒤로 또는 아래위로 세게 움직이는 모양을 나타내는 말>의 뜻을 지닌 어찌씨와 <(놀랍거나 어려운 일이 있을 때 나타내는) 몸의 작은 움직임>의 뜻을 지닌 이름씨가 있다. 어찌씨인 '끄떡'은 (122)에서와 같이 긍정월이건 부정월이건 가리지 않고 쓰일 수 있어 제약을 보이지 않는다.

(122) ㄱ. 그 개는 꼬리를 한번 **끄떡** 흔들었다.
　　　 ㄴ. 그 개는 꼬리를 한번도 **끄떡** 흔들**지 않**았다.

---

44) '끄떡'은 『표』와 『고』에는 이름씨로 올라 있지 않고, 어찌씨로만 올라 있다. 『연』에는 어찌씨와 이름씨로 별개의 올림말로 올라 있다.

이름씨인 '끄떡'은 (123)에서와 같이 부정월에서 적격하게 쓰이며, 긍정월에서 쓰이게 되면 부적격해진다. (123)을 통해 이를 확인할 수 있다.

(123) ㄱ. *조금 밀어도 **끄떡**을 한다.
      ㄴ. 힘껏 밀어도 **끄떡**을 하**지 않**는다.

이름씨인 '끄떡'은 단순부정이나 능력부정의 부정월에서 쓰이되, '끄덕' 뒤에는 부림자리토씨 '을'이 놓이고 풀이씨로는 '하다'가 놓인다. '을' 자리에는 도움토씨 '도'가 놓일 수 있다.

(124) ㄱ. 어떤 어려움에도 **끄떡**을 하**지 않**는다.
      ㄴ. 팔이 저려 **끄떡**을 하**지 못한**다.

(124)에서 '끄떡' 뒤에 놓인 '을 하지'가 삭제되더라도 (125)와 같이 적격한 월이 된다. (125)는 의미상 차이 없이 (124)로 환원될 수 있다.

(125) ㄱ. 어떤 어려움에도 **끄떡 않**는다.
      ㄴ. 팔이 저려 **끄떡** 못한다.

이름씨인 '끄떡'은 (126)과 같이 부정 낱말 '없다'가 쓰인 월에서도 적격하게 쓰일 수 있다. '끄떡' 뒤에는 토씨 '이'가 놓이며, '이' 자리에 도움토씨 '도'가 놓일 수도 있다.

(126) ㄱ. 웬만한 바람에도 **끄떡**이 **없**다.
      ㄴ. 이틀을 자지 않고 **끄떡**도 **없**이 버텼다.

통사적 짜임새인 '끄떡이 없다'는 '이'가 삭제된 다음 결합과정을 거쳐

<아무 변화나 탈도 생기지 않고 그대로 온전하다>의 뜻을 지닌 합성그림씨 '끄떡없다'가 도출되었다. '끄떡없다'의 줄기에 어찌씨 파생가지 '-이'가 결합하여 <아무 변화나 탈도 생기지 않고 그대로 온전히>의 뜻을 지닌 파생어찌씨 '끄떡없이'가 도출되었다.

'끄떡'이 특정한 조건 아래 단순부정과 능력부정, 부정 낱말 '없다'가 쓰인 부정월에서 쓰이지만, 형식상 반어법을 실현하는 긍정의 베풂월과 물음월에서도 쓰일 수 있다.45)

(127) ㄱ. 아무리 밀어도 **끄떡**을 해야지.
ㄴ. 우리가 설득한다고 그가 **끄떡**을 하겠니?

(127)은 표면적으로 긍정의 베풂월과 물음월이지만 내재적으로는 부정의 베풂월로 해석되어, 반어법을 실현하는 월에 해당된다. (127)의 내재적 의미를 다시 쓰면 (128)과 같다.

(128) ㄱ. [아무리 밀어도 **끄떡**을 하**지 않**는다.]
ㄴ. [우리가 설득하더라도 그가 **끄떡**을 하**지 않**을 것이다.]

(127)은 형식상으로는 긍정의 베풂월과 물음월이지만, 내재적으로는 (128)과 같이 부정의 베풂월로 이해되는 반어법 물음월에서 쓰일 수 있기 때문에 이름씨 '끄떡'이 부정 표현에서 쓰인다는 전제는 유지된다.

이와 같이 이름씨 '끄떡'은 단순부정이나 능력부정에서 쓰이되, 주로 '끄덕' 뒤에는 부림자리토씨 '을'이 놓이고 풀이씨로는 '하다'가 놓인다. 부정의 베풂월로 해석되는, 반어법을 실현하는 긍정의 베풂월과 물음월에서도 쓰일 수 있다.

---

45) 반어법 월인 경우에는 '을' 자리에 도움토씨 '도'가 놓일 수 없다.

2.4.6 물색

<①물건의 빛깔. ②어떤 기준으로 거기에 알맞은 사람이나 물건, 장소를 고르는 일. ③까닭이나 형편. ④자연의 경치>의 뜻을 지닌 '물색'은 ③의 뜻인 경우에 한하여 부정월에서 쓰인다. ③의 뜻인 '물색'이 긍정월에서 쓰이면 부적격해진다.

> (129) ㄱ. *전후 사정에 대하여 **물색**을 안다.
> ㄴ. 전후 사정에 대하여 **물색**을 **모른**다.

'물색③'은 부정월에서 쓰이더라도 극히 일부 부정월에서만 쓰이는 제약이 따른다. (129ㄴ)과 같이 부정 낱말이 '모르다'인 경우와 (130)과 같이 '없다'인 경우로 한정된다.

> (130) ㄱ. 나는 그의 **물색**이 **없는** 소리에 짜증이 났다.
> ㄴ. **물색**이 **없이** 설치**지 마라**.

곧 '물색'은 통사적 짜임새인 '물색을 모르-'나 '물색이 없-'으로 쓰이는 것이 일반적이다. 토씨 '을'과 '이'는 생략될 수 있으며, 그 자리에 도움토씨 '도'가 놓일 수 있다. 통사적 짜임새인 '물색이 없다'에서 토씨 '이'가 삭제된 다음 결합과정을 거쳐 <말이나 행동이 형편에 맞거나 조리에 닿지 아니하다>의 뜻을 지닌 합성그림씨 '물색없다'가 도출되었다. '물색없다'의 줄기에 어찌씨 파생가지 '-이'가 결합하여 파생어찌씨 '물색없이'가 도출되었다.

> (131) ㄱ. 나는 그의 **물색없는** 소리에 짜증이 났다.

ㄴ. **물색없이** 설치**지** 마라.

‘물색(을/도) 모르다’에서 토씨 ‘을/도’가 생략될 수 있지만 (132)에서와 같이 결합과정을 거쳐 합성움직씨 ‘물색모르다’가 도출되지는 않는다.

(132) ㄱ. **물색**(을/도) **모르**고 나서**지 마**라.
　　　ㄴ. ***물색**모르고 나서**지 마**라.

이와 같이 ‘물색③’은 부정 표현에서 쓰이지만, 극히 제한된 통사적 짜임새인 ‘물색을 모르-’나 ‘물색이 없-’으로 쓰이는 것이 일반적이다.

2.4.7 별것

<①특별한 것. ②드물고 이상한 물건. ③여러 가지 것. ④다른 것>의 뜻을 지닌 이름씨 ‘별것’이 쓰인 월의 보기를 들면 다음과 같다.

(133) ㄱ. 이번 사건은 **별것①**이 **아니**다.
　　　ㄴ. **별것②**을 다 보겠다.
　　　ㄷ. 벼룩시장에서는 **별것③**을 다 판다.
　　　ㄹ. 이 문제는 그것과는 **별것④**이다.

(133)에서 ‘별것①’은 주로 부정월에서 쓰인다. ‘별것①’이 부정월에서 쓰이더라도 극히 일부 부정월에서만 쓰이는 제약이 따른다. ‘별것①’ 뒤에는 토씨 ‘이’가 놓이고 그 뒤에 풀이씨로는 부정 낱말 ‘아니다’나 ‘없다’가 놓이는 제약이 따른다. 토씨 ‘이’ 자리에는 도움토씨 ‘도’와 ‘은’이 놓일 수 있다.

(134) ㄱ. **별것**이 **아닌** 일에 신경 쓰지 마라.
ㄴ. 반찬이라고는 **별것**이 **없**다.

(134)에서 토씨 '이'가 생략될 수 있지만 '별것 아니-'나 '별것 없-'이 '별것아니-'나 '별것없-'으로 어휘화하지는 않는다.

(135) ㄱ. **별것** 아닌 일에 신경 쓰**지 마**라.
→***별것**아닌 일에 신경 쓰**지 마**라.
ㄴ. 반찬이라고는 **별것 없**다.
→*반찬이라고는 **별것**없다.

'별것①'은 극히 제한된 긍정월에서 쓰이기도 하는데, (136)에서와 같이 형식상 반어법을 실현하는 긍정의 물음월에서 적격하게 쓰이기도 한다.

(136) ㄱ. 이번 사건은 뭐 **별것**이겠니?
ㄴ. 반찬이라고 **별것**이 있겠니?

(136)은 형식상으로 긍정의 물음월이지만, 내재적 의미로 부정의 베풂월로 해석된다. (136)의 내재적 의미를 다시 쓰면 (137)과 같다.

(137) ㄱ. [이번 사건은 별것이 **아닐** 것이다]
ㄴ. [반찬이라고 별것이 **없**을 것이다.]

(136)은 긍정의 물음월이지만 내재적으로 (137)로 해석되어 '별것①'이 적격하게 쓰이는 부정 표현의 조건에 들어맞는다. 따라서 '별것①'이 부정 표현에서 쓰인다는 전제는 유지된다.

이와 같이 ①의 '별것'은 주로 통사적 짜임새 '별것이 없-'이나 '별것이 아니-'로 쓰인다. 부정의 베풂월로 해석되는, 반어법을 실현하는 긍정의 물음월에서 적격하게 쓰이기도 한다.

2.4.8 별수

<①별다른 방법. ②여러 가지 방법. 온갖 수단>의 뜻을 지닌 이름씨 '별수'가 쓰인 월의 보기를 들면 다음과 같다.

> (138) ㄱ. 재주가 많은 사람도 그 문제에는 **별수**①가 **없**다.
> ㄴ. 시험에 합격하기 위해 **별수**②를 다 써 보았다.

(138)에서 '별수①'은 부정월에서 적격하게 쓰인다. 별수②는 긍정월이 건 부정월이건 가리지 않고 쓰일 수 있기 때문에 이 장의 논의 대상에서 제외된다. '별수①'이 부정월에서 쓰이더라도 극히 일부 부정월에서만 쓰이는 제약이 따른다. '별수①' 뒤에는 토씨 '가'가 놓이며, 그 뒤에 풀이씨로는 부정 낱말 '없다'가 놓이는 제약이 따른다. 곧 주로 통사적 짜임새 '별수가 없-'으로 쓰인다. 토씨 '가' 자리에 놓일 수 있는 도움토씨로는 '는', '도'가 있다.

> (139) ㄱ. 그 사람도 **별수가 없**다.
> ㄴ. 그 사람과 싸우는 수밖에 **별수는 없**다.

통사적 짜임새 '별수가 없-'에서 토씨 '가'가 생략된 다음 결합과정을 거쳐 <별다른 방법이 없다>의 뜻을 지닌 합성그림씨 '별수없다'가 도출되었다.[46] '별수없다'의 줄기에 어찌씨 파생가지 '이'가 결합되어 <별다

른 방법이 없이>의 뜻을 지닌 파생어찌씨 '별수없이'가 도출될 가능성이 있지만, 사전류에서는 올림말로 올라 있지 않은 실정이다.

> (140) ㄱ. 먹는 데는 양반도 **별수없다**.
>   ㄴ. 상인들은 **별수없이** 돌아섰다.

'별수①'은 반어법을 실현하는 긍정의 베풂월과 물음월에서 적격하게 쓰이기도 한다. 베풂월인 경우 마침씨끝으로는 '-어야지'가 주로 쓰여 통사적 짜임새 '별수가 있어야지'를 짜 이룬다. 물음월인 경우에는 통사적 짜임새 '별수가 있+물음꼴 마침씨끝'으로 쓰인다.

> (141) ㄱ. 난들 **별수**가 있어야지.
>   ㄴ. 그 사람이라고 **별수**가 있겠어?

(140)에서 ㄱ은 형식상으로 긍정의 베풂월이지만 내재적 의미로 부정의 베풂월로 해석되고, ㄴ은 긍정의 물음월이지만 내재적 의미로 부정의 베풂월로 해석된다. (141)의 내재적 의미를 다시 쓰면 (142)와 같다.

> (142) ㄱ. [난들 별수가 **없다**.]
>   ㄴ. [그 사람이라고 별수가 **없다**.]

(141)은 긍정의 베풂월과 물음월이지만 내재적으로 부정의 베풂월인 (142)로 해석되어 '별수'가 적격하게 쓰이는 부정 표현의 조건에 들어맞는다. 이와 같이 '별수①'은 주로 통사적 짜임새 '별수가 없-'으로 쓰인다. 부

---

46) 『연』과 『고』에서는 '별수없다'를 한 낱말로 올림말로 실었지만, 『표』에서는 한 낱말로 올라 있지 않다.

정의 베풂월로 해석되는, 반어법을 실현하는 긍정의 베풂월과 물음월에서 적격하게 쓰이기도 한다.

2.4.9 별수단

<①보통과 달리 특별한 수단. ②여러 가지 수단>의 뜻을 지닌 이름씨 '별수단'이 쓰인 월의 보기를 들면 다음과 같다.

> (143) ㄱ. 이 문제를 해결할 **별수단**①이 없다.
> ㄴ. 이 문제를 해결하기 위해 **별수단**②을 다 썼다.

(143)에서의 '별수단①'은 부정월에서 적격하게 쓰인다. '별수단②'는 긍정월이건 부정월이건 가리지 않고 쓰일 수 있기 때문에 이 장의 논의 대상에서 제외된다. '별수단①'이 긍정월에서 쓰이면 부적격한 월이 됨을 통해 '별수단①'이 부정월에서 쓰임이 확인된다.

> (144) ㄱ. *그를 설득할 **별수단**①이 있다.
> ㄴ. 그를 설득할 **별수단**①이 **없**다.

'별수단①'이 부정월에서 쓰이더라도 극히 일부 부정월에서만 쓰이는 제약이 따른다. '별수단①' 뒤에는 토씨 '가'가 놓이며, 그 뒤에 풀이씨로는 부정 낱말 '없다'가 놓이는 제약이 따른다. 곧 주로 통사적 짜임새 '별수단이 없-'으로 쓰인다. 토씨 '가' 자리에 놓일 수 있는 도움토씨로는 '는'과 '두'가 있다. 통사적 찌임새 '별수단이 없-'에서 토씨 '이'는 생략되지 않는 것이 자연스럽다. 따라서 '별수단없다'로 어휘화하지 않는 점이 특징적이다.

'별수단①'은 반어법을 실현하는 긍정의 베풂월과 물음월에서 적격하게 쓰이기도 한다. 베풂월인 경우 마침씨끝으로는 '-어야지'가 주로 쓰여 통사적 짜임새 '별수단이 있어야지'를 짜 이룬다. 물음월인 경우에는 통사적 짜임새 '별수단이 있+물음꼴 마침씨끝'으로 쓰인다.

(145) ㄱ. 그를 설득할 **별수단**이 있어야지.
ㄴ. 그를 설득할 **별수단**이 있겠니?

(145)에서 ㄱ은 형식상으로 긍정의 베풂월이지만 내재적 의미로 부정의 베풂월로 해석되고, ㄴ은 긍정의 물음월이지만 내재적 의미로 부정의 베풂월로 해석된다. (145)의 내재적 의미를 다시 쓰면 (146)과 같다.

(146) [그를 설득할 **별수단**이 **없**다.]

(145)는 긍정의 베풂월과 물음월이지만 내재적 의미로 부정의 베풂월인 (146)으로 해석되어 '별수단'이 적격하게 쓰이는 부정 표현의 조건에 들어맞는다.

이와 같이 '별수단①'은 주로 통사적 짜임새 '별수단이 없-'으로 쓰인다. 부정의 베풂월로 해석되는, 반어법을 실현하는 긍정의 베풂월과 물음월에서 적격하게 쓰이기도 한다.

2.4.10 별일

<①보통 때와 다른 특별한 일. ②드물고 이상한 일. ③여러 가지 이상

한 일>의 뜻을 지닌 이름씨 '별일'이 쓰인 월의 보기를 들면 다음과 같다.

(147) ㄱ. 그 동안 **별일**①이 **없었다**.
ㄴ. 살다 보니 **별일**②을 다 보겠다.
ㄷ. 사람이 살다 보면 **별일**③을 다 당한다.

(147)에서 별일②와 별일③은 긍정월과 부정월에서 쓰일 수 있어 이 글의 논의 대상에서 제외된다. '별일①'은 주로 부정월에서 적격하게 쓰이므로 이 글의 논의 대상에 해당한다. '별일①'이 긍정월에서 쓰이면 부적격한 월이 됨을 통해 '별일①'이 부정월을 가려잡음이 확인된다.

(148) ㄱ. *이번 사건은 **별일**이다.
ㄴ. 이번 사건은 **별일**이 **아니**다.

'별일①'이 부정월에서 쓰이더라도 극히 일부 부정월에서만 쓰이는 제약이 따른다. '별일①' 뒤에는 토씨 '가'가 놓이며, 그 뒤에 풀이씨로는 부정 낱말 '없다'가 놓이거나 '아니다'가 놓이는 제약이 따른다. 곧 통사적 짜임새 '별일이 없-'이나 '별일이 아니-'로 쓰인다. 토씨 '가' 자리에 놓일 수 있는 도움토씨로는 '는'과 '도'가 있다. 통사적 짜임새 '별일이 없-'이나 '별일이 아니-'에서 토씨 '이'는 생략될 수 있지만, 결합과정을 거쳐 어휘화하지는 않는다.

(149) ㄱ. 그 동안 **별일** **없었다**.
→*그 동안 **별일**없었다.
ㄴ. 이번 사건은 **별일** **아니**다
→*이번 사건은 **별일**아니다.

'별일①'은 극히 제한된 부정월에서 쓰이기도 하는데, 반어법을 실현하는 긍정의 물음월에서 적격하게 쓰이기도 한다.

(150) ㄱ. **별일**이야 있겠니?
　　　ㄴ. 이게 뭐가 **별일**이니?

(150)은 형식상으로 긍정의 물음월이지만 내재적 의미로는 부정의 베풂월로 해석된다. (150)의 내재적 의미를 다시 쓰면 (151)과 같다.

(151) ㄱ. [별일이 **없**을 것이다.]
　　　ㄴ. [이건 별일이 **아니**다.]

(150)은 형식상 긍정의 물음월이지만 내재적 의미로 (151)로 해석되어 '별일'이 적격하게 쓰이는 부정 표현의 조건에 들어맞는다.

이와 같이 '별일①'은 주로 통사적 짜임새 '별일이 없-'이나 '별일이 아니-'로 쓰인다. 부정의 베풂월로 해석되는, 반어법을 실현하는 긍정의 물음월에서 적격하게 쓰이기도 한다.

2.4.11 주책

'주책'은 <①일정한 주장이나 판단력. ②이치를 분간할 만한 판단력이나 주견이 없이 마음대로 하는 짓>의 뜻을 지닌 이름씨이다. '주책②'는 (152)에서와 같이 긍정월이건 부정월이건 가리지 않고 쓰일 수 있어 부정 표현을 가려잡는 이름씨와 관련이 없어 이 장의 연구 대상에서 제외된다.

(152) ㄱ. 그 노인은 이웃 사람들에게 **주책**을 부린다.

ㄴ. 그 노인은 이웃 사람들에게 **주책**을 부리**지 않**는다.

'주책①'은 (153)에서와 같이 부정월에서 적격하게 쓰이며, 긍정월에서 쓰이면 부적격해지기 때문에 이 장의 논의 대상에 해당한다.

(153) ㄱ. *그는 **주책**이 **있**는 사람이다.

ㄴ. 그는 **주책**이 **없**는 사람이다.

(153ㄱ)과 같이 '없다'의 긍정 낱말인 '있다'가 놓이면 부적격한 월이 되어, '주책'이 부정월에서만 쓰임을 알 수 있다. 이를 통해 '주책'이 부정 월을 가려잡는 특성을 지님이 확인된다. 부정월에서 쓰이는 '주책'은 모든 부정월에서 적격하게 쓰이는 것은 아니고 심한 통사적 제약이 따른다. '주책' 뒤에는 임자자리토씨 '이'가 결합되며, 그 뒤에는 부정 낱말 '없다'가 놓이는 제약이 따른다. 곧 통사적 짜임새 '주책이 없-'으로 쓰인다.

통사적 짜임새인 '주책이 없다'에서 토씨 '이'가 삭제된 다음 결합과정을 거쳐 <일정한 줏대나 요량이 없이 자꾸 이랬다저랬다 하여 몹시 실없는 데가 있다>의 뜻을 지닌 합성그림씨 '주책없다'가 도출되었다. '주책없다'의 줄기에 어찌씨 파생가지 '-이'가 결합하여 파생어찌씨 '주책없이'가 도출되었다.

(154) ㄱ. 그는 **주책없는** 사람이다.

ㄴ. 그는 **주책없이** 입을 놀린다.

이와 같이 부정 표현을 가려잡는 '주책①'은 주로 통사적 짜임새 '주책이 없-'으로 쓰인다.

2.4.12 털끝

<①털의 끝. ②아주 적거나 사소한 것을 비유적으로 이르는 말>의 뜻을 지닌 '털끝'은 ①의 뜻인 경우에는 긍정월에서건 부정월에서건 가리지 않고 쓰일 수 있어 이 장의 논의 대상에서 제외된다. ②의 뜻인 경우에는 주로 부정월에서 적격하게 쓰이며, 긍정월에서 쓰이면 부적격해진다.

(155) ㄱ. *그녀의 목소리에는 웃음기가 **털끝만큼도** 있었다.
ㄴ. 그녀의 목소리에는 웃음기가 **털끝만큼도 없**었다.

부정월에서 쓰이는 '털끝'은 모든 부정월에서 적격하게 쓰이는 것은 아니고, 심한 통사적 제약이 따른다. '털끝②' 뒤에는 도움토씨 '도'가 결합되거나 도움토씨 '만큼'이 결합되며, '만큼' 뒤에는 '도'와 '의'가 결합되고, 그 뒤에 부정이 놓이게 된다.

도움토씨 '도'가 결합된 '털끝도'는 <전혀, 조금도>의 뜻을 나타내는 어찌씨처럼 쓰인다. 단순부정이나 능력부정이 모두 가능하며, 부정 낱말 '없다'가 놓일 수 있다.

(156) ㄱ. 집안일은 **털끝도 안** 건드린다.
ㄴ. 집안일은 **털끝도 못** 건드리게 한다.
ㄷ. 너에게 부담을 줄 생각은 **털끝도 없**다.

도움토씨 '만큼'이 결합된 다음 도움토씨 '도'가 결합된 '털끝만큼도'도 '털끝도'와 마찬가지로 <전혀, 조금도>의 뜻을 나타내는 어찌씨처럼 쓰인다. 단순부정이나 능력부정이 모두 가능하며, 부정 낱말 '없다', '모르다', '아니다'가 놓일 수 있다. '만큼' 자리에는 '만치'로 대치될 수 있다.

(157) ㄱ. 존경심이 **털끝만큼도** 우러나**지 않**는다.

ㄴ. 허가를 받기 전에는 **털끝만큼도** 움직이**지 못한**다.

ㄷ. 인질들을 해칠 생각은 **털끝만큼도 없**다.

ㄹ. 그 사람에 관하여는 **털끝만큼도 모른**다.

ㅁ. 이번 일은 **털끝만큼도** 고려 사항이 **아니**다.

도움토씨 '만큼'이 결합된 다음 매김자리토씨 '의'가 결합된 '털끝만큼의'도 단순부정이나 능력부정이 모두 가능하며, 부정 낱말 '없다', '모르다', '아니다'가 놓일 수 있다. '털끝만큼의'의 꾸밈을 받는 이름씨에는 도움토씨 '도'가 결합되어야 하며, '도'가 생략되거나 다른 토씨로 대치될 수 없는 제약이 따른다. '만큼' 자리에는 '만치'로 대치될 수 있다.

(158) ㄱ. **털끝만큼의** 실수도 용납하**지 않**는다.

ㄴ. **털끝만큼의** 잘못**도 없**다.

곧 '털끔만큼의'는 통사적 짜임새 '털끔만큼의 N+도 부정'으로 쓰인다. '털끝만큼의 N도 부정'은 뜻에서 별다른 차이 없이 '털끝만큼도 N를/가 부정'[47]으로 다시 쓸 수 있다. 곧 (158)은 (159)로 다시 쓰더라도 뜻에서 차이가 나지 않는다.

(159) ㄱ. **털끝만큼도** 실수를 용납하**지 않**는다.

ㄴ. **털끝만큼도** 잘못이 **없**다.

'털끝'이 '하나'와 통사적 짜임새 '털끝 하나'를 이루어 <아무 것도 또는 '아무리 작은 것이라도>라는 익은말을 이루어, 주로 부정월에서 쓰이

---

47) 'N를/가'에서 '가'가 쓰이느냐, '를'이 쓰이느냐를 결정하는 요인은 뒤에 놓이는 풀이씨의 종류이다.

기도 한다. '털끝 하나' 뒤에는 도움토씨 '도'와 '라도'가 결합될 수 있다.

> (160) ㄱ. 우리 모녀는 전쟁 통에 **털끝 하나** 다치**지 않**았다.
>   ㄴ. 남의 것은 **털끝 하나도** 건드리**지 마**라.
>   ㄷ. **털끝 하나라도** 인질들을 해치**지 마**라.

이와 같이 '털끝②'는 도움토씨 '도'가 결합되거나 도움토씨 '만큼'이 결합되며, '만큼' 뒤에는 '도'와 '의'가 결합되고, 그 뒤에 부정이 놓이게 된다. 단순부정이나 능력부정이 모두 가능하며, 부정 낱말 '없다', '모르다', '아니다'가 놓일 수 있다.

2.5 주로 부정 표현을 가려잡는 이름씨

2.5.1 개뿔

<아주 적거나 보잘것없는 것을 속되게 이르는 말>의 뜻을 지닌 '개뿔'은 주로 부정월을 가려잡는다. (161)과 같이 극히 제한된 조건 아래 긍정월에서 쓰이기도 하지만 이는 '개뿔'의 특수한 쓰임에 해당한다.

> (161) ㄱ. **개뿔** 같은 소리 하고 있네.
>   ㄴ. 모든 일이 **개뿔** 같다.

긍정월에서 '개뿔'이 쓰이는 경우에는 토씨의 결합 없이 '같다'와 통사적 짜임새를 이루는 경우에 한한다.

'개뿔'은 주로 부정월을 가려잡지만, '개뿔'이 적격하게 쓰이기 위해서는 뒤에 토씨 '도'가 놓여야 하며, 풀이씨로는 부정 낱말 '아니다', '없다', '모르다'가 놓여야 하는 제약이 따른다. 이 조건을 지키지 않으면 부적격한 월이 된다.

(162) ㄱ. **개뿔도 아닌** 것이 설친다.
ㄴ. 저 녀석은 가진 것이 **개뿔도 없**다.
ㄷ. **개뿔도 모르면서** 아는 척한다.

(162)에서와 같이 '개뿔' 뒤에는 도움토씨 '도'가 결합되어야 하며, 풀이씨로는 부정 낱말 '아니다', '없다', '모르다'가 놓여야 적격한 월이 된다. 곧 '도' 자리에는 어떤 토씨로도 대치될 수 없으며, 부정 낱말 자리에도 다른 풀이씨로 대치될 수 없다. 따라서 이들은 한 몸처럼 굳어져 '개뿔도 아니다', '개뿔도 없다', '개뿔도 모르다'란 익은말을 이루는 특성을 보인다.

주로 부정월을 가려잡는 '개뿔'은 반어법을 실현하는 긍정의 베풂월에서도 쓰일 수 있다.

(163) ㄱ. 어디 **개뿔**이나 아는 게 있어야지.
ㄴ. **개뿔**이나 가진 게 있어야지.

이와 같이 '개뿔'이 반어법으로 쓰이기 위해서는 '개뿔' 뒤에 도움토씨 '이나'가 결합되어야 하며, '풀이씨 줄기 + 매김꼴씨끝 -는/은/을 게 있어야지'가 놓여야 하는 제약이 있다. 이 제약이 지켜지지 않으면 '개뿔'이 반어법에서 쓰일 수 없다.

(163)은 형식상으로는 긍정의 베풂월이지만 내재적 의미로는 부정의 베풂월로 해석된다. (163)의 내재적 의미를 다시 쓰면 (164)와 같이 '개

뿔'이 쓰이는 부정월 환경과 같아진다.

> (164) ㄱ. [개뿔도 아는 게 **없다**.]
> ㄴ. [개뿔도 가진 게 **없다**.]

이와 같이 '개뿔'은 주로 특정한 제약 아래 부정월에서 쓰이며, 그 뒤에 놓이는 도움토씨 및 부정 낱말과 긴밀한 통사적 짜임새를 이루어 익은말을 짜 이룬다. 특수한 조건에서 긍정의 베풂월이지만 내재적으로는 부정의 베풂월로 해석되는 반어법 월에서 쓰일 수 있다.

2.5.2 거리낌[48)

<①일이나 행동 따위를 하는 데에 걸려서 방해가 됨. ②마음에 걸려서 꺼림칙하게 생각됨>의 뜻을 지닌 이름씨 '거리낌'은 주로 부정월을 가려잡는다. (165ㄱ)와 같이 극히 제한된 조건 아래 긍정월에서 쓰이기도 하지만, 이는 '거리낌'의 특수한 쓰임에 해당한다.

> (165) ㄱ. 양심에 **거리낌**을 느낀다.
> ㄴ. 양심에 **거리낌**을 **안/못** 느낀다.

긍정월에서 '거리낌'이 적절하게 쓰이는 경우에는 부림자리토씨 '을'이 결합되고 풀이씨로 '느끼다'와 통사적 짜임새를 이루는 경우에 한한다. 이 환경에서의 '거리낌'은 긍정월에서만 쓰이는 것이 아니라 (165ㄴ)과

---

48) '거리낌'은 '거리끼다'의 줄기에 이름씨 파생가지 '-ㅁ'이 결합되어 도출되었다. '거리끼다'는 긍정월이나 부정월을 가리지 않고 쓰이지만, 이름씨 '거리낌'은 주로 부정월에서 쓰이는 특성을 보인다.

같이 부정월에서도 적격하게 쓰일 수 있다.

'거리낌'은 주로 부정월을 가려잡지만, '거리낌'이 부정월에서 적격하게 쓰이기 위해서는 뒤에 토씨 '이'가 놓여야 하며, 풀이씨로는 부정 낱말 '없다'가 놓여야 하는 제약이 따른다. 토씨 '이' 자리에는 도움토씨 '도', '이라곤'이 놓일 수 있다. 이 조건을 지키지 않으면 부적격한 월이 된다.

(166) ㄱ. 그의 태도에는 아무 **거리낌**이 **없**었다.

ㄴ. 그는 남에 집에 아무 **거리낌도 없**이 들어왔다.

ㄷ. 조금도 **거리낌이라곤 없**다.

통사적 짜임새인 '거리낌이 없다'는 '이'가 삭제된 다음 결합과정을 거쳐 <마음에 걸리어 꺼림칙하거나 어색함이 없다>의 뜻을 지닌 합성그림씨 '거리낌없다'가 도출되며, 여기에 어찌씨 파생가지 '-이'가 결합하여 파생어찌씨 '거리낌없이'가 도출되었다.[49]

'거리낌'은 주로 부정월에서 쓰이지만, 반어법을 실현하는 긍정의 물음월에서 적격하게 쓰이기도 한다.

(167) 그 사람이 무슨 양심에 **거리낌**이 있겠니?

(167)은 형식상으로 긍정의 물음월이지만, 내재적 의미로 보면 부정의 베풂월로 해석된다. (167)의 의미를 다시 쓰면 (168)과 같다.

(168) [그 사람이 양심에 **거리낌**이 **없**을 것이다.]

---

49) '거리낌없다'와 '거리낌없이'는 『표』에는 올림말로 올라 있지 않고, 『연』에는 '거리낌없이'만 올림말로 올라 있다. 『고』에는 둘 다 올림말로 올라 있어 사전에 따라 차이를 보인다.

따라서 (167)도 부정의 뜻을 함의한다는 점에서 '거리낌'이 부정 표현에서 쓰인다는 점은 유효하다.

이와 같이 주로 부정월을 가려잡는 '거리낌'은 주로 통사적 짜임새인 '거리낌이 없-'으로 쓰인다. 부정의 베풂월로 해석되는, 반어법을 실현하는 긍정의 물음월에서 쓰이기도 한다.

2.5.3 꼼짝[50]

<아주 작은 움직임. 어려운 상태나 처지에서 벗어나기 위한 작은 몸짓>의 뜻을 지닌 이름씨 '꼼짝'은 주로 부정월에서 적격하게 쓰이며, 일반적으로 긍정월에서 쓰이면 부적격해진다.

> (169) ㄱ. *방문이 **꼼짝**을 한다.
> ㄴ. 방문이 **꼼짝**을 **안** 한다.

'꼼짝'은 부정월 가운데 단순부정이나 능력부정을 가리지 않아 제약이 없다. 부정의 함께함월이나 시킴월에서도 쓰일 수 있다.

> (170) ㄱ. 철수가 여기에서 **꼼짝**을 **안** 한다/하**지 않**는다.
> ㄴ. 철수가 여기에서 **꼼짝**을 **못** 한다/하**지 못한**다.
> ㄷ. 여기에서 **꼼짝**을 하**지 말**자/하**지 마**라.

'꼼짝'은 주로 부정월을 가려잡지만, '꼼짝'이 적격하게 쓰이기 위해서는 뒤에 토씨 '을'이 놓여야 하며, 풀이씨로는 부정 낱말 '하다'가 놓여야

---

50) '꼼짝'이 이름씨로 올림말에 올라 있는 사전으로는 『연』이 있다.

하는 제약이 따른다. 토씨 '을' 자리에는 도움토씨 '도'가 놓일 수 있다. (170)에서 (171)과 같이 '(을) 하지'가 생략될 수 있다.

(171) ㄱ. 철수가 여기에서 **꼼짝**(을) **않**는다.51)
ㄴ. 철수가 여기에서 **꼼짝**(을) **못한**다.
ㄷ. 여기에서 **꼼짝**(을) **말자/마**라.

'꼼짝'이 주로 부정월을 가려잡지만, 부정월이 아닌 경우에도 쓰이는 일이 있다. '좋다'나 '쉽다'와 반의관계에 있는 '싫다'나 '어렵다' 등 부정적 뜻을 함의하는 부정적 표현에 해당하는 풀이씨가 쓰인 긍정월에서 쓰이기도 한다.

(172) ㄱ. 오늘은 **꼼짝**을 하기 **싫다**.
ㄴ. 오늘은 **꼼짝**을 하기 **어렵다**.

(172)에서 '싫다'와 '어렵다'를 반의관계에 있는 '좋다'와 '쉽다'로 바꾸면 (173)과 같이 부적격한 월이 된다. '꼼짝'은 극히 일부 긍정월에 쓰이는 경우에도 부정적 뜻을 지니는 풀이씨가 쓰인 월에서 적격하게 쓰임을 알 수 있다.

(173) ㄱ. *오늘은 **꼼짝**을 하기 **좋다**.
ㄴ. 오늘은 **꼼짝**을 하기 **쉽다**.

'꼼짝'은 주로 부정월과, 극히 일부 부정적 뜻을 함의하는 풀이씨가 쓰인 긍정월에서 쓰이지만, 반어법을 실현하는 긍정의 베풂월과 물음월에

---

51) '꼼짝(을) 않다'에서 '을'이 삭제된 통사적 짜임새인 '꼼짝 않다'는 결합과정을 거쳐 <조금도 움직이지 않다>란 뜻의 합성움직씨 '꼼짝않다'가 도출되었다.

서도 적격하게 쓰일 수 있다.

> (174) ㄱ. 너무 바빠서 **꼼짝**을 할 수가 있어야지.
> ㄴ. 너무 바빠서 어디 **꼼짝**을 하겠니?

(174)에서 ㄱ은 표면적으로 긍정의 베풂월이고, ㄴ은 긍정의 물음월이지만 내재적 의미로는 부정의 베풂월로 해석되어, 반어법을 실현하는 월에 해당된다. (174)의 내재적 의미를 다시 쓰면 (175)와 같다.

> (175) ㄱ. [너무 바빠서 **꼼짝**을 할 수가 **없**다.]
> ㄴ. [너무 바빠서 **꼼짝**을 **못** 하겠다.]

(174)는 형식상으로는 긍정의 베풂월과 물음월이지만, 내재적 의미로는 (175)와 같이 부정의 베풂월로 이해되는 반어법 물음월에서 쓰일 수 있기 때문에 '꼼짝'이 주로 부정월이나 부정 표현, 부정적 표현에 해당하는 월에서 쓰임이 확실하다.

이와 같이 주로 부정월을 가려잡는 '꼼짝'은 단순부정이나 능력부정을 가리지 않아 제약이 없다. 부정의 베풂월로 해석되는, 반어법을 실현하는 긍정의 베풂월과 물음월에서도 적격하게 쓰일 수 있다.

2.4.4 낯

<①눈, 코, 입 따위가 있는 얼굴의 앞쪽. ②남을 대할 만한 체면. 면목>의 뜻을 지닌 '낯' 가운데 ①의 뜻을 지닌 '낯'은 (176)과 같이 긍정월이건 부정월이건 가리지 않고 쓰일 수 있어 부정 표현 제약은 따르지

않아 이 장의 논의 대상에서 제외된다.

    (176) ㄱ. 아이가 **낯**을 깨끗이 씻는다.
           ㄴ. 아이가 **낯**을 깨끗이 **안** 씻는다.

 '낯②'는 극히 제한된 긍정월에서 쓰이는 경우도 있지만, 주로 부정월에서 쓰이는 제약이 있다. '낯②'가 긍정월에서 쓰인 보기를 들면 다음과 같다.

    (177) ㄱ. 선생님이 후배 앞에서 **낯**을 세워 주셨다.
           ㄴ. 저도 **낯**이 있는데 어찌 다시 부탁을 하겠습니까?

 (177)에서와 같이 '낯②'가 극히 제한된 긍정월에서 쓰이기도 하지만, 부정월에서 쓰이는 것이 일반적이다.

    (178) ㄱ. 자식으로서 부모님을 뵐 **낯**이 **없**다.
           ㄴ. 요즘 증권 수익률이 너무 낮아 **낯**이 **없**다.

 '낯②'는 부정월에서 쓰이되, '낯' 뒤에는 토씨 '이'가 놓이고 풀이씨로 '없다'가 놓여 통사적 짜임새 '낯이 없-'으로 쓰이게 된다. '이'는 도움토씨 '도'로 대치될 수 있다. 토씨 '이'는 생략될 수 있으며, 결합과정을 거쳐 <마음에 너무 미안하고 부끄러워 남을 대할 면목이 없다>란 뜻을 지닌 합성그림씨 '낯없다'가 도출되었다. '낯없다'의 줄기에 어찌씨 파생가지 '-이'가 결합하여 파생어찌씨 '낯없이'가 도출되었다. (179)에서 ㄱ 은 '낯없다'로 어휘화할 수 없지만 ㄴ은 '낯없다'로 어휘화할 수 있나. ㄱ 에서 '낯없다'로 어휘화할 수 없는 이유는 앞에 놓인 매김꼴씨끝 '-을'

때문이다. 곧 그림씨는 매김꼴씨끝 '-을'로 이루어진 매김말의 꾸밈을 받을 수 없기 때문이다.

> (179) ㄱ. *자식으로서 부모님을 뵐 **낯없다**.
> ㄴ. 요즘 증권 수익률이 너무 낮아 **낯없다**.

'낯②'가 극히 제한된 긍정월에서 쓰이기도 하는데, 형식상 반어법을 실현하는 긍정의 베풂월과 물음월에서도 쓰일 수 있다.

> (180) ㄱ. 부모님을 대할 **낯**이 있어야지.
> ㄴ. 무슨 **낯**으로 얼굴을 들겠니?

(180)은 표면적으로 긍정의 베풂월과 물음월이지만 내재적 의미로는 부정의 베풂월로 해석되어, 반어법을 실현하는 월에 해당된다. (180)의 내재적 의미를 다시 쓰면 (181)과 같다.

> (181) ㄱ. [부모님을 대할 **낯**이 **없**다.]
> ㄴ. [얼굴을 들 **낯**이 **없**다.]

(180)은 형식상으로는 긍정의 베풂월과 물음월이지만, 내재적 의미로는 (181)과 같이 부정의 베풂월로 이해되는 반어법의 베풂월과 물음월에서 쓰일 수 있기 때문에 '낯'이 주로 부정 표현에서 쓰인다는 전제는 유지된다.
이와 같이 주로 부정월을 가려잡는 '낯②'는 주로 통사적 짜임새 '낯이 없-'으로 쓰이게 된다. 부정의 베풂월로 해석되는, 반어법을 실현하는 긍정의 베풂월과 물음월에서 쓰이기도 한다.

2.5.5 내색

<마음속에 느낀 것을 얼굴에 드러냄>의 뜻을 지닌 이름씨 '내색'은 주로 부정월에서 쓰이는 특성을 지닌다. 따라서 일반적으로 긍정월에서 '내색'이 쓰이면 (182)와 같이 부적격한 월이 된다.

(182) ㄱ. *그분은 힘든 **내색**을 하였다.
ㄴ. *그분은 힘든 **내색**이 있다.

(182)를 부정월로 바꾸면 (183)과 같이 적격한 월이 되는 것으로 보아 '내색'이 부정월에서 쓰임이 확인된다.

(183) ㄱ. 그분은 힘든 **내색**을 하**지 않**았다.
ㄴ. 그분은 힘든 **내색**이 **없**다.

'내색'은 부정월 가운데 단순부정(183ㄱ)이나 능력부정(184ㄱ)을 가리지 않고 쓰일 수 있으며, 부정 낱말 '없다'가 쓰인 월(183ㄴ)에서도 적격하게 쓰인다. 부정월이면 의향법의 종류에 관계없이 적격하게 쓰일 수 있다.

(184) ㄱ. 즐거운 **내색**을 감추**지 못했**다.
ㄴ. 힘든 **내색**을 하**지 말**자./**마라**.

'내색' 뒤에는 뒤따르는 풀이씨의 종류에 따라 토씨 '이'나 '을'이 놓이는데, 이 자리에 도움토씨 '도', '은', '조차' 따위가 놓일 수 있다.

'내색'은 극히 제한된 긍정월에서 쓰이기도 한다. 풀이씨 '싫(다)', '싫어하(다),' '서운하(다)', '실망하(다)' 등 부정적 표현의 낱말과 어울리는 경우에 긍정월에서 쓰이더라도 적격한 월이 된다.

    (185) ㄱ. 친구들에게 **내색**을 하기가 **싫었다**.
         ㄴ. 그는 노골적으로 **싫은/서운한/실망한 내색**을 보였다.

    (185)와 같은 특수한 경우를 제외하면, '내색'은 부정월에서 적격하게 쓰이는 특성을 지니는 것으로 보인다.

    이와 같이 주로 부정월을 가려잡는 '내색'은 단순부정이나 능력부정을 가리지 않아 제약이 없다. 풀이씨 '싫(다)' 등 부정적 표현을 지니는 긍정월에서 적격하게 쓰이기도 한다.

2.5.6 미동(微動)

    <약간의 움직임. 아주 작은 움직임>의 뜻을 지닌 이름씨 '미동'은 극히 제한된 긍정월에서 쓰이는 일이 있지만, 주로 부정월에서 쓰인다.

    (186) ㄱ. 낚시꾼은 낚싯대의 **미동**에 예민하다.
         ㄴ. 낚싯대가 **미동**도 하**지 않**는다.

    '미동'은 (186ㄱ)과 같이 긍정월에서도 쓰일 수 있지만, (186ㄴ)과 같은 부정월에서 쓰이는 경우가 대부분이다. '미동'이 부정월에서 쓰이더라도 극히 일부 부정월에서만 쓰이는 제약이 따른다. '미동' 뒤에는 자리토씨로 '이'나 '를'이 결합될 수 있지만 도움토씨 '도'가 결합되는 것이 더 자연스러우며, 그 뒤에 풀이씨로 부정의 '없다'나 '하지 않다', '안 하다'가 놓이는 제약이 따른다. 곧 통사적 짜임새 '미동도 없-'이나 '미동도 하지 않-'으로 쓰이는 제약을 지닌다.

> (187) ㄱ. 관음상을 보느라 그녀는 **미동도 없**다.
> ㄴ. 노인은 눈을 감은 채 **미동도 하지 않**았다./**안** 했다.

(187)의 긍정월인 (188)이 부적격한 월이 되는 것으로 미루어 '미동'이 주로 부정월에서 쓰임이 확인된다.

> (188) ㄱ. *관음상을 보느라 그녀는 **미동도 있**다.
> ㄴ. *노인은 눈을 감은 채 **미동도 했**다.

'미동도 하지 않-'에서 '하지'가 생략되어 '미동도 않-'으로 쓰일 수 있다. 이와 같이 주로 부정월을 가려잡는 '미동'은 주로 통사적 짜임새 '미동도 없-'이나 '미동도 하지 않-'으로 쓰인다.

2.5.7 별고(別故)

<특별한 사고. 별다른 탈>의 뜻을 지닌 '별고'는 주로 부정월에서 적격하게 쓰인다. 일반적으로 긍정월에서 쓰이면 부적격해진다.

> (189) ㄱ. *집안은 모두 **별고**가 있습니다.
> ㄴ. 집안은 모두 **별고**가 **없**습니다.

'별고'가 부정월에서 쓰이더라도 극히 일부 부정월에서만 쓰이는 제약이 따른다. '별고' 뒤에는 토씨 '가'가 놓이며, 그 뒤에 풀이말로는 부정 낱말 '없다'가 놓이는 제약이 따른다. 곧 주로 통사적 짜임새 '별고가 없-'

으로 쓰인다. 토씨 '가' 자리에 놓일 수 있는 도움토씨로는 '는'이 있지만 '가'가 쓰이는 것이 일반적이다. 토씨 '가'는 생략되어 쓰이는 경우가 많다.

(190) ㄱ. 댁에는 **별고 없**으세요?
ㄴ. 아버지는 **별고 없**이 잘 계십니다.

(190)에서 '별고'와 '없-'은 결합과정을 거쳐 '별고없-'으로 도출되지 않기 때문에 (191)은 부적격한 월이 된다.

(191) ㄱ. *댁에는 **별고없**으세요?
ㄴ. *아버지는 **별고없**이 잘 계십니다.

'별고'는 부정월에서 쓰이지만 극히 일부 긍정월에서도 적격하게 쓰이는 경우가 있다. 형식상으로 긍정의 물음월이만 내재적 의미로 부정의 베풂월로 해석되는 반어법을 실현하는 월에서 적격하게 쓰인다.

(192) ㄱ. 저야 **별고**가 있겠습니까?
ㄴ. 그분에게 무슨 **별고**가 있겠니?

(192)는 형식상으로 긍정의 물음월이지만 내재적 의미로는 부정의 베풂월로 해석된다. (192)의 내재적 의미를 다시 쓰면 (193)과 같다.

(193) ㄱ. [저야 별고가 **없**습니다.]
ㄴ. [그분에게 별고가 **없**을 것이다.]

(192)는 긍정의 물음월이지만 내재적으로 (193)으로 해석되어 '별고'가 적격하게 쓰이는 부정 표현의 조건에 들어맞아 '별고'가 부정 표현을 가

려잡는 이름씨임이 확실하다.

'별고'가 부정월에서 쓰이지만, 극히 일부 내재적으로도 긍정의 물음월로 해석되는 긍정의 물음월에서 쓰이기도 한다.

(194) 집안에 무슨 **별고**라도 있으십니까?

(194)는 형식상으로 긍정의 물음월이고 내재적으로도 동일하지만, '별고'가 적격하게 쓰였다. 따라서 '별고'가 부정월에서만 쓰인다고 할 수 없지만, 이는 특수한 경우이기 때문에 주로 부정 표현에서 쓰임은 분명하다.

이와 같이 '별고'는 주로 부정 표현을 가려잡으며, 주로 통사적 짜임새 '별고가 없-'으로 쓰인다. 긍정의 물음월이만 내재적 의미로 부정의 베풂월로 해석되는, 반어법을 실현하는 물음월에서 적격하게 쓰인다.

2.5.8 볼품

<겉으로 드러나 보이는 모양새>의 뜻을 지닌 이름씨 '볼품'은 (195)에서와 같이 주로 부정월에서 쓰이며, 긍정월에서 쓰이면 부적격해진다.

(195) ㄱ. *외모가 **볼품**이 있다.
　　　ㄴ. 외모가 **볼품**이 **없**다.

'볼품'이 부정월에서 쓰이더라도 극히 일부 부정월에서만 쓰이는 제약이 따른다. '볼품' 뒤에는 토씨 '이'가 놓이며, 그 뒤에 풀이씨로는 부정 낱말 '없다'가 놓이는 제약이 따른다. 따라서 '볼품'은 주로 통사적 짜임새 '볼품이 없-'으로 쓰인다. 토씨 '이'는 생략되어 쓰일 수 있으며, '이' 자리에는 도움토씨 '는', '도', '이라곤' 따위가 놓일 수 있다.

통사적 짜임새인 '볼품이 없다'에서 토씨 '이'가 삭제된 다음 결합과정을 거쳐 <초라해서 봐 줄 만한 모양이 없다>의 뜻을 지닌 합성그림씨 '볼품없다'가 도출되었다. '볼품없다'의 줄기에 어찌씨 파생가지 '-이'가 결합하여 파생어찌씨 '볼품없이'가 도출되었다.

(196) ㄱ. 그는 너무 말라 **볼품**이 **없**다.
→그는 너무 말라 **볼품없**다.
ㄴ. 꽃들은 **볼품**이 **없**이 시들어갔다.
→꽃들은 **볼품없이** 시들어갔다.

'볼품'은 반어법을 실현하는 긍정의 베풂월과 물음월에서 적격하게 쓰이기도 한다. 베풂월인 경우 마침씨끝으로는 '-어야지'가 주로 쓰여 통사적 짜임새 '볼품이 있어야지'를 구성한다. 토씨 '이' 자리에는 도움토씨 '이라도'가 놓일 수 있다. 물음월인 경우에는 통사적 짜임새 '볼품이 있+물음꼴 마침씨끝'으로 쓰인다.

(197) ㄱ. **볼품**이라도 **있어야지**.
ㄴ. 무슨 **볼품**이 **있어**?

(197)에서 ㄱ은 형식상으로 긍정의 베풂월이지만 내재적 의미로 부정의 베풂월로 해석되고, ㄴ은 긍정의 물음월이지만 내재적 의미로 부정의 베풂월로 해석된다. (197)의 의미를 다시 쓰면 (198)과 같다.

(198) ㄱ. [볼품도 **없**다.]
ㄴ. [아무 볼품이 **없**다.]

(197)은 긍정의 베풂월과 물음월이지만 내재적 의미로는 부정의 베풂월인 (198)로 해석되어 '볼품'이 적격하게 쓰이는 부정 표현의 조건에 들어맞는다.

'볼품'은 반어법을 실현하는 긍정월만이 아니라 (199)와 같이 극히 일부 긍정월에서 쓰이기도 한다. '사납다'와 같이 극히 일부 부정의 뜻을 함의하는 풀이씨가 뒤에 놓이는 경우에 긍정월에서 '볼품'이 적격하게 쓰이기도 한다.[52]

(199) 이 꽃은 **볼품**이 **사납다**.

(199)는 긍정월이지만 내용상으로는 (200)과 같이 부정의 뜻을 함의하기 때문에 일반적인 물음월과는 차이를 보인다.

(200) [이 꼴은 볼품이 별로 **없**다.]

따라서 (199)도 부정의 뜻을 함의한다는 점에서 '볼품'이 부정 표현에서 쓰인다는 점은 유효하다.

이와 같이 '볼품'는 주로 부정 표현을 가려잡으며, 대체로 통사적 짜임새 '볼품이 없-'으로 쓰인다. 부정의 베풂월로 해석되는 반어법을 실현하는 긍정의 베풂월과 물음월에서 쓰이기도 한다.

2.5.9 인정사정

<인정과 사정을 이울리 이르는 말(지금까지 사귀어 온 정을 생각하거나 남

---

52) 일반적으로 긍정의 물음월에서 '볼품'이 쓰이게 되면 당연히 부적격한 월이 된다.

의 처지를 이해함)>의 뜻을 지닌 이름씨 '인정사정'은 (201)에서와 같이 주로 부정월에서 적격하게 쓰이며, 긍정월에서 쓰이면 부적격해진다.

(201) ㄱ. *그는 선수들의 **인정사정**을 봐 준다.
ㄴ. 그는 선수들의 **인정사정**을 봐 주**지 않**는다.

부정월에서 쓰이는 '인정사정'은 모든 부정월에서 적격하게 쓰이는 것은 아니고 제약이 따른다. '인정사정' 뒤에는 토씨 '을'과 '이'가 놓일 수 있다. '을'이 놓이면 뒤에 '두다'나 '보다', '봐 주다'가 놓이고, 그 다음에 부정형이 놓이게 된다. 곧 '인정사정을 두지 않는다', '인정사정을 볼 것 없다', '인정사정을 봐 주지 않는다', '인정사정을 봐 줄 수 없다', '인정사정을 봐 주는 법이 없다' 따위의 통사적 짜임새로 한 몸처럼 쓰이게 된다. 부정 낱말 가운데 '모르다'도 '을' 뒤에 통합될 수 있다.

(202) ㄱ. 죄인들에게는 **인정사정을 볼 것 없**다.
ㄴ. 그는 이웃들에게도 **인정사정을 봐 주지 않**는다.
ㄷ. 나는 너희들에게 **인정사정을 봐 줄 수 없**다.
ㄹ. 그는 학생들에게 **인정사정을 봐 주는 법이 없**다.
ㅁ. 그는 아이들에게 **인정사정을 두지 않**는다.
ㅂ. 그는 **인정사정을 모르는** 사람이다.

'인정사정' 뒤에 '이'가 놓이는 경우에는 부정 낱말 '없다'가 통합되는 제약이 따른다. 곧 통사적 짜임새 '인정사정이 없다'로 한 몸처럼 쓰이게 된다. 이 짜임에서 '이'가 삭제된 다음 결합과정을 거쳐 <인정을 베풀거나 사정을 봐 주는 데가 없어 무자비하게 느껴질 만큼 몹시 엄격하다>의 뜻을 지닌 합성그림씨 '인정사정없다'가 도출되었다. '인정사정없다'의 줄기에 어찌씨 파생가지 '-이'가 결합하여 파생어찌씨 '인정사정없이'가 도출되었다.

> (203) ㄱ. 음주 운전하다가 걸리면 **인정사정없**다.
>
> ㄴ. 그는 집에 온 거지를 **인정사정없이** 내쫓았다.

'인정사정'은 극히 제한된 부정월에서 쓰이기도 하는데, 반어법을 실현하는 긍정의 베풂월이나 물음월에서 쓰이는 일이 없다.

앞에서 살핀 바와 같이 '인정사정'은 특정의 부정월에서 쓰이지만, (204)와 같이 극히 일부 긍정월에서 쓰이기도 한다.

> (204) 항상 다른 사람의 **인정사정**을 살필 줄 알아야 한다.

'인정사정'이 긍정월에서 쓰이는 경우는 극히 이례적이기 때문에 부정 표현에서 쓰이는 것으로 보아도 무방하다.

이와 같이 주로 부정 표현을 가려잡는 '인정사정'은, 대체로 인정사정을 두지 않는다', '인정사정을 볼 것 없다', '인정사정을 봐 주지 않는다', '인정사정을 봐 줄 수 없다', '인정사정을 봐 주는 법이 없다', '인정사정이 없다' 따위의 통사적 짜임새로 쓰인다.

2.5.10 일고(一考, 一顧)

<한번 생각해 보는 것. 잠깐 돌아보는 것>의 뜻을 지닌 이름씨 '일고'는 (205)에서와 같이 부정월에서 적격하게 쓰이며, 긍정월에서 쓰이면 부적격해진다.

(205) ㄱ. *그의 제안은 **일고**의 가치도 있다.

ㄴ. 그의 제안은 **일고**의 가치도 **없**다.

부정월에서 쓰이는 '일고'는 모든 부정월에서 적격하게 쓰이는 것은 아니고 심한 통사적 제약이 따른다. '일고' 뒤에는 매김자리토씨 '의'가 놓이고, 그 뒤에는 '가치, 여지, 주의' 따위의 이름씨가 놓인 다음 도움토씨 '도'가 놓이며 그 뒤에 부정이 뒤따르는 특성을 보인다. 곧 통사적 짜임새 '일고의 여지/가치/주의도 부정'으로 한 몸처럼 쓰이게 된다.

(206) ㄱ. 의사는 고통 호소에는 **일고의 주의도** 베풀**지 않**았다.

ㄴ. 이번 일은 **일고의 여지도** **없**다

ㄷ. 지금 제기된 주장은 **일고의 가치도** 필요하**지 않**다.

'일고'가 쓰이는 통사적 짜임새에서 매김자리토씨는 생략될 수 없으며, 다른 토씨로 대치되지 않는다. '일고의' 뒤에 놓이는 이름씨도 '가치, 여지, 주의' 따위로 한정되며, 뒤에 놓이는 토씨도 도움토씨 '도'로 한정된다. 그 뒤에 놓이는 부정은 부정 낱말 '없다'나 단순부정이 놓이는 것이 자연스럽다.

'일고' 다음에 임자자리토씨나 부림자리토씨가 놓이는 경우에는 긍정월이건 부정월이건 가리지 않고 쓰일 수 있어 부정 표현 제약이 해소된다.

(207) ㄱ. 가. 이번 일은 **일고**가 필요하다.

나. 이번 일은 **일고**가 필요하**지 않**다.

ㄴ. 가. 이번 일은 **일고**를 요한다.

나. 이번 일은 **일고**를 요하**지 않**는다.

(207)과 같이 '일고'가 부정월에서만 쓰이는 것이 아닐지라도 (206)에

서처럼 부정월에서만 쓰이는 경우가 많기 때문에 매김자리토씨 '의'가 결합되는 경우에 한하여 부정 표현을 가려잡는 이름씨에 포함된다.

이와 같이 주로 부정 표현을 가려잡는 '일고'는, 대체로 통사적 짜임새 '일고의 여지/가치/주의도 부정'으로 한 몸처럼 쓰인다. '일고' 다음에 임자자리토씨나 부림자리토씨가 놓이는 경우에는 부정월 제약이 해소된다.

2.5.11 일면식(一面識)

<서로 한번 만나 인사나 나눈 정도로 조금 앎>의 뜻을 지닌 이름씨 '일면식'은 주로 부정월에서 적격하게 쓰여 부정과 함께 <전혀 모르다>의 뜻을 나타낸다. (208)에서와 같이 '일면식'은 부정월에서 쓰이며, 긍정월에서 쓰이면 부적격해진다.

> (208) ㄱ. *나는 그분과 **일면식**도 있다.
> ㄴ. 나는 그분과 **일면식**도 **없**다.

부정월에서 쓰이는 '일면식'은 모든 부정월에서 적격하게 쓰이는 것은 아니고 극히 심한 제약이 따른다. '일면식' 뒤에는 도움토씨 '도'가 결합되며, 그 뒤에는 부정 낱말 '없다'가 놓인다. '도' 자리에 대치될 수 있는 토씨는 없으며, 그 뒤에 '없다' 밖에 놓일 수 있는 부정 낱말이나 부정 형식은 없다. 곧 '일면식'은 통사적 짜임인 '일면식도 없-'으로 한 몸처럼 쓰이게 된다.

> (209) ㄱ. 그분과 난 **일면식도 없**는 사이입니다.
> ㄴ. 그 동안 그분과 난 **일면식도 없**이 지냈다.

'일면식' 뒤에 토씨 '이'나 '이라도'가 결합하는 경우에 (210)에서와 같이 긍정월에 쓰이더라도 적격한 월이 된다.

(210) ㄱ. 나는 그분과는 **일면식이** 있다.
　　　ㄴ. 너는 그분과 **일면식이라도** 있니?

'일면식'이 뒤에 결합되는 토씨에 따라 부정월을 가려잡기도 하고, 긍정월을 가려잡기도 하지만, 부정월을 가려잡는 경우가 일반적이다.

이와 같이 주로 부정월을 가려잡는 '일면식'은, 통사적 짜임인 '일면식도 없-'으로 쓰인다.

2.5.12 쥐뿔

<아주 조금을 비유적으로 얕잡아 이르는 말>인 '쥐뿔'은 도움토씨 '도'가 결합되는 경우에 부정월에서만 적격하게 쓰이는 제약을 보인다. '쥐뿔도'는 의미상으로 '조금도'와 마찬가지로 <전혀>의 뜻을 나타내어 어찌씨처럼 쓰인다. '쥐뿔도'는 (211)에서와 같이 부정월에서 쓰이며, 긍정월에서 쓰이면 부적격해진다.

(211) ㄱ. *연락한 지가 언제인데 아직까지 **쥐뿔**도 보인다.
　　　ㄴ. 연락한 지가 언제인데 아직까지 **쥐뿔**도 보이**지 않**는다.

'쥐뿔'에 '도' 밖의 토씨나 낱말이 결합되는 경우에는 긍정월에서도 쓰일 수 있어 이 장의 논의 대상에서 제외된다. 이 용법에서의 '쥐뿔'은 <아주 조금>의 의미를 그대로 유지하여 '쥐뿔도'에서와 뜻 차이를 보인다.

(212) ㄱ. 그는 **쥐뿔**만 한 상식으로 잘난 체 한다.

ㄴ. 월급이래야 **쥐뿔**같다.

ㄷ. 월급이 **쥐뿔**같이 적다.

부정 표현을 가려잡는 '쥐뿔도'는 일부 단순부정이나 능력부정의 월에서 어찌말처럼 쓰인다.

(213) ㄱ. 안개가 많이 끼어 **쥐뿔**도 **안** 보인다.

ㄴ. 아침에는 **쥐뿔**도 **못** 얻어먹었다.

'쥐뿔도'는 부정 낱말로 '없다', '모르다', '아니다', '못하다'가 쓰인 부정월에서 적격하게 쓰이기도 한다. '못하다'가 놓이는 경우에는 '도' 앞에 '만'이 들어가 '쥐뿔만도'로 쓰이게 된다.

(214) ㄱ. 아는 것이라고는 **쥐뿔도 없**다.

ㄴ. **쥐뿔도 모르**면서 아는 체를 한다.

ㄷ. **쥐뿔도 아니**면서 잘난 체를 한다.

ㄹ. 봉급이라고 해 봤자 **쥐뿔만도 못하**다.

'도'가 결합된 '쥐뿔'은 주로 부정월에서 쓰이지만, 반어법을 실현하는 긍정의 베풂월과 물음월에서 적격하게 쓰이기도 한다. 이 경우에는 '도'가 결합하지 않고 도움토씨 '이나'가 결합되는 특성을 보인다.

(215) ㄱ. **쥐뿔이나** 가진 게 있어야지.

ㄴ. 그 사람이 **쥐뿔이나** 무엇을 알겠습니까?

(215)는 형식상으로 긍정의 베풂월(ㄱ)과 물음월(ㄴ)이지만, 내재적 의

미로 보면 부정의 베풂월로 해석된다. (215)의 내재적 의미를 다시 쓰면 (216)과 같다.

(216) ㄱ. [**쥐뿔도** 가진 게 **없다.**]
ㄴ. [그 사람이 **쥐뿔도 모를** 것이다.]

따라서 (215)도 부정의 의미를 함의한다는 점에서 '쥐뿔도'가 부정 표현에서 쓰인다는 점은 유효하다.

이와 같이 주로 부정월을 가려잡는 '쥐뿔'은, 도움토씨 '도'가 결합하여 일부 단순부정이나 능력부정의 월에서 어찌말로 쓰인다. 부정의 베풂월로 해석되는, 반어법을 실현하는 긍정의 베풂월과 물음월에서 쓰이기도 한다.

2.5.13 채신[53]

<자기의 말이나 행동을 조심하는 것>의 뜻을 지닌 이름씨 '채신'은 (217)에서와 같이 주로 부정월에서 쓰이며, 긍정월에서 쓰이면 부적격해진다.

(217) ㄱ. *사람들 앞에서 **채신**이 **있는** 행동을 하여라.
ㄴ. 사람들 앞에서 **채신**이 **없는** 행동을 하지 마라.

주로 부정월에서 쓰이는 '채신'은 모든 부정월에서 적격하게 쓰이는

---

53) 『표』에는 '처신(處身)'을 낮잡아 이르는 말로 풀이되어 있지만, '채신'과 '처신'은 뜻과 쓰임이 다른 것으로 보인다. '채신'의 속된 말로 '채신머리'가 있다. <속됨>을 제외하고는 뜻과 쓰임에서 별다른 차이를 보이지 않는다.

것은 아니고, 극히 심한 통사적 제약이 따른다. '채신' 뒤에는 임자자리 토씨 '이'가 결합되어야 하며, 그 뒤에는 부정 낱말 '없다'가 놓이는 제약이 따른다. 토씨 '이'는 생략될 수 있으며, '이' 자리에는 도움토씨 '도'가 놓일 수 있다. 곧 통사적 짜임새인 '채신이 없-'으로 쓰인다.

통사적 짜임새인 '채신이 없-'에서 '이'가 생략된 다음 '채신'과 '없-'이 결합과정을 거쳐 <말이나 행동이 경솔하여 위엄이나 신망이 없다>의 뜻을 지닌 합성그림씨 '채신없다'가 도출되었다. '채신없다'의 줄기에 어찌씨 파생가지 '-이'가 결합하여 파생어찌씨 '채신없이'가 도출되었다.

(218) ㄱ. **채신없는** 행동은 그만 하세요.
ㄴ. **채신없이** 행동하**지 마**세요.

'채신'이 주로 부정월에서 쓰이지만 극히 일부 긍정월에서 쓰이는 경우가 있다. '채신' 다음에 풀이씨로 '사납다'가 놓이는 경우에 긍정월이더라도 적격한 월이 된다. '이'가 생략된 다음 '채신'과 '사납다'가 결합과정을 거쳐 <몸가짐을 잘못하여 꼴이 몹시 언짢다>의 뜻을 지닌 합성그림씨 '채신사납다'가 도출되었다.

(219) ㄱ. **채신이 사나운** 행동은 조심해라.
ㄴ. **채신사나운** 행동은 조심해라.

(219)와 같이 '채신'이 긍정월에서 쓰이더라도 극히 제한적이며, 주로 부정월에서 쓰이는 것이 일반적이다. '사납다'의 의미가 부정적인 특성을 지니기 때문에 특이한 용법에 해당하는 것으로 본다.

주로 부정월을 가려잡는 '채신'은, 통사적 짜임새인 '채신이 없-'으로 쓰인다. 극히 일부 '사납다' 따위가 쓰인 긍정월에서 쓰이는 경우가 있지만 이는 특수한 경우에 해당한다.

2.5.14 추호

<가을에 짐승의 털이 매우 가늘어지는 데에서 가을 털끝만큼 매우 조금을 비유적으로 이르는 말>의 뜻을 지닌 '추호'는 (220)에서와 같이 주로 부정월에서 쓰이며, 긍정월에서 쓰이면 부적격해진다.

(220) ㄱ. *그의 결심은 **추호**도 흔들렸다.
ㄴ. 그의 결심은 **추호**도 흔들리**지 않**았다.

주로 부정월에서 쓰이는 '추호'는 모든 부정월에서 적격하게 쓰이는 것은 아니고, 심한 통사적 제약이 따른다. '추호' 뒤에는 도움토씨 '도'가 결합되거나 매김자리토씨 '의'가 결합되며, 그 뒤에 부정이 놓이게 된다. '도'가 결합되는 경우, <전혀, 조금도>의 뜻을 나타내는 어찌씨처럼 쓰인다. 단순부정이나 능력부정의 월을 모두 가려잡으며, 부정 낱말 '없다', '모르다'도 가려잡는다.

(221) ㄱ. 그는 오차를 **추호도** 인정하**지 않**았다.
ㄴ. 그런 일이 일어나리라고는 **추호도** 생각하**지 못했**다.
ㄷ. 폭력을 옹호할 생각은 **추호도** **없**습니다.
ㄹ. 이번 일에 대해서는 **추호**도 **모른**다.

'의'가 결합되는 경우, '추호의'의 뒤에는 특정의 이름씨가 놓이고 그 다음에 도움토씨 '도'가 결합되며, 그 뒤에 부정이 놓이게 된다. '의'와 '도'는 생략될 수 없으며, 다른 토씨로 대치될 수도 없다. 단순부정이나 능력부정의 월을 모두 가려잡으며, 부정 낱말 '없다'도 가려잡는다.

(222) ㄱ. 시민들은 **추호의 동요도** 하**지 않**는다.
ㄴ. **추호의 인정도** 받**지 못했**다
ㄷ. 내 말에는 **추호의 거짓말도 없**다.

'추호의 N도 부정'은 뜻에서 차이 없이 '추호도 N를/가 부정'[54]으로 다시 쓸 수 있다. 곧 (222)는 (223)으로 다시 쓰더라도 뜻에서 별다른 차이가 나지 않는다.

(223) ㄱ. 시민들은 **추호도 동요를** 하**지 않**는다.
ㄴ. **추호도 인정을** 받**지 못했**다.
ㄷ. 내 말에는 **추호도 거짓말이 없**다.

'추호'에 도움토씨 '라도'가 결합되는 경우에는 긍정월에서 쓰이기도 한다.

(224) 그럴 생각이 **추호라도** 있다면 말을 해.

'추호라도'는 '조금이라도'와 같은 뜻으로 <조금도>의 뜻을 나타내는 '추호도'와 의미가 달리진다. 곧 '추호라도'와 '추호도'는 뜻과 쓰임에서 차이를 보인다.
따라서 '추호' 뒤에는 도움토씨 '도'가 결합되거나 매김자리토씨 '의'가 결합되는 경우에 한하여 부정 표현을 가려잡는다.

---

54) 'N를/가'에서 '가'가 쓰이느냐, '를'이 쓰이느냐를 결정하는 요인은 뒤에 놓이는 풀이씨의 종류이다.

2.5.15 틀림55)

'틀림'은 '틀리다'의 이름꼴 끝바꿈과 '틀리다'의 줄기에 이름씨 파생가
지 '-음'이 결합하여 도출된 파생이름씨가 있다. 이름꼴 끝바꿈과 파생이
름씨의 구분은 어찌말과 매김말의 꾸밈 가능성 여부에 따라 식별될 수
있다. 이름꼴 끝바꿈은 어찌말의 꾸밈은 받을 수 있지만 매김말의 꾸밈
을 받을 수 없다. 반면 파생이름씨는 매김말의 꾸밈은 받을 수 있지만
어찌말의 꾸밈은 받을 수 없는 제약이 있다. 따라서 (225)에서 ㄱ의 '틀
림'은 이름꼴 끝바꿈이고, ㄴ의 '틀림'은 파생이름씨이다.

> (225) ㄱ. 이 문제가 **조금 틀림**을 몰랐다.
> ㄴ. 그것은 **한 치의 틀림**도 없다.

이름꼴 끝바꿈의 '틀림'은 긍정월이건 부정월이건 가리지 않고 적격하
게 쓰일 수 있어 이 장의 논의 대상에서 제외된다.

> (226) ㄱ. 나는 이 문제가 **틀림**을 알았다.
> ㄴ. 나는 이 문제가 **틀림**을 **몰랐**다.

<①서로 어그러져 맞지 않음. ②바른 점에서 어긋남>의 뜻을 지닌 파
생이름씨 '틀림'은 부정월에서 적격하게 쓰이며, 긍정월에서 쓰이면 부적
격해진다.

> (227) ㄱ. *네가 잘못한 게 **틀림**이 있다.

---

55) 『연』과 『고』에서는 '틀림'을 이름씨인 올림말로 실었지만 『표』에서는 낱말로 올라
있지 않다.

ㄴ. 네가 잘못한 게 **틀림**이 **없다**.

부정월에서 쓰이는 '틀림'은 모든 부정월에서 적격하게 쓰이는 것은 아니고, 심한 통사적 제약이 따른다. '틀림' 뒤에는 임자자리토씨 '이'가 결합되며, 그 뒤에는 부정 낱말 '없다'가 놓이는 제약이 따른다. 곧 통사적 짜임새인 '틀림이 없-'으로 쓰인다. '이' 자리에는 도움토씨 '도'가 결합될 수 있다.

통사적 짜임새인 '틀림이 없-'에서 '이'가 생략된 다음 '틀림'과 '없-'이 결합과정을 거쳐 <①확실하다. 분명하다. ②틀리거나 어긋나지 않고 꼭 맞다>의 뜻을 지닌 합성그림씨 '틀림없다'가 도출되었다. '틀림없다'의 줄기에 어찌씨 파생가지 '-이'가 결합하여 파생어찌씨 '틀림없이'가 도출되었다.

> (228) ㄱ. 저분이 회장임에 **틀림없다**.
> ㄴ. 우리 팀이 **틀림없이** 이길 것이다.

'틀림'은 주로 부정월에서 쓰이지만, 반어법을 실현하는 긍정의 베풂월과 물음월에서 적격하게 쓰이기도 한다.

> (229) ㄱ. 자네가 어디 **틀림**이 있어야지.
> ㄴ. 네 생각에 **틀림**이 있겠니?

(229)는 형식상으로 긍정의 베풂월과 물음월이지만, 내재적 의미로 보면 부정의 베풂월로 해석된다. (229)의 의미를 다시 쓰면 (230)과 같다.

> (230) ㄱ. [자네는 **틀림**이 **없다**.]

ㄴ. [네 생각에 **틀림**이 **없다**.]

따라서 (229)도 부정의 뜻을 함의한다는 점에서 '틀림'이 부정 표현에서 쓰인다는 점은 유효하다.

'틀림'이 주로 부정월에서 쓰이지만, 극히 일부 긍정월에서도 적격하게 쓰이기도 한다. 조건이나 양보를 나타내는 긍정의 이은월에서 적격하게 쓰이기도 한다.

> (231) ㄱ. 내 생각에 **틀림**이 있**으면** 지적해 주세요.
> ㄴ. 내 생각에 **틀림**이 있**더라도** 끝까지 듣기 바랍니다.

이와 같이 '틀림'이 특수한 긍정월에서 쓰이기도 하지만, 대체로 부정 표현에서 쓰임이 분명하다.

2.5.16 형언(形言)

<무엇을 말로 나타냄>의 뜻을 지닌 이름씨 '형언'은 주로 부정월에서 쓰이며, 긍정월에서 쓰이면 대체로 부적격해진다.

> (232) ㄱ. *배고픔이란 이루 **형언**을 할 수 있었다.
> ㄴ. 배고픔이란 이루 **형언**을 할 수 **없었다**.

주로 부정월에서 쓰이는 '형언'은 모든 부정월에서 적격하게 쓰이는 것은 아니고, 심한 통사적 제약이 따른다. '형언' 뒤에는 부림자리토씨 '을'이 결합되며, 뒤에는 풀이씨 '하다'의 부정 표현이 놓이기도 하지만,

주로 부정 낱말 '없다'가 놓인다. 능력부정은 놓일 수 있지만 단순부정은 특수한 경우에 한하여 놓일 수 있다. '을' 자리에는 도움토씨 '조차'로 대치될 수 있다. 곧 '형언'은 통사적 짜임새 '형언을 할 수 없-'이나 '형언을 하지 못하-', '형언을 하기가 쉽지 않-'으로 쓰인다.

(233) ㄱ. 모진 고문은 어떤 말로도 **형언을 할 수 없**다.
　　　 ㄴ. 그는 소설을 읽으며 **형언을 하지 못할** 감동을 받았다.
　　　 ㄷ. 내 사정은 말로서 **형언을 하기가 쉽지 않**다.

(233)에서와 같이 '형언'은 부정월에서 적격하게 쓰여, (233)의 긍정월은 모두 부적격한 월이 된다. '형언' 뒤에 결합된 '을' 자리에는 도움토씨 '조차'로 대치될 수 있다. '형언'은 통사적 짜임새 '형언을 할 수 없-'이나 '형언을 하지 못하-', '형언을 하기가 쉽지 않-'에서 '을'이 생략될 수 있으며, '형언'과 '하-'가 결합과정을 거쳐 부정월을 가려잡는 합성움직씨 '형언하다'가 도출되었다.

(234) ㄱ. 모진 고문은 어떤 말로도 **형언할 수 없**다.
　　　 ㄴ. 그는 소설을 읽으며 **형언하지 못할** 감동을 받았다.
　　　 ㄷ. 내 사정은 말로서 **형언하기가 쉽지 않**다.

(235)와 같이 '형언을 하지 못하-'에서 '을'이 생략될 수도 있고, '을 하지'가 생략될 수 있다.

(235) 그는 소설을 읽으며 **형언을 하지 못할** 감동을 받았다.
　　　 →그는 소설을 읽으며 **형언을 못할** 감동을 받았다.
　　　 →그는 소설을 읽으며 **형언 못할** 감동을 받았다.

'형언'은 주로 부정월에서 쓰이지만, 반어법을 실현하는 긍정의 베풂월과 물음월에서 적격하게 쓰이기도 한다.

(236) ㄱ. 비참한 상황을 어디 **형언**을 할 수가 있어야지.
　　　ㄴ. 지금의 내 심정을 어찌 **형언**을 하겠니?

(236)은 형식상으로 긍정의 베풂월과 물음월이지만, 내재적 의미로 보면 부정의 베풂월로 해석된다. (236)의 내재적 의미를 다시 쓰면 (237)과 같다.

(237) ㄱ. [비참한 상황을 **형언**을 할 수가 **없**다.]
　　　ㄴ. [지금의 내 심정을 **형언**을 하**지 못하**겠다.]

따라서 (236)도 부정의 뜻을 함의한다는 점에서 '형언'이 부정 표현에서 쓰인다는 점은 유효하다.

'형언'은 반어법을 실현하는 긍정의 베풂월과 물음월에서 쓰일 뿐만 아니라 반어법과 관련 없는 극히 일부 긍정월에서 쓰이기도 한다.

(238) ㄱ. 내 심정은 **형언**조차 하기가 **어려웠다**.
　　　ㄴ. 모진 고문은 말로써 **형언**을 하기가 **힘들다**.

(238)에서와 같이 그림씨 '어렵다'와 '힘들다'가 쓰이는 경우에는 긍정월에서 '형언'이 쓰이더라도 적격해진다. 그러나 '어렵다'와 '힘들다'는 의미적으로 '쉽다'와 부정 관계를 놓인다는 점에서 부정의 뜻을 함의하는 것으로 볼 수 있어 의미상 부정 표현에 해당하는 것으로 처리할 수 있다. (238)을 (239)와 같이 '쉽다'의 부정월로 바꾸더라도 뜻에서 별다른

차이를 보이지 않는다.

(239) ㄱ. 내 심정은 **형언**조차 하기가 쉽**지 않**았다.
ㄴ. 모진 고문은 말로써 **형언**을 하기가 쉽**지 않**다.

곧 긍정월에서 '형언'이 쓰이는 경우는 반어법을 실현하는 월과 부정의 의미 자질을 가지는 '어렵다'와 '힘들다' 따위가 쓰인 월이지만, 이들은 모두 부정의 뜻을 함의하는 부정 표현에 포함된다.

2.6 부정 표현을 가려잡는 매인이름씨

2.6.1 겨를

<어떤 일을 하다가 생각 따위를 다른 데로 돌릴 수 있는 시간적 여유>의 뜻을 지닌 매인이름씨 '겨를'은 홀로 자립해서 쓰일 수 없고 항상 매김꼴씨끝 '-을'을 앞세워야 하기 때문에 매인이름씨에 해당한다. 매김꼴씨끝 가운데 '-을'만 가능할 뿐이고 '-는'이나 '-은'은 놓일 수 없는 제약이 따른다. 또한 '겨를' 뒤에는 주로 임자자리토씨 '이'나 부림자리토씨 '을'이 결합되며, 풀이씨로는 주로 '없다'가 놓이거나 부정 형식이 놓여야 하는 제약이 따른다. 따라서 '겨를'은 부정 표현을 가려잡는 매인이름씨에 해당한다.

(240) ㄱ. 일거리가 쌓여 쉴 **겨를이 없**다.
ㄴ. 수인은 더 쉴 **겨를**을 주**지 않**았다.

(240)의 긍정월에 해당할 수 있는 (241)이 부적격한 월이 되는 것을 통해 '겨를'이 부정 표현을 가려잡는 매인이름씨임이 확인된다.

(241) ㄱ. *일거리가 없어 **쉴 겨를**이 있다.
ㄴ. *주인은 더 **쉴 겨를**을 주었다.

(240)에서 '겨를' 뒤에 놓인 임자자리토씨 '이'와 부림자리토씨 '를' 대신에 도움토씨 '도'와 '조차'가 놓이더라도 적격한 월이 된다. 임자자리토씨 '이'가 삭제되더라도 통사적 짜임새인 '-을 겨를 없다'나 '-을 겨를 없이'는 결합과정을 거쳐 '겨를없다'나 '겨를없이'가 도출되지는 않는다.

'없다' 이외의 부정월을 가려잡는 경우에는 단순부정이나 능력부정을 가리지 않고 모두 적격한 월이 되어 제약이 없다.

(242) ㄱ. 사회자는 발표자에게 반론할 겨를도 **안** 주었다./주**지 않**았다.
ㄴ. 사회자는 발표자에게 반론할 겨를도 **못** 주었다./주**지 못했**다.

'겨를'은 형식상 반어법을 실현하는 긍정의 베풂월과 물음월에서도 쓰일 수 있다. '있다'인 경우에도 월 짜임에 제약이 따른다. 곧 뒤에 토씨 '이'가 놓여야 하며, 풀이씨로 '있다'가 쓰여야 적격한 월이 된다.

(243) ㄱ. 일거리가 쌓여 **쉴 겨를이 있어야지**.
ㄴ. 담배 한 대 피울 **겨를**이 어디 **있니**?

부정월에서 '겨를' 뒤에 놓인 임자자리토씨 '이' 대신에 도움토씨 '도'와 '조차'가 놓이더라도 적격한 월이 되지만, 반어법 실현 긍정월에서는 '도'와 '조차'로 대치할 수 없는 제약이 따른다. (243)에서 ㄱ은 표면적으로 긍정의 베풂월이지만 내재적으로는 부정의 베풂월로 해석되며, ㄴ은 표면적으로 긍정의 물음월이지만 내재적 의미로는 부정의 베풂월로 해석되어, ㄱ과 ㄴ은 반어법을 실현하는 월에 해당된다. (243)의 내재적 의미를 다시 쓰면 (244)와 같다.

(244) ㄱ. [일거리가 쌓여 **쉴 겨를이 없**다.]
　　　ㄴ. [담배 한 대 피울 **겨를**이 **없**다.]

'겨를'이 '있다' 반어법 월 밖에도 형식상 반어법을 실현하는 긍정의 베풂월과 물음월에서도 쓰일 수 있다.

(245) ㄱ. 반론할 **겨를**을 주었어야지.
　　　ㄴ. 대답할 **겨를**을 언제 주었니?

(245)에서 ㄱ은 표면적으로 긍정의 베풂월이지만 내재적 의미로는 부정의 베풂월로 해석되며, ㄴ은 표면적으로 긍정의 물음월이지만 내재적으로는 부정의 베풂월로 해석되어, ㄱ과 ㄴ은 반어법을 실현하는 월에 해당된다. (245)의 내재적 의미를 다시 쓰면 (246)과 같다.

(246) ㄱ. [반론할 **겨를**을 **안** 주었다.]
　　　ㄴ. [대답할 **겨를**을 **안** 주었다.]

(243)과 (245)는 형식상으로는 긍정의 베풂월(ㄱ)과 긍정의 물음월(ㄴ)이지만, 내재적으로는 부정의 베풂월로 해석되는 반어법 베풂월에서 쓰일 수 있기 때문에 '겨를'이 부정 표현에서만 쓰임은 확실하다.

2.6.2 나위

<더할 수 없는 여유나 더 해야 할 필요>의 뜻을 지닌 매인이름씨 '나위'는 홀로 자립해서 쓰일 수 없고 항상 매김꼴씨끝 '-을'을 앞세워야 하기 때문에 매인이름씨에 해당한다. 매김꼴씨끝 가운데 '-을'만 가능할 뿐이고 '-는'이나 '-은'은 놓일 수 없는 제약이 따른다. 또한 '나위' 뒤에는 주로 임자자리토씨 '이'가 결합되며, 풀이씨로는 주로 '없다'가 놓여야 하는 제약이 따른다. 따라서 '나위'는 부정 표현을 가려잡는 매인이름씨에 해당한다.

(247) ㄱ. *그가 충격을 받은 것은 의심할 **나위**가 있다.
　　　ㄴ. 그가 충격을 받은 것은 의심할 **나위**가 **없**다.

'나위'는 '-을 나위가 없-'이란 통사적 짜임새로 익은말처럼 쓰이는 특성을 보인다. 토씨 '가' 자리에는 도움토씨 '도'가 놓일 수 있다. 토씨 '가'가 삭제되더라도 통사적 짜임새인 '-을 나위 없다'나 '-을 나위 없이'는 결합과정을 거쳐 '나위없다'나 '나위없이'가 도출되지는 않는다.

(248) ㄱ. 신랑감으로 더할 **나위** 없다.
　　　　*신랑감으로 더할 **나위없다**.
　　　ㄴ. 신랑감으로 더할 **나위** 없이 훌륭하다.
　　　　*신랑감으로 더할 **나위없이** 훌륭하다.

'나위'가 주로 '-을 나위가 없-'이란 특수한 부정월에서 쓰이지만, 형식상 반어법을 실현하는 긍정의 물음월에서도 쓰일 수 있다.

(249) 네가 약속을 지킨다면 더할 **나위**가 있겠니?

(249)은 표면적으로 긍정의 물음월이지만 내재적 의미로는 부정의 베 풂월로 해석되어, 반어법을 실현하는 월에 해당된다. (249)의 내재적 의 미를 다시 쓰면 (250)과 같다.

(250) [네가 약속을 지킨다면 더할 **나위**가 **없**겠다.]

(249)에서와 같이 반어법을 실현하는 긍정의 물음월은 '-을 나위가 있 겠-'이란 통사적 짜임새를 이루는 것이 일반적이다. '-겠-' 자리에는 다 른 때매김씨끝이 놓일 수 없는 제약이 따른다.

이와 같이 '나위'가 반어법을 실현하는 긍정월에서 쓰이기도 하지만 내재적으로 부정을 나타내기 때문에 '나위'가 부정 표현에서 쓰임이 분 명하다.

2.6.3 리

<까닭. 이치>의 뜻을 지닌 매인이름씨 '리'는 부정월에서 적격하게 쓰 인다. 일반적으로 긍정월에서 쓰이면 (251ㄱ)과 같이 부적격해진다.

(251) ㄱ. *나도 마음이 편할 **리**가 있다.
ㄴ. 나도 마음이 편할 **리**가 **없**다.

'리'가 부정월에서 쓰이더라도 제약이 따른다. '리'가 매인이름씨이기 때문에 앞자리에 풀이씨의 매김꼴이 놓이되, 매김꼴씨끝으로는 '-을'만이 놓일 수 있는 제약이 따른다. 뒷자리에는 임자자리토씨 '가'가 놓이며, '가' 자리에 도움토씨 '는'과 '도'로 대치될 수 있다. 그 다음에는 '없다'가 놓여 통사적 짜임새 '-을 리가 없-'으로 쓰인다. 임자자리토씨 '가'는 생략되기도 하지만, '가'가 생략된 다음에 '리'와 '없다'가 결합과정을 거쳐 '-리없다'가 도출되지는 않는다.

> (252) ㄱ. 나도 마음이 편할 **리 없다**.
> ㄴ. *나도 마음이 편할 **리없다**.

'리'가 부정월서 쓰이지만 극히 일부 긍정월에서도 적격하게 쓰이는 경우가 있다. 형식상으로 긍정의 물음월이만 내재적 의미로 부정의 베풂월로 해석되는 반어법을 실현하는 월에서 적격하게 쓰인다. 이 경우에도 제약이 따라 통사적 짜임새 '-을 리가 있-?'로 한정된다.

> (253) ㄱ. 저들이 우리를 도와줄 **리가 있니**?
> ㄴ. 그렇게 비싸게 받을 **리가 있을까**?

(253)는 형식상으로 긍정의 물음월이지만 내재적 의미로 부정의 베풂월로 해석된다. (253)의 내재적 의미를 다시 쓰면 (254)와 같다.

> (254) ㄱ. [저들이 우리를 도와줄 **리가 없다**.]
> ㄴ. [그렇게 비싸게 닫을 **리가 없**을 거야.]

(253)은 긍정의 물음월이지만 내재적 의미로 (254)로 해석되어 '리'가 적격하게 쓰이는 부정 표현의 조건에 들어맞는다. 따라서 '리'가 부정 표현에서 쓰인다는 전제는 유지된다.

'리' 뒤에는 주로 부정 낱말 '없다'가 놓이지만 이름씨 '만무(萬無)'가 놓이기도 한다. '만무'는 앞에 '리'가 놓여야 하며 뒤에 '이(다)'가 놓여야 하는 제약이 있다. 곧 '만무'가 적격하게 쓰이기 위해서는 통사적 짜임새 '-을 리(가) 만무이(다)'인 경우에 한한다.

(255) ㄱ. 문이 잠겨 있었으므로 나갔을 **리 만무**다.
ㄴ. 혼자서 범죄를 저질렀을 **리 만무**이니 공범을 찾아야 한다.

(255)는 긍정월이지만 '만무'가 <절대로 없음. 전혀 없음>이란 부정적 뜻을 지니기 때문에 (255)도 내재적 의미로는 부정 표현에 해당한다.

2.7 마무리

이 장에서는 부정 표현을 가려잡는 이름씨를 선정하고, 이들 이름씨마다 통사적 특성을 규명하고자 하였다. 부정 표현을 가려잡는 이름씨는 부정 표현을 가려잡는 통사적 지배 제약을 일으키는 통제자에 해당하며, 일반 이름씨와 달리 토씨와의 결합에 제약이 심하고 통합관계를 이룰 수 있는 풀이씨에도 극히 한정되는 특성을 보였다.

이를테면 볼품'은 부정월이나 반어법을 실현하는 긍정의 물음월을 가려잡아 부정 표현에서만 쓰이고, 자리토씨 '가'와 일부 도움토씨만이 결합될 수 있으며, 풀이씨로는 부정 낱말 '없다'를 가려잡는다. 또한 '볼품이 없다'란 통사적 짜임새에서 토씨 '이'가 삭제된 다음 결합과정을 거쳐 합성그림씨 '볼품없다'가 도출되었다. '볼품없다'의 줄기에 어찌씨 파생가지 '-이'가 결합하여 파생어찌씨 '볼품없이'가 도출되었다.

부정 표현을 가려잡는 이름씨를 선정하고, 부정 표현만을 가려잡는 것, 부정 표현만을 가려잡지는 않지만 뭇뜻 가운데 일부가 부정 표현을 가려잡는 것, 극히 일부 긍정월에서 쓰이기도 하지만 주로 부정 표현을 가려잡는 것으로 나누었다.

부정 표현만을 가려잡는 이름씨로는 '간단, 거침, 과언, 괘념, 기탄, 꼼짝, 내색, 다수, 더이상, 두말, 별도리, 볼품, 별차, 보통내기, 본데, 상종, 숨김, 스스럼, 아랑곳, 아무짝, 이만저만, 여간내기, 일언반구, 입추, 주변머리, 주체, 터무니, 하등' 따위가 선정되다.

뭇뜻 가운데 일부가 부정 표현을 가려잡는 이름씨로는 '경황, 까닭, 구김살, 꾸밈, 끄떡, 낯, 물색, 별것, 별수, 별수단, 별일, 주책, 털끝 따위가 선정되었다.

극히 일부 긍정월에서 쓰이기도 하지만 주로 부정 표현을 가려잡는 이름씨로는 '개뿔, 거리낌, 미동, 별고, 볼품, 인정사정, 일고, 일면식, 쥐뿔, 채신, 추호, 틀림, 형언' 따위가 있다.

부정 표현을 가려잡는 매인이름씨로는 '겨를, 나위, 리'가 선정되었다.

위에서 선정한 부정 표현을 가려잡는 이름씨들은 특수한 통사적 제약을 보이기 때문에 각각의 통사적 특성을 밝히고자 하였다.

제3장

부정 표현을 가려잡는 움직씨의 통사 특성

3.1 들머리

대다수의 움직씨는 긍정월에서도 쓰이고 부정월에서도 쓰일 수 있어 제약이 없지만, 극히 일부 움직씨는 부정월에서만 적격하게 쓰이고, 긍정월에서 쓰이면 부적격해진다. 이를테면 '꼼짝하다'는 (1)에서와 같이 긍정월에서 쓰이면 부적격해지지만, 긍정월에서 쓰이면 적격해진다.

(1) ㄱ. *말이 그 자리에서 꼼짝한다.
　　ㄴ. 말이 그 자리에서 꼼짝하**지 않**는다.
　　ㄷ. 말이 그 자리에서 꼼짝하**지 못**한다.
　　ㄹ. 그 자리에서 꼼짝하**지 마**라.

(1)에서 긍정월인 ㄱ의 '꼼짝하다' 자리에 '움직이다', '눕다', '자다' 따위가 놓이면 적격한 월이 되며, 부정월인 ㄴ, ㄷ, ㄹ의 '꼼짝하다' 자리에 놓이더라도 적격한 월이 된다. 따라서 '꼼짝하다'로 말미암아 부정월인

ㄴ, ㄷ, ㄹ은 적격한 월이 되었지만, 긍정월인 ㄱ이 부적격해졌기 때문에 움직씨인 '꼼짝하다'는 부정월을 가려잡는 요소임이 분명하다. 곧 '꼼짝하다'가 부정월을 가려잡는 통사적 지배 제약을 일으키는 통제자임이 확인된다.

움직씨 가운데에, '꼼짝하다'와 같이 부정월을 가려잡는 것으로는 '개의하다, 괘념하다, 굴하다, 꼼짝달싹하다, 끊이다, 달가워하다, 묵과하다, 서슴다, 아랑곳하다, 끄떡하다, 상관하다, 꼼짝하다, 내색하다, 두말하다, 상종하다, 형언하다'가 있다. 이들 움직씨에 따라 요구하는 부정 표현의 양상이 다르기도 하며, 의미적 특성에서도 차이를 보이기도 하기 때문에 각각의 통사적 특성과 의미 기능을 밝힐 필요성이 제기된다.

곧 '꼼짝하다'는 단순부정과 아울러 능력부정을 가려잡을 뿐 아니라 함께함월과 시킴월에서는 '-지 말-'을 가려잡는다. 그러나 <결단을 내리지 못하고 머뭇거리며 망설이다>의 뜻을 지닌 '서슴다'는 (2)에서와 같이 단순부정과 '-지 말-'은 가려잡지만 능력부정은 가려잡지 않는 특성을 보여 '꼼짝하다'와 차이를 보인다.

(2) ㄱ. 그는 한 입으로 두말하기를 서슴**지 않**는다.
ㄴ. *그는 한 입으로 두말하기를 서슴**지 못한**다.
ㄷ. 귀찮은 일에 나서기를 서슴**지 마**라.

또한 '꼼짝하다'는 (3ㄱ)과 같이 형식상 긍정월이지만 내재적으로 부정월로 해석되는 반어법을 실현하는 월에서도 쓰이지만, '서슴다'는 반어법 월에서 쓰이지 않는 특성을 보인다.

(3) ㄱ. 너는 왜 **꼼짝**하니?
[꼼짝하**지 마**라.]

ㄴ. *너는 왜 **서슴**니?

　　[서슴**지 마라**.]

　'꼼짝하다'는 주로 부정월을 가려잡지만 부정적 뜻을 함의하는 긍정월에서도 쓰이는 경우가 있지만, '서슴다'는 부정월만을 가려잡아 차이를 보인다.

　(4) ㄱ. 꼼짝하기가 **싫다**./꼼짝하기가 **어렵다**.
　　　ㄴ. *서슴기가 **싫다**./*서슴기가 **어렵다**.

　<①고개나 손목을 잠시 아래로 숙였다 들다. ②조금이라도 움직이거나 동요하거나 의지나 고집을 버리다>란 뭇뜻을 지닌 '끄떡하다'에서 ①의 '끄떡하다'는 (5)에서와 같이 긍정월이건 부정월이건 가리지 않고 쓰일 수 있다.

　(5) ㄱ. 그는 무표정한 얼굴로 고개를 **끄떡했다**.
　　　ㄴ. 그는 무표정한 얼굴로 고개도 끄떡하**지 않**았다.

　②의 뜻을 지닌 '끄떡하다'는 부정월을 가려잡기 때문에 긍정월에서 쓰이면 (6ㄱ)과 같이 부적격한 월이 된다.

　(6) ㄱ. *그 여자는 작은 유혹에도 끄떡하였다.
　　　ㄴ. 그 여자는 어떠한 유혹에도 끄떡하**지 않**았다.

　이와 같이 부정 표현을 가려잡는 움직씨들은 '서슴다'와 같이 부정 표현만을 가려잡는 것, '꼼짝하다'와 같이 주로 부정 표현을 가려잡는 것, '끄떡하다'와 같이 뭇뜻 가운데 일부가 부정 표현을 가려잡는 것으로 나눌 수 있다.

부정 표현만을 가려잡는 움직씨로는 '개의하다, 괘념하다, 굴하다, 꼼짝달싹하다, 끊이다, 달가워하다, 묵과하다, 서슴다, 아랑곳하다' 따위가 있으며, 뭇뜻 가운데 일부가 부정 표현을 가려잡는 움직씨로는 '끄떡하다, 상관하다' 따위가 있다. 주로 부정 표현을 가려잡는 움직씨로는 '꼼짝하다, 내색하다, 두말하다, 상종하다, 형언하다' 따위가 있다. 부정 표현을 가려잡는 움직씨들마다 통사적 제약이 다르기 때문에 이들 움직씨마다 지니는 통사적 특성을 규명할 필요성이 제기된다. 따라서 이 장에서는 부정 표현을 가려잡는 움직씨들을 선정하고, 각각의 통사적 특성을 규명하기로 한다.

3.2 부정 표현만을 가려잡는 움직씨

3.2.1 개의하다

<①(어떤 일이나 말에) 신경을 쓰거나 관심을 두다. ②(어떤 일이나 말을) 신경 쓰거나 마음에 두다>의 뜻56)을 지닌 움직씨 '개의(介意)하다'는 부정월을 가려잡기 때문에 긍정월에서 쓰이면 (7)과 같이 부적격해진다.

(7) ㄱ. *사람들은 사소한 문제에도 **개의한다**.
　　ㄴ. *남의 일에 **개의해라**.

---

56) ①의 뜻은 '개의하다' 앞에 '○○에'란 어찌말이 놓이는 경우이고, ②의 뜻은 '개의하다' 앞에 '○○을'이란 부림말 놓이는 경우로, 같은 뜻에 해당한다.
①의 보기: 우리는 지나간 일에 개의하지 않는다.
②의 보기: 우리는 지난번 실패를 개의치 않는다.

ㄷ. *이번 일에는 **개의할** 것이 있다.

ㄹ. *이번 사건에 그들은 **개의할** 눈치이다.

(7)은 모두 긍정월로, '개의하다'가 쓰여 부적격한 월이 되었다. '개의하다' 자리에 부정월이건 긍정월이건 가리지 않는 움직씨가 놓이면 모두 적격한 월이 된다. 이를테면 '관여하다', '주시하다' 따위로 대치되면 적격한 월이 된다. 이로 미루어 (7)이 부적격한 월이 된 것은 바로 '개의하다'에 원인이 있음이 확인된다. 곧 '개의하다'가 부정월을 가려잡는 통사적 지배 제약을 일으키는 통제자이다. 부적격한 월인 (7)을 부정월로 바꾸면 (8)과 같이 모두 적격한 월이 된다.

(8) ㄱ. 사람들은 사소한 문제에도 **개의하지 않**는다.

ㄴ. 남의 일에 **개의하지 마**라.

ㄷ. 이번 일에는 **개의할** 것이 **없**다.

ㄹ. 이번 사건에 그들은 **개의할** 눈치가 **아니**다.

이를 통해 '개의하다'는 부정월을 가려잡는 움직씨임이 분명해진다. 부정월을 가려잡는 '개의하다'는 (9)와 같이 단순부정은 가려잡지만 능력부정은 가려잡지 않는다. 단순부정 가운데 긴 부정만 가려잡을 뿐이고 짧은 부정인 '안' 부정은 가려잡지 않는다. 일반적으로 'OO하다' 움직씨에서는 '안' 부정은 불가능하기 때문이다.

(9) ㄱ. 나는 남의 말에 개의하**지 않**는다.

ㄴ. *나는 남의 말에 **안** 개의한다.

ㄷ. *나는 남의 말에 개의하**지 못한**다.

'개의하다'는 움직씨이기 때문에 부정의 함께함월과 시킴월에서도 쓰일 수 있어 '-지 말-'을 가려잡는다.

(10) ㄱ. 지난번 실패를 개의하**지 말**자.
ㄴ. 지난번 실패를 개의하**지 마**라.

'개의하다'는 부정월에서 쓰이기 때문에 주로 씨끝으로 '-지'를 취하여 '개의하지'의 꼴로 쓰이며,57) (11)과 같이 '개의치'로 축약되어 쓰인다. '-하다' 움직씨 가운데 일부가 부정 풀이씨와 어울려 '-지'로 꼴바꿈을 하는 경우에 '-치'로 축약되기 때문에 '개의하다'의 개별적 특성에 해당하는 것은 아니다.

(11) ㄱ. 사람들은 사소한 문제에도 **개의치 않**는다.
ㄴ. 남의 일에 **개의치 마**라.

일반적으로 '이름씨+하다'가 결합하여 도출된 파생움직씨는 (12)에서와 같이 '-지 않-'이나 '-지 말-' 부정에 쓰이는 경우 '하지'가 생략되어 쓰이거나, 통사적 짜임새인 '이름씨+를 하다'로 뜻에서 별다른 차이 없이 변환되어 쓰일 수 있다.

(12) ㄱ. 학생들이 **청소하**지 않는다.
→ 학생들이 **청소** 않는다.
→ 학생들이 **청소를 하**지 않는다.
ㄴ. 남의 일에 **간섭하지** 마라.
→ 남의 일에 **간섭** 마라.

---

57) '개의하다'가 부정 낱말 '없다'나 '아니다'와 어울릴 때에는 다음 보기와 같이 매김꼴 씨끝 '-ㄹ'로 꼴바꿈을 한다.
ㄱ. 이번 사건은 네가 **개의할** 여지가 **없**다.
ㄴ. 이번 사건은 네가 **개의할** 일이 **아니**다.

→남의 일에 **간섭을 하지** 마라.

그러나 '개의하다'에서 '개의(介意)'는 이름씨로 쓰이지 않기 때문에 (13)에서와 같이 '하지'가 생략될 수 없으며, 통사적 짜임새인 '개의+를 하다'로 변환되지 않는다.

(13) ㄱ. *그 사람은 그런 사소한 문제에 별로 **개의** 않는다.
ㄴ. *그 사람은 그런 사소한 문제에 별로 **개의를 하**지 않는다.

'개의하다'는 부정 낱말 가운데 '없다', '아니다'를 가려잡는다. 이 경우 '개의하다'는 매김꼴씨끝 '-ㄹ'을 취하여 '개의할'로 꼴바꿈하며, 그 뒤에 이름씨가 놓인 다음 '없다'나 '아니다'가 놓이는 특성을 보인다. 곧 '개의 할 이름씨+가 없다/아니다'란 통사적 짜임새을 이루어 쓰인다.

(14) ㄱ. 지나간 일에 그렇게 **개의할** 것 **없**다.
ㄴ. 그분은 남의 말에 **개의할** 사람이 **아니**다.

'개의하다'는 축자적으로 부정의 물음월이지만 내재적으로 긍정의 베 풂월이나 시킴월로 해석되거나, 반대로 축자적으로 긍정의 물음월이지만 내재적으로 부정의 베풂월로 해석되는 반어법 월에서 쓰이지 않는다.

(15) ㄱ. 왜 남의 일에 개의하**지 않**니?
→*[남의 일에 개의하여라.]
ㄴ. *왜 남의 일에 개의하니?
*→[남의 일에 개의하**지 마라.**]

(15)에서 ㄱ은 적격한 물음월이지만 축자적으로나 내재적으로 같은

뜻을 지니기 때문에 반어법과 관련이 없는 월이다. 따라서 [ ] 안의 반어법 의미로 해석이 안 될 뿐더러 '개의하다'가 부정월을 가려잡기 때문에 월 자체도 부적격한 월이 된다. ㄴ은 '개의하다'가 반어법으로 쓰이지 않기 때문에 부적격한 월이 되었으며,[58] [ ] 안의 의미 자체와는 전혀 무관하다. (15)에서 '개의하다' 자리에 '조언하다'로 대치되면 (16)과 같이 반어법 물음월로 적격해진다.

(16) ㄱ. 왜 남의 일에 조언하**지 않**니?
　　　→[남의 일에 조언하여라.]
　　ㄴ. 왜 남의 일에 조언하니?
　　　→[남의 일에 조언하**지 마라**.]

(15)와 (16)의 비교를 통해 '개의하다'는 반어법 월에서 쓰이지 않음이 확인된다.

부정 표현을 가려잡는 '개의하다'는 긴 꼴의 단순부정이나 부정 낱말 '없다', 아니다'를 가려잡는 움직씨로, 긍정월에 쓰이면 부적격한 월이 되는 통사적 특성을 지니지만, 의향법의 종류에는 영향을 미치지 않는다.

3.2.2 괘념(掛念)하다

<①(무엇에) 마음을 두고 걱정하거나 잊지 않다. ②(무엇을) 마음을 두고 걱정하거나 잊지 않다>의 뜻[59]을 지닌 '괘념하다'는 부정월을 가려잡

---

58) 부정월을 가려잡는 움직씨라도 반어법 월에서 쓰일 수 있는 경우에는 (3)에서의 '꼼짝하다'와 같이 적격한 월이 된다.
59) ①의 뜻은 '괘념하다' 앞에 '○○에'란 어찌말이 놓이는 경우이고, ②의 뜻은 '괘념하다' 앞에 '○○을'이란 부림말이 놓이는 경우로, 같은 의미에 해당한다.

기 때문에 긍정월에서 쓰이면 (15)와 같이 부적격해진다.

(17) ㄱ. *학교 동료들은 나의 불구를 **괘념하**였다.
ㄴ. *이번 일에 **괘념하**십시오.
ㄷ. *이번 일에 **괘념할** 필요가 있다.
ㄹ. *철수는 이번 일에 **괘념할** 사람이다.

(17)은 모두 긍정월로, '괘념하다'가 쓰여 부적격한 월이 되었다. '괘념하다' 자리에 부정월이건 긍정월이건 가리지 않는 움직씨가 오면 모두 적격한 월이 되는 것으로 미루어, (15)가 부적격한 월이 된 것은 바로 '괘념하다'에 원인이 있음이 확인된다. 곧 '괘념하다'가 부정월을 가려잡는 통제자임이 분명하다. 부적격한 월인 (17)을 부정월로 바꾸면 (18)과 같이 모두 적격한 월이 된다.

(18) ㄱ. 학교 동료들은 나의 불구를 괘념하**지 않**았다.
ㄴ. 이번 일에 괘념하**지 마**십시오.
ㄷ. 이번 일에 괘념할 필요가 **없**다.
ㄹ. 철수는 이번 일에 괘념할 사람이 **아니**다.

이를 통해 '괘념하다'는 부정월을 가려잡는 움직씨임이 분명해진다. 부정월을 가려잡는 '괘념하다'는 (19)와 같이 단순부정은 가려잡지만 능력부정은 가려잡지 않는다. 단순부정 가운데 긴 부정만 가려잡을 뿐이고, 짧은 부정인 '안' 부정은 가려잡지 않는다. 일반적으로 '○○하다' 움직씨에서는 '안' 부정은 불가능하기 때문이다.

---

①의 보기: 우리는 그 **일에 괘념하지** 않는다.
②의 보기: 너무 그 **문제를 괘념하지** 마라.

(19) ㄱ. 나중 일은 전혀 괘념하**지 않**는다.

　　ㄴ. *나중 일은 전혀 **안** 괘념한다.

　　ㄷ. *나중 일은 전혀 괘념하**지 못**한다.

'괘념하다'는 움직씨이기 때문에 부정의 함께함월과 시킴월에서도 쓰일 수 있어 '-지 말-'을 가려잡는다.

(20) ㄱ. 이번 일에 괘념하**지 말**자.

　　ㄴ. 이번 일에 괘념하**지 마**라.

'괘념하다'는 부정월에서 쓰이기 때문에 주로 씨끝으로 '-지'를 취하여 '괘념하지'의 꼴로 쓰이며,[60] (21)과 같이 '괘념치'로 축약되어 쓰인다. '-하다' 움직씨 가운데 일부가 부정 풀이씨와 어울려 '-지'로 꼴바꿈을 하는 경우에 '-치'로 축약되기 때문에 '괘념하다'의 개별적 특성에 해당하는 것은 아니다.

(21) ㄱ. 학교 동료들은 나의 불구를 괘념**치 않**는다.

　　ㄴ. 이번 일에 괘념**치 마**라.

일반적으로 '-하다'가 결합하여 도출된 파생움직씨는 '-지 않-'이나 '-지 말-' 부정에 쓰이는 경우 '하지'가 생략되어 쓰이거나, 통사적 짜임새인 '이름씨+를 하다'로 뜻에서 별다른 차이 없이 변환되어 쓰일 수 있다. '괘념하다'에서 '괘념(掛念)'은 이름씨로 쓰이기 때문에 (22)에서와 같이

---

60) '괘념하다'가 부정 낱말 '없다'나 '아니다'와 어울릴 때에는 다음 보기와 같이 매김꼴 씨끝 '-ㄹ'로 꼴바꿈을 한다.

　ㄱ. 너는 이번 일에 **괘념할** 필요가 **없다**.

　ㄴ. 그분은 이번 일에 **괘념할** 사람이 **아니다**.

'하지'가 생략될 수 있으며, 통사적 짜임새인 '괘념+을 하다'로 뜻에서 차이 없이 변환될 수 있다.

(22) ㄱ. 나중 일은 전혀 **괘념하지 않**기로 했습니다.
→나중 일은 전혀 **괘념 않**기로 했습니다.
→나중 일은 전혀 **괘념을 하지 않**기로 했습니다.
ㄴ. 당신은 그 일에 너무 **괘념하지 마**세요.
→당신은 그 일에 너무 **괘념 마**세요.
→당신은 그 일에 너무 **괘념을 하지 마**세요.

'괘념하다'는 부정 낱말 가운데 '없다', '아니다'를 가려잡는다. 이 경우 '괘념하다'는 매김꼴씨끝 '-ㄹ'을 취하여 '괘념할'로 꼴바꿈을 하며, 그 뒤에 이름씨가 놓인 다음 '없다'나 '아니다'가 놓이는 특성을 보인다. 곧 '괘념할 이름씨+가 없다/아니다'란 통사적 짜임새를 이루어 쓰인다.

(23) ㄱ. 너는 이런 소문에 **괘념할** 필요가 **없**다.
ㄴ. 그분은 이런 소문에 **괘념할** 사람이 **아니**다.

'괘념하다'는 축자적으로 부정의 물음월이지만 내재적으로 긍정의 베풂월이나 시킴월로 해석되거나, 반대로 축자적으로 긍정의 물음월이지만 내재적으로 부정의 베풂월로 해석되는 반어법 월에서 쓰이지 않는다.

(24) ㄱ. 이번 일에 왜 괘념하**지 않**습니까?
→*[이번 일에 괘념하십시오.]
ㄴ. *이번 일에 왜 괘념하십니까?
→*[이번 일에 괘념하**지 마**십시오.]

(24)에서 ㄱ은 적격한 월지만 반어법을 실현하는 월에 해당하지 않는다. 곧 축자적 의미와 내재적 의미가 같기 때문에 [ ] 안의 반어적 의미로 해석되지 않는다. ㄴ은 부적격한 월이다. '괘념하다'가 반어법을 실현하는 월에 쓰인다면 [ ]안의 부정월로 해석되어 적격한 월이 될 수 있을 텐데, '괘념하다'가 반어법 월에서 쓰이지 않기 때문에 부적격한 월이 되었다.

'괘념하다'는 긴 꼴의 단순부정이나 부정 낱말 '없다', '아니다'를 가려잡는 움직씨로, 긍정월에 쓰이면 부적격한 월이 되는 통사적 특성을 지니지만, 의향법의 종류에는 영형을 미치지 않는다.

3.2.3 굴(屈)하다

<(사람이 힘이나 어려움에) 맞서지 못하고 자신의 의지나 주장을 누그러뜨리거나 철회하다>의 뜻을 지닌 '굴하다'는 부정월을 가려잡기 때문에 긍정월에서 쓰이면 (25)와 같이 부적격한 월이 된다.

    (25) ㄱ. *그는 지독한 일본의 고문에 **굴하**였다.
        ㄴ. *고난과 역경에 **굴하**여라.
        ㄷ. *공갈과 협박에 **굴할** 사람이 있다.
        ㄹ. *그분은 작은 유혹이나 고난에 **굴할** 사람이다.

(25)는 모두 긍정월로, '굴하다'가 쓰여 부적격한 월이 되었다. '굴하다' 자리에 부정월이건 긍정월이건 가리지 않는 움직씨가 오면 모두 적격한 월이 되는 것으로 미루어 (25)가 부적격한 월이 된 것은 바로 '굴하다'에 원인이 있음이 확인된다. 곧 '굴하다'가 부정월을 가려잡는 통제자임이

분명하다. 부적격한 월인 (25)를 부정월로 바꾸면 (26)과 같이 모두 적격한 월이 된다.

(26) ㄱ. 그는 지독한 일본의 고문에 굴하**지 않**았다.
ㄴ. 고난과 역경에 굴하**지 마**라.
ㄷ. 공갈과 협박에 굴할 사람이 **없**다.
ㄹ. 그분은 작은 유혹이나 고난에 굴할 사람이 **아니**다.

이를 통해 '굴하다'는 부정월을 가려잡는 움직씨임이 분명해진다. 부정월을 가려잡는 '굴하다'는 (27)과 같이 단순부정은 가려잡지만 능력부정은 가려잡지 않는다. 단순부정 가운데 긴 부정만 가려잡을 뿐이고 짧은 부정인 '안' 부정은 가려잡지 않는다. 일반적으로 '00하다' 동사에서는 '안' 부정은 불가능하기 때문이다.

(27) ㄱ. 장군은 험한 모함에도 굴하**지 않**았다.
ㄴ. *장군은 험한 모함에도 **안** 굴했다.
ㄷ. *장군은 험한 모함에도 굴하**지 못**했다.

'굴하다'는 움직씨이기 때문에 부정의 함께함월과 시킴월에서도 쓰일 수 있어 '-지 말-'을 가려잡는다.

(28) ㄱ. 어떠한 고난과 역경에도 굴하**지 말**자.
ㄴ. 어떠한 고난과 역경에도 굴하**지 마**라.

'굴하다'는 부정월에서 쓰이기 때문에 주로 씨끝으로 '-지'를 취하여 '굴하지'의 꼴로 쓰이며,[61] (29)와 같이 '굴치'로 축약되어 쓰이지 않는

---

61) '굴하다'가 부정 낱말 '없다'와 어울릴 때는 매김꼴씨끝 '-ㄹ', 이나 이름꼴씨끝 '-ㅁ'

특성을 보인다. '-하다' 움직씨 가운데 일부가 부정 풀이씨와 어울려 '-지'로 꼴바꿈을 하는 경우에 '-치'로 축약되어 쓰이지만, '굴하다'는 이에 해당하지 않는다.

> (29) ㄱ. *그는 지독한 일본의 고문에 굴**치 않**았다.
> ㄴ. *어떠한 고난과 역경에도 굴**치 마**라.

일반적으로 '이름씨+하다'가 결합하여 도출된 파생움직씨는 '-지 않-'이나 '-지 말-' 부정에 쓰이는 경우 '하지'가 생략되어 쓰이거나, 통사적 짜임새인 '이름씨+를 하다'로 뜻에서 별다른 차이 없이 변환되어 쓰일 수 있지만, '굴하다'에서 '굴'은 이름씨에 해당하지 않기 때문에 (30)과 같이 '하지'가 생략되거나 '굴을 하다'로 변환될 수 없다.

> (30) ㄱ. 국제 사회의 압력에 굴하**지 않**았다.
> →*국제 사회의 압력에 굴 **않**았다.
> →*국제 사회의 압력에 굴**을 하**지 않았다.
> ㄴ. 어떠한 고난과 역경에도 굴하**지 마**라.
> →*어떠한 고난과 역경에도 굴 **마**라.
> →*어떠한 고난과 역경에도 굴**을 하**지 마라.

'굴하다'는 부정 낱말 가운데 '없다', '아니다'를 가려잡는다. '없다'를 가려잡는 경우 '굴하다'는 매김꼴씨끝 '-ㄹ'을 취하여 '굴할'로 꼴바꿈 하거나 이름꼴씨끝을 취하여 '굴함'으로 꼴바꿈 한다. '굴할'인 경우에는 뒤에 '이름씨+가 없-'이 자리하며, '굴함'인 경우에는 뒤에 '가 없-'이 자리

으로 꼴바꿈 하고, '아니다'와 어울릴 때에는 매김꼴씨끝 '-ㄹ'로 꼴바꿈 한다.
ㄱ. 어떠한 협박에도 굴**할** 생각이 **없**다.
ㄴ. 어떠한 협박에도 굴**함**이 **없**다.
ㄷ. 어떠한 협박에도 굴**할** 사람이 **아니**다.

한다. '아니다'를 가려잡는 경우 '굴하다'는 매김꼴씨끝 '-ㄹ'을 취하여 '굴할'로 꼴바꿈하고, 그 뒤에 이름씨가 놓인 다음 '아니다'가 놓이는 특성을 보인다. 곧 '굴할 이름씨+가 아니다'란 통사적 짜임새를 이루어 쓰인다.

(31) ㄱ. 그는 어떤 난관에도 굴**할** 생각이 **없**다.
ㄴ. 그는 어떤 난관에도 굴**함이 없**다.
ㄷ. 그는 어떤 난관에도 굴**할** 사람**이 아니**다.

'굴하다'는 부정월에서 쓰이지만 긍정월에서 쓰이는 경우도 있다. 형식상 긍정의 물음월이지만 내재적으로 부정의 베풂월이나 시킴월로 해석되는 반어법 월에서 적격하게 쓰인다.

(32) ㄱ. 그 정도 모함에 내가 왜 굴하니?
[그 정도 모함에 나는 굴하**지 않**는다.]
ㄴ. 내가 이 정도 역경에 굴할 사람이니?
[나는 이 정도 역경에 굴할 사람이 **아니**다.]
ㄷ. 너는 작은 유혹에 왜 굴하니?
[너는 작은 유혹에 굴하**지 마**라.]

이와 같이 내재적으로 부정의 베풂월이나 시킴월로 해석되는, 형식상 긍정의 물음월인 반어법 월에서 '굴하다'가 쓰이더라도 적격한 월이 되지만, 내재적으로도 긍정의 물음월인 경우에는 '굴하다'가 쓰이면 당연히 부적격한 월이 된다.

'굴하다'는 긴 꼴의 단순부정이나 부정 낱말 '없다', '아니다'를 가려잡는 움직씨로, 긍정월에 쓰이면 부적격한 월이 되는 통사적 특성을 지니지만, 의향법 종류에는 영향을 미치지 않는다.

3.2.4 꼼짝달싹하다

<(사람이나 동물, 물체가) 아주 조금 움직이다>의 뜻을 지닌 '꼼짝달싹하다'는 어찌씨 '꼼짝달싹'에 움직씨 파생가지 '-하-'가 결합하여 도출된 파생움직씨로, 부정월을 가려잡기 때문에 긍정월에서 쓰이면 (33)과 같이 부적격해진다.

> (33) ㄱ. *그 바위는 **꼼짝달싹하였다**.
> ㄴ. *사로잡은 포로가 **꼼짝달싹하였다**.
> ㄷ. *이곳에서 **꼼짝달싹해라**.
> ㄹ. *이곳에서는 **꼼짝달싹할** 수가 있다.

(33)은 모두 긍정월로, '꼼짝달싹하다'가 쓰여 부적격한 월이 되었다. '꼼짝달싹하다' 자리에 부정월이건 긍정월이건 가리지 않는 움직씨가 놓이면 모두 적격한 월이 되는 것으로 미루어[62] (33)이 부적격한 월이 된 것은 바로 '꼼짝달싹하다'에 원인이 있음이 확인된다. 곧 '꼼짝달싹하다'가 부정월을 가려잡는 통제자임이 분명하다. 부적격한 월인 (33)을 부정월로 바꾸면 (34)와 같이 모두 적격한 월이 된다.

> (34) ㄱ. 그 바위는 꼼짝달싹하**지 않**았다.
> ㄴ. 사로잡은 포로가 꼼짝달싹하**지 못**하였다.
> ㄷ. 이곳에서 꼼짝달싹하**지 마**라.
> ㄹ. 이곳에서는 꼼짝달싹할 수가 **없**다.

이를 통해 '꼼짝달싹하다'는 부정월을 가려잡는 움직씨임이 분명해진

---

62) 예컨대 '꼼짝달싹하다' 자리에 '움직이다'가 놓이면 모두 적격한 월이 된다.

다. 부정월을 가려잡는 '꼼짝달싹하다'는 단순부정(34ㄱ)이건 능력부정 (34ㄴ)이건 가리지 않고 가려잡을 수 있다. 단순부정과 능력부정 가운데 긴 부정만 가려잡을 뿐이고 짧은 부정인 '안' 부정과 '못' 부정은 가려잡지 않는다. 일반적으로 '○○하다' 움직씨에서는 짧은 부정은 불가능하기 때문이다.

(35) ㄱ. *그 바위는 **안** 꼼짝달싹하였다.
     ㄴ. *사로잡은 포로가 **못** 꼼짝달싹하였다.

'꼼짝달싹하다'는 움직씨이기 때문에 부정의 함께함월과 시킴월에서도 쓰일 수 있어 '-지 말-'을 가려잡는다.

(36) ㄱ. 꼼짝달싹하**지 말**고 여기 있자.
     ㄴ. 꼼짝달싹하**지 말**고 여기 있어라.

'꼼짝달싹하다'는 부정 낱말 가운데 '없다', '아니다 '모르다'를 가려잡는다. '없다'를 가려잡는 경우 '꼼짝달싹하다'는 매김꼴씨끝 '-ㄹ'을 취하여 '꼼짝달싹할'로 꼴바꿈 한다. '꼼짝달싹할'인 경우에는 뒤에 '이름씨+가 없-'이 자리하며, '꼼짝달싹함'인 경우에는 뒤에 '이 없-'이 자리한다. '아니다'와 '모르다'를 가려잡는 경우 '꼼짝달싹하다'는 매김꼴씨끝 '-ㄹ'을 취하여 '꼼짝달싹할'로 꼴바꿈 하고, 그 뒤에 이름씨가 놓인 다음 '아니다'와 '모르다'가 놓이는 특성을 보인다. 곧 '꼼짝달싹할 이름씨+가 아니다'와 '꼼짝달싹할 이름씨+을 모르다'란 통사적 짜임새를 이루어 쓰인다.

(37) ㄱ. 사방이 산으로 꽉 막혀 **꼼짝달싹할** 수도 **없**다.
     ㄴ. 그분은 그 정도 협박으로 **꼼짝달싹할** 사람이 **아니**다.

ㄷ. 그는 방안에 갇혀 **꼼짝달싹할** 줄 **모른**다.

'꼼짝달싹하다'는 부정월에서 쓰이기 때문에 주로 씨끝으로 '-지'를 취하여 '꼼짝달싹하지'의 꼴로 쓰이며, (38)과 같이 '꼼짝달싹치'로 축약되어 쓰이지 않는 특성을 보인다. '-하다' 움직씨 가운데 일부가 부정 풀이씨와 어울려 '-지'로 활용하는 경우에 '-치'로 축약되어 쓰이지만, '꼼짝달싹하다'는 이에 해당하지 않는다.

(38) ㄱ. *그 바위는 꼼짝달싹**치 않**았다.
　　 ㄴ. *이곳에서 꼼짝달싹**치 마**라.

일반적으로 '-하다'가 결합하여 도출된 파생움직씨는 '-지 않-'이나 '-지 말-' 부정에 쓰이는 경우 '하지'가 생략되어 쓰이거나, 통사적 짜임새인 '00+를 하다'로 뜻에서 별다른 차이 없이 변환되어 쓰일 수 있다. '꼼짝달싹하다'에서 '꼼짝달싹'은 어찌씨로 쓰이며 '하지'가 생략될 수 있다. 통사적 짜임새인 '꼼짝달싹+을 하다'로 뜻에서 별다른 차이 없이 변환될 수 있다. '꼼짝달싹'에 '을'이 결합될 수 있지만 '을'은 부림자리토씨에 해당하지 않고 <힘줌>의 뜻을 지닌 도움토씨 역할을 한다.

(39) ㄱ. 그 바위는 꼼짝달싹하**지 않**았다.
　　　 →그 바위는 꼼짝달싹 **않**았다.
　　　 →그 바위는 꼼짝달싹**을** 하**지 않**았다.
　　 ㄴ. 이곳에서 꼼짝달싹하**지 마**라.
　　　 → 이곳에서 꼼짝달싹 **마**라.
　　　 → 이곳에서 꼼짝달싹**을** 하**지 마**라.

'꼼짝달싹하다'는 부정월에서 쓰이지만 극히 일부 긍정월에서 쓰이는 경우도 있다. (40)에서와 같이 형식상 긍정의 베풂월(40ㄱ)이나 물음월 (40ㄴ)이지만, 내재적으로 부정의 베풂월로 해석되는 반어법 월에서 적격하게 쓰인다.

(40) ㄱ. 요즘 너무 바빠서 꼼짝달싹할 수가 **있어야지**.
 [요즘 너무 바빠서 꼼짝달싹할 수가 **없다**.]
 ㄴ. 감시가 이렇게 심한데 어찌 꼼짝달싹하겠니?
 [감시가 이렇게 심한데 꼼짝달싹하**지 못**한다.]

'꼼짝달싹하다'는 긴 꼴의 단순부정과 능력부정이나 부정 낱말 '없다', '아니다', '모르다'를 가려잡는 움직씨로, 긍정월에 쓰이면 부적격해지는 통사적 특성을 지닌다. 극히 일부 부정의 내재적 의미를 지닌, 긍정의 베풂월과 물음월의 반어법 월에서 쓰여 부정 표현을 가려잡으며, 의향법 종류에는 영향을 미치지 않는다.

3.2.5 끊이다

<①(계속되거나 이어져 있던 것이) 끊어지게 되다. ②(물건이나 일 따위가) 뒤가 달리어 없어지다>의 뜻을 지닌 '끊이다'는 부정월을 가려잡기 때문에 긍정월에서 쓰이면 (41)과 같이 부적격해진다.

(41) ㄱ. *관광객들이 끊였다.
 ㄴ. *냇물이 끊임이 있다.
 ㄷ. *물 공급이 언제 끊일 줄 안다.

(41)은 모두 긍정월로, '끊이다'가 쓰여 부적격한 월이 되었다. '끊이다'

자리에 부정월이건 긍정월이건 가리지 않는 움직씨 '끊기다'가 놓이면 모두 적격한 월이 되는 것으로 보아[63] (41)이 부적격한 월이 된 것은 바로 '끊이다'에 원인이 있음이 확인된다. 곧 '끊이다'가 부정월을 가려잡는 통제자임이 분명하다. 부적격한 월인 (41)을 부정월로 바꾸면 (42)와 같이 모두 적격한 월이 된다.

> (42) ㄱ. 관광객들이 끊이**지 않**았다.
> ㄴ. 냇물이 끊임이 **없**다.
> ㄷ. 물 공급이 언제 끊일 줄 **모른**다.

(41)과 (42)를 통해 '끊이다'는 부정월을 가려잡는 움직씨임이 분명해진다. 부정월을 가려잡는 '끊이다'는 단순부정만 가려잡으며, 능력부정은 가려잡지 않는다. 단순부정 가운데에서도 긴 부정만 가려잡을 뿐이고 짧은 부정은 가려잡지 않는다. 일반적으로 짧은 부정을 가려잡지 않는 경우는 '-하다' 풀이씨이나 음절수가 긴 풀이씨인 경우인데, '끊이다'는 이에 해당하지 않지만 짧은 부정을 가려잡지 않는 특수한 움직씨에 해당한다.

> (43) ㄱ. *관광객들이 끊이**지 못**하였다.
> ㄴ. *관광객들이 **못** 끊였다.
> ㄷ. *관광객들이 **안** 끊였다.

'끊이다'는 움직씨이지만 첫째가리킴과 둘째가리킴 임자말과 공기하지

---

63) (41)에서의 '끊이다' 자리에 '끊기다'가 놓이면 아래와 같이 모두 적격한 월이 된다.
　ㄱ. 관광객들이 끊겼다.
　ㄴ. 냇물이 끊김이 있다.
　ㄷ. 물 공급이 언제 끊길 줄 안다.

않고 셋째가리킴 임자말과만 공기하는 제약이 따르기 때문에 부정의 함께함월과 시킴월에서 쓰일 수 없어 '-지 말-'을 가려잡지 않는다.

'끊이다'는 부정 낱말 가운데 '없다', '모르다'를 가려잡는다. '없다'를 가려잡는 경우 '끊이다'는 매김꼴씨끝 '-ㄹ'을 취하여 '끊일'로 꼴바꿈 하거나 이름꼴씨끝 '-ㅁ'을 취한다. '끊일'인 경우에는 뒤에 '이름씨+가 없-'이 자리하고, '끊임'인 경우에는 뒤에 '이 없-'이 자리한다. '모르다'를 가려잡는 경우 '끊이다'는 매김꼴씨끝 '-ㄹ'을 취하여 '끊일'로 꼴바꿈 하고, 그 뒤에 이름씨가 놓인 다음 '모르다'가 놓이는 특성을 보인다. 곧 '끊일 이름씨+를 모르다'란 통사적 짜임새를 이루어 쓰인다.

(44) ㄱ. 연탄 주문이 **끊일** 사이**가 없**다.
ㄴ. 연탄 주문이 **끊임이 없**다.
ㄷ. 연탄 주문이 **끊일** 줄**을 모른**다.

'끊임'인 경우에는 뒤에 '이 없다'가 자리하여 통사적 짜임새 '끊임이 없다'로 쓰이는데, 여기서 '이'가 생략된 다음 '끊임'과 '없다'가 결합과정을 거쳐 <늘 잇대어 없어지지 않는 상태에 있다>의 뜻을 지닌 합성그림씨 '끊임없다'가 도출되었다.[64]

(45) ㄱ. 그 집안에서는 늘 웃음소리가 **끊임이 없**다.
ㄴ. 그 집안에서는 늘 웃음소리가 **끊임 없**다.
ㄷ. 그 집안에서는 늘 웃음소리가 **끊임없**다.

'끊이다'는 부정월에서 쓰이지만 극히 일부 긍정월에서 쓰이는 경우도

---

64) '끊임없다'의 줄기에 어찌씨 파생가지 '-이'가 결합하여 파생어찌씨 '끊임없이'가 도출되었다.

있다. (46)에서와 같이 형식상 긍정 베풂월(46ㄱ)이나 물음월(46ㄴ)이지만 내재적으로 부정의 베풂월로 해석되는 반어법 월에서 적격하게 쓰인다.

(46) ㄱ. 연탄 주문이 **끊일** 새가 **있어야지**.
    [연탄 주문이 **끊일** 새가 **없다**.]
  ㄴ. 물 공급이야 **끊이겠니**?
    [물 공급은 끊이**지 않**을 것이다.]

(46)은 긍정의 반어법 월이지만 내재적으로 부정월로 해석되어 '끊이다'가 부정 표현을 가려잡음은 유지된다.

'끊이다'는 긴 꼴의 단순부정이나 부정 낱말 '없다', '모르다'를 가려잡는 움직씨로, 긍정월에 쓰이면 부적격해지는 통사적 특성을 지니지만, 극히 일부 부정의 내재적 의미를 지닌 긍정의 베풂월과 물음월의 반어법 월에서 쓰이며, 의향법 종류에 영향을 미쳐 부정의 함께함월과 시킴월에서는 쓰이지 않는다.

3.2.6 달가워하다

<마음에 흡족하게 여기다>의 뜻을 지닌 '달가워하다'는 <마음에 들어 기분이 흡족하다>의 뜻을 지닌 '달갑다'를 밑말로 도출되었지만, '달갑다'는 그림씨이고 '달가워하다'는 움직씨이기 때문에 여기에서는 '달가워하다'에 관하여 논의하기로 한다.

'달가워하다'는 부정월을 가려잡기 때문에 긍정월에서 쓰이면 (47)과 같이 부적격한 월이 된다.

(47) ㄱ. *그는 분명 그녀의 방문을 **달가워하였다**.

　　ㄴ. *그는 나와 함께 일하는 것을 **달가워하는** 눈치였다.

　　ㄷ. *우리는 그의 제안을 **달가워할** 수 있다.

　　ㄹ. *그는 이번 제안에 대하여 **달가워할** 줄 안다.

(47)은 모두 긍정월로, '달가워하다'가 쓰여 부적격한 월이 되었다. '달
가워하다' 자리에 부정월이건 긍정월이건 가리지 않는 움직씨가 오면 모
두 적격한 월이 되는 것으로 보아65) (47)이 부적격한 월이 된 것은 바로
'달가워하다'에 원인이 있음이 확인된다. 곧 '달가워하다'가 부정월을 가
려잡는 통제자임이 분명하다. 부적격한 월인 (47)을 부정월로 바꾸면
(48)과 같이 모두 적격한 월이 된다.

(48) ㄱ. 그는 분명 그녀의 방문을 달가워하**지 않**았다.

　　ㄴ. 그는 나와 함께 일하는 것을 달가워하는 눈치가 **아니**었다.

　　ㄷ. 우리는 그의 제안을 달가워할 수 **없**다.

　　ㄹ. 그는 이번 제안에 대하여 달가워할 줄 **모른**다.

이를 통해 '달가워하다'는 부정월을 가려잡는 움직씨임이 분명해진다.
부정월을 가려잡는 '달가워하다'는 단순부정은 가려잡지만 능력부정은
가려잡지 않는다. 단순부정 가운데 긴 부정만 가려잡을 뿐이고 짧은 부
정인 '안' 부정은 가려잡지 않는다. 일반적으로 '○○하다' 움직씨에서는 짧
은 부정은 불가능하기 때문이다.

(49) ㄱ. *그는 분명 그녀의 방문을 **안/못** 달가워하였다.

　　ㄴ. *그는 진지한 논의 자체를 달가워하**지 못**했다.

---

65) 예컨대 '달가워하다' 자리에 '기다리다'가 놓이면 모두 적격한 월이 된다.

'달가워하다'는 움직씨이기 때문에 부정의 함께함월과 시킴월에서도 쓰일 수 있어 '-지 말-'을 가려잡는다.

> (50) ㄱ. 그녀의 방문을 달가워하**지 말**자.
>   ㄴ. 그녀의 방문을 달가워하**지 마**라.

'달가워하다'는 (48)에서와 같이 부정 낱말 가운데 '아니다'(ㄴ), '없다'(ㄷ), '모르다'(ㄹ)를 가려잡는다. '아니다'를 가려잡는 경우 매김꼴씨끝 '-ㄹ'이나 '-는'을 취하여 '달가워하는'과 '달가워할'로 꼴바꿈 하고, '없다'를 가려잡는 경우 매김꼴씨끝 '-ㄹ'을 취하여 '달가워할'로 꼴바꿈 한다. '모르다'를 가려잡는 경우 매김꼴씨끝 '-ㄹ'을 취하여 '달가워할'로 꼴바꿈 하고, 그 뒤에 이름씨가 놓인 다음 '모르다'가 놓이는 특성을 보인다.

'달가워하다'는 부정월에서 쓰이기 때문에 주로 씨끝으로 '-지'를 취하여 '달가워하지'의 꼴로 쓰이며, '달가워치'로 축약되지 않는다. 일반적으로 '-하다'가 결합하여 도출된 파생움직씨는 '-지 않-'이나 '-지 말-' 부정에 쓰이는 경우 '하지'가 생략되어 쓰이거나, 통사적 짜임새인 '00+를 하다'로 뜻에서 별다른 차이 없이 변환되어 쓰일 수 있다. '달가워하다'에서 '달가워'는 이름씨가 아니지만 '하지'가 생략될 수 있다.

> (51) ㄱ. *그는 진지한 논의 자체를 달가워**치 않**았다.
>   ㄴ. 그는 진지한 논의 자체를 달가워 **않**는다.

'달가워하다'는 부정월에서 쓰이지만 극히 일부 긍정월에서 쓰이는 경우도 있다. (52)에서와 같이 형식상 긍정의 물음월이지만 내재적으로 부정의 베풂월로 해석되는 반어법 월에서 적격하게 쓰인다.

(52) ㄱ. 그는 나와 함께 일하는 것을 **달가워할** 리가 있니?

[그는 나와 함께 일하는 것을 달가워할 리가 **없**다.]

ㄴ. 내가 이 정도의 도움에 **달가워할** 사람이니?

[내가 이 정도의 도움에 달가워할 사람이 **아니**다.]

(52)는 긍정의 반어법 월이지만 내재적으로 [ ] 안의 내용과 같이 부정월로 해석되어 '달가워하다'가 부정 표현을 가려잡음은 유지된다.

'달가워하다'는 긴 꼴의 단순부정이나 부정 낱말 '아니다', '없다', '모르다'를 가려잡는 움직씨로, 긍정월에 쓰이면 부적격해지는 통사적 특성을 지니지만, 극히 일부 부정의 내재적 의미를 지닌, 긍정의 베풂월과 물음월의 반어법 월에서 쓰이며, 의향법 종류에는 영향을 미치지 않는다.

3.2.7 묵과(默過)하다

<(사람이 어떤 잘못을) 알고도 모르는 체하거나 두둔하여 그대로 넘기다>의 뜻을 지닌 '묵과하다'는 부정월을 가려잡기 때문에 긍정월에서 쓰이면 (53)과 같이 부적격해진다.

(53) ㄱ. *그는 아이들의 불손한 태도를 묵과하였다.

ㄴ. *그는 아이들의 불손한 태도를 묵과할 수 있다.

ㄷ. *그는 아이들의 불손한 태도를 묵과할 사람이다.

(53)은 모두 긍정월로, '묵과하다'가 쓰여 부적격한 월이 되었다. '묵과하다' 자리에 부정월이건 긍정월이건 가리지 않는 움직씨가 오면 모두 적격한 월이 되는 것으로 보아[66] (53)이 부적격한 월이 된 것은 바로 '묵과하다'에 원인이 있음이 확인된다. 곧 '묵과하다'가 부정월을 가려잡

는 통제자임이 분명하다. 부적격한 월인 (53)을 부정월로 바꾸면 (54)와 같이 모두 적격한 월이 된다.

(54) ㄱ. 그는 아이들의 불손한 태도를 묵과하**지 않**았다.
ㄴ. 그는 아이들의 불손한 태도를 묵과할 수 **없**다.
ㄷ. 그는 아이들의 불손한 태도를 묵과할 사람이 **아니**다.

이를 통해 '묵과하다'는 부정월을 가려잡는 움직씨임이 분명해진다. 부정월을 가려잡는 '묵과하다'는 (55)와 같이 단순부정만이 아니라 능력부정도 가려잡는다. 부정월 가운데 긴 부정만 가려잡을 뿐이고 짧은 부정인 '안/못' 부정은 가려잡지 않는다. 일반적으로 '00하다' 움직씨에서는 '안/못' 부정은 불가능하기 때문이다.

(55) ㄱ. 태수는 영수의 무례한 행동을 묵과하**지 않**았다.
ㄴ. 태수는 영수의 무례한 행동을 묵과하**지 못**했다.
ㄷ. *태수는 영수의 무례한 행동을 **안/못** 묵과했다.

'묵과하다'는 움직씨이기 때문에 부정의 함께함월과 시킴월에서도 쓰일 수 있어 '-지 말-'을 가려잡는다.

(56) ㄱ. 영수의 무례한 행동을 묵과하**지 말**자.
ㄴ. 영수의 무례한 행동을 묵과하**지 마**라.

'묵과하다'는 (54)에서와 같이 부정 낱말 가운데 '없다'(54ㄴ), '아니다'(54ㄷ)을 가려잡는다. '아니다'를 가려잡는 경우 매김꼴씨끝 '-ㄹ'이나

---

66) 예컨대 '묵과하다' 자리에 '비난하다'가 놓이면 모두 적격한 월이 된다.

'-는'을 취하여 '묵과할'이나 '묵과하는'으로 꼴바꿈 하고, '없다'를 가려잡는 경우에도 매김꼴씨끝 '-ㄹ'이나 '-는', '-ㄴ'을 취하여 '묵과할'이나 '묵과하는', '묵과한'으로 꼴바꿈 한다.

'묵과하다'는 부정월에서 쓰이기 때문에 주로 씨끝으로 '-지'를 취하여 '묵과하지'의 꼴로 쓰이며, '묵과치'로 축약되지 않는다. 일반적으로 '-하다'가 결합하여 도출된 파생움직씨는 '-지 않-'이나 '-지 말-' 부정에 쓰이는 경우 '하지'가 생략되어 쓰이거나, 통사적 짜임새인 '00+를 하다'로 뜻에서 별다른 차이 없이 변환되어 쓰일 수 있다. '묵과하다'도 이에 해당한다. '묵과하다'에서 '묵과'는 <잘못을 알고도 모르는 체하거나 그대로 넘김>의 뜻을 지닌 이름씨로, '하지'가 생략될 수 있다.

(57) ㄱ. *태수는 영수의 무례한 행동을 묵과**치 않**는다.
     ㄴ. 태수는 영수의 무례한 행동을 묵과를 하**지 않**는다.
     ㄷ. 태수는 영수의 무례한 행동을 묵과 **않**는다.

'묵과하다'는 (58)에서와 같이 형식상 긍정 물음월이지만 내재적으로 부정의 베풂월로 해석되는 반어법 월에서 적격하게 쓰인다.

(58) ㄱ. 이런 일을 어찌 묵과할 수 있겠니?
        [이런 일은 묵과할 수 **없**다.]
     ㄴ. 이런 무례가 어찌 묵과할 일이겠니?
        [이런 무례는 묵과할 일이 **아니**다.]

(58)은 긍정의 반어법 월이지만 내재적으로 부정월로 해석되어 '묵과하다'가 부정 표현을 가려잡음은 유지된다.

'묵과하다'는 긴 꼴의 단순부정과 능력부정이나 부정 낱말 '없다', '아니다'를 가려잡는 움직씨로, 긍정월에 쓰이면 부적격해지는 통사적 특성을 지니지만, 극히 일부 부정의 내재적 의미를 지닌, 긍정의 물음월인 반어법 월에서 쓰이며, 의향법 제약에는 영향을 미치지 않는다.

3.2.8 서슴다

<①선뜻 결정되지 아니하여 머뭇머뭇 망설이다. ②선뜻 결정하지 못하고 머뭇하다>의 뜻67)을 지닌 움직씨 '서슴다'는 부정월을 가려잡기 때문에 긍정월에서 쓰이면 (59)와 같이 부적격해진다.

(59) ㄱ. *그 사람은 귀찮은 일에 나서기를 **서슴는다**.
ㄴ. *그런 대담한 행동을 **서슴어라**.

(59)는 모두 긍정월로, '서슴다'가 쓰여 부적격한 월이 되었다. '서슴다' 자리에 부정월이건 긍정월이건 가리지 않는 움직씨가 놓이면 모두 적격한 월이 되는 것으로 보아68) (59)가 부적격한 월이 된 것은 바로 '서슴다'에 원인이 있다. 곧 '서슴다'가 부정월을 가려잡는 통제자임이 분명하다. 부적격한 월인 (59)를 부정월로 바꾸면 (60)과 같이 모두 적격한 월이 된다.

(60) ㄱ. 그 사람은 귀찮은 일에 나서기를 서슴**지 않**는다.
ㄴ. 그런 대담한 행동을 서슴**지 마**라.

---

67) ①의 뜻은 제움직씨로 쓰일 때이고, ②의 뜻은 남움직씨로 쓰일 때이다.
68) 이를테면 '서슴다' 자리에 '삼가다'가 놓이면 적격한 월이 된다.
ㄱ. 그 사람은 귀찮은 일에 나서기를 **삼간다**.
ㄴ. 그런 대담한 행동을 **삼가라**.

이를 통해 '서슴다'는 부정월을 가려잡는 움직씨임이 분명해진다. 부정월을 가려잡는 '서슴다'는 (61)과 같이 단순부정만 가려잡는다. 부정월 가운데 긴 부정만 가려잡을 뿐이고 짧은 부정인 '안' 부정은 가려잡지 않는다.

(61) ㄱ. *그 사람은 귀찮은 일에 나서기를 서슴**지 못**한다.
ㄴ. *그 사람은 귀찮은 일에 나서기를 **안** 서슴는다.

'서슴다'는 움직씨로써 (62ㄱ)과 같이 부정의 시킴월에서는 적격하게 쓰여 '-지 말-'을 가려잡지만, 함께함월에서는 쓰이지 않는 특이성을 지닌다.

(62) ㄱ. 귀찮은 일에 나서기를 서슴**지 마**라.
ㄴ. *귀찮은 일에 나서기를 서슴**지 말**자.

'서슴다'는 부정월에서 쓰이며 주로 씨끝으로 '-지'를 취하고 바로 '않-'이나 '말-'이 통합되어 통사적 짜임새인 '서슴지 않-'이나 '서슴지 말-'로만 쓰인다. 따라서 '서슴다'는 부정 낱말 '아니다', '없다', '모르다'를 가려잡지는 않는다. '없다'인 경우에는 '서슴다'의 줄기와 결합과정을 거쳐 <망설이는 티가 없다>란 뜻을 지닌 합성그림씨 '서슴없다'가 도출되었다. '서슴없다'의 줄기에 어찌씨 파생가지가 결합하여 <언행이 망설이는 데가 없이>란 뜻을 지닌 파생어찌씨 '서슴없이'가 도출되었다.

(63) ㄱ. 어떤 일을 결정하면 실천하는 데 **서슴없어야** 한다.
ㄴ. 그는 어디서나 **서슴없이** 행동한다.

'서슴다'의 줄기에 파생가지 '-거리다/-대다'가 결합하여 <말이나 행동이 선뜻 결정되지 않아 머뭇거리며 자꾸 망설이다>란 뜻을 지닌 '서슴거리다/서슴대다'란 파생움직씨가 도출되었으며, '서슴다'의 줄기 '서슴'이 되풀이된 다음 파생가지 '-하다'가 결합하여 <말이나 행동이 선뜻 결정되지 않아 머뭇거리며 자꾸 망설이다>란 뜻을 지닌 파생움직씨 '서슴서슴하다'가 도출되었다. '서슴거리다/서슴대다'와 '서슴서슴하다'는 (64)에서와 같이 긍정월을 가려잡기도 하여 부정월을 가려잡는 '서슴다'와 차이를 보인다.

(64) ㄱ. 경규는 평소에 처음 보는 친구에게 **서슴거린다**.
ㄴ. 동민이는 클럽에 가입할지 말지 **서슴대었다**.
ㄷ. 명수는 부끄러움이 많아서 고맙다는 말을 **서슴서슴한다**.

일반적으로 부정 표현을 가려잡는 움직씨는 약간의 차이를 보이더라도 반어법을 실현하는 월을 가려잡지만, '서슴다'는 반어법 월에서는 쓰이지 않는 특이성을 보인다.

이와 같이 '서슴다'는 부정월을 가려잡는 움직씨로, 단순부정만 가려잡되, 긴 부정만 가려잡을 뿐이고 짧은 부정인 '안' 부정은 가려잡지 않는다. 부정의 시킴월에서는 적격하게 쓰여 '-지 말-'을 가려잡지만 함께함 월에서는 쓰이지 않는 특이성을 지니며, 반어법을 실현하는 월에서는 쓰이지 않는다.

3.2.9 아랑곳하다

<①(어떤 사람이 다른 사람의 일이나 사정에) 대하여 관심을 갖거나 참견하

다. ②(어떤 사람이 다른 사람의 일이나 사정을) 관심을 갖거나 참견하다>의 뜻[69]을 지닌 움직씨 '아랑곳하다'는 부정월을 가려잡기 때문에 긍정월에서 쓰이면 (65)와 같이 부적격해진다.

> (65) ㄱ. *경수는 어머니의 잔소리에 **아랑곳한다**.
> ㄴ. *그는 사람들의 비난과 질책을 **아랑곳하였다**.

(65)은 모두 긍정월로, '아랑곳하다'가 쓰여 부적격한 월이 되었다. '아랑곳하다' 자리에 부정월이건 긍정월이건 가리지 않는 움직씨가 놓이면 모두 적격한 월이 되는 것으로 보아 (65)가 부적격한 월이 된 것은 바로 '아랑곳하다'에 원인이 있음이 확인된다. 곧 '아랑곳하다'가 부정월을 가려잡는 통제자임이 분명하다. 부적격한 월인 (65)를 부정월로 바꾸면 (66)과 같이 모두 적격한 월이 된다.

> (66) ㄱ. 경수는 어머니의 잔소리에 아랑곳하**지 않는**다.
> ㄴ. 그는 사람들의 비난과 질책을 아랑곳하**지 않았**다.

이를 통해 '아랑곳하다'는 부정월을 가려잡는 움직씨임이 분명해진다. 부정월을 가려잡는 '아랑곳하다'는 (67)과 같이 단순부정만 가려잡지만, 긴 부정만 가려잡을 뿐이고 짧은 부정인 '안' 부정은 가려잡지 않는다.

> (67) ㄱ. *그는 외양에는 아랑곳하**지 못한**다.
> ㄴ. *그는 외양에는 **안** 아랑곳하였다.

'아랑곳하다'는 움직씨이기 때문에 부정의 함께함월과 시킴월에서도

---

69) ①의 뜻은 제움직씨로 쓰일 때이고, ②의 뜻은 남움직씨로 쓰일 때이다.

쓰일 수 있어 '-지 말-'을 가려잡는다.

    (68) ㄱ. 행인들의 시선은 아랑곳하**지 말**자.
         ㄴ. 행인들의 시선은 아랑곳하**지 마**라.

'아랑곳하다'는 (69)에서와 같이 부정 낱말 가운데 '아니다'(ㄱ), '없다'(ㄴ)를 가려잡는다.

    (69) ㄱ. 내가 무슨 일을 하건 네가 아랑곳할 바 **아니**다.
         ㄴ. 그는 젊은이의 비웃음을 아랑곳하려는 기색이 조금도 **없**었다.

'아랑곳하다'는 (70)에서와 같이 형식상 긍정의 물음월이지만 내재적으로 부정의 베풂월이나 시킴월로 해석되는 반어법 월에서 적격하게 쓰인다.

    (70) ㄱ. 내가 왜 주위의 시선에 아랑곳하니?
           [나는 주위의 시선에 아랑곳하**지 않**는다.]
         ㄴ. 그녀의 기분 따위에 왜 아랑곳하니?
           [그녀의 기분 따위에 아랑곳하**지 마**라.]

(70)은 긍정의 반어법 물음월이지만 내재적으로 부정의 베풂월(ㄱ)이나 시킴월(ㄴ)로 해석되어 '아랑곳하다'가 부정 표현을 가려잡음은 유지된다.

'없다'인 경우에는 '아랑곳하다'의 줄기와 결합과정을 거쳐 <마음을 쓰거나 간섭하지 않다>란 뜻을 지닌 합성그림씨 '아랑곳없다'가 도출되었다. '아랑곳없다'의 줄기에 어찌씨 파생가지가 결합하여 <어떤 일에 마음을 쓰거나 간섭하지 않게>란 뜻을 지닌 파생어찌씨 '아랑곳없이'가 도출되었다.

(71) ㄱ. 그는 자신의 이익을 위해서는 남들이야 죽건 말건 **아랑곳없다**.
ㄴ. 꽃샘추위에도 **아랑곳없이** 우리는 산에 올랐다.

이와 같이 '아랑곳하다'는 긴 꼴의 단순부정이나 부정 낱말 '없다', '아니다'를 가려잡는 움직씨로, 긍정월에 쓰이면 부적격해지는 통사적 특성을 지니지만, 극히 일부 부정의 내재적 의미를 지닌, 긍정의 물음월인 반어법 월에서 쓰이며, 의향법 종류에는 영향을 미치지 않는다.

3.3 뭇뜻 가운데 일부가 부정 표현을 가려잡는 움직씨

3.3.1 끄떡하다

어찌씨 '끄떡'에 '-하다'가 결합하여 도출된 움직씨 '끄떡하다'는 <①고개나 손목을 잠시 아래로 숙였다 들다. ②조금이라도 움직이거나 동요하거나 의지나 고집을 버리다>의 뜻을 지닌다. '끄떡하다①'은 (72)에서와 같이 긍정월이건 부정월이건 가리지 않고 쓰일 수 있어 이 장의 논의 대상에서 제외된다.

(72) ㄱ. 그는 무표정한 얼굴로 고개를 끄떡했다.
ㄴ. 그는 무표정한 얼굴로 고개도 끄떡하**지 않**았다.

'끄떡하다②'는 부정월을 가려집기 때문에 긍성월에서 쓰이면 (73ㄱ)과 같이 부적격해진다.

(73) ㄱ. *그 여자는 작은 유혹에도 끄떡하였다.

　　 ㄴ. 그 여자는 어떠한 유혹에도 끄떡하**지 않**았다.

'끄떡하다②'는 부정월을 가려잡지만 단순부정 가운데 긴 부정만 가려잡고 짧은 부정은 가려잡지 않는다. 이는 '○○하다' 풀이씨의 일반적 특성에 해당한다. 능력부정은 가려잡지 않아 능력부정을 가려잡는 일반 움직씨와는 차이를 보인다.

(74) ㄱ. *그 여자는 어떠한 유혹에도 **안** 끄떡하였다.

　　 ㄴ. *그 여자는 어떠한 유혹에도 끄떡하**지 못**했다.

'끄떡하다'는 움직씨이기 때문에 부정의 함께함월과 시킴월에서도 쓰일 수 있어 '-지 말-'을 가려잡는다.

(75) ㄱ. 어떠한 유혹에도 끄떡하**지 말**자.

　　 ㄴ. 어떠한 유혹에도 끄떡하**지 마라**.

'끄떡하다'는 부정 낱말 가운데 '없다', '아니다'를 가려잡는다. 없다'를 가려잡는 경우 '끄떡하다'는 매김꼴씨끝 '-ㄹ'을 취하여 '끄떡할'로 꼴바꿈 한다. '끄떡할'인 경우에는 뒤에 '이름씨+가 없-'이 자리한다. '아니다'를 가려잡는 경우 '끄떡하다'는 매김꼴씨끝 '-ㄹ'을 취하여 '끄떡할'로 꼴바꿈 하고, 그 뒤에 이름씨가 놓인 다음 '아니다'가 놓이는 특성을 보인다. 곧 '끄떡할 이름씨+가 아니다'란 통사적 짜임새를 이루어 쓰인다.

(76) ㄱ. 그 정도 유혹에 **끄떡할** 사람이 **없**다.

　　 ㄴ. 그 여자는 어떠한 유혹에도 **끄떡할** 사람이 **아니**다.

'끄떡하다'는 부정월에서 쓰이기 때문에 주로 씨끝으로 '-지'를 취하여 '끄떡하지'의 꼴로 쓰이며, '끄떡치'로 축약되어 쓰인다. 일반적으로 '-하다'가 결합하여 도출된 파생움직씨는 '-지 않-'이나 '-지 말-' 부정에 쓰이는 경우 '하지'가 생략되어 쓰이거나, 통사적 짜임새인 '00+를 하다'로 뜻에서 별다른 차이 없이 변환되어 쓰일 수 있다. '끄떡하다'에서 '끄떡'은 어찌씨로 쓰이며 '하지'가 생략될 수 있다. 통사적 짜임새인 '끄떡+을 하다'로 뜻에서 별다른 차이 없이 변환될 수 있다. '끄떡'에 '을'이 결합될 수 있지만, '을'은 부림자리토씨에 해당하지 않고 <힘줌>의 뜻을 지닌 도움토씨 역할을 한다.

(77) ㄱ. 육중한 철문은 황소가 밀어도 **끄떡치** 않았다.
　　 ㄴ. 육중한 철문은 황소가 밀어도 **끄떡** 않았다.
　　 ㄷ. 육중한 철문은 황소가 밀어도 끄떡**을** **하지 않**았다.

'끄떡하다'는 부정월에서 쓰이지만 극히 일부 긍정월에서 쓰이는 경우도 있다. (78)에서와 같이 형식상 긍정의 베풂월(ㄱ)이나 물음월(ㄴ)이지만, 내재적으로 부정의 베풂월로 해석되는 반어법 월에서 적격하게 쓰인다.

(78) ㄱ. 철문을 아무리 밀어도 **끄떡해야지**.
　　　 [철문을 아무리 밀어도 **끄떡하지 않**는다.]
　　 ㄴ. 그 정도 유혹에 **끄떡할** 사람이 **있**겠니?
　　　 [그 정도 유혹에 **끄떡할** 사람이 **없**다.] ·

(78)은 긍정의 반어법 월이지만 내재적으로 부정의 베풂월로 해석되어 '끄떡하다'가 부정 표현을 가려잡음은 유지된다.

'끄떡하다'는 긴 꼴의 단순부정이나 부정 낱말 '없다', '아니다'를 가려잡는 움직씨로, 긍정월에 쓰이면 부적격한 월이 되는 통사적 특성을 지니지만, 극히 일부 부정의 내재적 의미를 지닌, 긍정의 베풂월과 물음월의 반어법 월에서 쓰이며, 의향법 종류에는 영향을 미치지 않는다.

3.3.2 상관(相關)하다

<①자신과는 관련 없는 남의 일에 대하여 간섭하거나 신경을 쓰다. ②서로 간에 관련을 갖다. ③(어떤 사람이 다른 사람을) 상대로 하여 육체적 관계를 맺다>의 뜻을 지닌 움직씨 '상관하다'는 ①의 뜻인 경우에 한하여 부정월을 가려잡는다. ②와 ③의 뜻인 경우에는 (79)에서와 같이 긍정월이나 부정월을 가리지 않고 쓰일 수 있기 때문에 부정 표현을 가려잡는 움직씨에 해당되지 않아 이 장의 논의 대상에서 제외된다.

> (79) ㄱ. 가. 그 두 가지 사건을 상관하여 생각하자.
> 　　　나. 그 두 가지 사건을 상관하여 생각하**지 말**자.
> 　　ㄴ. 가. 그분은 아들을 얻기 위해 남의 여자와 상관하였다.
> 　　　나. 그분은 남의 여자와 상관하**지 않**았다.

'상관하다①'은 부정월을 가려잡기 때문에 긍정월에서 쓰이면 (80)과 같이 부적격한 월이 된다.

> (80) ㄱ. *그녀는 남의 일에 **상관한다**.
> 　　ㄴ. *나로서는 그 일에 **상관할** 수 있다.
> 　　ㄷ. *그는 남의 일에 **상관할** 사람이다.

(80)은 모두 긍정월로, '상관하다'가 쓰여 부적격한 월이 되었다. '상관

하다' 자리에 부정월이건 긍정월이건 가리지 않는 움직씨가 오면 모두 적격한 월이 되는 것으로 보아[70] (80)이 부적격한 월이 된 것은 바로 '상관하다'에 원인이 있음이 확인된다. 곧 '상관하다①'이 부정월을 가려 잡는 통제자임이 분명하다. 부적격한 월인 (80)을 부정월로 바꾸면 (81) 과 같이 모두 적격한 월이 된다.

(81) ㄱ. 그녀는 남의 일에 상관하**지 않**는다.
ㄴ. 나로서는 그 일에 상관할 수 **없**다.
ㄷ. 그는 남의 일에 상관할 사람이 **아니**다.

이를 통해 '상관하다①'은 부정월을 가려잡는 움직씨임이 분명해진다. 부정월을 가려잡는 '상관하다'는 (82)와 같이 단순부정을 가려잡지만 능력부정은 가려잡지 않는다. 부정월 가운데 긴 부정만 가려잡을 뿐이고 짧은 부정인 '안/못' 부정은 가려잡지 않는다. 일반적으로 'OO하다' 움직씨에서는 '안/못' 부정은 불가능하기 때문이다.

(82) ㄱ. 그는 절대로 아내의 일에 상관하**지 않**는다.
ㄴ. *그는 절대로 아내의 일에 상관하**지 못한**다.
ㄷ. *그는 절대로 아내의 일에 **안/못** 상관한다.

'상관하다①'은 움직씨이기 때문에 부정의 함께함월과 시킴월에서도 쓰일 수 있어 '-지 말-'을 가려잡는다.

(83) ㄱ. 남의 일에 상관하**지 말**자.
ㄴ. 남의 일에 상관하**지 마**라.

---

70) 예컨대 '상관하다' 자리에 '간여하다'가 놓이면 모두 적격한 월이 된다.

'상관하다①'은 (81)에서와 같이 부정 낱말 가운데 '없다'(ㄴ), '아니다'(ㄷ)를 가려잡는다. '아니다'를 가려잡는 경우 매김꼴씨끝 '-ㄹ'이나 '-는'을 취하여 '상관할'이나 '상관하는'으로 꼴바꿈 하고, '없다'를 가려잡는 경우에도 매김꼴씨끝 '-ㄹ'이나 '-는', '-ㄴ'을 취하여 '상관할'이나 '상관하는', '상관한'으로 꼴바꿈 한다.71)

'상관하다①'은 부정월에서 쓰이기 때문에 주로 씨끝으로 '-지'를 취하여 '상관하지'의 꼴로 쓰이며, '상관치'로 축약될 수 있다. 일반적으로 '-하다'가 결합하여 도출된 파생움직씨는 '-지 않-'이나 '-지 말-' 부정에 쓰이는 경우 '하지'가 생략되어 쓰이거나, 통사적 짜임새인 '○○+를 하다'로 뜻에서 별다른 차이 없이 변환되어 쓰일 수 있다. '상관하다'도 이에 해당한다. '상관하다'에서 '상관'은 <자신과는 관계없는 남의 일에 대하여 간섭하거나 신경 쓰는 일>의 뜻을 지닌 이름씨로, '하지'가 생략될 수 있다.

(84) ㄱ. 남의 일에 상관**치** 마라.
ㄴ. 남의 일에 **상관을 하지** 마라.
ㄷ. 남의 일에 **상관** 마라.

'상관하다①'은 (85)에서와 같이 형식상 긍정의 물음월이지만 내재적으로 부정의 베풂월이나 시킴월로 해석되는 반어법 월에서 적격하게 쓰인다.

(85) ㄱ. 내가 왜 남의 일에 상관하니?
[나는 남의 일에 상관하**지 않**는다.]

---

71) 매김꼴씨끝 '-ㄹ', '-는', '-ㄴ'의 결정은 뒤에 놓이는 이름씨에 의해 결정된다. '경우'인 경우에는 '상관하는'을 취하고 '적'인 경우에는 '상관한'을 취한다.
ㄱ. 그분은 남의 일에 상관하**는 경우**가 없다.
ㄴ. 그분은 남의 일에 상관**한 적**이 없다.

ㄴ. 왜 남의 일에 상관하니?

    [남의 일에 상관하**지 마라**.]

(85)는 긍정의 반어법 월이지만 내재적으로 부정의 베풂월(ㄱ)이나 시킴월(ㄴ)로 해석되어 '상관하다①'이 부정 표현을 가려잡음은 유지된다.

'상관하다①'은 긴 꼴의 단순부정이나 부정 낱말 '없다', '아니다'를 가려잡는 움직씨로, 긍정월에 쓰이면 부적격한 월이 되는 통사적 특성을 지니지만, 극히 일부 부정의 내재적 의미를 지닌, 긍정의 물음월인 반어법 월에서 쓰이며, 의향법 종류에는 영향을 미치지 않는다.

3.4 주로 부정 표현을 가려잡는 움직씨

3.4.1 꼼짝하다

<①(사람이나 동물이) 몸이나 몸의 일부를 아주 작고 세게 조금 움직이다. ②(사람이나 동물이 몸의 일부를) 작고 아주 세게 조금 움직이다>의 뜻72)을 지닌 '꼼짝하다'는 부정월을 가려잡기 때문에 긍정월에서 쓰이면 (86)과 같이 부적격해진다.

    (86) ㄱ. *말이 그 자리에서 **꼼짝했다**.

        ㄴ. *벼랑에서 굴러 떨어진 후 그는 **꼼짝했다**.

        ㄷ. *너희들은 여기서 **꼼짝하여라**.

---

72) '꼼짝하다'가 제움직씨로 쓰이는 경우 ①의 뜻이고, 남움직씨로 쓰이는 경우 ②의 뜻으로 같은 뜻에 해당한다.

    ①의 의미: 말이 그 자리에서 **꼼짝하지** 않았다.

    ②의 의미: 다람쥐는 웅크린 채 몸을 **꼼짝하지** 않았다.

(86)은 모두 긍정월로, '꼼짝하다'가 쓰여 부적격한 월이 되었다. '꼼짝하다' 자리에 부정월이건 긍정월이건 가리지 않는 움직씨가 놓이면 모두 적격한 월이 되는 것으로 미루어, (86)이 부적격한 월이 된 것은 바로 '꼼짝하다'에 원인이 있음이 확인된다. 곧 '꼼짝하다'가 부정월을 가려잡는 통제자임이 분명하다. 부적격한 월인 (86)을 부정월로 바꾸면 (87)과 같이 모두 적격한 월이 된다.

(87) ㄱ. 말이 그 자리에서 꼼짝하**지 않**았다.
　　 ㄴ. 벼랑에서 굴러 떨어진 후 그는 꼼짝하**지 못**했다.
　　 ㄷ. 너희들은 여기서 꼼짝하**지 마**라.

이를 통해 '꼼짝하다'는 부정월을 가려잡는 움직씨임이 분명해진다. 부정월을 가려잡는 '꼼짝하다'는 단순부정이건 능력부정이건 가리지 않고 가려잡을 수 있다. 단순부정과 능력부정 가운데 긴 부정만 가려잡을 뿐이고 짧은 부정인 '안' 부정과 '못' 부정은 가려잡지 않는다. 일반적으로 '00하다' 움직씨에서는 짧은 부정은 불가능하기 때문이다.

(88) ㄱ. *말이 그 자리에서 **안** 꼼짝하였다.
　　 ㄴ. *벼랑에서 굴러 떨어진 후 그는 **못** 꼼짝하였다.

'꼼짝하다'는 움직씨이기 때문에 부정의 함께함월과 시킴월에서도 쓰일 수 있어 '-지 말-'을 가려잡는다.

(89) ㄱ. 이 자리에서 꼼짝하**지 말**자.
　　 ㄴ. 이 자리에서 꼼짝하**지 마**라.

'꼼짝하다'는 부정 낱말 가운데 '없다', '아니다', '모르다'를 가려잡는다.

'없다'를 가려잡는 경우 '꼼짝하다'는 매김꼴씨끝 '-ㄹ'을 취하여 '꼼짝할'로 꼴바꿈 한다. '꼼짝할'인 경우에는 뒤에 '이름씨+가 없-'이 자리한다. '아니다'와 '모르다'를 가려잡는 경우 '꼼짝하다'는 매김꼴씨끝 '-ㄹ'을 취하여 '꼼짝할'로 꼴바꿈 하고, 그 뒤에 이름씨가 놓인 다음 '아니다'와 '모르다'가 놓이는 특성을 보인다. 곧 '꼼짝할 이름씨+가 아니-'와 '꼼짝할 이름씨+을 모르-'란 통사적 짜임새를 이루어 쓰인다.

(90) ㄱ. 너무 바빠서 꼼짝할 수가 **없**다.
ㄴ. 이 정도 협박으로 꼼짝할 사람이 **아니**다.
ㄷ. 그는 방안에 갇혀 꼼짝할 줄 **모른**다.

'꼼짝하다'는 부정월에서 쓰이기 때문에 주로 씨끝으로 '-지'를 취하여 '꼼짝하지'의 꼴로 쓰이며, (91)과 같이 '꼼짝치'로 축약되어 쓰이지 않는 특성을 보인다. '-하다' 움직씨 가운데 일부가 부정 풀이씨와 어울려 '-지'로 꼴바꿈 하는 경우에 '-치'로 축약되어 쓰이지만, '꼼짝하다'는 이에 해당하지 않는다.

(91) ㄱ. *말이 그 자리에서 꼼짝**치 않**았다.
ㄴ. *벼랑에서 굴러 떨어진 후 그는 꼼짝**치 못했**다.
ㄷ. *너희들은 여기서 꼼짝**치 마**라.

일반적으로 '-하다'가 결합하여 도출된 파생움직씨는 '-지 않-'이나 '-지 말-' 부정에 쓰이는 경우 '하지'가 생략되어 쓰이거나, 통사적 짜임새인 'ㅇㅇ+를 하다'로 뜻에서 별다른 차이 없이 변환되어 쓰일 수 있다. '꼼짝하다'에서 '꼼짝'은 어찌씨로 쓰이며 '하지'가 생략될 수 있나. 통사적 짜임새인 '꼼짝+을 하다'로 뜻에서 별다른 차이 없이 변환될 수 있다. '꼼짝'에 '을'이 결합될 수 있지만, '을'은 부림자리토씨에 해당하지 않고 <힘줌>의 뜻을 지닌 도움토씨 역할을 한다.

(92) ㄱ. 다람쥐가 웅크린 채 꼼짝하지 않았다.
　　　→다람쥐가 웅크린 채 꼼짝 **않**았다.
　　　→다람쥐가 웅크린 채 꼼짝**을** 하**지 않**았다.
　　ㄴ. 두려워서 그는 꼼짝하지 못하였다.
　　　→두려워서 그는 꼼짝 **못하**였다.
　　　→두려워서 그는 꼼짝**을** 하**지 못하**였다.

'꼼짝하다'는 부정월에서 쓰이지만 극히 일부 긍정월에서 쓰이는 경우도 있다. (93)에서와 같이 형식상 긍정의 베풂월이나 물음월이지만 내재적으로 부정의 베풂월로 해석되는 반어법 월에서 적격하게 쓰인다.

(93) ㄱ. 자리가 비좁아 꼼짝할 수가 있어야지.
　　　[자리가 비좁아 꼼짝할 수가 **없**다.]
　　ㄴ. 자리가 비좁아 어디 꼼짝하겠니?
　　　[자리가 비좁아 꼼짝하**지 못하**겠다.]

(93)은 긍정의 반어법 월이지만 내재적으로 부정월로 해석되어 '꼼짝하다'가 부정 표현을 가려잡음은 유지된다.

'꼼짝하다'가 긍정의 반어법 월 이외의 극히 제한된 긍정월에서 쓰이기도 한다. (94)에서와 같이 '싫다', '힘들다', '어렵다' 따위가 쓰인 긍정월에서 적격하게 쓰이기도 한다.

(94) ㄱ. 너무 피곤해서 손가락 하나 꼼짝하기가 **싫다**.
　　ㄴ. 너무 피곤해서 몸을 꼼짝하기도 **힘들다**.

ㄷ. 요즘 바빠서 꼼짝하기가 **어렵다**.

'꼼짝하다'가 긍정월에서 적격하게 쓰일 수 있는 '싫다', '힘들다', '어렵다' 따위는 공통적으로 부정의 뜻을 함의하는 낱말들이다. '싫다'는 <좋지 않다>, '힘들다', '어렵다'는 <쉽지 않다>라는 부정적 뜻을 함의한다. 이와 같이 부정적 뜻을 함의하는 풀이씨가 쓰인 월에서만 '꼼짝하다'가 적격하게 쓰일 수 있다. '꼼짝하다'는 긴 꼴의 단순부정과 능력부정이나 부정 낱말 '없다', '아니다', '모르다'를 가려잡는 움직씨로, 긍정월에 쓰이면 부적격한 월이 되는 통사적 특성을 지닌다. 극히 일부 부정의 내재적 의미를 지닌 긍정의 베풂월과 물음월의 반어법 월과 부정적 뜻을 함의하는 부정적 표현인 '싫다', '힘들다', '어렵다' 따위가 쓰인 긍정월에서 쓰이며, 의향법 종류에는 영향을 미치지 않는다.

3.4.2 내색하다

<①(사람이) 마음에 느끼는 것을 얼굴에 드러내다. ②(사람이 마음이나 감정을) 얼굴에 드러내다>의 뜻73)을 지닌 '내색하다'는 부정월을 가려잡기 때문에 긍정월에서 쓰이면, (95)와 같이 부적격한 월이 된다.

(95) ㄱ. *그는 식구들에게 불만을 **내색하**였다.
ㄴ. *그는 식구들에게 불만을 **내색하**는 일이 있었다.
ㄷ. *그는 식구들에게 불만을 **내색할** 사람이다.
ㄹ. *그는 식구들에게 불만을 **내색할** 줄 안다.

---

73) ①의 뜻은 제움직씨로 쓰일 때이고, ②는 남움직씨로 쓰일 때이다. ①과 ②는 근본적으로 같은 뜻에 해당한다.

(95)는 모두 긍정월로, '내색하다'가 쓰여 부적격한 월이 되었다. '내색하다' 자리에 부정월이건 긍정월이건 가리지 않는 움직씨가 놓이면 모두 적격한 월이 되는 것으로 보아74) (95)가 부적격한 월이 된 것은 바로 '내색하다'에 원인이 있음이 확인된다. 곧 '내색하다'가 부정월을 가려잡는 통제자임이 분명하다. 부적격한 월인 (95)를 부정월로 바꾸면, (96)과 같이 모두 적격한 월이 된다.

(96) ㄱ. 그는 식구들에게 불만을 **내색하지 않**았다.
ㄴ. 그는 식구들에게 불만을 **내색하**는 일이 **없**었다.
ㄷ. 그는 식구들에게 불만을 **내색할** 사람이 **아니**다.
ㄹ. 그는 식구들에게 불만을 **내색할** 줄 **모른**다.

이를 통해 '내색하다'는 부정월을 가려잡는 움직씨임이 분명해진다. 부정월을 가려잡는 '내색하다'는 (97)과 같이 단순부정만이 아니라 능력부정도 가려잡는다. 부정월 가운데 긴 부정만 가려잡을 뿐이고 짧은 부정인 '안/못' 부정은 가려잡지 않는다. 일반적으로 '00하다' 움직씨에서는 '안/못' 부정은 불가능하기 때문이다.

(97) ㄱ. 그는 식구들에게 불만을 **내색하지 못했**다.
ㄴ. *그는 식구들에게 불만을 **안/못 내색하**였다.

'내색하다'는 움직씨이기 때문에 부정의 함께함월과 시킴월에서도 쓰일 수 있어 '-지 말-'을 가려잡는다.

(98) ㄱ. 식구들에게는 불만을 내색을 **하지 말**자.

---

74) 예컨대 '내색하다' 자리에 '토로하다'가 놓이면 모두 적격한 월이 된다.

ㄴ. 식구들에게는 불만을 내색을 **하지 마라.**

'내색하다'는 (96)에서와 같이 부정 낱말 가운데 '아니다'(ㄷ), '없다'(ㄴ), '모르다'(ㄹ)를 가려잡는다. '없다'를 가려잡는 경우 '내색하다'는 매김꼴씨끝 '-ㄹ'을 취하여 '내색할'로 꼴바꿈 하거나 이름꼴씨끝 '-ㅁ'을 취하여 '내색함'으로 꼴바꿈 한다. '모르다'를 가려잡는 경우 '내색하다'는 매김꼴씨끝 '-ㄹ'을 취하여 '내색할'로 꼴바꿈 하고, 그 뒤에 이름씨가 놓인 다음 '모르다'가 놓이는 특성을 보인다.

'내색하다'는 부정월에서 쓰이기 때문에 주로 씨끝으로 '-지'를 취하여 '내색하지'의 꼴로 쓰이며, '내색치'로 축약되어 쓰인다. 일반적으로 '-하다'가 결합하여 도출된 파생움직씨는 '-지 않-'이나 '-지 말-' 부정에 쓰이는 경우 '하지'가 생략되어 쓰이거나, 통사적 짜임새인 '00+를 하다'로 뜻에서 별다른 차이 없이 변환되어 쓰일 수 있다. '내색하다'에서 '내색'은 이름씨로 쓰이며 '하지'가 생략될 수 있다. 통사적 짜임새인 '내색+을 하다'로 뜻에서 별다른 차이 없이 변환될 수 있다.

(99) ㄱ. 그는 식구들에게 불만을 내색**치** 않았다.
　　 ㄴ. 그는 식구들에게 불만을 내색 않았다.
　　 ㄷ. 그는 식구들에게 불만을 내색을 **하지** 않았다.

'내색하다'는 (100)에서와 같이 형식상 긍정의 물음월이지만 내재적으로 부정의 베풂월로 해석되는 반어법 월에서 적격하게 쓰인다.

(100) ㄱ. 그분이 식구들에게 불만을 내색할 사람이니?
　　　 [그분은 식구들에게 불만을 내색할 사람이 **아니**나.]
　　 ㄴ. 식구들에게 불만을 어떻게 내색할 수 있겠니?

[식구들에게 불만을 내색할 수 **없**을 것이다.

'내색하다'는 부정월에서 쓰이지만, (101ㄱ)과 같이 극히 일부 긍정월에서 쓰이는 경우도 있다. 또한 (101ㄴ)과 같이 형식상으로는 부정월이지만 내재적으로 긍정월로 해석되는 반어법 월에서도 적격하게 쓰일 수 있다.

> (101) ㄱ. 아내는 자신의 서운함을 숨기지 않고 **내색하였다**.
> ㄴ. 왜 불만을 내색하**지 않**니?
> [불만을 내색하여라.]

이와 같이 '내색하다'가 극히 일부 긍정월에서 쓰이는 경우가 있더라도 대체로 부정 표현에서 적격하게 쓰이기 때문에 '내색하다'를 부정 표현을 가려잡는 움직씨라 하더라도 무방하다.

'내색하다'는 긴 꼴의 단순부정이나 능력부정, 부정 낱말 '아니다', '없다', '모르다'를 가려잡는 움직씨로, 주로 긍정월에 쓰이면 부적격한 월이 되는 통사적 특성을 지니지만, 일부 부정의 내재적 의미를 지닌 긍정의 물음월인 반어법 월에서 쓰인다. 또한 극히 일부 긍정월이나 긍정의 내재적 의미를 지닌, 부정의 물음월인 반어법 월에서도 쓰인다. 의향법 종류에는 영향을 미치지 않는다.

3.4.3 두말하다

<①이랬다저랬다 말을 하다. ②이러니저러니 불평을 하거나 덧붙이는 말을 하다>의 뜻을 지닌 움직씨 '두말하다'는 주로 부정월을 가려잡기

때문에 긍정월에서 쓰이면, (102)와 같이 부적격한 월이 된다.

    (102) ㄱ. *그는 끝난 일에 **두말한다**.
        ㄴ. *이번 일에는 **두말할** 이유가 있다.
        ㄷ. *그는 모든 일에 **두말할** 사람이다.

    (102)는 모두 긍정월로, '두말하다'가 쓰여 부적격한 월이 되었다. '두말하다' 자리에 부정월이건 긍정월이건 가리지 않는 움직씨가 놓이면 모두 적격한 월이 되는 것으로 보아[75] (102)가 부적격한 월이 된 것은 바로 '두말하다'에 원인이 있음이 확인된다. 곧 '두말하다'가 부정월을 가려잡는 통제자임이 분명하다. 부적격한 월인 (102)를 부정월로 바꾸면, (103)과 같이 모두 적격한 월이 된다.

    (103) ㄱ. 그는 끝난 일에 **두말하지 않는**다.
        ㄴ. 이번 일에는 **두말할** 이유가 **없**다.
        ㄷ. 그는 모든 일에 **두말할** 사람이 **아니**다.

    이를 통해 '두말하다'는 부정월을 가려잡는 움직씨임이 분명해진다. 부정월을 가려잡는 '두말하다'는 (104)와 같이 단순부정만이 아니라 능력부정도 가려잡는다. 부정월 가운데 긴 부정만 가려잡을 뿐이고 짧은 부정인 '안/못' 부정은 가려잡지 않는다. 일반적으로 '00하다' 움직씨에서는 '안/못' 부정은 불가능하기 때문이다.

    (104) ㄱ. 그는 한 입으로 두말하**지 않**는다.
        ㄴ. 그는 한 입으로 두말하**지 못한**다.

---

75) 예컨대 '두말하다' 자리에 '고민하다'가 놓이면 모두 적격한 월이 된다.

ㄷ. *그는 한 입으로 **안/못** 두말한다.

'두말하다'는 움직씨이기 때문에 부정의 함께함월과 시킴월에서도 쓰일 수 있어 '-지 말-'을 가려잡는다.

(105) ㄱ. 한 입으로 두말하**지 말**자.
　　　ㄴ. 한 입으로 두말하**지 마라**.

'두말하다'는 (103)에서와 같이 부정 낱말 가운데 '없다'(ㄴ), '아니다'(ㄷ)을 가려잡는다. '아니다'를 가려잡는 경우 매김꼴씨끝 '-ㄹ'이나 '-는'을 취하여 '두말할'과 '두말하는'으로 꼴바꿈 하고, '없다'를 가려잡는 경우 매김꼴씨끝 '-ㄹ'을 취하여 '두말할'로 꼴바꿈 한다. '없다'를 가려잡는 경우 '두말할 필요(가) 없다'와 '두말할 나위(가) 없다'란 통사적 짜임새을 이루어 <너무나 자명하여 더 보탤 여지가 없다>란 뜻을 지닌 익은 말로 쓰인다.

'두말하다'는 부정월에서 쓰이기 때문에 주로 씨끝으로 '-지'를 취하여 '두말하지'의 꼴로 쓰이며, '두말치'로 축약되지 않는다. 일반적으로 '-하다'가 결합하여 도출된 파생움직씨는 '-지 않-'이나 '-지 말-' 부정에 쓰이는 경우 '하지'가 생략되어 쓰이거나, 통사적 짜임새인 '00+를 하다'로 뜻에서 별다른 차이 없이 변환되어 쓰일 수 있다. '두말하다'에서 '두말'은 <이러니저러니 불평하거나 덧붙이는 말>의 뜻을 지닌 이름씨로, '하지'가 생략될 수 있다.

(106) ㄱ. *그는 한 입으로 두말**치 않**는다.
　　　ㄴ. 그는 한 입으로 두말**을 하지 않**는다.
　　　ㄷ. 그는 한 입으로 두말 **않**는다.

능력부정인 '두말하지 못하다'에서 '하지'가 삭제되어 <또다시 이러니 저러니 말하지 못하다>란 뜻을 지닌 익은말로 쓰인다.

'두말하다'는 (107)에서와 같이 형식상 긍정의 물음월이지만 내재적으로 부정의 베풂월이나 시킴월로 해석되는 반어법 월에서 적격하게 쓰인다.

(107) ㄱ. 내가 어찌 한 입으로 두말하겠니?

　　　[나는 한 입으로 두말하**지 않**겠다.]

　　ㄴ. 왜 한 입으로 두말하니?

　　　[한 입으로 두말하**지 마**라.]

(107)은 긍정의 반어법 월이지만 내재적으로 부정월로 해석되어 '두말하다'가 부정 표현을 가려잡음은 유지된다. 이 밖에도 극히 일부 긍정월에서 쓰이기도 한다. 이를테면 '두말하면 잔소리이다'와 같은 월은 긍정월이지만 <두말하지 않는다. 두말하지 마라>란 부정의 내재적인 뜻을 지니기 때문에 일반적인 긍정월(축자적 의미와 내재적 의미가 동일)과는 차이를 보인다.

'두말하다'는 긴 꼴의 단순부정과 능력부정이나 부정 낱말 '없다', '아니다'를 가려잡는 움직씨로, 긍정월에 쓰이면 부적격한 월이 되는 통사적 특성을 지니지만, 극히 일부 부정의 내재적 의미를 지닌 긍정의 물음월인 반어법 월에서 쓰이며, 의향법 종류에는 영향을 미치지 않는다.

3.4.4 상종(相從)하다

<서로 따르며 친근하게 지내다>이 뜻을 지닌 움직씨 '상종하다'는 부정월을 가려잡기 때문에 긍정월에서 쓰이면 (108)과 같이 부적격한 월이

된다.

> (108) ㄱ. *너는 그 사람과 상종하는 게 좋다.
> ㄴ. *그와는 상종할 가치가 있다.
> ㄷ. *그분은 자네와는 상종할 사람이다.

(108)은 모두 긍정월로, '상종하다'가 쓰여 부적격한 월이 되었다. '상종하다' 자리에 부정월이건 긍정월이건 가리지 않는 움직씨가 놓이면 모두 적격한 월이 되는 것으로 보아[76] (108)이 부적격한 월이 된 것은 바로 '상종하다'에 원인이 있음이 확인된다. 곧 '상종하다'가 부정월을 가려잡는 통제자임이 분명하다. 부적격한 월인 (108)을 부정월로 바꾸면 (109)와 같이 모두 적격한 월이 된다.

> (109) ㄱ. 너는 그 사람과 상종하**지 않**는 게 좋다.
> ㄴ. *그와는 상종할 가치가 **없**다.
> ㄷ. *그분은 자네와는 상종할 사람이 **아니**다.

이를 통해 '상종하다'는 부정월을 가려잡는 움직씨임이 분명해진다. 부정월을 가려잡는 '상종하다'는 (110)과 같이 단순부정을 주로 가려잡으며, 일부 능력부정을 가려잡기도 한다. 부정월 가운데 긴 부정만 가려잡을 뿐이고, 짧은 부정인 '안/못' 부정은 가려잡지 않는다. 일반적으로 'OO하다' 움직씨에서는 '안/못' 부정은 불가능하기 때문이다.

---

76) 예컨대 '상종하다' 자리에 '논의하다'가 놓이면 모두 적격한 월이 된다.
　　ㄱ. 너는 그 사람과 **의논하는** 게 좋다.
　　ㄴ. 그와는 **의논할** 가치가 있다.
　　ㄷ. 그분은 자네와는 **의논할** 사람이다.

(110) ㄱ. 나는 그런 인간하고는 상종하**지 않**는다.

　　　ㄴ. 그는 참으로 상종하**지 못**할 사람이다.

　　　ㄷ. *나는 그런 인간하고는 **안/못** 상종한다.

'상종하다'는 움직씨이기 때문에 부정의 함께함월과 시킴월에서도 쓰일 수 있어 '-지 말-'을 가려잡는다.

(111) ㄱ. 그런 인간하고는 상종하**지 말**자.

　　　ㄴ. 그런 인간하고는 상종하**지 마**라.

'상종하다'는 (109)에서와 같이 부정 낱말 가운데 '없다'(ㄴ), '아니다'(ㄷ)를 가려잡는다. '아니다'를 가려잡는 경우 매김꼴씨끝 '-ㄹ'을 취하여 '상종할'로 활용하고, '없다'를 가려잡는 경우에도 매김꼴씨끝 '-ㄹ'을 취하여 '상종할'로 꼴바꿈 한다.

'상종하다'는 부정월에서 쓰이기 때문에 주로 씨끝으로 '-지'를 취하여 '상종하지'의 꼴로 쓰이며, '상종치'로 축약될 수 있다. 일반적으로 '-하다'가 결합하여 도출된 파생움직씨는 '-지 않-'이나 '-지 말-' 부정에 쓰이는 경우 '하지'가 생략되어 쓰이거나, 통사적 짜임새인 '00+를 하다'로 뜻에서 별다른 차이 없이 변환되어 쓰일 수 있다. '상종하다'도 이에 해당한다. '상종하다'에서 '상종'은 <서로 따르며 친하게 지냄>의 뜻을 지닌 이름씨로, '하지'가 생략될 수 있다.

(112) ㄱ. 나는 그런 인간하고는 상종**치 않**는다.

　　　ㄴ. 나는 그런 인간하고는 상종을 하**지 않**는다.

　　　ㄷ.나는 그런 인간하고는 상종을 **않**는다.

'상종하다'는 (113)에서와 같이 형식상 긍정의 물음월이지만 내재적으로 부정의 베풂월이나 시킴월로 해석되는 반어법 월에서 적격하게 쓰인다.

(113) ㄱ. 내가 그런 사람과 왜 상종하니?
　　　　[나는 그런 사람과 상종하**지 않**는다.]
　　　ㄴ. 넌 그런 사람과 왜 상종하니?
　　　　[그런 사람과 상종하**지 마**라.]

(113)은 긍정의 반어법 월이지만 내재적으로 부정의 베풂월(ㄱ)이나 시킴월(ㄴ)로 해석되어 '상종하다'가 부정 표현을 가려잡음은 유지된다.

'상종하다'가 긍정의 반어법 월 밖에 극히 제한된 긍정월에서 쓰이기도 한다. (114)에서와 같이 '싫다', '힘들다', '어렵다' 따위가 쓰인 긍정월에서 적격하게 쓰이기도 한다.

(114) ㄱ. 다른 사람을 무시하는 사람하고는 상종하기 **싫다**.
　　　ㄴ. 그런 인간하고는 상종하기 **힘들다**.
　　　ㄷ. 아파트에서는 이웃끼리 상종하기 **어렵다**.

'상종하다'가 긍정월에서 적격하게 쓰일 수 있는 '싫다', '힘들다', '어렵다' 따위는 공통적으로 부정적인 뜻을 함의하는 낱말들이다. '싫다'는 <좋지 않다>, '힘들다', '어렵다'는 <쉽지 않다>라는 부정적인 뜻을 함의한다. 이와 같이 부정적인 뜻을 함의하는 풀이씨가 쓰인 월에서만 '상종하다'가 적격하게 쓰일 수 있다.

이와 같이 '상종하다'가 극히 일부 긍정월에서 쓰이는 경우가 있더라도 대체로 부정월에서 적격하게 쓰이기 때문에 '상종하다'를 부정월을 가려잡는 움직씨라 하더라도 무방하다.

'상종하다'는 긴 꼴의 단순부정이나 일부 능력부정, 부정 낱말 '아니다', '없다'를 가려잡는 움직씨로, 주로 긍정월에 쓰이면 부적격해지는 통사적 특성을 지니지만, 일부 부정의 내재적 의미를 지닌, 긍정의 물음월인 반어법 월에서 쓰인다. 의향법 종류에는 영향을 미치지 않는다.

3.4.5 형언(形言)하다

<어떠한 사실을 말로 표현하다>의 뜻을 지닌 움직씨 '형언하다'는 부정월을 가려잡기 때문에 긍정월에서 쓰이면 (115)와 같이 부적격해진다.

(115) ㄱ. *그녀는 가슴 벅차게 차오르는 기쁨을 **형언할** 수가 있었다.
ㄴ. *그와 헤어져 아픈 마음을 **형언할** 길이 있다.

(115)는 모두 긍정월로, '형언하다'가 쓰여 부적격한 월이 되었다. '형언하다' 자리에 부정월이건 긍정월이건 가리지 않는 움직씨가 놓이면 모두 적격한 월이 되는 것으로 보아[77] (115)가 부적격한 월이 된 것은 바로 '형언하다'에 원인이 있음이 확인된다. 곧 '형언하다'가 부정월을 가려잡는 통제자임이 분명하다. 부적격한 월인 (115)를 부정월로 바꾸면 (116)과 같이 모두 적격한 월이 된다.

(116) ㄱ. 그녀는 가슴 벅차게 차오르는 기쁨을 형언할 수가 **없**었다.
ㄴ. 그와 헤어져 아픈 마음을 형언할 길이 **없**다.

부정월을 가려잡는 '형언하다'는 (117)과 같이 능력부정을 가려잡지만

---

77) '형언하다' 자리에 '말하다'가 놓이면 모두 적격한 월이 된다.

단순부정은 가려잡지 않는다. 능력부정 가운데 긴 부정만을 가려잡고 짧은 부정은 가려잡지 않는다. 일반적으로 움직씨는 단순부정을 가려잡지만, '형언하다'는 단순부정을 가려잡지 않는 특이성을 지닌다.

(117) ㄱ. 그녀는 자신의 감정을 어떤 말로도 형언하**지 못**한다.
ㄴ. *그녀는 자신의 감정을 어떤 말로도 **못** 형언한다.
ㄷ. *그녀는 자신의 감정을 어떤 말로도 형언하**지 않**는다.
ㄹ. *그녀는 자신의 감정을 어떤 말로도 **안** 형언한다.

'형언하다'는 (116)에서와 같이 부정 낱말 가운데 '없다'를 가려잡는다. '없다'를 가려잡는 경우 주로 '-을 수 없다'란 통사적 짜임새를 이루어 쓰인다.

(118) ㄱ. 합격의 기쁨을 형언**할 수 없**었다.
ㄴ. 뭐라고 형언할 방법이 **없**다.

'형언하다'는 형식상 긍정의 물음월이나 베풂월지만 내재적으로 부정의 베풂월로 해석되는 반어법 월에서 쓰이는 특성을 보인다.

(119) ㄱ. 합격의 기쁨을 어찌 형언할 수 있겠니?
[합격의 기쁨을 형언할 수 **없**다.]
ㄴ. 합격의 기쁨을 뭐라고 형언할 수가 있어야지.
[합격의 기쁨을 뭐라고 형언할 수가 **없**다.]

'형언하다'가 긍정의 반어법 월 이외의 극히 제한된 긍정월에서 쓰이기도 한다. (120)과 같이 '힘들다', '어렵다' 따위가 쓰인 긍정월에서 적격하게 쓰이기도 한다.

(120) ㄱ. 연극의 느낌은 형언하기 **힘든** 데가 있다.

　　　　ㄴ. 뭐라고 형언하기 **어려웠**다.

'형언하다'가 긍정월에서 적격하게 쓰일 수 있는 '힘들다', '어렵다' 따위는 공통적으로 부정의 뜻을 함의하는 낱말들이다. '힘들다', '어렵다'는 <쉽지 않다>라는 부정적인 뜻을 함의한다. 이와 같이 부정적인 뜻을 함의하는 풀이씨가 사용된 월에서 '형언하다'가 적격하게 쓰일 수 있다.

이와 같이 '형언하다'는 긍정월에서는 잘 쓰이지 않고, 부정월에서 주로 쓰인다. '형언하다'는 특이하게 단순부정은 가려잡지 않고 긴 꼴의 능력부정만을 가려잡는 통사적 특성을 지닌다. 부정 낱말 '없다'를 가려잡는다. '없다'를 가려잡는 경우, 주로 '-을 수 없-'이란 통사적 짜임새로 쓰인다. 형식상 긍정의 물음월이나 베풂월이지만 내재적으로 부정의 베풂월로 해석되는 반어법 월에서 쓰인다. 부정적 뜻을 지닌 '힘들다', '어렵다' 따위가 쓰인 긍정월에서 적격하게 쓰이기도 한다.

3.5 마무리

대다수의 움직씨는 긍정월이건 부정월이건 가리지 않고 쓰일 수 있어 제약이 없지만, 극히 일부 움직씨는 부정월이나 부정으로 해석되는, 반어법을 실현하는 긍정월에서만 적격하게 쓰이고, 긍정월에서 쓰이면 부적격한 월이 되어 부정 표현을 가려잡는다. 이에 속하는 움직씨가 부정 표현을 가려잡는 움직씨이다. 이들 움직씨가 부정 표현을 가려잡게 하는 통사적 지배 제약을 일으키는 통제자에 해당한다.

부정월이나 부정으로 해석되는 반어법 월 등 부정 표현만을 가려잡는 움직씨로는 '개의하다, 괘념하다, 굴하다, 꼼짝달싹하다, 끊이다, 달가워하다, 묵과하다, 서슴다, 아랑곳하다' 따위가 선정되었다. 두 가지 이상의 뭇뜻 가운데 일부가 부정월이나 부정으로 해석되는 반어법 월 등 부정 표현을 가려잡는 움직씨로는 '끄떡하다, 상관하다' 따위가 선정되었다. 부정월이나 부정으로 해석되는 반어법 월, 부정적 뜻을 함의하는 낱말이 쓰인 긍정월, 극히 일부 긍정월에서 사용되지만 주로 부정 표현을 가려잡는 움직씨로는 '꼼짝하다, 내색하다, 두말하다, 상종하다, 형언하다' 따위가 선정되었다.

위에서 선정한 부정 표현을 가려잡는 움직씨들은 각기 통사적 제약이 다르다. 곧 움직씨에 따라 부정 표현의 양상에 제약이 달리 나타나기도 하며, 부정으로 해석되는 긍정의 반어법 월에서의 실현 가능성 여부, 반어법 월의 양상에서 차이가 나기도 한다. 부정 표현을 가려잡는 움직씨들이 뒤에 놓이는 요소와의 통사적 짜임새와 일부분의 생략이나 축약 현상, 어휘화 여부 등에서 차이를 보인다. 이와 같이 부정 표현을 가려잡는 움직씨에 따라 통사적 제약에서 차이를 보이기 때문에 움직씨마다 지니는 개별적인 통사적 특성을 밝히고자 하였다.

제 4 장

부정 표현을 가려잡는 그림씨의 통사 특성

4.1 들머리

대다수의 그림씨는 긍정월에서도 쓰이고 부정월에서도 쓰일 수 있지만, 극히 일부 그림씨는 부정월에서만 적격하게 쓰이고, 긍정월에서 쓰이면 부적격해진다. 이를테면 '녹록하다'는 (1)에서와 같이 긍정월에서 쓰이면 부적격해지지만 부정월에서 쓰이면 적격해진다.

(1) ㄱ. *이 일이 생각보다 녹록하였다.
　　ㄴ. 이 일이 생각보다 녹록하**지 않**았다.

(1)에서 '녹록하다' 자리에 '단순하다'가 놓이게 되면 긍정월이건 부정월이건 적격한 월이 되는 것으로 보아 '녹록하다'가 부정월을 가려잡는 통사적 지배 제약을 일으키는 통제자에 해당함을 알 수 있다.

그림씨 가운데 전적으로 부정월을 가려잡는 것으로는 '남부럽다, 대수롭다, 마뜩하다, 별다르다, 석연하다, 칠칠맞다, 탐탁스럽다, 탐탁하다' 따위가 있다. 예컨대 <제법 마음에 들어 좋다>의 뜻을 지닌 그림씨 '마뜩하다'는 전적으로 부정월을 가려잡기 때문에 긍정월에서 쓰이면 부적격해진다.

(2) ㄱ. *나는 그의 태도가 **마뜩하였다**.
ㄴ. 나는 그의 태도가 **마뜩하지 않았다**.

두 가지 이상의 뭇뜻 가운데 일부가 부정월이나 부정으로 해석되는 반어법 월 등 부정 표현을 가려잡는 그림씨로는 '녹록하다, 달갑다, 마땅하다, 변변하다, 칠칠하다' 따위가 있다. 예컨대 <①만만하고 호락호락하다. ②평범하고 보잘것없다>의 뜻을 지닌 그림씨 '녹록하다'는 ①의 '녹록하다'만이 (1)에서와 같이 부정월에서만 적격하게 쓰인다.

부정월이나 부정으로 해석되는 반어법 월, 부정적 뜻을 함의하는 낱말이 쓰인 긍정월, 극히 일부 긍정월에서 사용되지만 주로 부정 표현을 가려잡는 그림씨로는 '심상하다, 여간하다, 종잡다, 주체하다' 따위가 있다. 예컨대 <(짐작이나 대중으로) 이해하거나 알아차리다>의 뜻을 지닌 '종잡다'는 주로 부정월을 가려잡지만, 부정적인 뜻을 지닌 '힘들다', '어렵다' 따위가 쓰인 긍정월에서 적격하게 쓰이기도 하며, 극히 일부 긍정월에서 쓰이는 경우도 있다. 이는 이례적 쓰임이기 때문에 '종잡다'가 부정 표현을 가려잡는 그림씨에 속하는 것으로 간주하기로 한다.

부정 표현을 가려잡는 그림씨들마다 통사적 제약이 다르기 때문에 이들 그림씨마다 지니는 통사적 특성을 규명할 필요성이 제기된다. 따라서 이 장에서는 부정 표현을 가려잡는 그림씨들을 선정하고 각각의 통사적 특성을 규명하기로 한다.

4.2 부정 표현만을 가려잡는 그림씨

4.2.1 남부럽다

<(어떤 일이나 물건이) 남과 같이 자신도 이루거나 갖고 싶은 마음이 있다>의 뜻을 지닌 그림씨 '남부럽다'는[78] 부정월을 가려잡기 때문에 긍정월에서 쓰이면 (3)과 같이 부적격해진다.

(3) ㄱ. *우리 형제는 우애 하나는 **남부러웠다**.
　　ㄴ. *그는 어릴 적부터 **남부러울** 것이 있었다.

(3)은 모두 긍정월로, '남부럽다'가 쓰여 부적격한 월이 되었다. '남부럽다' 자리에 부정월이건 긍정월이건 가리지 않는 그림씨가 놓이면 모두 적격한 월이 되는 것으로 보아[79] (3)이 부적격한 월이 된 것은 바로 '남부럽다'에 원인이 있음이 확인된다. 곧 '남부럽다'가 부정월을 가려잡는 통제자임이 분명하다. 부적격한 월인 (3)을 부정월로 바꾸면 (4)와 같이 모두 적격한 월이 된다.

(4) ㄱ. 우리 형제는 우애 하나는 남부럽**지 않**다.
　　ㄴ. 그는 어릴 적부터 남부러울 것이 **없**었다.

이와 같이 '남부럽다'는 부정월을 가려잡는 그림씨임이 분명해진다. 부

---

78) '남부럽다'는 이름씨 '남'과 그림씨 '부럽다'가 결합과정을 거쳐 합성그림씨로 도출되었다. 부정월이건 긍정월이건 가리지 않는 '남'과 '부럽디'기 합성그림씨로 도출되민서 부정월을 가려잡는 통사적 특성을 지니게 된 점이 특이하다.

79) 이를테면 '남부럽다' 자리에 '남다르다'가 놓이면 적격한 월이 된다. ㄴ의 '남부러울' 자리에 '남다르다'가 놓이면 '남다른'으로 꼴바꿈 한다.

정월을 가려잡는 '남부럽다'는 (4)와 같이 단순부정만 가려잡지만, 긴 부정만 가려잡을 뿐이고 짧은 부정인 '안' 부정과 능력부정은 가려잡지 않는다.

(5) ㄱ. *우리 형제는 우애 하나는 **안** 남부럽다.
ㄴ. *우리 형제는 우애 하나는 남부럽**지 못하**다.

'남부럽다'는 그림씨이기 때문에 능력부정을 가려잡지 않으며, 부정의 함께함월과 시킴월에서도 쓰일 수 없어 '-지 말-'을 가려잡지 않는다. '남부럽다'는 (6)에서와 같이 부정 낱말 가운데 '없다'만 가려잡는다. '없다'를 가려잡는 경우에 주로 '-을 것이 없-'의 통사적 짜임새를 이루어 쓰이며, '것이'가 '게'로 축약되어 '-을 게 없-'으로도 쓰이게 된다.

(6) ㄱ. 지수는 사업을 하시는 아버지 덕에 남부러**울 것이 없**이 살았다.
ㄴ. 지수는 사업을 하시는 아버지 덕에 남부러**울 게 없**이 살았다.

'남부럽다'는 (7)에서와 같이 형식상 긍정의 베풂월이나 물음월이지만, 내재적으로 부정의 베풂월로 해석되는 반어법 월에서 적격하게 쓰인다.

(7) ㄱ. 내가 남부러울 게 있어야지.
[나는 남부러울 게 **없**다.]
ㄴ. 네가 남부러울 게 뭐가 있니?
[너는 남부러울 게 **없**다.]

'남부럽다'는 긴 꼴의 단순부정과 통합관계를 이루어 '남부럽지 않다'로 쓰이지만, 이 통사적 짜임새가 결합과정과 축약과정을 거쳐 <(자신의 일이나 물건이) 형편이 좋아서 남을 부러워하지 않아도 될 만하다>의 뜻을 지닌 합성그림씨 '남부럽잖다'가 도출되었다.

(8) ㄱ. 큰형이 성공하여 **남부럽지 않게** 살게 되었다.
　　　→ 큰형이 성공하여 **남부럽잖게** 살게 되었다.
　　ㄴ. 박씨는 **남부럽지 않은** 부자가 되었다.
　　　→ 박씨는 **남부럽잖은** 부자가 되었다.

이와 같이 '남부럽다'는 긍정월에서 쓰이지 않으며, 긴 꼴의 단순부정에 쓰이는 통사적 특성을 지닌다. 부정 낱말 '없다'를 가려잡는 경우에 주로 '-을 것이 없-'의 통사적 짜임새를 이루어 쓰이며, 형식상 긍정의 베풂월이나 물음월이지만 내재적으로 부정의 베풂월로 해석되는 반어법 월에서 적격하게 쓰여 부정 표현을 가려잡는다. '남부럽지 않다'는 결합 과정과 축약과정을 거쳐 '남부럽잖다'가 도출되었다.

4.2.2 대수롭다[80)

<대단하거나 중요하게 여길 만하다>의 뜻을 지닌 그림씨 '대수롭다'는 부정월을 가려잡기 때문에 긍정월에서 쓰이면 (9)와 같이 부적격해진다.

(9) ㄱ. *감기인 줄 알고 **대수롭게** 여겼다.
　　ㄴ. *그는 혼수 문제를 **대수롭게** 여긴다.

(9)는 모두 긍정월로, '대수롭다'가 쓰여 부적격한 월이 되었다. '대수

---

80) '대수롭다'의 줄기 '대수롭-'에 어찌씨 파생가지 -이'가 결합하여 파생된 <일 따위가 대단하거나 중요하다고 여길 만하게>의 뜻을 지닌 '대수로이'도 '대수롭다'와 마찬 가지로 주로 부정월을 가려잡는다.

롭다' 자리에 부정월이건 긍정월이건 가리지 않는 그림씨가 오면 모두 적격한 월이 되는 것으로 보아[81] (9)가 부적격한 월이 된 것은 바로 '대수롭다'에 원인이 있음이 확인된다. 곧 '대수롭다'가 부정월을 가려잡는 통제자임이 분명하다. 부적격한 월인 (9)를 부정월로 바꾸면 (10)과 같이 모두 적격한 월이 된다.

    (10) ㄱ. 감기인 줄 알고 대수롭**지 않**게 여겼다.
        ㄴ. 그는 혼수 문제를 대수롭**지 않**게 여긴다.

부정월을 가려잡는 '대수롭다'는 (10)과 같이 단순부정을 가려잡지만, 긴 부정만을 가려잡고 짧은 부정인 '안' 부정은 가려잡지 않는다. 짧은 부정을 가려잡지 않는 것은 '대수롭다'의 음절수가 길기 때문이다. 능력 부정은 가려잡지 않는다.

    (11) ㄱ. *감기인 줄 알고 **안** 대수롭게 여겼다.
        ㄴ. *그는 혼수 문제를 대수롭**지 못하**게 여긴다.

부정 표현을 가려잡는 '대수롭다'는 (12)에서와 같이 부정 낱말 가운데 '없다', '아니다'를 가려잡는다.

    (12) ㄱ. 다 지난 일이니 대수로울 게 **없**다.
        ㄴ. 그 일은 별로 대수로운 일이 **아니**다.

'대수롭다'는 (13)에서와 같이 형식상 긍정의 물음월이지만 내재적으로 부정의 베풂월로 해석되는 반어법 월에서 적격하게 쓰인다.

---

81) 이를테면 '대수롭다' 자리에 '하찮다'가 놓이면 적격한 월이 된다.

(13) ㄱ. 그게 뭐 그리 대수로운 일이냐?

[그게 그리 대수로운 일이 **아니**다.]

ㄴ. 그 일이 뭐가 그리 대수롭냐?

[그 일이 그리 대수롭**지 않**다.]

이와 같이 '대수롭다'는 긍정월에서 쓰이지 않고, 단순부정에서만 쓰이며, 긴 꼴의 부정에서만 쓰이는 통사적 특성을 지닌다. 부정 낱말 '없다'와 '아니다'를 가려잡는다. 형식상 긍정 물음월이지만 내재적으로 부정의 베풂월로 해석되는 반어법 월에서 적격하게 쓰여 부정 표현을 가려잡는다.

4.2.3 마뜩하다

<제법 마음에 들어 좋다>의 뜻을 지닌 그림씨 '마뜩하다'는 부정월을 가려잡기 때문에 긍정월에서 쓰이면 (14)와 같이 부적격한 월이 된다.

(14) ㄱ. *나는 그의 태도가 **마뜩하였다**.

ㄴ. *교장은 몹시 **마뜩한** 인상으로 트집을 잡았다.

(14)는 모두 긍정월로, '마뜩하다'가 쓰여 부적격한 월이 되었다. '마뜩하다' 자리에 부정월이건 긍정월이건 가리지 않는 그림씨가 놓이면 모두 적격한 월이 되는 것으로 보아[82] (14)가 부적격한 월이 된 것은 바로 '마뜩하다'에 원인이 있음이 확인된다. 곧 '마뜩하다'가 부정월을 가려잡는 통제자임이 분명하다. 부적격한 월인 (14)를 부정월로 바꾸면 (15)와 같이 모두 적격해진다.

---

82) 이를테면 '마뜩하다' 자리에 '못마땅하다'가 놓이면 적격한 월이 된다.

(15) ㄱ. 나는 그의 태도가 마뜩하**지 않**았다.

ㄴ. 교장은 몹시 마뜩하**지 않**은 인상으로 트집을 잡았다.

부정월을 가려잡는 '마뜩하다'는 (15)와 같이 단순부정과 능력부정을 가려잡는다. 단순부정이건 능력부정이건 짧은 부정은 가려잡지 않는다. 그림씨는 대체로 능력부정은 가려잡지 않지만 '마뜻하다'는 능력부정을 가려잡는 특이성을 지닌다.

(16) ㄱ. 나는 그가 하는 일이 마뜩하**지 않**다.

ㄴ. *나는 그가 하는 일이 **안** 마뜩하다.

ㄷ. 나는 그가 하는 일이 마뜩하**지 못했**다.

ㄹ. *나는 그가 하는 일이 **못** 마뜩했다.

이처럼 능력부정의 긴 부정도 가려잡는 '마뜩하다'는 부정을 가려잡는 '○○하다' 꼴의 그림씨가 쓰이는 부정의 양상과 차이를 보인다.

'마뜩하다'는 부정월을 가려잡는 그림씨로, '마뜩하지 않-'은 (17)에서와 같이 '마뜩치 않-'으로 축약되고, 다시 결합과정을 거쳐 <마음에 썩 내키지 않고 께름칙하다>의 뜻을 지닌 합성그림씨 '마뜩찮다'가 도출되었다.

(17) 아버지는 그 사람을 사윗감으로 마뜩하**지 않**게 생각하였다.

→아버지는 그 사람을 사윗감으로 마뜩**치 않**게 생각하였다.

→아버지는 그 사람을 사윗감으로 **마뜩찮**게 생각하였다.

부정월을 가려잡는 '마뜩하다'는 (18)에서와 같이 부정 낱말 가운데 '없다', '아니다'를 가려잡는다.

(18) ㄱ. 아이들 반찬거리로 마뜩한 게 **없**습니까?

ㄴ. 선을 보는 것은 마뜩한 일이 **아니**다.

'마뜩하다'는 (19)에서와 같이 형식상 긍정의 물음월이나 베풂월이지만, 내재적으로 부정의 베풂월로 해석되는 반어법 월에서 적격하게 쓰인다.

(19) ㄱ. 선을 보는 것이 뭐가 마뜩한 일이겠습니까?
　　　[선을 보는 것은 마뜩한 일이 **아니**다.
　　ㄴ. 반찬거리로 뭐 마뜩한 게 있어야지.
　　　[반찬거리로 마뜩한 게 **없**다.]

이와 같이 '마뜩하다'는 긍정월에서 쓰이더라도 일반 부정월이 아니라 부정을 뜻하는 반어법 월인 부정 표현에서만 쓰이며, 단순부정이건 능력부정이건 가리지 않고 긴 부정을 가려잡는 통사적 특성을 지닌다. '마뜩하지 않다'는 축약과 결합과정을 거쳐 '마뜩찮다'가 도출되었다. '마뜩하다'는 부정 낱말 '없다'와 '아니다'를 가려잡으며, 형식상 긍정의 물음월이나 베풂월이지만 내재적으로 부정의 베풂월로 해석되는 반어법 월에서 적격하게 쓰여 부정 표현을 가려잡는다.

4.2.4 별다르다[83]

<다른 것과 특별히 다르다>의 뜻을 지닌 그림씨 '별다르다'는 부정월을 가려잡기 때문에 긍정월에서 쓰이면 (20)과 같이 부적격해진다.

(20) ㄱ. *그는 나의 물음에 **별다른** 반응을 보였다.

---

83) '별다르다'의 줄기에 어찌씨 파생가지 '-리'가 덧붙어 결합과정을 거쳐 파생된 '별달리'도 부정월만 가려잡는 통사적 특성을 지닌다.

ㄴ. *음주는 치료에 **별다른** 효과가 있다.

(20)은 모두 긍정월로, '별다르다'가 쓰여 부적격한 월이 되었다. '별다르다' 자리에 부정월이건 긍정월이건 가리지 않는 그림씨가 놓이면 모두 적격한 월이 되는 것으로 보아[84] (20)이 부적격한 월이 된 것은 바로 '별다르다'에 원인이 있음이 확인된다. 곧 '별다르다'가 부정월을 가려잡는 통제자임이 분명하다. 부적격한 월인 (20)을 부정월로 바꾸면 (21)과 같이 모두 적격한 월이 된다.

(21) ㄱ. 그는 나의 물음에 별다른 반응을 보이**지 않**았다.
ㄴ. 음주는 치료에 별다른 효과가 **없**다.

부정월을 가려잡는 '별다르다'는 주로 어찌꼴 '별다르게'와 매김꼴 '별다른'의 꼴로 꼴바꿈 하여 쓰인다. '별다르다'가 베풂꼴로 쓰이기도 하는데, 이 경우에 (22)에서와 같이 긴 꼴의 단순부정만을 가려잡는다.

(22) ㄱ. 네 주장은 내 주장과 별다르**지 않**다.
ㄴ. *네 주장은 내 주장과 **안** 별다르다.
ㄷ. *네 주장은 내 주장과 별다르**지 못하**다.
ㄹ. *네 주장은 내 주장과 **못** 별다르다.

어찌꼴 '별다르게'와 매김꼴 별다른'의 꼴로 꼴바꿈 하는 경우에 부정월을 가려잡지만 부정월의 유형에는 영향을 미치지 않는다. 곧 '별다르게' 뒤에 놓이는 풀이씨의 종류에 따라 부정월의 유형이 결정될 뿐이다.

---

84) 이를테면 '별다르다' 자리에 '좋다'가 놓이면 적격한 월이 된다.

(23) ㄱ. 그는 별다르게 시원한 대답을 **안** 했다./하**지 않**았다.

ㄴ. 그는 별다르게 시원한 대답을 **못** 했다./하**지 못했**다.

ㄷ. 별다르게 시원한 대답을 하**지 마**라.

(23)을 긍정월로 바꾸면 모두 부적격한 월이 되는 것으로 보아 '별다르게'는 부정월을 가려잡지만, 부정월 유형에는 제약을 미치지 않음을 알 수 있다.

매김꼴 '별다른'도 '별다르게'와 마찬가지로 부정월을 가려잡지만 (24)에서와 같이 부정월의 유형에는 영향을 미치지 않는다.

(24) ㄱ. 그는 나의 물음에 별다른 반응을 **안** 보인다./보이**지 않**는다.

ㄴ. 그는 나의 물음에 별다른 반응을 **못** 보인다./보이**지 못한**다.

ㄷ. 나의 물음에 별다른 반응을 보이**지 마**라.

부정월을 가려잡는 '별다르다'는 (25)에서와 같이 부정 낱말 가운데 '없다', '아니다'를 가려잡는다.

(25) ㄱ. 그 문제에 대해서는 별다른 이견이 **없**다.

ㄴ. 병국의 장사 수단은 별다른 것이 **아니**다.

'별다르다'는 (26)에서와 같이 형식상 긍정의 물음월이나 베풂월이지만, 내재적으로 부정의 베풂월로 해석되는 반어법 월에서 적격하게 쓰인다.

(26) ㄱ. 저 같은 늙은이에게 별다른 일이 있겠습니까?

　　[저 같은 늙은이에게 별다른 일이 **없**을 것이다.]

ㄴ. 치료에 뭐 별다른 효과가 있어야지.

　　[치료에 뭐 별다른 효과가 **없**다.]

이와 같이 '별다르다'는 긍정월에서 쓰이더라도 일반 부정월이 아니라 부정을 뜻하는 반어법 월인 부정 표현에서만 쓰이며, '별다르다'는 주로 어찌꼴 '별다르게'와 매김꼴 '별다른'의 꼴로 꼴바꿈 하여 쓰인다. '별다르다'가 베풂꼴로 쓰이기도 하는데, 이 경우에 단순부정인 경우 긴 부정에서만 쓰이고 짧은 부정에서 쓰이지 않는다. 어찌꼴 '별다르게'와 매김꼴 '별다른'의 꼴로 쓰이는 경우 부정월만 가려잡으며, 부정월 유형에는 영향을 미치지 않는다. 부정 낱말 '없다'와 '아니다'를 가려잡는다. 형식상 긍정의 물음월이나 베풂월이지만 내재적으로 부정의 베풂월로 해석되는 반어법 월인 부정 표현에서 적격하게 쓰인다.

4.2.5 석연(釋然)하다[85]

<의혹이나 꺼림칙한 마음이 없이 환하다>의 뜻을 지닌 그림씨 '석연하다'는 부정월을 가려잡기 때문에 긍정월에서 쓰이면 (27)과 같이 부적격해진다.

  (27) ㄱ. *분위기가 **석연하였다**.
      ㄴ. *나는 그의 말투가 **석연하였다**.

(27)은 모두 긍정월로, '석연하다'가 쓰여 부적격한 월이 되었다. '석연하다' 자리에 부정월이건 긍정월이건 가리지 않는 그림씨가 오면 모두 적격한 월이 되는 것으로 보아[86] (27)이 부적격한 월이 된 것은 바로

---

85) '석연하다'에서 파생된 <꺼림칙한 것이 없이 속이 시원하게>의 뜻을 지닌 '석연히'는 긍정월에서도 쓰여 부정월을 가려잡는 어찌씨에 해당하지 않는다.
    그의 해명으로 마음이 **석연히** 풀렸다.
86) 이를테면 '석연하다' 자리에 '거슬리다'가 놓이면 적격한 월이 된다.

'석연하다'에 원인이 있음이 확인된다. 곧 '석연하다'가 부정월을 가려잡는 통제자임이 분명하다. 부적격한 월인 (27)을 부정월로 바꾸면 (28)과 같이 모두 적격한 월이 된다.

(28) ㄱ. 분위기가 석연하**지 않**았다.
ㄴ. 나는 그의 말투가 석연하**지 않**았다.

부정월을 가려잡는 '석연하다'는 (29)와 같이 단순부정과 능력부정을 가려잡는다. 단순부정이건 능력부정이건 긴 부정만 가려잡고 짧은 부정을 가려잡지 않는다.

(29) ㄱ. 문이 잠겨 있었다는 사실이 뭔가 석연하**지 않**았다.
ㄴ. *문이 잠겨 있었다는 사실이 뭔가 **안** 석연하였다.
ㄷ. 그의 대답은 문제의 본질을 회피해 석연하**지 못했**다.
ㄹ. *그의 대답은 문제의 본질을 회피해 **못** 석연하였다.

'석연하지 않-'은 (30)에서와 같이 '석연치 않-'으로 축약되고, 다시 '석연찮-'으로 축약되어 쓰이기도 하지만 합성그림씨가 도출되지는 않는다. 따라서 '석연찮-'은 '석연하지 않-'이 줄어든 말에 해당한다. '석연하지 못하-'는 '석연치 못하-'로 축약될 수 있다.

(30) ㄱ. 뭔가 **석연하지 않**다.
→ 뭔가 **석연치 않**다.
→ 뭔가 **석연찮**다.
ㄴ. 어딘가 **석연하지 못한** 점이 있다.
→ 어딘가 **석연치 못한** 점이 있다.

'석연하다'는 부정 낱말 가운데 '없다', '아니다', '모르다'를 가려잡지 않는다. 또한 형식상 긍정의 물음월이나 베풂월이지만 내재적으로 부정의 베풂월로 해석되는 반어법 월에서도 쓰이지 않는 특성을 보인다.

이와 같이 '석연하다'는 긍정월에서 쓰이지 않고, 부정월에서만 쓰인다. '석연하다'는 긴 꼴의 단순부정과 능력부정을 가려잡는다. '석연치 않-'으로 축약되고 다시 '석연찮-'으로 축약되어 쓰이기도 하지만 합성그림씨가 도출되지는 않는다. 부정 낱말 '없다'와 '아니다', '모르다'를 가려잡지 않는다. 형식상 긍정 물음월이나 베풂월이지만 내재적으로 부정의 베풂월로 해석되는 반어법 월에서 쓰이지 않는다.

4.2.6 여의(如意)하다

<마음먹은 대로 되다>의 뜻을 지닌 그림씨 '여의하다'는 부정월을 가려잡기 때문에 긍정월에서 쓰이면 (31)과 같이 부적격해진다.

> (31) ㄱ. *세상의 모든 일이 **여의하다**.
> ㄴ. *형편이 **여의하다**.

(31)은 모두 긍정월로, '여의하다'가 쓰여 부적격한 월이 되었다. '여의하다' 자리에 부정월이건 긍정월이건 가리지 않는 그림씨가 오면 모두 적격한 월이 되는 것으로 보아[87] (31)이 부적격한 월이 된 것은 바로 '여의하다'에 원인이 있음이 확인된다. 곧 '여의하다'가 부정월을 가려잡는 통제자임이 분명하다. 부적격한 월인 (31)을 부정월로 바꾸면 (32)와 같이 모두 적격한 월이 된다.

---

87) 이를테면 '여의하다' 자리에 '어렵다'가 놓이면 적격한 월이 된다.

(32) ㄱ. 세상의 모든 일이 여의하**지 않**다.
　　 ㄴ. 형편이 여의하**지 못하**다.

부정월을 가려잡는 '여의하다'는 (32)와 같이 긴 꼴의 단순부정과 능력 부정을 가려잡는다. 짧은 부정인 '안' 부정월과 '못' 부정은 (33)에서와 같이 가려잡지 않는다.

(33) ㄱ. *세상의 모든 일이 **안** 여의하다.
　　 ㄴ. *형편이 **안** 여의하다.

'여의하지 않-'과 '여의하지 못-'은 (34)에서와 같이 '-하지-'가 축약된 '여의치 않-'과 '여의치 못-'으로 쓰이는 것이 더 자연스럽다.

(34) ㄱ. 세상의 모든 일이 여의**치 않**다.[88]
　　 ㄴ. 형편이 여의**치 못하**다.

'여의하다'는 '없다', '아니다', '모르다' 등의 부정 낱말을 가려잡지 않으며, 형식상 긍정월이지만 내재적으로 부정월로 해석되는 반어법 월에서 쓰이지 않는 통사적 특성을 지닌다.

이와 같이 '여의하다'는 긍정월에서 쓰이지 않고, 부정월에서만 쓰인다. '여의하다'는 긴 꼴의 단순부정과 능력부정을 가려잡지만 짧은 부정인 '안' 부정과 '못' 부정은 가려잡지 않는다. '여의하지-'는 축약형 '여의치'로 쓰이는 것이 더 자연스럽다. '여의하다'는 부정 낱말을 가려잡지 않으며, 형식상 긍정월이지만 내재적으로 부정월로 해석되는 반어법 월에서 쓰이지 않는다.

---

88) '여의치 않다'는 입말에서 '여의찮다'로 축약되어 쓰인다.

4.2.7 칠칠맞다

<눈치가 빠르고 단정하다>의 뜻을 지닌 그림씨 '칠칠맞다'는 부정월을 가려잡기 때문에 긍정월에서 쓰이면 (35)와 같이 부적격해진다.

(35) ㄱ. *어머니는 애가 **칠칠맞다**고 타박을 주었다.[89]
    ㄴ. *너는 왜 그렇게 **칠칠맞니**?

(35)는 모두 긍정월로, '칠칠맞다'가 쓰여 부적격한 월이 되었다. '칠칠맞다' 자리에 부정월이건 긍정월이건 가리지 않는 그림씨가 놓이면 모두 적격한 월이 되는 것으로 보아[90] (35)가 부적격한 월이 된 것은 바로 '칠칠맞다'에 원인이 있음이 확인된다. 곧 '칠칠맞다'가 부정월을 가려잡는 통제자임이 분명하다. 부적격한 월인 (35)를 부정월로 바꾸면 (36)와 같이 모두 적격한 월이 된다.

(36) ㄱ. 어머니는 애가 칠칠맞**지 못하**다고 타박을 주었다.
    ㄴ. 너는 왜 그렇게 칠칠맞**지 못하**니?

부정월을 가려잡는 '칠칠맞다'는 (36)과 같이 주로 능력부정을 가려잡지만 일부 단순부정을 가려잡기도 한다. 긴 꼴의 능력부정과 단순부정을 가려잡으며, 짧은 꼴의 부정은 가려잡지 않는다.

(37) ㄱ. 그분은 매사에 늘 칠칠맞**지 않**다.
    ㄴ. *그분은 매사에 늘 **안** 칠칠맞다.
    ㄷ. 그분은 매사에 늘 칠칠맞**지 못하**다.

---

89) 실제 말살이에서는 이 월이 적격한 것처럼 쓰이기도 하지만 부적격한 월에 해당한다.
90) 이를테면 '칠칠맞다' 자리에 '게으르다'가 놓이면 적격한 월이 된다.

ㄹ. *그분은 매사에 늘 **못** 칠칠맞다.

부정월을 가려잡는 '칠칠맞다'는 (38)에서와 같이 부정 낱말 가운데 '아니다', '없다'를 가려잡는다.

(38) ㄱ. 저분은 그렇게 칠칠맞은 사람이 **아니**다.
　　 ㄴ. 저분은 그렇게 칠칠맞을 수가 **없**다.

'칠칠맞다'는 형식상 긍정의 물음월이나 베풂월이지만 내재적으로 부정의 베풂월로 해석되는 반어법 월에서 쓰이는 특성을 보인다.

(39) ㄱ. 저분이 뭐가 칠칠맞니?
　　 [저분은 칠칠맞**지 않**다.]
　　 ㄴ. 이보다 더 칠칠맞을 수 있어야지.
　　 [이보다 더 칠칠맞을 수 **없**다.]

이와 같이 '칠칠맞다'는 긍정월에서 쓰이지 않고, 부정월에서만 쓰인다. '칠칠맞다'는 긴 꼴의 단순부정과 능력부정을 가려잡는다. 부정 낱말 '없다'와 '아니다'를 가려잡는다. 형식상 긍정 물음월이나 베풂월이지만 내재적으로 부정의 베풂월로 해석되는 반어법 월에서 쓰여 '칠칠맞다'가 부정 표현을 가려잡음이 확실하다.

4.2.8 탐탁스럽다[91]

<족히 마음에 드는 데가 있다>의 뜻을 지닌 그림씨 '탐탁스럽다'는

---

91) '탐탁스럽다'의 줄기에 어찌씨 파생가지 '-이'가 덧붙어 설합과성을 거쳐 파생된 '탐탁스레'도 주로 부정월을 가려잡는 통사적 특성을 지닌다.
　ㄱ. 옛사람들은 마을 가까이에 도로나 역이 생기는 것을 탐탁스레 여기**지 않**았다.
　ㄴ. 주인 내외는 여전히 영숙이가 탐탁스레 생각되**지 않**았다.

부정월을 가려잡기 때문에 긍정월에서 쓰이면 (40)과 같이 부적격한 월이 된다.

> (40) ㄱ. *남편의 일솜씨가 **탐탁스러웠다**.
> ㄴ. *선생님은 나를 **탐탁스럽게** 생각했다.

(40)은 모두 긍정월로, '탐탁스럽다'가 쓰여 부적격한 월이 되었다. '탐탁스럽다' 자리에 부정월이건 긍정월이건 가리지 않는 그림씨가 놓이면 모두 적격한 월이 되는 것으로 보아[92] (40)이 부적격한 월이 된 것은 바로 '탐탁스럽다'에 원인이 있음이 확인된다. 곧 '탐탁스럽다'가 부정월을 가려잡는 통제자임이 분명하다. 부적격한 월인 (40)을 부정월로 바꾸면 (41)과 같이 모두 적격한 월이 된다.

> (41) ㄱ. 남편의 일솜씨가 탐탁스럽**지 않**았다.
> ㄴ. 선생님은 나를 탐탁스럽게 생각하**지 않**았다.

부정월을 가려잡는 '탐탁스럽다'는 (41)과 같이 주로 단순부정을 가려잡지만, 능력부정은 가려잡지 않는다. 단순부정 가운데 긴 부정만을 가려잡고 짧은 부정은 가려잡지 않는다.

> (42) ㄱ. 나는 그 일을 맡기가 탐탁스럽**지 않**았다.
> ㄴ. *나는 그 일을 맡기가 **안** 탐탁스러웠다.
> ㄷ. *나는 그 일을 맡기가 탐탁스럽**지 못했**다.
> ㄹ. *나는 그 일을 맡기가 **못** 탐탁스러웠다.

---

92) 이를테면 '탐탁스럽다' 자리에 '자랑스럽다'가 놓이면 적격한 월이 된다.

부정월을 가려잡는 '탐탁스럽다'는 (43)에서와 같이 부정 낱말 가운데 '없다'와 '아니다'를 가려잡는다.

(43) ㄱ. 그 일은 하나같이 탐탁스러울 게 **없**다.
　　 ㄴ. 그 일을 맡는 것은 탐탁스러운 일이 **아니**다.

'탐탁스럽다'는 형식상 긍정의 물음월이나 베풂월이지만, 내재적으로 부정의 베풂월로 해석되는 반어법 월에서 쓰이는 특성을 보인다.

(44) ㄱ. 그가 하는 행동에 탐탁스러울 게 뭐가 있니?
　　　 [그가 하는 행동에 탐탁스러울 게 **없**다.]
　　 ㄴ. 남편이 하는 일이 어디 탐탁스러워야지.
　　　 [남편이 하는 일이 탐탁스럽**지 않**다.]

이와 같이 '탐탁스럽다'는 긍정월에서 쓰이지 않고 부정월에서 쓰인다. '탐탁스럽다'는 긴 꼴의 단순부정을 가려잡는다. 부정 낱말 '없다'와 '아니다'를 가려잡는다. 형식상 긍정 물음월이나 베풂월이지만 내재적으로 부정의 베풂월로 해석되는 반어법 월에서 쓰여 부정 표현을 가려잡는다.

4.2.9 탐탁하다[93]

<마음에 들어 흡족하다>의 뜻을 지닌 그림씨 '탐탁하다'는 부정월을 가려잡기 때문에 긍정월에서 쓰이면 (45)와 같이 부적격한 월이 된다.

---

93) '탐탁하다'의 줄기에 어찌씨 파생가지 '-히'가 덧붙어 결합과정을 거쳐 파생된 '탐탁히'도 주로 부정월을 가려잡는 통사적 특성을 지닌다.
　ㄱ. 어머니는 나를 늘 탐탁히 여기**지 않**으신다.
　ㄴ. 그는 사위를 탐탁히 여긴 적이 한 번도 **없**었다.

(45) ㄱ. *나는 그의 일솜씨가 **탐탁하였다**.

　　ㄴ. *박 사장은 김 씨가 동료로 **탐탁하였다**.

　(45)는 모두 긍정월로, '탐탁하다'가 쓰여 부적격한 월이 되었다. '탐탁하다' 자리에 부정월이건 긍정월이건 가리지 않는 그림씨가 놓이면 모두 적격한 월이 되는 것으로 보아[94] (45)가 부적격한 월이 된 것은 바로 '탐탁하다'에 원인이 있음이 확인된다. 곧 '탐탁하다'가 부정월을 가려잡는 통제자임이 분명하다. 부적격한 월인 (45)를 부정월로 바꾸면 (46)과 같이 모두 적격한 월이 된다.

(46) ㄱ. 나는 그의 일솜씨가 탐탁하**지 않**았다.

　　ㄴ. 박 사장은 김 씨가 동료로 탐탁하**지 않**았다.

　부정월을 가려잡는 '탐탁하다'는 (46)과 같이 주로 단순부정을 가려잡지만 일부 능력부정을 가려잡기도 한다. 단순부정과 능력부정 가운데 긴 부정만을 가려잡고 짧은 부정은 가려잡지 않는다.

(47) ㄱ. 나는 네가 새로 사귄 친구가 별로 탐탁하**지 않**아.

　　ㄴ. *나는 네가 새로 사귄 친구가 별로 **안** 탐탁해.

　　ㄷ. 그는 내 제안이 별로 탐탁하**지 못한** 모양이다.

　　ㄹ. *그는 내 제안이 별로 **못** 탐탁한 모양이다.

　'탐탁하지 않-'은 (48)에서와 같이 '탐탁지 않-'으로 '-하-'가 생략되고 다시 '탐탁잖-'으로 축약되어 쓰이기도 하지만 합성그림씨가 도출되지는 않는다. 따라서 '탐탁잖-'은 '탐탁하지 않-'이 줄어든 말에 해당한다.

---

94) 이를테면 '탐탁하다' 자리에 '만족스럽다'가 놓이면 적격한 월이 된다.

(48) 집이 협소해서 손님을 모시기가 그리 **탐탁하지 않**다.
　　→ 집이 협소해서 손님을 모시기가 그리 **탐탁지 않**다.
　　→ 집이 협소해서 손님을 모시기가 그리 **탐탁잖**다.

부정월을 가려잡는 '탐탁하다'는 (49)에서와 같이 부정 낱말 가운데 '없다'와 '아니다', '모르다'를 가려잡는다.

(49) ㄱ. 아직 탐탁한 일자리가 **없**다.
　　ㄴ. 층층시하인 혼처라 그리 탐탁한 자리가 **아니**다.
　　ㄷ. 가격이 비싸서 탐탁해할지 **모르**겠다.

'탐탁하다'는 형식상 긍정의 물음월이나 베풂월이지만 내재적으로 부정의 베풂월로 해석되는 반어법 월에서 쓰이는 특성을 보인다.

(50) ㄱ. 아버지는 어디 형의 말이 탐탁하겠니?
　　　 [아버지는 형의 말이 탐탁하**지 않**을 것이다.]
　　ㄴ. 그의 일솜씨가 어디 탐탁해야지.
　　　 [그의 일솜씨가 탐탁하**지 않**다.]

이와 같이 '탐탁하다'는 긍정월에서 쓰이지 않고 부정월에서 쓰인다. '탐탁하다'는 주로 긴 꼴의 단순부정과 일부 능력부정을 가려잡는다. '탐탁하지 않-'은 '탐탁지 않-'으로 '-하-'가 생략되고 다시 '탐탁잖-'으로 축약되어 쓰이기도 하지만 합성그림씨가 도출되지는 않는다. 부정 낱말 '없다'와 '아니다', '모르다'를 가려잡는다. 형식상 긍정의 물음월이나 베풂월이지만 내재적으로 부정의 베풂월로 해석되는 반어법 월에서 쓰여 부정 표현을 가려잡는다.

4.3 뭇뜻 가운데 일부가 부정 표현을 가려잡는 그림씨

4.3.1 녹록(碌碌)하다

<①만만하고 호락호락하다. ②평범하고 보잘것없다>의 뜻을 지닌 그림씨 '녹록하다'는 ②의 뜻인 경우에는 (51)에서와 같이 긍정월이건 부정월이건 가리지 않고 쓰일 수 있어 이 장의 논의 대상에서 제외된다.

(51) ㄱ. 아버지가 어찌하여 오늘은 **녹록하게** 졸장부가 되려하시는가.
ㄴ. 그가 일평생 쌓아 둔 재물은 **녹록한** 것이라고는 할 수 **없**다.

'녹록하다①'은 (52)에서와 같이 긍정월에서 쓰이면 부적격한 월이 되며, 부정월에서 쓰여야 적격해진다.

(52) ㄱ. *삼월 초순의 바람이 **녹록하였다**.
ㄴ. *이 일이 생각보다 **녹록하다**.

(52)는 모두 긍정월로, '녹록하다'가 쓰여 부적격한 월이 되었다. '녹록하다' 자리에 부정월이건 긍정월이건 가리지 않는 그림씨가 놓이면 모두 적격한 월이 되는 것으로 보아[95] (52)가 부적격한 월이 된 것은 바로 '녹록하다'에 원인이 있음이 확인된다. 곧 '녹록하다'가 부정월을 가려잡는 통제자임이 분명하다. 부적격한 월인 (52)를 부정월로 바꾸면 (53)과 같이 모두 적격한 월이 된다.

(53) ㄱ. 삼월 초순의 바람이 녹록하**지 않**았다.

---

95) 이를테면 '녹록하다' 자리에 '매섭다'가 놓이면 적격한 월이 된다.

ㄴ. 이 일이 생각보다 녹록하**지 않**다.

이와 같이 '녹록하다①'은 부정월을 가려잡는 그림씨임이 분명해진다. '녹록하지 않-'은 (54)에서와 같이 '녹록치 않-'으로 축약되고, 다시 '녹록찮-'으로 축약되어 쓰이기도 한다.

(54) 이 일이 생각보다 녹록하**지 않**다.
→이 일이 생각보다 녹록**치 않**다.
→이 일이 생각보다 녹록**찮**다.96)

부정월을 가려잡는 '녹록하다'는 (53)과 같이 단순부정만 가려잡지만, 긴 부정만 가려잡을 뿐이고 짧은 부정인 '안' 부정과 능력부정은 가려잡지 않는다.

(55) ㄱ. *이 일이 생각보다 **안** 녹록하다.
ㄴ. *이 일이 생각보다 **못** 녹록하다.
ㄷ. *이 일이 생각보다 녹록하**지 못하**다.

부정월을 가려잡는 '녹록하다'는 (56)에서와 같이 부정 낱말 가운데 '없다', '아니다'를 가려잡는다.

(56) ㄱ. 생각보다 녹록한 일은 **없**다.
ㄴ. 남편을 내조하기가 녹록한 일은 **아니**다.

---

96) '녹록찮다'는 '녹록하지 않다'의 축약형일 뿐이고 어휘화하지 않았다. '마땅하지 않다'의 축약형 '마땅찮다'가 <알맞지 않거나 마음에 달갑지 않다>의 뜻을 지닌 그림씨로 어휘화한 것과 차이를 보인다.

'녹록하다'는 (57)에서와 같이 형식상 긍정의 베풂월이나 물음월이지만 내재적으로 부정의 베풂월로 해석되는 반어법 월에서 적격하게 쓰인다.

(57) ㄱ. 녹록한 일이 어디 있어야지.
　　　[녹록한 일이 **없**다.]
　　ㄴ. 전무라는 자리가 어디 녹록한 자리입니까>
　　　[전무라는 자리는 녹록한 자리가 **아니**다.]

이와 같이 '녹록하다①'은 긍정월에서 쓰이지 않고 부정월에서만 쓰이며, 긴 꼴의 단순부정에 쓰이는 통사적 특성을 지닌다. 부정 낱말 '없다'와 '아니다'를 가려잡는다. '녹록하지 않-'은 '녹록치 않-'으로 축약되고 다시 '녹록찮-'으로 축약되어 쓰이지만 어휘화하지는 않는다. 형식상 긍정의 베풂월이나 물음월이지만 내재적으로 부정의 베풂월로 해석되는 반어법 월에서 적격하게 쓰여 부정 표현을 가려잡는다.

4.3.2 달갑다[97]

<①마음에 들어 흡족하다. ②마음이 내키다>의 뜻을 지닌 '달갑다'는 ②의 뜻인 경우에는 '달갑게'로 쓰여 (58)에서와 같이 긍정월이건 부정월이건 가리지 않고 쓰일 수 있어 이 장의 논의 대상에서 제외된다.

(58) ㄱ. 그는 선생님의 충고를 **달갑게** 여겼다.
　　ㄴ. 그는 선생님의 충고를 **달갑게** 여기**지 않**았다.

---

97) '달갑다'에서 도출된 움직씨 '달가워하다'도 부정월을 가려잡는다. 이에 관한 논의는 앞 장에서 이루어졌다.

'달갑다①'은 (59)에서와 같이 긍정월에서 쓰이면 부적격한 월이 되며, 부정월에서 쓰여야 적격한 월이 된다.

(59) ㄱ. *아버지는 그와 만나는 것이 **달가웠다**.
ㄴ. *하청업자가 하는 일이 **달가웠다**.

(59)는 모두 긍정월로, '달갑다'가 쓰여 부적격한 월이 되었다. '달갑다' 자리에 부정월이건 긍정월이건 가리지 않는 그림씨가 놓이면 모두 적격한 월이 되는 것으로 보아[98] (59)가 부적격한 월이 된 것은 바로 '달갑다'에 원인이 있음이 확인된다. 곧 '달갑다'가 부정월을 가려잡는 통제자임이 분명하다. 부적격한 월인 (59)를 부정월로 바꾸면 (60)과 같이 모두 적격한 월이 된다.

(60) ㄱ. 아버지는 그와 만나는 것이 달갑**지 않**았다.
ㄴ. 하청업자가 하는 일이 달갑**지 않**았다.

이와 같이 '달갑다①'은 부정월을 가려잡는 그림씨임이 분명해진다. 통사적 짜임새 '달갑지 않-'은 (61)에서와 같이 결합과정과 축약과정을 거쳐 <거리낌이나 불만이 있어 마음이 흡족하지 않다>의 뜻을 지닌 합성 그림씨 '달갑잖다'가 도출되었다.

(61) ㄱ. 그는 하루 두 끼조차 **달갑잖게** 먹었다.
ㄴ. 그는 **달갑잖은** 목소리로 대답하였다.

부정월을 가려잡는 '달갑다①'은 (62)와 같이 단순**부정**을 가려잡지만,

---

98) 이를테면 '달갑다' 자리에 '부담스럽다'가 놓이면 적격한 월이 된다.

긴 부정만이 아니라 짧은 부정인 '안' 부정도 가려잡는다. 능력부정은 가려잡지 않는다.

> (62) ㄱ. 나는 그가 별로 **안** 달가웠다./달갑**지 않**았다.
> ㄴ. *나는 그가 별로 **못** 달가웠다./*달갑**지 못했**다.

'달갑다①'은 (63)에서와 같이 부정 낱말 가운데 '없다', '아니다'를 가려잡는다.

> (63) ㄱ. 이번 일은 그다지 달가울 것이 **없**다.
> ㄴ. 특권을 받는 것은 달가운 일이 **아니**다.

'달갑다①'은 (64)에서와 같이 형식상 긍정의 물음월이지만 내재적으로 부정의 베풂월로 해석되는 반어법 월에서 적격하게 쓰인다.

> (64) ㄱ. 이번 일이 뭐가 달갑겠니?
> [이번 일이 달갑**지 않**다.]
> ㄴ. 그분에게 어느 누가 달가운 존재이겠니?
> [그분에게는 아무도 달가운 존재가 **아니**다.]

이와 같이 '달갑다①'은 긍정월에서 쓰이지 않고 부정월에서만 쓰이며, 긴 꼴이나 짧은 꼴의 단순부정에서 쓰이는 통사적 특성을 지닌다. 부정 낱말 '없다'와 '아니다'를 가려잡는다. '달갑지 않-'은 '달갑잖-'으로 축약되고 결합과정을 거쳐 합성그림씨가 도출되었다. 형식상 긍정의 물음월이지만 내재적으로 부정의 베풂월로 해석되는 반어법 월에서 적격하게 쓰여 부정 표현을 가려잡는다.

4.3.3 마땅하다

<①이치로 보아 옳다. ②조건에 어울리도록 알맞다. ③마음에 들어 좋다>의 뜻을 지닌 그림씨 '마땅하다'에서 ①의 뜻인 '마땅하다'는 (65)에서와 같이 긍정월이건 부정월이건 가리지 않고 쓰일 수 있어 이 장의 논의 대상에서 제외된다.

(65) ㄱ. 법을 어기면 처벌받아야 **마땅하다**.
ㄴ. 법을 지켰는데도 처벌받는 것은 마땅하**지 않**다.

②의 뜻인 '마땅하다'도 (66)에서와 같이 긍정월이건 부정월이건 가리지 않고 쓰일 수 있어 이 장의 논의 대상에서 제외된다.

(66) ㄱ. 그 집안은 큰애 혼처로써 **마땅하다**.
ㄴ. 그 집안은 큰애 혼처로써 마땅하**지 않**다.

③의 뜻인 '마땅하다'만이 부정월을 가려잡기 때문에 이 장에 논의 대상에 해당한다. '마땅하다③'이 긍정월에서 쓰이면 (67)과 같이 부적격한 월이 된다.

(67) ㄱ. *아버지는 내가 데리고 온 사람이 **마땅한** 모양이다.
ㄴ. *그녀는 아들이 하는 일이 **마땅하였다**.

(67)은 모두 긍정월로, '마땅하다'가 쓰여 부적격한 월이 되었다. '마땅하다' 자리에 부정월이건 긍정월이건 가리지 않는 그림씨가 놓이면 모두 적격한 월이 되는 것으로 보아99) (67)이 부적격한 월이 된 것은 바로

'마땅하다③'에 원인이 있음이 확인된다. 곧 '마땅하다③'이 부정월을 가려잡는 통제자임이 분명하다. 부적격한 월인 (67)을 부정월으로 바꾸면 (68)과 같이 모두 적격한 월이 된다.

(68) ㄱ. 아버지는 내가 데리고 온 사람이 마땅하**지 않**은 모양이다.
ㄴ. 그녀는 아들이 하는 일이 마땅하**지 않**았다.

부정월을 가려잡는 '마땅하다③'은 (69)와 같이 단순부정과 능력부정을 가려잡는다. 단순부정 가운데 긴 부정만을 가려잡고 짧은 부정인 '안' 부정은 가려잡지 않는다. 능력부정은 긴 부정만이 아니라 짧은 부정도 가려잡는다. 그림씨는 대체로 능력부정은 가려잡지 않지만 '마땅하다③'은 능력부정을 가려잡는 특성을 지닌다.

(69) ㄱ. 나는 그 사람이 하는 일이 마땅하**지 않**다.
ㄴ. *나는 그 사람이 하는 일이 **안** 마땅하다.
ㄷ. 그녀는 아들이 하는 일이 마땅하**지 못했**다.
ㄹ. 그녀는 아들이 하는 일이 **못** 마땅했다.

일반적으로 '00하다' 풀이씨는 짧은 부정에서 쓰이지 않는 제약이 있지만 '마땅하다③'은 짧은 꼴의 능력부정에서도 적격하게 쓰이는 특성을 지닌다. ①과 ②의 뜻을 지닌 '마땅하다'는 능력부정에서 쓰이지 않는 점에서 차이를 보인다.

'마땅하다③'은 부정월을 가려잡는 그림씨로, '마땅하지 않-'은 (70)에서와 같이 '마땅치 않-'으로 축약되고, 다시 결합과정을 거쳐 <마음에 달갑지 않다>의 뜻을 지닌 합성그림씨 '마땅찮-'이 도출되었다.[100]

---

99) 이를테면 '마땅하다' 자리에 '미덥다'가 놓이면 적격한 월이 된다.

(70) 나는 그의 처사가 마땅**하지 않**다.

　→ 나는 그의 처사가 마땅**치 않**다.

　→ 나는 그의 처사가 마땅**찮**다.

'마땅하다③'은 (71)에서와 같이 부정 낱말 가운데 '없다', '아니다'를 가려잡는다.

(71) ㄱ. 아버지가 마땅해 하는 사람이 **없**다.

　　ㄴ. 저분은 아버지가 마땅해 하는 사람이 **아니**다.

'마땅하다③'은 (72)에서와 같이 형식상 긍정의 물음월이지만 내재적으로 부정의 베풂월로 해석되는 반어법 월에서 적격하게 쓰인다.

(72) ㄱ. 아버지가 마땅해 하는 사람이 어디 있니?

　　　[아버지가 마땅해 하는 사람이 **없**다.]

　　ㄴ. 저분이 어디 아버지가 마땅해 하는 사람이니?

　　　[저분은 아버지가 마땅해 하는 사람이 **아니**다.]

이와 같이 '마땅하다③'은 긍정월에서 쓰이지 않고, 부정월에서만 쓰인다. 단순부정의 월인 경우 긴 부정에서만 쓰이며 짧은 부정에서 쓰이지 않는다. 능력부정인 경우 긴 부정만이 아니라 짧은 부정에서 쓰이는 통사적 특성을 지닌다. '마땅하지 않다'는 축약과 결합과정을 거쳐 '마땅찮다'가 도출되었다. 부정 낱말 '없다'와 '아니다'를 가려잡는다. 형식상 긍정의 물음월이지만 내재적으로 부정의 베풂월로 해석되는 반어법 월에서 적격하게 쓰여 부정 표현을 가려잡는다.

---

100) ①과 ②의 뜻을 지닌 '마땅하다'도 긴 꼴의 단순부정에서 '마땅하지 않다'가 '마땅치 않다'로 축약되고, 다시 결합과정을 거쳐 '마땅찮다'가 도출되었다.

4.3.4 변변하다[101]

<①(사물이) 제대로 갖추어져 꽤 충분하거나 쓸 만하다. ②(사람이나 그의 됨됨이, 생김새 따위가) 별로 흠이 없이 어지간하다>의 뜻을 지닌 그림씨 '변변하다'는 ②의 뜻인 경우에는 (73)에서와 같이 긍정월이건 부정월이건 가리지 않고 쓰일 수 있어 이 장의 논의 대상에서 제외된다.

(73) ㄱ. 그 집 아들은 인물이 **변변하다**.
　　 ㄴ. 그 집 아들은 인물이 **변변하지 못하다**.

(73)은 긍정월(ㄱ)과 부정월(ㄴ)로, ②의 뜻인 '변변하다'가 쓰여 적격한 월이 되었기 때문에 이 장의 논의 대상에서 제외된다.

'변변하다①'만이 부정월을 가려잡기 때문에 이 장에 논의 대상에 해당한다. '변변하다①'이 긍정월에서 쓰이면 (74)와 같이 부적격한 월이 된다.

(74) ㄱ. *손님 대접이 **변변하다**.
　　 ㄴ. *집은 좋은데 살림살이가 **변변하다**.

(74)는 모두 긍정월로, '변변하다'가 쓰여 부적격한 월이 되었다. '변변하다' 자리에 부정월이건 긍정월이건 가리지 않는 그림씨가 놓이면 모두 적격한 월이 되는 것으로 보아[102] (74)가 부적격한 월이 된 것은 바로 '변변하다'에 원인이 있음이 확인된다. 곧 '변변하다'가 부정월을 가려잡

---

101) '변변하다'의 줄기에 어찌씨 파생가지 '-히'가 덧붙어 결합과정을 거쳐 파생된 '변변히'도 부정월만을 가려잡는 통사적 특성을 지닌다.
102) 이를테면 '변변하다' 자리에 '엉성하다'가 놓이면 적격한 월이 된다.

는 통제자임이 분명하다. 부적격한 월인 (74)를 부정월로 바꾸면 (75)와 같이 모두 적격한 월이 된다.

(75) ㄱ. 손님 대접이 변변하**지 않**다.
　　ㄴ. *집은 좋은데 살림살이가 변변하**지 않**다.

부정월을 가려잡는 '변변하다①'은 (76)과 같이 단순부정과 능력부정을 가려잡되, 긴 부정은 가려잡지만 짧은 부정을 가려잡지 않는다.

(76) ㄱ. 차린 음식이 변변하**지 않**았다.
　　ㄴ. *차린 음식이 **안** 변변했다.
　　ㄷ. 그는 대학을 졸업했는데도 직장이 변변하**지 못했**다.
　　ㄹ. *그는 대학을 졸업했는데도 직장이 **못** 변변했다.

'변변하다①'은 부정월을 가려잡는 그림씨로, '변변하지 않-'은 (77)에서와 같이 '변변치 않-'으로 축약되고, 다시 결합과정을 거쳐 <(음식이나 차림이) 제대로 갖추어지지 못하여 부족한 점이 있다>의 뜻을 지닌 합성그림씨 '변변찮-'이 도출되었다.103)

(77) 집은 좋은데 살림살이가 변변하**지 않**다.
　　→집은 좋은데 살림살이가 변변**치 않**다.
　　→집은 좋은데 살림살이가 **변변찮**다.

'변변하다①'은 (78)에서와 같이 부정 낱말 가운데 '없다', '아니다'를 가려잡는다.

---

103) ②의 뜻을 지닌 '변변하다'도 '변변하지 않-'은 '변변치 않-'으로 축약되고, 다시 결합과정을 거쳐 합성그림씨 '변변찮-'이 도출되었다.

(78) ㄱ. 우리 집에는 변변한 가재도구 하나 **없다**.

ㄴ. 지금 다니는 회사는 변변한 직장이 **아니다**.

'변변하다①'은 (79)와 같이 형식상 긍정의 물음월이나 베풂월이지만 내재적으로 부정의 베풂월로 해석되는 반어법 월에서 적격하게 쓰인다.

(79) ㄱ. 반찬이 뭐가 변변합니까?

　　　[반찬이 변변하**지 않다**.]

ㄴ. 어디 변변한 이야깃거리가 있어야지.

　　　[변변한 이야깃거리가 **없다**.]

이와 같이 '변변하다①'은 긍정월에서 쓰이지 않고, 부정월에서만 쓰이며, 긴 꼴의 단순부정과 능력부정에서 쓰이는 통사적 특성을 지닌다. '변변하지 않다'는 축약과 결합과정을 거쳐 '변변찮다'가 도출되었다. 부정낱말 '없다'와 '아니다'를 가려잡는다. 형식상 긍정 물음월이나 베풂월이지만 내재적으로 부정의 베풂월로 해석되는 반어법 월에서 적격하게 쓰여 부정 표현을 가려잡는다.

4.3.5 칠칠하다

<①(사람이나 그 언행이) 야무지고 반듯하다. ②(사람이) 주접이 들지 아니하고 깨끗하다. ③(나무나 털이) 잘 자라서 길고 보기 좋다>의 뜻을 지닌 '칠칠하다'에서 ③의 뜻인 '칠칠하다'는 (80)에서와 같이 긍정월이건 부정월이건 가리지 않고 쓰일 수 있어 이 장의 논의 대상에서 제외된다.

(80) ㄱ. 숲은 세월이 흐를수록 **칠칠하였다**.

ㄴ. 숲은 세월이 흘러도 칠칠하**지 않**았다.

①과 ②의 뜻인 '칠칠하다'는 부정월을 가려잡기 때문에 이 장의 논의
대상에 해당한다. '칠칠하다①'이 긍정월에서 쓰이면 (81)과 같이 부적격
한 월이 된다.

(81) ㄱ. *그는 매사에 **칠칠하였다**.
    ㄴ. *사람이 **칠칠해** 이 모양이군요.

(81)은 모두 긍정월로, '칠칠하다'가 쓰여 부적격한 월이 되었다. '칠칠
하다' 자리에 부정월이건 긍정월이건 가리지 않는 그림씨가 놓이면 모두
적격한 월이 되는 것으로 보아[104] (81)이 부적격한 월이 된 것은 바로
'칠칠하다'에 원인이 있음이 확인된다. 곧 '칠칠하다'가 부정월을 가려잡
는 통제자임이 분명하다. 부적격한 월인 (81)을 부정월로 바꾸면 (82)와
같이 모두 적격한 월이 된다.

(82) ㄱ. 그는 매사에 칠칠하**지 않**았다.
    ㄴ. 사람이 칠칠하**지 못해** 이 모양이군요.

부정월을 가려잡는 ①과 ②의 '칠칠하다'는 (83)과 같이 단순부정과 능
력부정을 가려잡는다. 단순부정이건 능력부정이건 긴 부정만을 가려잡고
짧은 부정은 가려잡지 않는다.

(83) ㄱ. *그는 매사에 **안** 칠칠하였다.
    ㄴ. *사람이 **못** 칠칠해 이 모양이군요.

---

104) 이를테면 '칠칠하다' 자리에 '덤벙대다'가 놓이면 적격한 월이 된다.

①과 ②의 '칠칠하다'는 부정월을 가려잡는 그림씨로, '칠칠하지 않-'은 (84)에서와 같이 '칠칠치 않-'으로 축약되고, 다시 결합과정을 거쳐 <①(사람이나 그의 언행이) 야무지거나 반듯하지 못하다. ②깨끗하고 단정하지 아니하고 주접이 들다>의 뜻을 지닌 합성그림씨 '칠칠찮-'이 도출되었다.

(84) ㄱ. 그는 문서 다루는 솜씨가 칠칠하**지 않**다.
→그는 문서 다루는 솜씨가 칠칠**치 않**다.
→그는 문서 다루는 솜씨가 **칠칠찮**다.
ㄴ. 그녀의 옷매무새가 칠칠하**지 않**다.
→그녀의 옷매무새가 칠칠**치 않**다.
→그녀의 옷매무새가 **칠칠찮**다.

(84)에서 ㄱ의 '칠칠찮다'는 ①의 뜻이고, ㄴ의 '칠칠찮다'는 ②의 뜻이다. ①과 ②의 뜻인 '칠칠하다'는 (85)에서와 같이 부정 낱말 가운데 '없다'와 '아니다'를 가려잡는다.

(85) ㄱ. 철수는 이보다 더 칠칠할 수가 **없**다.
ㄴ. 저분은 그렇게 칠칠한 사람이 **아니**다.

'칠칠하다'는 형식상 긍정의 물음월이나 베풂월이지만, 내재적으로 부정의 베풂월로 해석되는 반어법 월에서 쓰이는 특성을 보인다.

(86) ㄱ. 저분이 어디가 칠칠하니?
[저분은 칠칠하**지 않**다.]
ㄴ. 옷차림이 어디 칠칠해야지.
[옷차림이 칠칠하**지 못**하다.]

이와 같이 ①과 ②의 뜻인 '칠칠하다'는 긍정월에서 쓰이지 않고, 부정월에서만 쓰인다. '칠칠하다'는 긴 꼴의 단순부정과 능력부정을 가려잡는다. '칠칠치 않-'으로 축약되고 다시 '칠칠찮다'로 축약되어 <①(사람이나 그의 언행이) 야무지거나 반듯하지 못하다. ②깨끗하고 단정하지 아니하고 주접이 들다>의 뜻을 지닌 합성그림씨가 도출되었다. 부정 낱말 '없다'와 '아니다'를 가려잡는다. 형식상 긍정의 물음월이나 베풂월이지만 내재적으로 부정의 베풂월로 해석되는 반어법 월에서 쓰여 부정 표현을 가려잡는다.

4.4 주로 부정 표현을 가려잡는 그림씨

4.4.1 심상(尋常)하다[105]

<대수롭지 않고 예사롭다>의 뜻을 지닌 '심상하다'는 주로 부정월을 가려잡기 때문에 긍정월에서 쓰이면 (87)과 같이 부적격한 월이 된다.

(87) ㄱ. *그분의 병세가 **심상하다**.
ㄴ. *일이 **심상함**을 알아챘다

(87)은 모두 긍정월로, '심상하다'가 쓰여 부적격한 월이 되었다. '심상하다' 자리에 부정월이건 긍정월이건 가리지 않는 그림씨가 놓이면 모두

---

105) '심상하다'의 줄기에 어찌씨 파생가지 '-히'가 덧붙어 결합과정을 기쳐 파생된 '심상히'도 주로 부정월을 가려잡는 통사적 특성을 지닌다.
ㄱ. 이번 일은 심상히 보아 넘길 수가 **없**다.
ㄴ. 이번 일은 심상히 넘기면 **안** 된다.

적격한 월이 되는 것으로 보아106) (87)이 부적격한 월이 된 것은 바로 '심상하다'에 원인이 있음이 확인된다. 곧 '심상하다'가 부정월을 가려잡는 통제자임이 분명하다. 부적격한 월인 (87)을 부정월로 바꾸면 (88)과 같이 모두 적격한 월이 된다.

> (88) ㄱ. 그분의 병세가 심상하**지 않**다.
> ㄴ. 그는 일이 심상하**지 않**음을 알아챘다

부정월을 가려잡는 '심상하다'는 (89)와 같이 단순부정은 가려잡지만 능력부정은 가려잡지 않는다. 단순부정 가운데 긴 부정만을 가려잡는다.

> (89) ㄱ. 분위기가 심상하**지 않**게 돌아간다.
> ㄴ. *분위기가 **안** 심상하게 돌아간다.
> ㄷ. *분위기가 심상하**지 못하**게 돌아간다.
> ㄹ. *분위기가 **못** 심상하게 돌아간다.

'심상하다'는 부정월을 가려잡는 그림씨로, '심상하지 않-'은 (90)에서와 같이 '심상치 않-'으로 축약되고, 다시 결합과정을 거쳐 <예사롭지 않고 대수롭다>의 뜻을 지닌 합성그림씨 '심상찮-'이 도출되었다.

> (90) 편집장이 심상하**지 않**은 내 표정을 살피면서 물었다.
> → 편집장이 심상**치 않**은 내 표정을 살피면서 물었다.
> → 편집장이 심상**찮**은 내 표정을 살피면서 물었다.

'심상하다'는 (91)에서와 같이 부정 낱말 가운데 '없다'와 '아니다'를 가려잡는다.

---

106) 이를테면 '심상하다' 자리에 '심각하다'가 놓이면 적격한 월이 된다.

(91) ㄱ. 이번 일은 심상하게 넘길 수 **없**다.

ㄴ. 말하는 품으로 보아 심상한 사람은 **아니**다.

'심상하다'는 형식상 긍정의 물음월이나 베풂월이지만 내재적으로 부정의 베풂월로 해석되는 반어법 월에서도 쓰이지 않는 특성을 보인다.

'심상하다'는 (92)에서와 같이 극히 일부 긍정월에서 쓰이기도 하지만, 부정월에서 쓰이는 것이 자연스럽다.

(92) ㄱ. 옥여도 **심상하게** 고개를 끄덕였다.

ㄴ. 한석이는 여전히 **심상한** 표정으로 똑똑히 말했다.

이와 같이 '심상하다'는 극히 일부 긍정월에서 쓰이기도 하지만 이례적인 쓰임이며, 주로 부정월을 가려잡는다. 긴 꼴의 단순부정에서만 쓰이는 통사적 특성을 지닌다. '심상하지 않다'는 축약과 결합과정을 거쳐 '심상찮다'가 도출되었다. 부정 낱말 '없다'와 '아니다'를 가려잡기도 한다. 형식상 긍정 물음월이나 베풂월이지만 내재적으로 부정의 베풂월로 해석되는 반어법 월에서는 쓰이지 않는다.

4.4.2 여간(如干)하다[107)

<수준이 그저 어느 정도쯤이다>의 뜻을 지닌 '여간하다'는 부정월을 가려잡기 때문에 긍정월에서 쓰이면 (93)과 같이 부적격한 월이 된다.

(93) ㄱ. *그는 여간해서 **동요한다**.

---

107) '여간하다'의 밑말인 어찌씨 '여간'도 부정월을 가려잡는다.

ㄴ. *이번 일은 **여간한** 행운이다.

(93)은 모두 긍정월로, '여간하다'가 쓰여 부적격한 월이 되었다. '여간하다' 자리에 부정월이건 긍정월이건 가리지 않는 그림씨가 오면 모두 적격한 월이 되는 것으로 보아 (93)이 부적격한 월이 된 것은 바로 '여간하다'에 원인이 있음이 확인된다. 곧 '여간하다'가 부정월을 가려잡는 통제자임이 분명하다. 부적격한 월인 (93)을 부정월로 바꾸면 (94)와 같이 모두 적격한 월이 된다.

(94) ㄱ. 그는 여간해서 동요하**지 않**는다.
ㄴ. 이번 일은 여간한 행운이 **아니**다.

'여간하다'가 부정월을 가려잡지만, '여간하다'는 (94ㄱ)과 같이 '여간하다'의 줄기에 이음씨끝 '-어서'가 결합한 '여간해서'의 꼴로 쓰이거나,[108] (94ㄴ)과 같이 매김씨끝 '-ㄴ'이 결합한 '여간한' 꼴로 주로 쓰인다. 다른 풀이씨들과 달리 '-지 아니하다/못하다'가 직접 결합하지 못하는 통사적 특성을 지닌다.

부정월을 가려잡는 '여간하다'는 (95)와 같이 단순부정과 능력부정을 가려잡는다. 긴 부정이냐 짧은 부정이냐의 선택에는 제약을 미치지 않고 뒤에 놓이는 풀이씨에 따라 결정된다.

(95) ㄱ. 그는 여간해서는 **안** 웃는다.
ㄴ. 그는 여간해서는 웃**지 않**는다.
ㄷ. 그는 여간해서 남의 말을 **못** 믿는다.
ㄹ. 그는 여간해서 남의 말을 믿**지 못한**다.

---

108) '여간해서' 뒤에는 도움토씨 가운데 '는'이 결합되어 쓰일 수 있다.

곧 '여간해서'는 단순부정과 능력부정을 가려잡지만, 긴 부정이나 짧은 부정이냐의 선택에서는 뒤에 놓인 풀이씨 '웃다'와 '믿다'에 의해 결정되었다.109)

'여간하다'는 (96)에서와 같이 부정 낱말 가운데 '없다', '아니다'를 가려잡는다. '여간하다'가 '여간한' 꼴로 쓰이는 경우에는 '아니다'를 가려잡는다.

(96) ㄱ. 그녀는 여간해서는 볼 수 **없**는 미녀였다.
ㄴ. 아내의 기쁨은 여간한 것이 **아니**었다.

'여간하다'는 (97)에서와 같이 형식상 긍정의 물음월이나 베풂월이지만, 내재적으로 부정의 베풂월로 해석되는 반어법 월에서 적격하게 쓰인다.

(97) ㄱ. 그 애 억지는 여간해야 말이지.
[그 애 억지는 여간한 정도가 **아니**다.]
ㄴ. 여간했으면 그런 말을 했을까?
[여간한 정도가 **아니**니까 그런 말을 했다.]

(97)은 긍정의 반어법 월이지만 내재적으로 부정의 베풂월로 해석되어 '여간하다'가 부정 표현을 가려잡음은 유지된다.

'여간하다'가 긍정의 반어법 월 밖의 극히 제한된 긍정월에서 쓰이기도 한다. (98)에서와 같이 '힘들다', '어렵다' 따위가 쓰인 긍정월에서 적격하게 쓰이기도 한다.

(98) ㄱ. 위장이 교활해서 여간해서는 알아내기 **힘들었다**.

---

109) 만일 '웃다'와 '믿다' 자리에 짧은 부정이 놓일 수 없는 풀이씨가 놓이면 짧은 부정 월은 당연히 부적격한 월이 된다.

ㄴ. 여간해서는 사상을 고치기가 **어렵다**.

'여간하다'가 긍정월에서 적격하게 쓰일 수 있는 '힘들다', '어렵다' 따위는 공통적으로 뜻에서 부정을 함의하는 낱말들이다. '힘들다', '어렵다'는 <쉽지 않다>라는 부정적인 뜻을 함의한다. 이와 같이 부정적인 뜻을 함의하는 풀이씨가 사용된 월에서만 '여간하다'가 적격하게 쓰일 수 있다. 이처럼 '여간하다'가 극히 일부 긍정월에서 쓰이는 경우가 있더라도 대체로 부정월에서 적격하게 쓰이기 때문에 '여간하다'를 부정 표현을 가려잡는 그림씨라고 하더라도 무방하다.

이와 같이 '여간하다'는 긍정월에서 거의 쓰이지 않고, 부정월에서 주로 쓰인다. '여간하다'는 주로 이음꼴 '여간해서'와 매김꼴 '여간한'의 꼴로 꼴바꿈 하여 쓰인다. '여간하다'는 '-지 않다/못하다'와 결합하여 쓰이지 않으며, 단순부정과 능력부정을 가려잡지만, 긴 꼴이냐 짧은 꼴이냐에는 제약을 미치지 않는다. 매김꼴 '여간한'은 부정 낱말 '아니다'를 가려잡는다. 부정 낱말 '없다'와 '아니다'를 가려잡는다. 형식상 긍정의 물음월이나 베풂월이지만 내재적으로 부정의 베풂월로 해석되는 반어법월에서 적격하게 쓰인다. 부정의 뜻을 함의한 '힘들다', '어렵다' 따위가 쓰인 긍정월에서도 적격하게 쓰이지만 이례적인 쓰임이다.

4.4.3 종잡다

<(짐작이나 대중으로) 이해하거나 알아차리다>의 뜻을 지닌 '종잡다'는 부정월을 가려잡기 때문에 긍정월에서 쓰이면 (99)와 같이 부적격한 월이 된다.

(99) ㄱ. *무슨 뜻인지 **종잡을** 수 있다.

ㄴ. *그는 세상이 어떻게 돌아가는지 확실하게 **종잡는다**.

(99)는 모두 긍정월로, '종잡다'가 쓰여 부적격한 월이 되었다. '종잡다' 자리에 부정월이건 긍정월이건 가리지 않는 그림씨가 놓이면 모두 적격한 월이 되는 것으로 보아 (99)가 부적격한 월이 된 것은 바로 '종잡다'에 원인이 있음이 확인된다. 곧 '종잡다'가 부정월을 가려잡는 통제자임이 분명하다. 부적격한 월인 (99)를 부정월로 바꾸면 (100)과 같이 모두 적격한 월이 된다.

(100) ㄱ. 무슨 뜻인지 종잡을 수 **없**다.

ㄴ. 그는 세상이 어떻게 돌아가는지 확실하게 종잡**지 못한**다.

부정월을 가려잡는 '종잡다'는 (101)과 같이 능력부정은 가려잡지만 단순부정은 가려잡지 않는다. 일반적으로 움직씨이건 그림씨이건 긴 꼴의 단순부정에는 제약이 따르지 않는데, '종잡다'는 긴 꼴의 단순부정도 가려잡지 않는 특이한 통사적 제약을 지닌다. 능력부정 가운데 긴 부정만을 가려잡는다.

(101) ㄱ. *무슨 뜻인지 도무지 종잡**지 않**았다.

ㄴ. *무슨 뜻인지 도무지 **안** 종잡았다.

ㄷ. 무슨 뜻인지 도무지 종잡**지 못했**다.

ㄹ. *무슨 뜻인지 도무지 **못** 종잡았다.

'종잡다'는 (102)에서와 같이 부정 낱말 가운데 '없다'를 가려잡는데, '없다'가 쓰이는 경우 '-을 수 없-'의 통사적 짜임새에 국한된다.

(102) ㄱ. 여기서는 방향을 종잡**을 수가 없**다.

　　 ㄴ. 어디까지가 농담인지 종잡**을 수가 없**군요.

'종잡다'는 형식상 긍정의 물음월이나 베풂월이지만 내재적으로 부정의 베풂월로 해석되는 반어법 월에서 쓰이는 특성을 보인다.

(103) ㄱ. 무슨 뜻인지 도대체 종잡을 수가 있어야지.

　　　 [무슨 뜻인지 도대체 종잡을 수가 **없**다.]

　　 ㄴ. 누구 말이 옳은지 어떻게 종잡겠니?

　　　 [누구 말이 옳은지 종잡**지 못하**겠다.]

'종잡다'가 긍정의 반어법 월 밖의 극히 제한된 긍정월에서 쓰이기도 한다. (104)와 같이 '힘들다', '어렵다' 따위가 쓰인 긍정월에서 적격하게 쓰이기도 한다.

(104) ㄱ. 그는 좀처럼 나이를 종잡기가 **힘든** 얼굴이다.

　　 ㄴ. 그 사람은 언제 어디로 떠나갈지 종잡기 **어렵다**.

'종잡다'가 긍정월에서 적격하게 쓰일 수 있는 '힘들다', '어렵다' 따위는 공통적으로 뜻에서 부정을 함의하는 낱말들이다. '힘들다', '어렵다'는 <쉽지 않다>라는 부정적인 뜻을 함의한다. 이와 같이 부정적인 뜻을 함의하는 풀이씨가 사용된 월에서 '종잡다'가 적격하게 쓰일 수 있다.

이 밖에도 '종잡다'는 (105)에서와 같이 극히 일부 긍정월에서 쓰이기도 하지만, 부정월에서 쓰이는 것이 자연스럽다. 긍정월에서 쓰이는 '종잡다'는 '종잡아' 꼴로 꼴바꿈 하여 쓰이는 것이 일반적이다.

(105) ㄱ. 대강 사태를 **종잡아** 말씀드리겠습니다.

ㄴ. 그간의 사정을 **종잡아** 보면 우리가 더 유리할 것이다.

이와 같이 '종잡다'는 긍정월에서는 잘 쓰이지 않고, 부정월에서 주로 쓰인다. '종잡다'는 특이하게 긴 꼴이나 짧은 꼴의 단순부정은 가려잡지 않고 긴 꼴의 능력부정만을 가려잡는 통사적 특성을 지닌다. 부정 낱말 '없다'를 가려잡되, '-을 수 없-'이란 통사적 짜임새인 경우에 한정된다. 형식상 긍정의 물음월이나 베풂월이지만 내재적으로 부정의 베풂월로 해석되는 반어법 월에서 쓰인다. '종잡다'는 부정적인 뜻을 지닌 '힘들다', '어렵다' 따위가 쓰인 긍정월에서 적격하게 쓰이기도 하며, 극히 일부 긍정월에서 쓰이는 경우도 있지만 이례적 쓰임이다.

4.4.4 주체하다

<귀찮고 부담스러운 일을 거두어서 처리하다>의 뜻을 지닌 '주체하다'는 부정월을 가려잡기 때문에 긍정월에서 쓰이면 (106)과 같이 부적격한 월이 된다.

(106) ㄱ. *영숙이는 그에 대한 사모의 감정을 **주체하였다**.
　　　ㄴ. *나는 끓어오르는 울분을 **주체할** 수 있었다.

(106)은 모두 긍정월로, '주체하다'가 쓰여 부적격한 월이 되었다. '주체하다' 자리에 부정월이건 긍정월이건 가리지 않는 그림씨가 오면 모두 적격한 월이 되는 것으로 보아[110] (106)이 부적격한 월이 된 것은 바로 '주체하다'에 원인이 있음이 확인된다. 곧 '주체하다'가 부정월을 가려잡

---

110) 이를테면 '주체하다' 자리에 '감추다'가 놓이면 적격한 월이 된다.

는 통제자임이 분명하다. 부적격한 월인 (106)을 부정월로 바꾸면 (107)과 같이 모두 적격한 월이 된다.

(107) ㄱ. 영숙이는 그에 대한 사모의 감정을 주체하**지 못하**였다.
ㄴ. 나는 끓어오르는 울분을 주체할 수 **없**었다.

부정월을 가려잡는 '주체하다'는 (108)과 같이 능력부정은 가려잡지만 단순부정은 가려잡지 않는다. 일반적으로 움직씨이건 그림씨이건 긴 꼴의 단순부정 월에는 제약이 따르지 않는데, '주체하다'는 단순부정을 가려잡지 않는 특이한 통사적 제약을 지닌다. 능력부정 가운데 긴 부정만을 가려잡는다.

(108) ㄱ. *피곤해서 몸을 주체하**지 않**았다.
ㄴ. *피곤해서 몸을 **안** 주체하였다.
ㄷ. 피곤해서 몸을 주체하**지 못하**였다.
ㄹ. *피곤해서 몸을 **못** 주체하였다.111)

'주체하다'는 (109)에서와 같이 부정 낱말 가운데 '아니다', '없다', '모르다'를 가려잡는다. '없다'가 쓰이는 경우 주로 '-을 수 없-'의 통사적 짜임새로 쓰이지만, 반드시 그런 것은 아니다.

(109) ㄱ. 이 일은 네가 주체할 수 있는 것이 **아니**다.
ㄴ. 흐르는 눈물을 주체할 수 **없**었다.
ㄷ. 남아도는 인력을 주체할 길이 **없**다.
ㄹ. 아내를 어떻게 주체해야 좋을지 **몰랐**다.

---

111) '이름씨-하다' 그림씨인 경우 '이름씨'와 '하다' 사이에 '못'이 놓이면 적격해진다.
피곤해서 몸을 주체 **못** 하였다.

'주체하다'는 형식상 긍정의 물음월이나 베풂월이지만 내재적으로 부정의 베풂월로 해석되는 반어법 월에서 쓰이는 특성을 보인다.

(110) ㄱ. 어찌 그가 연모의 감정을 주체하겠니?
　　　　[그가 연모의 감정을 주체하**지 못할** 것이다.]
　　　ㄴ. 어디 흐르는 눈물을 주체할 수 있어야지.
　　　　[흐르는 눈물을 주체할 수 **없**다.]

'주체하다'가 긍정의 반어법 월 밖의 극히 제한된 긍정월에서 쓰이기도 한다. (111)과 같이 '힘들다', '어렵다', '거북하다' 따위가 쓰인 긍정월에서 적격하게 쓰이기도 한다.

(111) ㄱ. 피곤해서 몸을 주체하기 **힘들었다**.
　　　ㄴ. 퇴직 후 갑자기 많아진 시간을 주체하기 **어려웠다**.
　　　ㄷ. 두 손을 주체하기가 몹시 **거북하다**.

'주체하다'가 긍정월에서 적격하게 쓰일 수 있는 '힘들다', '어렵다', '거북하다' 따위는 공통적으로 뜻에서 부정을 함의하는 낱말들이다. '힘들다', '어렵다'는 <쉽지 않다>를, '거북하다'는 <편치 않다>라는 부정적인 뜻을 함의한다. 이처럼 부정적인 뜻을 함의하는 풀이씨가 사용된 월에서 '주체하다'가 적격하게 쓰일 수 있다.

이와 같이 '주체하다'는 긍정월에서는 잘 쓰이지 않고, 부정월에서 주로 쓰인다. '주체하다'는 특이하게 긴 꼴이나 짧은 꼴의 단순부정은 가려잡지 않고 긴 꼴의 능력부정만을 가려잡는 통사적 특성을 지닌다. 부정낱말 '아니다', '없다', '모르다'를 가려잡는다. '없다'를 가려잡는 경우, 주로 '-을 수 없-'이란 통사적 짜임새로 쓰인다. 형식상 긍정 물음월이나 베풂월이지만 내재적으로 부정의 베풂월로 해석되는 반어법 월에서 쓰인다. '종잡다'는 부정적인 뜻을 함의하는 '힘들다', '어렵다', '거북하다' 따위가 쓰인 긍정월에서 적격하게 쓰이기도 하지만 이례적인 쓰임에 해당한다.

4.5 마무리

대다수의 그림씨는 긍정월에서도 쓰이고 부정월에서도 쓰일 수 있지만, 극히 일부 그림씨는 부정월에서만 적격하게 쓰이고, 긍정월에서 쓰이면 부적격해진다. 부정월에서만 쓰이는 그림씨가 부정 표현을 가려잡는 그림씨에 해당하며, 이 장의 연구 대상에 해당한다. 이들 그림씨가 부정 표현을 가려잡게 하는 통사적 지배 제약을 일으키는 통제자에 해당한다.

그림씨 가운데 전적으로 부정월만을 가려잡는 것으로는 '남부럽다, 대수롭다, 마뜩하다, 별다르다, 석연하다, 칠칠맞다, 탐탁스럽다, 탐탁하다' 따위가 선정되었다. 두 가지 이상의 뭇뜻 가운데 일부가 부정월이나 부정으로 해석되는 반어법 월 등 부정 표현을 가려잡는 그림씨로는 '녹록하다, 달갑다, 마땅하다, 변변하다, 칠칠하다' 따위가 선정되었다. 부정월이나 부정으로 해석되는 반어법 월, 부정적 뜻을 함의하는 낱말이 쓰인 긍정월, 극히 일부 긍정월에서 사용되지만 주로 부정 표현을 가려잡는 그림씨로는 '심상하다, 여간하다, 종잡다, 주체하다' 따위가 선정되었다.

위에서 선정한 부정 표현을 가려잡는 그림씨들은 각기 통사적 제약이 다르다. 곧 그림씨에 따라 부정 표현의 양상에 제약이 달리 나타나기도 하며, 부정으로 해석되는 긍정의 반어법 월에서의 실현 가능성 여부, 반어법 월의 양상에서 차이가 나기도 한다. 부정 표현을 가려잡는 그림씨들이 뒤에 놓이는 요소와의 통사적 짜임새와 일부분의 생략이나 축약 현상, 어휘화 여부 따위에서 차이를 보인다. 이와 같이 부정 표현을 가려잡는 그림씨에 따라 통사적 제약에서 차이를 보이기 때문에 그림씨마다 지니는 개별적인 통사적 특성을 밝히고자 하였다.

제 5 장

부정 표현을 가려잡는 어찌씨의 통사 특성*

5.1 들머리

대다수의 어찌씨는 긍정월이나 부정월을 가리지 않고 꾸밈말로 쓰여 부정법에 영향을 미치지 않지만, 일부 어찌씨는 부정월만을 가려잡거나 긍정월만을 가려잡아 부정법에 영향을 미치기도 한다. 어찌씨 중에 말본 범주에 영향을 미치는 것으로, 부정월이나 긍정월만을 가려잡는 것들을 부정법 제약 통사어찌씨라고 한 바 있다. 부정월에서 주로 쓰이고 긍정월에서 쓰이지 않는 것들이 부정 표현을 가려잡는 통사어찌씨이다. 한길 (2013:232)에서 밝힌 바와 같이 <그렇게까지, 별로>의 뜻을 지닌 '그다지' 는 긍정월에서는 쓰이지 않고 부정월에서만 쓰여 부정 표현을 가려잡는 어찌씨에 해당하고, <꽤 잘>의 뜻을 지닌 '곧잘'은 부정월에서는 쓰이지 않고 긍정월에서만 쓰이기 때문에 부정 표현을 안 가려잡는 어찌씨에 해당한다.

---

* 이 장은 이미 한길(2016)에서 한 부분으로 다룬 바 있다. 겹치는 내용이지만 부정 표현을 가려잡는 모든 낱말을 다룬다는 점에서 약간 깁고 다듬어 다시 싣게 되었다.

(1) ㄱ. 오늘은 날씨가 <u>**그다지**</u> 덥<u>지 않</u>다.

　　*오늘은 날씨가 <u>**그다지**</u> 덥다.

ㄴ. *저 사람은 운동을 <u>**곧잘**</u> 하<u>지 않</u>는다.

　저 사람은 운동을 <u>**곧잘**</u> 한다.

(1ㄱ)에서 '그다지'는 부정월에서만 쓰여 부정 표현을 가려잡는 어찌씨이고, (1ㄴ)의 '곧잘'은 긍정월에서만 쓰여 부정 표현을 안 가려잡는 어찌씨이다. 여기서는 '그다지'와 같이 부정 표현을 가려잡는 어찌씨를 대상으로 각각의 통사적 특성을 밝히고자 한다.

부정 표현을 가려잡는 어찌씨 가운데 전적으로 부정월이나 부정으로 해석되는 반어법을 실현하는 긍정월을 가려잡는 것, 뭇뜻을 지닌 어찌씨로 뭇뜻 가운데 일부가 부정 표현을 가려잡는 것, 극히 이례적으로 극히 일부 긍정월이나 부정적 의미를 함의하는 긍정월에서 적격하게 쓰이기도 하지만, 이는 특이한 경우에 해당하고 주로 부정 표현을 가려잡는 것 등 편의상 세 가지로 나누어 논의하기로 한다.

전적으로 부정월만 가려잡는 어찌씨에는 '간대로', '결코', '구태여', '당최', '도무지', '도저히', '도통', '미처', '바이', '변변히', '별달리', '별로', '별반', '비단', '여간', '통' 따위가 있다.

이를테면 '결코'는 (2ㄱ)에서 긍정월에서 쓰였기 때문에 부적격한 월이 되었으며, (2ㄴ)에서 부정월에서 쓰였기 때문에 적격하게 쓰여, 전적으로 부정 표현을 가려잡는 어찌씨에 해당한다.

(2) ㄱ. *철수는 자기의 생각을 <u>**결코**</u> 굽혔다.

ㄴ. 철수는 자기의 생각을 <u>**결코**</u> 굽히<u>지 않</u>았다.

뭇뜻 가운데 일부가 부정 표현을 가려잡는 어찌씨로는 '결단코', '과히', '굳이', '그렇게', '그다지', '그리', '끝내', '도대체', '백날', '설마', '아예', '영', '일절', '전연', '전혀', '절대(로)', '종내' 따위가 있다.

이를테면 '끝내'는 <마침내 드디어>의 '끝내①'과 <끝까지 내내>의 뜻을 지닌 '끝내②'가 있다. '끝내①'은 부정월에서만이 아니라 긍정월에서도 꾸밈말로 쓰일 수 있지만, '끝내②'는 단순부정이나 능력부정의 월에서만 꾸밈말로 쓰이기 때문에 부정 표현을 가려잡는 어찌씨이다.

(3) ㄱ. 날이 저물 때까지 철수는 **끝내** 모습을 드러내**지 않**았다.
ㄴ. 회의가 끝날 때까지 철수는 **끝내** 발언을 하**지 못했**다.

일부 긍정월을 가려잡기도 하지만 주로 부정 표현을 가려잡는 어찌씨로는 '더이상', '만만히', '쓸데없이', '만만히', '이루', '좀처럼/좀체', '지레', '차마', '채', '함부로' 따위가 있다.

이를테면 '만만히'는 의향법에 제약이 없다. 베풂월과 물음월에서는 부정월에서만이 아니라 긍정월에서도 꾸밈말로 쓰일 수 있지만, 함께함월과 시킴월에서는 부정월만을 가려잡기 때문에 부정 표현을 가려잡는 어찌씨이다.

(4) ㄱ. 철수가 순이를 만만히 여긴다./여기**지 않**는다.
ㄴ. 철수가 순이를 만만히 여기니?/여기**지 않**니?
ㄷ. *순이를 만만히 여기자./여기**지 말**자.
ㄹ. *순이를 만만히 여겨라./여기**지 마**라.

앞에서 제시한 부정 표현을 가려잡는 어찌씨들은 각각 통사적 제약이 다르기 때문에 어찌씨마다 지니는 통시적 특싱을 규넝할 필요성이 제기된다. 이 장에서는 부정 표현을 가려잡는 어찌씨들의 통사적 특성을 밝히기로 한다.

5.2 부정 표현만을 가려잡는 어찌씨

5.2.1 간대로

<그다지 쉽사리>의 뜻을 지닌 어찌씨 '간대로'는 긍정월에서 꾸밈말로 쓰이지 않고 부정월에서 꾸밈말로 쓰인다. '간대로'가 긍정월에서 꾸밈말로 쓰이면 부적격해진다.

> (5) ㄱ. 그 불이 **간대로** 꺼지**지 않**겠지.
> ㄴ. *그 불이 **간대로** 꺼지겠지.

(5)에서 ㄴ이 부적격한 월이 된 이유는 꾸밈말로 '간대로'가 쓰였기 때문이다. ㄴ에서 '간대로'가 삭제되면 적격한 월이 되지만, '간대로'가 꾸밈말로 쓰였기 때문에 부적격한 월이 되었다. 반면에 ㄱ에서는 '간대로'가 꾸밈말로 쓰였지만 적격한 월이 되었다. ㄱ과 ㄴ의 차이는 부정월이냐 긍정월이냐의 차이인데, '간대로'가 꾸밈말로 쓰일 수 있느냐 없느냐에 차이를 보이는 것은 바로 '간대로'가 부정월만을 가려잡기 때문이다. '간대로'는 부정월을 가려잡지만 '간대로'가 삭제되더라고 월의 적격성에는 영향을 미치지 않고 의미에서도 '간대로'의 뜻만 덜어질 뿐이기 때문에 월 짜임의 필수 요소는 아니다.

'간대로'는 부정 낱말로 이루어진 풀이말인 '아니다', '없다', '모르다' 따위를 가려잡기도 한다.

(6) ㄱ. 삶이란 **간대로** 되는 것이 **아니**다.
　　ㄴ. 조그만 흠집은 **간대로** 찾을 방법이 **없**다.
　　ㄷ. 누구도 그 사람에 대해 **간대로** **모른**다.

부정 낱말 '아니다', '없다', '모르다' 따위에 대립되는 긍정 낱말은 가려잡지 않기 때문에 풀이말이 '이다', '있다', '알다'인 월에 '간대로'가 꾸밈말로 쓰이면 (7)과 같이 부적격해진다.

(7) ㄱ. *삶이란 **간대로** 되는 것**이다**.
　　ㄴ. *조그만 흠집은 **간대로** 찾을 방법이 **있다**.
　　ㄷ. *누구도 그 사람에 대해 **간대로** **안다**.

'간대로'가 부정월만을 가려잡는 것은 <그다지 쉽사리>란 '간대로'의 의미 특성 때문으로 보인다. '간대로'의 의미 요소인 <그다지>가 부정월만을 가려잡는 제약이 있으므로 전체 의미에도 영향을 미치기 때문이다.

이와 같이 '간대로'는 부정월에서만 꾸밈말로 쓰이는 어찌씨로, 월 짜임의 필수 요소는 아니다.

5.2.2 결(決)코

<어떤 경우라도 절대로>의 뜻을 지닌 어찌씨 '결(決)코'는 긍정월에서 꾸밈말로 쓰이지 않고 부정월에서 꾸밈말로 쓰인다. 단순부정이나 능력부정을 가리지 않으며 움직씨와 그림씨로 이루어진 풀이말을 모두 꾸밀 수 있다.

(8) ㄱ. 철수는 **결코** 자신의 의지를 꺾**지 않**았다./**안** 꺾었다.

ㄴ. 속임수로썬 **결코** 행운을 얻**지 못한**다./**못** 얻는다.

(9) ㄱ. 그 일은 **결코** 쉽**지 않**다./**안** 쉽다.
    ㄴ. 그 일은 **결코** 옳**지 못하**다./***못** 옳다.

  (8)은 풀이말이 움직씨인 부정월로, ㄱ은 단순부정인 긴 부정과 짧은 부정인데, '결코'가 꾸밈말로 쓰여 적격한 월이 되었다. ㄴ은 능력부정인 긴 부정과 짧은 부정인데, '결코'가 꾸밈말로 쓰여 적격한 월이 되었다. (9)는 풀이말이 그림씨인 부정월로, ㄱ은 단순부정인 긴 부정과 짧은 부정인데, '결코'가 꾸밈말로 쓰여 적격한 월이 되었다. ㄴ은 능력부정인 긴 부정은 '결코'가 꾸밈말로 쓰일 수 있지만 짧은 부정인 경우에는 '결코'가 꾸밈말로 쓰일 수 없는 제약을 보인다.[112]

  (8)과 (9)에서 '결코'가 삭제되더라도 적격한 월이 되기 때문에 '결코'는 월 짜임의 필수 요소는 아니다. 그러나 (8)과 (9)를 긍정월로 바꾸면 모두 부적격해지는 것으로 미루어, '결코'가 바로 부정월을 가려잡는 통제자에 해당함이 드러난다.

(10) ㄱ. *철수는 **결코** 자신의 의지를 꺾었다.
     ㄴ. *속임수로썬 **결코** 행운을 얻는다.

(11) ㄱ. *그 일은 **결코** 쉽다.
     ㄴ. *그 일은 **결코** 옳다.

  시킴월이나 함께함월에서는 '결코'가 당연히 '-지 말-'을 가려잡는다. 이는 '결코'만의 특성이 아니라 부정월이 지니는 보편적인 특징에 해당한다.

---

112) 능력부정은 주로 풀이말이 움직씨일 때 쓰이며, 그림씨인 경우에도 쓰이기는 하지만, 긴 부정으로 쓰이고 짧은 부정으로는 쓰이지 않는 것이 일반적이다.

(12) ㄱ. 이 일은 **결코** 잊**지 말**아라.

　　ㄴ. 이 일은 **결코** 잊**지 말**자.

'결코'는 (13)에서와 같이 부정 낱말로 이루어진 풀이말 '아니다', '없다', '모르다' 따위를 가려잡기도 한다.

(13) ㄱ. 공사판의 막일은 **결코** 손쉬운 일이 **아니**다.

　　ㄴ. 거짓말을 해 본 적이 **결코 없**다.

　　ㄷ. 저분은 이 사실을 **결코 모른**다.

'결코'는 부정 낱말 '아니다', '없다', '모르다' 따위에 대립되는 긍정 낱말은 가려잡지 않기 때문에 '이다', '있다', '알다'인 월에 '결코'가 꾸밈말로 쓰이면 (14)와 같이 부적격해진다.

(14) ㄱ. *공사판의 막일은 **결코** 손쉬운 일**이다**.

　　ㄴ. *거짓말을 해 본 적이 **결코 있다**.

　　ㄷ. *저분은 이 사실을 **결코 안다**.

'결코'가 부정월만을 가려잡는 것은 <어떤 경우라도 절대로>란 '결코'의 의미 특성 때문이다. 곧 '결코'의 의미 요소인 <절대로>가 부정월만을 가려잡는 제약이 있기 때문이다.

이와 같이 '결코'는 단순부정이나 능력부정의 월에서 꾸밈말로 쓰이는 통사어찌씨로, 월 짜임의 필수 요소에 해당하지는 않는다.

5.2.3 구태여[113]

<일부러, 굳이>의 뜻을 지닌 어찌씨 '구태여'는 부정월과 반어법 월에

─────────────

113) '구태여'의 준말로 '구태'가 있다.

서 꾸밈말로 쓰이는 제약이 있다. 부정월을 가려잡는 '구태여'는 주로 단순부정을 가려잡지만 능력부정은 가려잡지 않는다.

(15) ㄱ. 이 사실은 **구태여** 숨기**지 않**겠다./**안** 숨기겠다.
　　 ㄴ. *이 사실은 **구태여** 숨기**지 못하**겠다./***못** 숨기겠다.

'구태여'가 능력부정을 가려잡지 못하는 이유는 '구태여'의 의미 특성 때문이다. 곧 <일부러>의 의미에는 화자의 능력 있음이 전제되기 때문에 능력부정과는 조화를 이룰 수 없다.

'구태여'는 부정월에서 주로 움직씨로 이루어진 풀이말을 꾸미며, 그림씨로 이루어진 풀이말은 꾸미지 않는다. 따라서 '-지 말-' 부정의 시킴월과 함께함월에서 풀이말로 쓰일 수 있다.

(16) ㄱ. 이 사건은 **구태여** 숨기**지 마**라.
　　 ㄴ. 이 사건은 **구태여** 숨기**지 말**자.

'구태여'는 부정 낱말로 이루어진 풀이씨 가운데 '아니다', '없다'를 가려잡기도 한다. '아니다'와 '없다'가 움직씨가 아닌데도 꾸밀 수 있어 특이한 경우에 해당한다.

(17) ㄱ. **구태여** 저 물건이 **아니**라도 괜찮다.
　　 ㄴ. 네게 **구태여** 애걸할 생각은 **없**다.

'아니다', '없다'의 부정 풀이말 월이라고 해서 '구태여'가 꾸밈말로 쓰일 수 있는 것은 아니고 극히 일부에 국한하여 꾸민다. 곧 다음 보기에서는 풀이말이 '아니다', '없다'의 월이지만 '구태여'가 꾸밈말로 쓰이게 되면 부적격한 월이 된다.

(18) ㄱ. *저분이 **구태여** 선생님이 **아니**시다.
ㄴ. *저분이 **구태여** 집에 **없**다.

'구태여'는 (19)와 같이 긍정의 반어법 물음월에서 꾸밈말로 쓰이기도 한다. 부정의 반어법 물음월에서는 꾸밈말로 쓰이지 않는다.

(19) ㄱ. 왜 **구태여** 떠나려고 하느냐?
ㄴ. **구태여** 반대할 필요가 있니?

(19)에서 ㄱ은 축자적 의미와는 반대로 부정의 시킴월로 <굳이 떠나려고 하지 마라>라는 내재적 의미를 나타낸다. ㄴ도 축자적 의미와는 반대로 부정의 베풂월로 <굳이 반대할 필요가 없다>라는 내재적 의미를 나타낸다. (19)가 표면적으로는 긍정월이지만 내재적으로는 부정월로 해석되어 '구태여'가 부정 표현을 가려잡는다.

부정월을 가려잡는 '구태여'는 삭제되더라도 적격한 월이 되어 월 짜임에 영향을 미치지 않아 필수 요소는 아니지만, 긍정의 반어법 월을 가려잡는 '구태여'는 삭제되면 적격한 월이 되더라도 반어법 월로 해석되지 않기 때문에 월 짜임의 필수 요소에 해당한다.

이와 같이 '구태여'는 단순부정월과 부정의 반어법 물음월을 가려잡는 어찌씨에 해당한다. 부정월에서 꾸밈말로 쓰인 '구태여'는 월 짜임의 필수 요소가 아니지만 반어법 물음월에서 꾸밈말로 쓰인 '구태여'는 월 짜임의 필수 요소이다.

5.2.4 꼼짝[114]

어찌씨들이 풀이씨나 다른 어찌씨를 주로 꾸미는 데 비하여 <매우 둔하고 작게 몸을 움직이는 꼴>을 뜻하는 '꼼짝'은 으뜸풀이씨를 꾸미지 않고 부정의 매인풀이씨 '않다', '못하다', '말다'를 꾸미는 특이성을 보인다.

> (20) ㄱ. 할아버지는 하루 종일 **꼼짝 않**는다.
> ㄴ. 할아버지께서는 몇 년째 저렇게 **꼼짝 못하**신다.
> ㄷ. 여기서 **꼼짝 말**고 기다려.

(20)은 월 짜임에서 특이한 점을 보인다. 매인풀이씨는 그 자체만으로는 풀이기능이 부족하여 으뜸풀이씨를 앞세워 풀이말을 이루지만, (20)에서는 으뜸풀이씨가 없이 매인풀이씨로 풀이말을 짜 이루는 특이성을 보인다. (20)에서 '꼼짝'이 삭제되면 매인풀이씨만으로는 풀이기능을 수행하지 못하기 때문에 (21)과 같이 부적격한 월이 된다.

> (21) ㄱ. *할아버지는 하루 종일 **않**는다.
> ㄴ. *할아버지께서는 몇 년째 저렇게 **못하**신다.
> ㄷ. *여기서 **말**고 기다려.

(21)이 적격한 월이 되기 위해서는 '으뜸풀이씨 줄기+-지'가 들어가야만 한다. (21)에 이를 기워 넣으면 적격한 월이 된다.

> (22) ㄱ. 할아버지는 하루 종일 움직이**지 않**는다.
> ㄴ. 할아버지께서는 몇 년째 저렇게 움직이**지 못하**신다.

---

114) '꼼짝'보다 센말로 '꿈쩍'이 있으며 여린말로 '꼼작'이 있다. 이들의 쓰임은 대체로 같다. 여기서는 '꼼짝'을 대표로 선정하였다.

ㄷ. 여기서 움직이**지 말고** 기다려.

(22)는 표면상으로는 '으뜸풀이씨 줄기+-지' 자리에 어찌씨 '꼼짝'이
들어가 적격한 월이 되었지만, 내면적으로는 '꼼작하+-지'가 들어갔던
것에서 '-하지'가 생략되어 이루어진 월로 보인다. (21)의 '꼼짝' 뒤에 '-
하지'를 기워 넣더라도 (23)과 같이 뜻에서 차이가 없는 것으로 보아
(23)에서 '-하지'가 생략되어 (21)이 된 것이 확실하다.115)

(23) ㄱ. 할아버지는 하루 종일 꼼짝하**지 않**는다.
ㄴ. 할아버지께서는 몇 년째 저렇게 꼼짝하**지 못하**신다.
ㄷ. 여기서 꼼짝하**지 말**고 기다려.

'꼼짝'은 '않다', '못하다', '말다' 등 부정의 매인풀이씨만을 가려잡아
통사적 짜임새를 이루어 풀이기능을 보완한다. 부정 낱말인 '아니다', '없
다'116), '모르다' 등은 으뜸풀이씨이기 때문에 가려잡지 않는다.

'꼼짝' 뒤에는 '도', '을' 등 극히 일부 토씨가 결합되어 쓰일 수 있다.
'을'이 결합되더라도 '꼼짝을'이 부림말로 쓰이는 것은 아니고, <힘줌>의
뜻을 더하는 '도'의 결합과 마찬가지로 단지 '꼼짝'을 강조하는 기능을
할 뿐이다.

(24) ㄱ. 그녀는 한 시간 동안 꼼짝**도/을** 않네.117)

---

115) 내면적으로 '꼼짝'이 '꼼짝하다'에서 도출되더라도 '꼼짝'은 어찌씨에 속한다. 사전
류에서도 '꼼짝'을 어찌씨로 처리하였다.
116) '없다'와는 통사적 짜임새를 이루지 못하고, 결합과정을 거쳐 '꼼짝없다'란 합성그
림씨가 도출되었다.
117) 『연』에는 '꼼싹'에 '을'과 '도'가 결합되어 쓰이는 점에 착안하여 '꼼짝'을 이름씨로
다룬 것으로 추정된다. 그러나 어찌씨에도 '을'과 '도'가 결합되어 쓰이는 일이 있다.
여기는 얼씬**을/도** 마라.

ㄴ. 철수는 다리가 아파서 꼼짝**도/을 못한**다.

ㄷ. 이곳에서 꼼짝**도/을** 마라.

'꼼짝'은 월 안에서 놓이는 자리가 고정되어 있어 다른 자리로의 이동이 불가능하다. 반드시 부정의 매인풀이씨로 이루어진 풀이말 앞에 놓여 긴밀 짜임새를 이루며, 그 사이에 다른 월조각이 끼어들지 못한다.

어찌씨 '꼼짝'에 파생뒷가지 '-하-'가 결합하여 도출된 파생움직씨 '꼼짝하다'도 (23)에서와 같이 주로 부정월만을 가려잡는다. '꼼짝'에 부정낱말 '없다'가 결합하여 형태론적 짜임새를 이루어 합성그림씨 '꼼짝없다'가 도출되며, '꼼짝없-'에 파생뒷가지 '-이'가 결합하여 파생어찌씨 '꼼짝없이'가 도출되었다.

어찌씨 '꼼짝'은 월 짜임에서 생략될 수 없는 필수 요소로써 뒤에 놓이는 부정의 매인풀이씨 '않다', '못하다', '말다'와 긴밀 짜임새를 이루어 풀이기능을 보완하는 역할을 담당한다. 매인풀이씨 '않다', '못하다', '말다'만으로는 자립 풀이기능을 수행하지 못하지만, '꼼짝'과 통사적 짜임새를 이루면서 자립 풀이기능을 수행하게 된다.

5.2.5 꼼짝달싹[118]

'꼼짝'에 <가벼운 물건이 살짝 들렸다가 내려앉는 꼴>을 뜻하는 '달싹'이 결합하여 합성어찌씨 '꼼짝달싹'이 도출되었다. '꼼짝달싹'도 '꼼짝'과 마찬가지로 부정의 매인풀이씨 '않다', '못하다', '말다'를 꾸미는 특이성을 보인다.

---

118) 『연』에 '꼼짝'은 이름씨로 올라 있지만, '꼼짝달싹'은 어찌씨로 올라 있다.

(25) ㄱ. 그는 하루 종일 **꼼짝달싹 않**는다.

　　ㄴ. 애가 둘이나 딸려 아내가 **꼼짝달싹 못한**다.

　　ㄷ. 여기서 한 발자국도 **꼼짝달싹 말**아라.

'꼼짝'은 부정월만을 가려잡고 부정의 매인풀이씨 '않다', '못하다', '말다'를 꾸미는 특이성을 보이지만, '달싹'은 긍정월이나 부정월을 가리지 않으며 매인풀이씨만을 꾸미는 특이성도 없다. '꼼짝'과 '달싹'이 결합과정을 거쳐 만들어진 합성어찌씨 '꼼짝달싹'은 용법상으로 '달싹'의 기능을 이어받는 것이 아니라 '꼼짝'의 기능을 계승하게 된다. 따라서 '꼼짝달싹'은 '꼼짝'과 쓰임이 대체로 일치한다. 다만 '꼼짝'은 부정 낱말 '없다'와 결합하여 '꼼짝없다'가 만들어지지만 '꼼짝달싹'에는 '없다'가 결합될 수 없어 '꼼짝달싹없다'란 합성그림씨는 도출되지 않는다. '달싹'에는 '없다'가 결합될 수 없기 때문인 듯하다. 곧 '꼼짝달싹'에 '없다'가 결합되지 못하는 것은 '달싹'의 기능이 반영된 결과로 보인다.

'꼼짝달싹'도 월 짜임에서 생략될 수 없는 필수 요소로서 뒤에 놓이는 부정의 매인풀이씨 '않다', '못하다', '말다'와 긴밀 짜임새를 이루어 풀이 기능을 보완하는 역할을 담당한다. 매인풀이씨 '않다', '못하다', '말다'만으로는 자립 풀이기능을 수행하지 못하지만 '꼼짝달싹'과 통사적 짜임새를 이루면서 자립 풀이기능을 수행하게 된다.

5.2.6 당최[119]

'당최'는 <도무지, 영>의 뜻을 지닌 어찌씨로, 부정월에서만 꾸밈말로 쓰인다. '당최'는 단순부정이나 능력부정을 가려잡는다. '당최'는 시킴월

---

119) '당최'는 '당초(當初)에'가 줄어든 말이다.

이나 함께함월에서는 꾸밈말로 쓰이지 않기 때문에 '-지 말-'을 가려잡지 않는다.

> (26) ㄱ. 그는 **당최** 내 말을 듣**지 않**는다.
> ㄴ. 이 음식은 **당최** 먹**지 못하**겠다.

(26)의 긍정월에 해당하는 (27)이 부적격한 월이 되는 것으로 보아 '당최'가 부정월에서만 꾸밈말로 쓰이고 긍정월에서는 쓰이지 않음이 확인된다.

> (27) ㄱ. *그는 **당최** 내 말을 듣는다.
> ㄴ. *이 음식은 **당최** 먹겠다.

'당최'가 긍정월에서 꾸밈말로 쓰이는 경우 대체로 부적격한 월이 되지만, 반어법 월인 경우에 긍정월에서 꾸밈말로 쓰이기도 한다.

> (28) ㄱ. 말을 안 하니 **당최** 그 속을 알 수가 있나?
> ㄴ. 그가 내 말을 **당최** 들어야지.

(28)는 긍정월에 해당하지만 '당최'가 꾸밈말로 쓰이더라고 적격한 월이 되었다. (28)은 표면적으로는 긍정월이지만 내재적으로는 (29)와 같이 부정월로 해석되는 반어법 월에 해당하기 때문에 '당최'가 부정 표현을 가려잡음은 유지된다.

> (29) ㄱ. [말을 안 하니 **당최** 그 속을 알 수가 **없**어.]
> ㄴ. [그가 내 말을 **당최** 듣**지 않**아.]

'당최'는 부정 낱말로 이루어진 풀이씨 가운데 '아니다', '없다', '모르다'를 가려잡지만, 이들의 긍정 낱말인 '이다', '있다', '알다'는 반어법 월로 해석되는 경우에만 가려잡고[120] 그 밖에는 가려잡지 않는다.

(30) ㄱ. 이것은 **당최** 내가 감당할 일이 **아니**다.
　　 ㄴ. 나는 **당최** 되는 일이 **없**네.
　　 ㄷ. 저 사람이 누구인지 **당최 모르**겠어.

'당최'는 부정월을 가려잡는 꾸밈말로만 쓰이지만, 생략되어도 월의 적격성에 영향을 미치지 않기 때문에 월 짜임에서 필수 요소에 해당되지 않는다. 긍정의 반어법 월에서도 '당최'가 삭제되더라도 '당최'의 뜻만 덜어질 뿐이고 반어법은 그대로 유지된다.

이와 같이 '당최'는 부정월이나 긍정의 반어법 월을 가려잡는 어찌씨로, 삭제되더라도 월의 적격성에 영향을 미치지 않는다.

5.2.7 도무지[121]

'도무지'는 <아무리 하여도, 이러나저러니 할 것 없이 아주>의 뜻을 지닌 어찌씨로, 부정월에서 꾸밈말로 쓰인다. '도무지'는 단순부정이나 능력부정을 가려잡는 어찌씨에 해당한다.[122] '도무지'는 시킴월이나 함께

---

120) '당최'가 '이다', '있다', '알다'를 가려잡는 반어법 월의 보기를 들면 다음과 같다.
　　 그 일은 **당최** 내가 할 수 있는 일**이**어야지.
　　 요즘 **당최** 시간이 **있**어야지.
　　 그분이 누구인지 **당최 알**겠어야지.
121) '도무지'와 뜻과 쓰임에서 같은 한자어로 '도시(都是)'와 '도통(都統)'이 있다. <도무지. 전혀>의 뜻을 지닌 '도통(都統)'은 '도무지'와 뜻과 쓰임에서 별다른 차이가 없다.
122) '도무지'가 단순부정에서 꾸밈말로 쓰이는 경우 임자말의 가리킴 제약이 따른다.

함월에서는 꾸밈말로 쓰이지 않기 때문에 '-지 말-'은 가려잡지 않는다.

(31) ㄱ. 그 문제는 **도무지** 이해가 **안** 간다.
　　 ㄴ. 이 음식은 **도무지 못** 먹겠다.

(31)의 긍정월에 해당하는 (32)가 부적격한 월이 되는 것으로 보아 '도무지'가 부정월에서만 꾸밈말로 쓰이고 긍정월에서는 쓰이지 않음이 확인된다.

(32) ㄱ. *그 문제는 **도무지** 이해가 간다.
　　 ㄴ. *이 음식은 **도무지** 먹겠다.

'도무지'가 긍정월에서 꾸밈말로 쓰이는 경우 부적격한 월이 되지만, 표면적인 의미와 내재적 의미가 반대되는 반어법으로 해석되는 경우에 긍정월에서 꾸밈말로 쓰이기도 한다.

(33) ㄱ. 그 문제에 대하여 **도무지** 알 수가 있어야지.
　　 ㄴ. 그가 내 말을 **도무지** 들어야지.

(33)은 긍정월에 해당하지만 '도무지'가 꾸밈말로 쓰이더라고 적격한 월이 되었다. (33)은 표면적으로는 긍정월이지만 내재적으로는 (34)와 같이 부정월로 해석되는 반어법 월에 해당하기 때문에 '도무지'가 부정 표현을 가려잡는 어찌씨에 해당함은 유지된다.

'도무지'의 의미 특성인 <아무리 하여도>로 말미암아 <동작주의 의지에 의해서 어떤 일이 일어나지 않음>을 나타내는 단순부정인 경우, 첫째가리킴에서는 부조화를 이루기 때문에 부적격해진다.
*나는 **도무지** 밥을 먹**지 않**는다.

(34) ㄱ. [그 문제에 대하여 **도무지** 알 수가 **없어**.]

ㄴ. [그가 내 말을 **도무지** 듣**지 않**아.]

'도무지'는 부정 낱말로 이루어진 풀이씨 가운데 '아니다', '없다', '모르다'를 가려잡지만, 이들의 긍정 낱말인 '이다', '있다', '알다'는 반어법 월로 해석되는 경우에만 가려잡는다.

(35) ㄱ. 이번 사건은 **도무지** 고려할 사항이 **아니**다.

ㄴ. 나는 **도무지** 감을 잡을 수 **없**다.

ㄷ. 무슨 영문인지 나는 **도무지 모르**겠다.

'도무지'는 부정월이나 긍정의 반어법 월을 가려잡는 꾸밈말로만 쓰이지만, (33)과 (35)에서 생략되어도 '도무지'의 뜻만 덜어질 뿐이고 월의 적격성에 영향을 미치지 않기 때문에 월 짜임에서 필수 요소에 해당되지 않는다.

5.2.8 도저(到底)히

'도저(到底)히'는 <아무리 하여도 끝내>의 뜻을 지닌 어찌씨로, 부정월에서만 꾸밈말로 쓰인다. '도저히'는 단순부정이나 능력부정을 가려잡는 어찌씨에 해당한다. '도저히'는 시킴월이나 함께함월에서는 꾸밈말로 쓰이지 않기 때문에 '-지 말-'을 가려잡지 않는다.

(36) ㄱ. 나는 **도저히** 이해가 **안** 된다./되**지 않**는다.

ㄴ. 이 일만은 **도저히 못** 참겠다./참**지 못하**겠다.

(36)의 긍정월에 해당하는 (37)이 부적격한 월이 되는 것으로 보아 '도저히'가 부정월에서만 꾸밈말로 쓰이고 긍정월에서는 쓰이지 않음이 확인된다.

(37) ㄱ. *나는 **도저히** 이해가 된다.
ㄴ. *이 일만은 **도저히** 참겠다.

'도저히'는 능력부정인 경우에 임자말에 제약이 없지만, 단순부정인 경우에는 제약이 따른다. 곧 말할이가 임자말인 첫째가리킴 월에서는 부정월이더라도 '도저히'가 꾸밈말로 쓰이면 부적격해진다.

(38) ㄱ. ***나는** 그를 **도저히 안** 믿겠다./***믿지 않**겠다.
ㄴ. **나는** 그를 **도저히 못** 믿겠다./**믿지 못하**겠다.

(38)의 ㄱ과 ㄴ은 단순부정이냐 능력부정이냐의 차이를 제외하면 꼭 같지만, 단순부정인 ㄱ은 부적격한 월이 되었고, ㄴ은 적격한 월이 되었다. 단순부정이더라도 임자말이 둘째가리킴이나 셋째가리킴일 때는 (39)와 같이 적격한 월이 된다.

(39) ㄱ. **너는** 그를 **도저히 안** 믿는구나.
ㄴ. **그는** 너를 **도저히 안** 믿더라.

(38ㄱ)이 부적격한 이유는 앞에서 살핀 '도무지'와 마찬가지로 '도저히'의 의미와 단순부정의 의미가 부조화를 이루기 때문이다.

'도저히'는 꾸밈 받는 말인 풀이씨에도 제약이 따른다. 움직씨인 경우에는 적격하지만 그림씨인 경우에는 꾸밈말로 쓰일 수 없는 제약이 있다.

(40) ㄱ. *기분이 **도저히 안** 좋다./***좋지 않**다.

　　ㄴ. *재미가 **도저히 없**다.

'도저히'는 부정 낱말로 이루어진 풀이씨 가운데 '아니다'와 '없다', '모르다'를 가려잡는다. '없다'인 경우 주로 통사적 짜임새인 '-을 수(가) 없-'으로 쓰인다.

(41) ㄱ. 이번 건은 **도저히** 그냥 넘어갈 일이 **아니**다.

　　ㄴ. 이번만큼은 **도저히 참을 수가 없**다.

　　ㄷ. 나는 그게 무엇인지 **도저히 모르**겠다.

'도저히'는 부정월을 가려잡는 꾸밈말로만 쓰이지만, (36)과 (41)에서 생략되어도 '도저히'의 뜻만 덜어질 뿐이고 월의 적격성에 영향을 미치지 않기 때문에 월 짜임에서 필수 요소에 해당되지 않는다.

5.2.9 미처[123]

'미처'는 <아직 거기까지 미치도록>의 뜻을 지닌 어찌씨로, 부정월에서만 꾸밈말로 쓰인다. '미처'는 단순부정이나 능력부정을 가려잡는 어찌씨에 해당한다.[124] '미처'는 단순부정보다는 능력부정에서 더 많이 쓰인다. '미처'는 시킴월이나 함께함월에서는 꾸밈말로 쓰이지 않기 때문에 '-지 말-'을 가려잡지 않는다.

---

123) '뒤'와 '미처'가 결합하여 이루어진 합성어찌씨 '뒤미처'는 <그 뒤에 잇달아 곧>의 뜻으로, '미처'와 달리 긍정월에서도 꾸밈말로 쓰인다.

124) '미처'는 때매김법에도 제약을 미쳐 때매김씨끝 가운데 '-었-'만 가려잡는다.

(42) ㄱ. 음식이 **미처** 준비가 **안** 되었다/되**지 않**았다.

　　ㄴ. 그분이 오기 전에 **미처** 일을 **못** 끝냈다/끝내**지 못했**다.

(42)의 긍정월에 해당하는 (43)이 부적격한 월이 되는 것으로 보아 '미처'가 부정월에서만 꾸밈말로 쓰이고 긍정월에서는 쓰이지 않음이 확인된다.

(43) ㄱ. *음식이 **미처** 준비가 되었다.

　　ㄴ. *그분이 오기 전에 **미처** 일을 끝냈다.

'미처'가 부정월을 가려잡지만, 이례적으로 긍정월을 가려잡는 경우가 있다. '미처'가 '움직씨 줄기-기도 전에'라는 월 앞에 놓여 그 움직씨를 꾸미는 경우에 (44)와 같이 긍정월에서 적격하게 쓰일 수 있다.

(44) ㄱ. 과일이 **미처** 익**기도 전에** 다 따먹었다.

　　ㄴ. 그 환자는 **미처** 병원에 도착하**기도 전에** 숨이 끊어졌다.

(44)는 형식상으로 긍정월인데 '미처'가 꾸밈말로 쓰여 적격한 월이 되었다. 따라서 '미처'가 부정월만을 가려잡는 어찌씨라는 전제가 잘못된 것으로 판단하기 쉽다. 그러나 (44)가 비록 형식상으로는 긍정월이지만 내용상으로는 부정월로 해석되어 '익기도 전에'는 '안 익었을 때'로, '도착하기도 전에'는 '도착하지 않았을 때'로 해석되어 '미처'가 부정 표현을 가려잡는다는 전제는 유효하다.

'미처'는 부정 낱말로 이루어진 풀이말 중 '없다'와 '모르다'를 가려잡는다. '모르다'의 긍정낱말인 '알다'인 경우에 능력부정의 '-지 못하다'의 월에서 꾸밈말로 쓰일 수 있다.

(45) ㄱ. 이번 싸움은 **미처** 말려 볼 틈도 **없었다**.

　　ㄴ. 그분이 그런 사람인 줄 예전엔 **미처** **몰랐**다.

　　ㄷ. 돈이 이렇게 많이 필요한지 **미처 알지 못했**다.

'미처'는 꾸밈을 받는 말인 풀이씨에도 제약이 따른다. 움직씨인 경우에는 적격하지만 그림씨인 경우에는 꾸밈말로 쓰일 수 없는 제약이 있다.

(46) ㄱ. *날씨가 **미처 안** 좋았다/***좋지 않**았다.

　　ㄴ. *이제까지는 **미처 안** 바빴다/***바쁘지 않**았다.

'미처'는 부정월 가려잡는 꾸밈말로만 쓰이지만, (48)과 (51)에서 생략되어도 '미처'의 뜻만 덜어질 뿐이고 월의 적격성에 영향을 미치지 않기 때문에 월 짜임에서 필수 요소에 해당되지 않는다.

5.2.10 바이[125)]

'바이'는 <아주. 전혀>의 뜻을 지닌 어찌씨로, 부정월에서만 꾸밈말로 쓰이지만 입말에서는 그리 많이 쓰이는 편은 아니다. 따라서 극히 일부 단순부정이나 능력부정에서 꾸밈말로 쓰여, 부정월을 가려잡는 어찌씨에 해당한다.

(47) ㄱ. 아직 남을 도울 형편은 **바이 안** 됩니다.

　　ㄴ. 그분은 고향에 돌아갈 생각을 **바이 못** 한다/**하지 못**한다.

---

125) '바이'는 '없다'와 결합하여 <전혀 없다>란 뜻의 합성그림씨 '바이없다'가 도출되었으며, '바이없-'에 어찌씨 파생가지 '-이'가 결합하여 <전혀 다른 도리가 없이>란 뜻의 파생어찌씨 '바이없이'가 도출되었다.

(47)의 긍정월에 해당하는 (48)이 부적격한 월이 되는 것으로 보아 '바이'가 부정월에서만 꾸밈말로 쓰이고 긍정월에서는 쓰이지 않음이 확인된다.

(48) ㄱ. *아직 남을 도울 형편은 **바이** 됩니다.
ㄴ. *그분은 고향에 돌아갈 생각을 **바이** 한다.

'바이'는 부정 낱말로 이루어진 꾸밈말 가운데 '아니다'와 '없다', '모르다'를 가려잡는다. '없다'인 경우에 바로 앞에 '바이'가 놓이면 결합되어 '바이없다'란 합성어찌씨가 되지만 (49ㄴ)과 같이 사이에 다른 요소가 놓이게 되면 어찌씨에 해당된다.

(49) ㄱ. 소수의 의견이라고 **바이** 무시할 것은 **아니**다.
ㄴ. 부모님의 크나큰 사랑은 **바이** 견줄 데가 **없**다.
ㄷ. 부모님께서는 내 처지를 **바이** **모른**다.

'바이'는 일부 한정된 부정월에서 꾸밈말로만 쓰이지만, (47)과 (49)에서 생략되어도 월의 적격성에 영향을 미치지 않기 때문에 월 짜임에서 필수 요소에 해당되지 않는다.

5.2.11 변변히

'변변히'는 '변변하다'의 뿌리 '변변–'에 어찌씨 파생가지 '–히'가 결합되어 도출된 파생어찌씨이다. '변변하다'는 <(사물이) 제대로 갖추어져 꽤 충분하거나 쓸 만하다>와 <(사람이나 그의 됨됨이, 생김새 따위가) 별로 흠이

없이 어지간하다> 두 가지로, 앞의 뜻인 경우에는 부정월에서 풀이말로 쓰인다.126) 이 '변변하다'에서 파생된 어찌씨 '변변히'가 이 장의 연구 대상이다.

'변변히'는 <제대로 갖추어져 충분하거나 쓸 만하게>를 뜻하는 어찌씨로, 부정월에서만 꾸밈말로 쓰인다. '변변히'는 단순부정은 가려잡지 않고 주로 능력부정을 가려잡는 어찌씨에 해당한다.

(50) ㄱ. *선생님께 인사도 **변변히 안** 드렸습니다./*드리**지 않**았습니다.
　　 ㄴ. 선생님께 인사도 **변변히 못** 드렸습니다./드리**지 못했**습니다.

'변변히'가 단순부정에서 꾸밈말로 쓰일 수 없는 까닭은 '변변히'의 의미 특성과 단순부정의 의미 특성이 조화를 이룰 수 없기 때문이다.

(50ㄴ)의 긍정월에 해당하는 (51)이 부적격한 월이 되는 것으로 보아 '변변히'가 부정월에서만 꾸밈말로 쓰이고 긍정월에서는 쓰이지 않음이 확인된다.

(51) *선생님께 인사도 **변변히** 드렸습니다.

(51)에서 '변변히'가 삭제되면 적격한 월이 되지만, '변변히'가 꾸밈말로 쓰임으로 말미암아 부적격한 월이 되었기 때문에 '변변히'가 부정월만을 가려잡는 특성을 지니고 있음이 확실하다. (56ㄱ)에서도 '변변히'가 삭제되면 적격한 월이 되지만 '변변히'가 꾸밈말로 쓰였기 때문에 부적격한 월이 된 것으로 미루어 '변변히'는 부정월을 가려잡되, 단순부정은 가려잡지 않음이 확인된다.

---

126) 뒤의 뜻인 '변변하다'는 '그 집 아들은 인물이 변변하다', '인물 하나는 변변하게 생겼다'와 같이 긍정월에서 쓰인다.

'변변히'는 부정 낱말로 이루어진 풀이씨 가운데 '없다', '모르다'를 가려잡기도 하지만, '아니다'는 가려잡지 않는다.

(52) ㄱ. 이 동네는 사 먹을 것이 **변변히 없**다.
　　 ㄴ. 이름 하나도 **변변히 모른**다.

'변변히'가 능력부정을 가려잡는 통사적 특성을 가지고 있지만, 꾸밈말로 쓰인 월에서 삭제되더라도 '변변히'의 뜻만 덜어질 뿐이고 월의 적격성에는 영향을 미치지 않기 때문에 월 짜임에서 필수 요소는 아니다.

5.2.12 별(別)달리

'별달리'는 '달리'에 파생앞가지 '별(別)-'이 결합하여 만들어진 파생어찌씨가 아니라 '별다르다'란 그림씨 줄기에 어찌씨 파생가지 '-이'가 결합하여 만들어진 파생어찌씨이다.

'별달리'는 <다른 것과 특별히 다르게>의 뜻을 지닌 어찌씨로, 부정월에서만 꾸밈말로 쓰인다. '별달리'는 단순부정이나 능력부정을 가려잡는 어찌씨에 해당한다. '별달리'는 시킴월이나 함께함월에서도 꾸밈말로 쓰이기 때문에 '-지 말-'을 가려잡는다.

(53) ㄱ. 고향은 예전에 비해 **별달리 안** 변했다./변하**지 않**았다.
　　 ㄴ. **별달리** 시원한 대답을 **못** 들었다./듣**지 못**했다.
　　 ㄷ. 이번 일은 **별달리** 생각하**지 마**세요/생각하**지 맙**시다.

(53)의 긍정월에 해당하는 (54)가 부적격한 월이 되는 것으로 보아

'별달리'가 부정월에서만 꾸밈말로 쓰이고 긍정월에서는 쓰이지 않음이 확인된다.

(54) ㄱ. *고향은 예전에 비해 **별달리** 변했다.
ㄴ. ***별달리** 시원한 대답을 들었다.
ㄷ. *이번 일은 **별달리** 생각하세요./*생각합시다.

(54)에서 '별달리'가 삭제되면 모두 적격한 월이 되지만, '별달리'가 꾸밈말로 쓰임으로 말미암아 부적격한 월이 되었기 때문에 '별달리'가 부정월만을 가려잡는 어찌씨에 해당함을 확인할 수 있다.

'별달리'는 부정 낱말 가운데 '아니다, 없다', '모르다'를 가려잡는다. '모르다'의 긍정 낱말인 '알다'인 경우에 능력부정의 '-지 못하다'의 월에서 꾸밈말로 쓰일 수 있다.

(55) ㄱ. 이번 일은 **별달리** 생각할 일이 **아니다**.
ㄴ. 음악에 **별달리** 흥미가 **없다**.
ㄷ. 영화에 대해서는 **별달리 모른다**.
ㄹ. 영화에 대해서는 **별달리** 알**지 못한**다.

'별달리'가 긍정월에서 꾸밈말로 쓰이는 경우 부적격한 월이 되지만, 반어법으로 해석되는 경우에 긍정월에서 꾸밈말로 쓰이기도 한다.

(56) ㄱ. **별달리** 시원한 대답을 들었겠어?
ㄴ. **별달리** 좋은 방법이 있겠어?

(56)은 긍정의 물음월에 해당하지만, '별달리'가 꾸밈말로 쓰이더라고 적격한 월이 되었다. (56)은 표면적으로는 긍정의 물음월이지만 내재적

으로는 (57)과 같이 부정의 베풂월로 해석되는 반어법 월에 해당하기 때문에 '별달리'가 부정 표현을 가려잡는 어찌씨에 해당함은 유지된다.

(57) ㄱ. [**별달리** 시원한 대답을 **못** 들었겠다.]
ㄴ. [**별달리** 좋은 방법이 **없**겠다.]

'별달리'가 부정월을 가려잡는 통사적 특성을 가지고 있지만, 꾸밈말로 쓰인 월에서 삭제되더라도 '별달리'의 뜻만 덜어질 뿐이고 월의 적격성에는 영향을 미치지 않기 때문에 월 짜임의 필수 요소는 아니다.

2.2.13 별(別)로[127]

'별로'는 <생각했던 것보다 많이>의 뜻을 지닌 어찌씨로, 부정월에서만 꾸밈말로 쓰인다. '별로'는 단순부정이나 능력부정을 가려잡는 어찌씨에 해당한다. '별로'는 시킴월이나 함께함월에서는 꾸밈말로 쓰이지 않기 때문에 '-지 말-'은 가려잡지 않는다.

(58) ㄱ. 오늘은 **별로 안** 춥다./춥**지 않**다.
ㄴ. 그 친구는 요즘 **별로 못** 만나./만나**지 못해**.[128]

(58)의 긍정월에 해당하는 (65)가 부적격한 월이 되는 것으로 보아 '별로'가 부정월에서만 꾸밈말로 쓰이고 긍정월에서는 쓰이지 않음이 확

---

127) '별로'가 이름씨처럼 쓰이기도 한다. '그건 별로입니다'에서 '별로'는 이름씨처럼 쓰였으며 부정월을 가려잡지 않는다.
128) '별로'가 그림씨를 꾸미는 경우에는 능력부정에서 긴 부정은 가능하지만, 짧은 부정은 부적격하다. 이를테면 '기억력이 별로 좋지 못하다.'는 적격하지만, '기억력이 별로 못 좋다.'는 부적격하다.

인된다.

(59) ㄱ. *오늘은 **별로** 춥다.
　　ㄴ. *그 친구는 요즘 **별로** 만나.

(59)에서 '별로'가 삭제되면 모두 적격한 월이 되지만, '별로'가 꾸밈말로 쓰임으로 말미암아 부적격한 월이 되었기 때문에 '별로'가 부정월을 가려잡는 어찌씨에 해당함을 확인할 수 있다.

'별로'는 부정 낱말의 풀이씨 가운데 '아니다, 없다', '모르다'를 가려잡는다. '모르다'의 긍정 낱말인 '알다'인 경우에 능력부정의 '-지 못하다'의 월에서는 꾸밈말로 쓰일 수 있다.

(60) ㄱ. 이번 사건은 **별로** 걱정할 일이 **아니**다.
　　ㄴ. 할 말이 **별로** **없**다.
　　ㄷ. **별로** 추운 줄 **모르**겠다.
　　ㄹ. 저분을 **별로** 잘 알**지 못한**다.

(60)에서 '별로'가 부정월만을 가려잡음은 (59)에서와 마찬가지로 (60)에 대립되는 긍정월이 (61)과 같이 모두 부적격한 월이 됨을 통해 확인된다.

(61) ㄱ. *이번 사건은 **별로** 걱정할 일이다.
　　ㄴ. *할 말이 **별로** 있다.
　　ㄷ. ***별로** 추운 줄 알겠다.
　　ㄹ. *저분을 **별로** 잘 안다.

'별로'가 부정월을 가려잡는 통사적 특성을 가지고 있지만, 꾸밈말로 쓰인 월에서 삭제되더라도 '별로'의 뜻만 덜어질 뿐이고 월의 적격성에는 영향을 미치지 않기 때문에 월 짜임의 필수 요소는 아니다.

5.2.14 별반(別般)[129]

'별반'은 <보통의 것과 특별히 다르게>의 뜻을 지닌 어찌씨로, 부정월에서만 꾸밈말로 쓰인다. '별반'은 단순부정이나 능력부정을 가려잡는 어찌씨에 해당한다. '별반'은 시킴월이나 함께함월에서는 꾸밈말로 쓰이지 않기 때문에 '-지 말-'은 가려잡지 않는다.

> (62) ㄱ. 나는 그 소문에 대해 **별반** 신경을 **안** 썼다./쓰**지 않**았다.
> ㄴ. 나는 친구와의 약속을 **별반 못** 지켰어./지키**지 못했**어.

(62)의 긍정월에 해당하는 (63)이 부적격한 월이 되는 것으로 보아 '별반'이 부정월에서만 꾸밈말로 쓰이고 긍정월에서는 쓰이지 않음이 확인된다.

> (63) ㄱ. *나는 그 소문에 대해 **별반** 신경을 썼다.
> ㄴ. *나는 친구와의 약속을 **별반** 지켰어.

'별반'은 (64)와 같이 부정 낱말로 이루어진 풀이씨 가운데 '아니다, 없다', '모르다'를 가려잡는다. '별반'이 부정월만을 가려잡기 때문에 (64)에 대립되는 긍정월은 부적격해진다.

---

129) '별반(別般)'은 <보통과 다름>을 뜻하는 이름씨로도 쓰인다. '정부가 이번 사태에 대한 **별반**의 대책을 마련하고 있다.'에서 '별반'은 이름씨로, 부정 표현과 관계가 없다.

(64) ㄱ. 이번 사건은 **별반** 우려할 일이 **아니**다.

ㄴ. 이거나 저거나 **별반** 차이가 **없**다.

ㄷ. 이번 시험은 **별반** 어려운 줄 **모르**겠어.

'별반'이 부정월을 가려잡는 통사적 특성을 가지고 있지만, 꾸밈말로 쓰인 월에서 삭제되더라도 '별반'의 뜻만 덜어질 뿐이고, 월의 적격성에는 영향을 미치지 않기 때문에 월 짜임에서 필수 요소는 아니다.

5.2.15 비단(非但)

'비단'은 <오직. 단지>의 뜻을 지닌 어찌씨로, 특수한 부정월에서만 꾸밈말로 쓰인다. '비단'은 단순부정이나 능력부정을 가려잡는 것이 아니고, 부정 낱말 '아니다'만을 가려잡는 특성을 가진다.

(65) ㄱ. 이런 비리는 **비단** 한두 회사의 일이 **아니**다.

ㄴ. 이번 결정은 **비단** 나 혼자만의 것이 **아니**다.

ㄷ. 불안감을 느끼는 사람은 **비단** 나 한 사람뿐만이 **아니**다.

(65)의 긍정월에 해당하는 (66)이 부적격한 월이 되는 것으로 보아 '비단'이 '아니다'가 쓰인 부정월에서만 꾸밈말로 쓰이고 긍정월에서는 쓰이지 않음이 확인된다.

(66) ㄱ. *이런 비리는 **비단** 한두 회사의 일이다.

ㄴ. *이번 결정은 **비단** 나 혼자만의 것이다.

ㄷ. *불안감을 느끼는 사람은 **비단** 나 한 사람만이나.

'비단'은 '아니다'가 풀이말로 쓰인 부정월에서 자유롭게 쓰이는 것은 아니고, 특수한 통사적 제약 아래에서 주로 쓰인다. (65)의 ㄴ과 ㄷ에서처럼 '비단 -만/뿐만 아니-'라는 월 짜임새로 고정되어 있는 특수성을 보인다.

'비단'은 '비단 -만/뿐만 아니-'라는 통사적 짜임새로 쓰이면서 '-고', '-라'의 이음씨끝으로 연결되어 뒷마디를 통해 의미를 보완하게 된다.

(67) ㄱ. 오늘의 승리는 **비단** 나 혼자**만**의 것이 **아니**라 우리 팀 모두의 것입니다.
ㄴ. 쉬고 싶은 사람은 **비단** 너**뿐만**이 **아니**고 나도 마찬가지이다.

'비단'이 긍정월에서 꾸밈말로 쓰이는 경우 부적격한 월이 되지만, 반어법으로 해석되는 경우에 긍정월에서 꾸밈말로 쓰이기도 한다.

(68) ㄱ. 지각이 **비단** 어제오늘만의 일이냐?
ㄴ. 빈곤 문제가 **비단** 우리나라에만 국한된 것이냐?

(68)은 긍정의 물음월에 해당하지만, '비단'이 꾸밈말로 쓰이더라고 적격한 월이 되었다. (68)은 표면적으로는 긍정의 물음월이지만 내재적으로는 (69)와 같이 부정의 베풂월로 해석되는 반어법 월에 해당하기 때문에 '비단'이 부정 표현을 가려잡는 어찌씨에 해당함은 유지된다.

(69) ㄱ. [지각이 **비단** 어제오늘만의 일이 **아니**다.]
ㄴ. [빈곤 문제가 **비단** 우리나라에만 국한된 것이 **아니**다.]

'비단'이 '아니다'가 쓰인 특수한 통사 짜임새에 한정하여 꾸밈말로 쓰이지만, '비단'이 꾸밈말로 쓰인 (65)와 (67)에서 '비단'이 삭제되더라도 '비단'의 뜻만 덜어질 뿐이고 월의 적격성에는 영향을 미치지 않기 때문에 월 짜임에서 필수 요소는 아니다.

5.2.16 얼씬

어찌씨들이 풀이씨나 다른 어찌씨를 주로 꾸미는 데 비하여 <눈앞에 잠깐씩 나타나는 꼴>을 뜻하는 '얼씬'은 으뜸풀이씨를 꾸미지 않고 부정의 매인풀이씨 '않다', '못하다', '말다'를 꾸미는 특이성을 보인다.

(70) ㄱ. 철수가 오늘은 하루 종일 **얼씬 않**네.
ㄴ. 이곳에는 사람들이 **얼씬 못한**다.
ㄷ. 이곳에 다시는 **얼씬 마**라.

(70)은 월 짜임에서 특이성을 보인다. 매인풀이씨는 그 자체만으로는 풀이기능이 부족하여 으뜸풀이씨를 앞세워 풀이말을 이루지만, (70)에서는 으뜸풀이씨가 없이 매인풀이씨만으로 풀이말을 이루는 특이성을 보인다. (76)에서 '얼씬'이 삭제되면 매인풀이씨만으로는 풀이기능을 하지 못하기 때문에 (71)과 같이 부적격한 월이 된다.

(71) ㄱ. *철수가 오늘은 하루 종일 **않**네.
ㄴ. *이곳에는 사람들이 **못한**다.
ㄷ. *이곳에 다시는 **마**라.

(71)이 적격한 월이 되기 위해서는 '으뜸풀이씨 줄기+-지'가 매인풀이씨 앞에 놓여야만 한다. (71)에 이를 보완하면 적격한 월이 된다.

(72) ㄱ. 철수가 오늘은 하루 종일 움직이**지 않**네.

　　ㄴ. 이곳에는 사람들이 들어오**지 못**한다.

　　ㄷ. 이곳에 다시는 오**지 마**라.

(70)은 표면상으로는 '으뜸풀이씨 줄기+-지' 자리에 어찌씨 '얼씬'이 들어가 적격한 월이 되었지만, 내면적으로는 '얼씬하+-지'가 들어갔던 것에서 '-하지'가 생략되어 짜 이루어진 월로 보인다. (70)의 '얼씬' 뒤에 '-하지'를 보완하더라도 (73)과 같이 뜻에서 별다른 차이가 없는 것으로 보아 (73)에서 '-하지'가 생략되어 (70)이 된 것이 확실하다.

(73) ㄱ. 철수가 오늘은 하루 종일 얼씬하**지 않**네.

　　ㄴ. 이곳에는 사람들이 얼씬하**지 못한**다.

　　ㄷ. 이곳에 다시는 얼씬하**지 마**라.

어찌씨 '얼씬'에 파생가지 '-하-'가 결합하여 만들어진 파생움직씨 '얼씬하다'도 (73)에서와 같이 부정월에서만 쓰인다. '얼씬하다'에서 '얼씬'과 '하다' 사이에 토씨 '도'나 '을'이 끼어들면 (74)와 같이 통사적 짜임새로 바뀌면서 '얼씬'은 어찌씨에 속하게 된다.

(74) ㄱ. 철수가 오늘은 하루 종일 **얼씬**도/을 하**지 않**네.

　　ㄴ. 이곳에는 사람들이 **얼씬**도/을 하**지 못한**다.

　　ㄷ. 이곳에 다시는 **얼씬**도/을 하**지 마**라.

(74)에서 '하지'가 삭제되면 (75)와 같이 매인풀이씨만이 풀이말이 되는 셈이다. 표면적으로는 매인풀이씨만으로는 풀이기능이 부족하기 때문에 '얼씬'과 통사적 짜임새를 이루어 풀이기능을 보완하게 된다. 그러나 내면적으로는 (75)는 (74)에서 으뜸풀이씨 '하지'가 생략되어 이루어진

월에 해당한다.

(75) ㄱ. 철수가 오늘은 하루 종일 **얼씬**도/을 **않**네.
ㄴ. 이곳에는 사람들이 **얼씬**도/을 **못한**다.
ㄷ. 이곳에 다시는 **얼씬**도/을 **마라**.

이와 같이 '얼씬' 뒤에는 '도', '을' 등 극히 일부 토씨가 결합되어 쓰일 수 있다. '을'이 결합되더라도 '얼씬을'이 부림말로 쓰이는 것은 아니고, <힘줌>의 뜻을 더하는 '도'의 결합과 마찬가지로 단지 '얼씬'을 강조하는 기능을 할 뿐이다.

'얼씬'은 '않다', '못하다', '말다' 등 부정의 매인풀이씨만을 가려잡아 통사적 짜임새를 이루어 풀이기능을 보완한다. 으뜸풀이씨에 해당하는 부정 낱말인 '아니다', '없다', '모르다' 등은 가려잡지 않는다.

'얼씬'은 월 안에서 놓이는 자리가 고정되어 있어 다른 자리로의 이동이 불가능하다. 반드시 부정의 매인풀이씨로 이루어진 풀이말 앞에 놓여 긴밀 짜임새를 이루며, 그 사이에 다른 월조각이 끼어들지 못한다.

어찌씨 '얼씬'은 월 짜임에서 생략될 수 없는 필수 요소로서 뒤에 놓이는 부정의 매인풀이씨 '않다', '못하다', '말다'와 긴밀 짜임새를 이루어 풀이기능을 보완하는 역할을 담당한다. 매인풀이씨 '않다', '못하다', '말다'만으로는 자립 풀이기능을 수행하지 못하지만 '얼씬'과 통사적 짜임새를 이루면서 자립 풀이기능을 수행하게 된다.

5.2.17 옴짝

'옴죽/옴쭉/옴짝/옴쭉/움쩍/움쭉'은 <몸의 한 부분을 조금 옴츠리거나

펴거나 하며 움직이는 꼴>의 뜻을 지닌 '옴죽'을 밑말로 하고, 여기에 내적 파생법에 따라 닿소리나 홀소리를 교체하여 파생된 어찌씨들이다. 이들은 '옴죽'의 의미를 바탕으로 하고 여기에 세기를 더한 의미를 가지고 있으며, 모두 같은 용법으로 쓰인다. '옴죽/옴쭉/옴짝/옴쭉/움적/움쭉'은 모두 부정월을 가려잡는 어찌씨들로, 이 가운데 가장 쓰임의 잦기가 높은 '옴짝'을 대표형으로 선정하여 논의하기로 한다.

'옴짝'은 단순부정이나 능력부정을 가려잡는 어찌씨에 해당한다. '옴짝'은 시킴월이나 함께함월에서도 꾸밈말로 쓰일 수 있어 '-지 말-'을 가려잡는다.

> (76) ㄱ. 바위가 **옴짝**도 하**지 않**는다.
> ㄴ. 아이 때문에 **옴짝**도 하**지 못**한다.
> ㄷ. 이곳에서 **옴짝**도 하**지 말**아요.

(76)에서 '옴짝'에 '도'가 덧붙지 않으면 '하다'와 결합하여 '옴짝하다'란 움직씨로 쓰이게 된다. 따라서 (76)는 (77)과 같이 '옴짝하다'에서 '옴짝'과 '하다' 사이에 '도'가 끼어들면서 통사적 짜임새로 바뀐 것으로 보인다.

> (77) ㄱ. 바위가 옴짝하**지 않**는다.
> ㄴ. 아이 때문에 옴짝하**지 못한**다.
> ㄷ. 이곳에서 옴짝하**지 말**아요.

'옴짝'이 독자적으로 어찌씨로 쓰이는 경우에는 (78)과 같이 주로 뒤에 '않다', '못하다', '말다' 등 매인풀이씨로 이루어진 풀이말이 놓이는 월에서이다.

> (78) ㄱ. 바위가 **옴짝** 않는다.
> ㄴ. 아이 때문에 **옴짝** 못한다.

ㄷ. 이곳에서 **옴짝 말**아요.

(78)의 '옴짝'은 (77)의 '옴짝하지'에서 '-하지'가 줄어들어 만들어진 것으로 보인다.130) 왜냐하면 (84)에서는 으뜸풀이씨가 없이 매인풀이씨만 풀이말로 쓰였다는 점이다. 매인풀이씨는 자립성이 없어 그 자체만으로는 풀이말이 될 수 없고, 으뜸풀이씨를 앞세워야 하는 특성을 가지기 때문이다. (78)이 표면상으로는 매인풀이씨만이 풀이말로 쓰였더라도 부적격한 월로 볼 수는 없지만,131) 내면적으로는 (77)에서 '-하지'가 삭제되어 도출된 것으로 보는 것이 합리적이다. 곧 (78)은 (77)과 의미가 같기 때문에 (77)이 (78)의 속짜임에 해당한다.

어찌씨는 일반적으로 월 짜임의 필수 요소에 해당하지 않지만, (78)에서 어찌씨 '옴짝'은 필수 요소에 해당한다. '옴짝'이 삭제되면 (79)와 같이 부적격한 월이 되기 때문이다.

(79) ㄱ. *바위가 **않**는다.
ㄴ. *아이 때문에 **못**한다.
ㄷ. *이곳에서 **말**아요.

이와 같이 '옴짝'은 '않다', '못하다', '말다' 등 매인풀이씨가 풀이말로 쓰인 특수한 월에서만 꾸밈말로 쓰이지만, 내면적으로는 '옴짝하지'였던 것에서 '-하지'가 생략되어 표면적으로 어찌씨의 모습으로 실현된 것으로 보인다. 왜냐하면 (84)에서는 으뜸풀이씨가 없이 매인풀이씨만 풀이말로 쓰였다는 점이다. 매인풀이씨는 자립성이 없어 그 자체만으로는 풀이말이 될 수 없고, 으뜸풀이씨를 앞세워야 하는 특성을 가지기 때문이다.

---

130) 움직씨 '옴짝하다'도 부정월에서만 쓰이는 특성을 보인다.
131) '꼼짝'도 '옴짝'과 마찬가지로 매인풀이씨만이 풀이말로 쓰인다.

‘옴짝’은 월 안에서 놓이는 자리가 고정되어 있어 다른 자리로의 옮김이 불가능하다. 반드시 부정의 매인풀이씨로 이루어진 풀이말 앞에 놓여 긴밀 짜임새를 이루며, 그 사이에 다른 월조각이 끼어들지 못한다. ‘옴짝’ 뒤에는 도움토씨 ‘도’만이 아니라 ‘을’도 놓일 수 있으며, 이들 토씨는 ‘옴짝’을 강조하는 역할을 한다.

어찌씨 ‘옴짝’은 월 짜임에서 생략될 수 없는 필수 요소로써 뒤에 놓이는 부정의 매인풀이씨 ‘않다’, ‘못하다’, ‘말다’와 긴밀 짜임새를 이루어 풀이기능을 보완하는 역할을 담당한다. 매인풀이씨 ‘않다’, ‘못하다’, ‘말다’만으로는 자립 풀이기능을 수행하지 못하지만 ‘옴짝’과 통사적 짜임새를 이루면서 자립 풀이기능을 수행하게 된다.

5.2.18 옴짝달싹

‘옴짝달싹/움쩍달싹/움쩍들썩/움쭉달싹’은 <몸을 아주 조금 움직이는 꼴>의 뜻을 지닌 ‘옴짝달싹’을 밑말로 하고, 여기에 내적 파생법에 따라 홀소리를 교체하여 파생된 어찌씨들이다. ‘옴짝달싹’은 어찌씨 ‘옴짝’과 ‘달싹’이 결합과정을 거쳐 만들어진 합성어찌씨에 해당한다. 이들은 ‘옴짝달싹’의 의미를 바탕으로 하고 여기에 세기를 더한 의미를 가지고 있으며, 모두 같은 용법으로 쓰인다. ‘옴짝달싹/움쩍달싹/움쩍들썩/움쭉달싹’은 모두 부정월을 가려잡는 어찌씨들로, 이 가운데 가장 쓰임의 잦기가 높은 ‘옴짝달싹’을 대표형으로 선정하여 논의하기로 한다.

‘옴짝달싹’은 ‘옴짝’과 마찬가지로 단순부정이나 능력부정을 가려잡는 어찌씨에 해당한다. ‘옴짝달싹’은 시킴월이나 함께함월에서도 꾸밈말로 쓰일 수 있어 ‘-지 말-’을 가려잡는다.

(80) ㄱ. 그는 공부하느라 **옴짝달싹**도 하**지 않**는다

     ㄴ. 기가 질려서 몸을 **옴짝달싹**도 하**지 못**한다.

     ㄷ. 여기서 **옴짝달싹**도 하**지 말**고 가만히 있어.

(80)에서 '옴짝달싹'에 '도'가 덧붙지 않으면 '하다'와 결합하여 '옴짝달싹하다'란 움직씨로 쓰이게 된다. 따라서 (80)은 (81)과 같이 '옴짝달싹하다'에서 '옴짝달싹'과 '하다' 사이에 '도'가 끼어들면서 통사적 짜임새로 바뀐 것으로 보인다.

(81) ㄱ. 그는 공부하느라 옴짝달싹하**지 않**는다.

     ㄴ. 기가 질려서 몸을 옴짝달싹하**지 못**한다.

     ㄷ. 여기서 옴짝달싹하**지 말**고 가만히 있어.

'옴짝달싹'이 '도'에 의지하지 않고 독자적으로 어찌씨로 쓰이는 경우에는 (82)와 같이 뒤에 '않다', '못하다', '말다' 등 매인풀이씨로 이루어진 풀이말이 놓이는 월에서이다.

(82) ㄱ. 그는 공부하느라 **옴짝달싹 않**는다

     ㄴ. 기가 질려서 몸을 **옴짝달싹 못**한다.

     ㄷ. 여기서 **옴짝달싹 말**고 가만히 있어.

(82)의 '옴짝달싹'은 (81)의 '옴짝달싹하지'에서 '-하지'가 줄어들어 만들어진 것으로 보인다. 내면적으로는 (81)에서 '-하지'가 삭제되어 도출된 것으로 보는 것이 합리적이다. 곧 (82)는 (81)과 의미가 같기 때문에 (81)이 (82)의 속짜임에 해당한다.

어찌씨는 일반적으로 월 짜임의 필수 요소에 해당하지 않지만, (82)에서 어찌씨 '옴짝달싹'은 필수 요소에 해당하기 때문에 '옴짝달싹'이 삭제

되면 (83)과 같이 부적격한 월이 된다.

> (83) ㄱ. *그는 공부하느라 **않**는다.
> ㄴ. *기가 질려서 몸을 **못한**다.
> ㄷ. *여기서 **말**고 가만히 있어.

이와 같이 '옴짝달싹'은 '않다', '못하다', '말다' 등 매인풀이씨가 풀이말로 쓰인 특수한 월에서만 꾸밈말로 쓰이지만, 내면적으로는 '옴짝달싹하지'였던 것에서 '-하지'가 생략되어 표면적으로 어찌씨의 모습으로 실현된 것으로 보인다.

'옴짝'과 '달싹'이 결합과정을 거쳐 만들어진 합성어찌씨 '옴짝달싹'은 용법상으로 '달싹'의 기능을 이어받는 것이 아니라 '옴짝'의 기능을 계승하게 된다. 따라서 '옴짝달싹'은 '옴짝'과 쓰임이 일치한다.

'옴짝달싹'도 월 짜임에서 생략될 수 없는 필수 요소로써 뒤에 놓이는 부정의 매인풀이씨 '않다', '못하다', '말다'와 긴밀 짜임새를 이루어 풀이 기능을 보완하는 역할을 담당한다. 매인풀이씨 '않다', '못하다', '말다'만으로는 자립 풀이기능을 수행하지 못하지만 '옴짝달싹'과 통사적 짜임새를 이루면서 자립 풀이기능을 수행하게 된다.

5.2.19 여간(如干)[132]

'여간'은 <어지간한 정도로>를 뜻하는 어찌씨로, 부정월에서만 꾸밈말로 쓰인다. '여간'은 단순부정은 가려잡지만 능력부정은 가려잡지 않는

---

132) '여간(如干)'을 강조하는 말로 '여간만'이 있다. '여간'에 '내기'가 결합하여 <어지간한 정도의 사람을 낮잡아 이르는 말>의 뜻을 지닌 이름씨 '여간내기'가 도출되었다. '여간내기'도 부정월에서 '아니다'를 가려잡는다.

어찌씨에 해당한다. '여간'은 시킴월이나 함께함월에서는 꾸밈말로 쓰이지 않기 때문에 '-지 말-'은 가려잡지 않는다.

(84) ㄱ. 날씨가 **여간** 따뜻하**지 않**다.
ㄴ. 할아버지께서는 나를 **여간** 사랑해 주**지 않**으셨어요.

(84)의 긍정월에 해당하는 (85)가 부적격한 월이 되는 것으로 보아 '여간'이 부정월에서만 꾸밈말로 쓰이고 긍정월에서는 쓰이지 않음이 확인된다.

(85) ㄱ. *날씨가 **여간** 따뜻하다.
ㄴ. *할아버지께서는 나를 **여간** 사랑해 주셨어요.

'여간'은 부정 낱말 풀이씨 가운데 '아니다'를 가려잡는다. '없다'와 '모르다'는 가려잡지 않는다.

(86) ㄱ. 오늘은 **여간** 추운 날씨가 **아니**다.
ㄴ. 저 아이는 고집이 **여간** 센 게 **아니**다.

(86)에서 ㄴ은 '저 아이는 고집이 여간 세지 않다.'와 꼭 같은 뜻을 나타내는데, 이를 '여간 -게 아니다'로 변환시킨 월로 볼 수 있다. 곧 [여간 -풀이씨 줄기 + -지 아니하다] 월은 뜻 차이 없이 [여간 -게 아니다]로 바꾸어 쓸 수 있다.

(87) ㄱ. 뜰에 핀 꽃이 **여간** 탐스럽**지 않**다.
→뜰에 핀 꽃이 **여간** 탐스러운 게 **아니**다.
ㄴ. 십년 만에 죽마고우를 만나니 **여간** 기쁘**지 않**구나.

→ 십년 만에 죽마고우를 만나니 **여간** 기쁜 게 **아니**로구나.

'여간'이 꾸밈말로 쓰인 (84)와 (93)은 형식적으로는 부정월이지만 내재적으로는 긍정월에 해당하여 (84)는 (88)로, (87)은 (89)로 해석된다.

(88) ㄱ. [날씨가 아주 따뜻하다.]
    ㄴ. [할아버지는 나를 아주 사랑해 주셨어요.]

(89) ㄱ. [오늘은 아주 추운 날씨이다.]
    ㄴ. [저 아이는 고집이 아주 세다.]

'여간'이 특수한 경우에 긍정월에서도 꾸밈말로 쓰이기도 한다. 주로 반어법을 실현하는 '-어야지'로 끝맺는 긍정의 베풂월에서 꾸밈말로 쓰일 수 있다.

(90) ㄱ. 할아버님 노여움이 **여간** **크셔야지**.
    ㄴ. 돈이 **여간** **많아야지**.

(90)에서 '여간'은 표면상 긍정월에서 꾸밈말로 쓰였지만, 내재적으로는 (91)과 같이 형식상 부정월로 해석되기 때문에 '여간'이 부정 표현을 가려잡음이 유지된다.

(91) ㄱ. [할아버님 노여움이 **여간** 크**지** **않**으시다.]
    ㄴ. [돈이 **여간** 많**지** **않**으시다.]

'여간'이 부정월을 가려잡는 어찌씨로 꾸밈말이지만, 월을 짜 이루는 데 필수적인 요소로 작용한다. '여간'이 월 짜임에서 필수 요소가 아니라면 삭제되더라도 월의 적격성에는 영향을 미치지 않겠지만, (90)과 (92)에서 '여간'이 삭제되면 (90)과 (92)는 의미상 아무런 관련이 없는 월이 되기 때문에 필수 요소에 해당한다. (90)과 (92)는 형식상으로는 부정월이지만 내재적으로는 긍정월로 해석되는데, '여간'이 삭제되면 형식상으로나 내용상으로도 부정월에 속하게 된다.

5.2.20 이만저만[133)

'이만저만'은 <이만하고 저만함>의 뜻을 지닌 이름씨와 <이만하고 저만한 정도로. 아주>의 뜻을 지닌 어찌씨로 쓰인다. 이름씨인 '이만저만'은 (92)에서와 같이 부정월에서 주로 쓰여 부정법을 가려잡는 이름씨에 해당한다.

> (92) ㄱ. 이번 홍수로 피해가 **이만저만**이 **아니**다.
> ㄴ. 추운 날씨에 고생이 **이만저만**이 **아니**더라.

이름씨인 '이만저만'은 주로 '아니다'가 풀이말인 경우에 토씨 '이'가 덧붙어 기움말로 쓰이는 특성을 보인다.

어찌씨인 '이만저만'은 주로 부정월에서 꾸밈말로 쓰이는데, (93)과 같이 단순부정을 가려잡거나 부정 낱말 가운데 '아니다'를 가려잡는다.[134)

---

133) 작은말로 '요만조만'이 있다. '이만저만'과 쓰임이 같다.
134) '이만저만'이 '아니다'를 가려잡는 경우에 특수한 이름씨 '고생, 실망, 손해' 따위가 기움말로 쓰일 때 '이만저만 -이 아니다' 월이 다음과 같이 적격하게 쓰인다.
　　(보기) **이만저만 고생**이 아니다.
　　이만저만 ·**실망**이 아니다.
　　이만저만 손해가 아니다.

(93) ㄱ. 요즘엔 생선이 **이만저만** 비싸**지 않**다.

ㄴ. 추운 날씨에 **이만저만** 고생하는 게 **아니**다.

(93)의 긍정월에 해당하는 (94)가 부적격한 월이 되는 것으로 보아 '이만저만'이 부정월에서만 꾸밈말로 쓰이고 긍정월에서는 쓰이지 않음이 확인된다.

(94) ㄱ. *요즘엔 생선이 **이만저만** 비싸다.

ㄴ. *추운 날씨에 **이만저만** 고생하는 것이다.

'이만저만'이 부정월에서 꾸밈말로 쓰이면, 형식상으로는 부정월이지만 내재적으로는 긍정월로 해석된다. 곧 (93)은 부정월이지만 내재적으로는 (95)와 같이 긍정월로 해석된다.

(95) ㄱ. [요즘엔 생선이 **아주** 비싸다.]

ㄴ. [추운 날씨에 **아주** 고생한다.]

(93)이 (95)와 같이 긍정의 의미로 해석되게 하는 요인은 바로 '이만저만'이다. (93)에서 '이만저만'이 삭제되면 내용상으로도 부정월로 적격한 월이 된다. 그러나 '이만저만'이 꾸밈말로 들어감으로써 표면적으로는 부정월이지만 내재적으로는 긍정월로 해석되기 때문에 (93)에서 '이만저만'은 꾸밈말일지라도 삭제될 수 없다. 삭제된다면 (93)의 뜻과는 전혀 달라지기 때문에 '이만저만'은 월 짜임의 필수 요소가 된다.

'-지 않다'를 가려잡는 '이만저만' 월은 뜻에서 별다른 차이 없이 '-은 것이(게) 아니다' 월로 다시 쓸 수 있다.

(96) ㄱ. 회사 사정이 **이만저만** 어렵**지 않**다.

　　　→ 회사 사정이 **이만저만** 어려**운 게 아니**다.

　　ㄴ. 요즘에는 **이만저만** 바쁘**지 않**다.

　　　→ 요즘에는 이만저만 바**쁜 게 아니**다.

　'이만저만'이 특수한 월 짜임의 긍정월에서 꾸밈말로 쓰이기도 한다. '-어야지' 월인 경우 반어적 의미를 실현한다. 예컨대 '내가 돈이 있어야 지.'는 표면상으로는 긍정월이지만 내면적으로는 '내가 돈이 없다.'란 반 어적 의미를 나타낸다. 이 '-어야지' 월인 경우에 (97)에서와 같이 '이만 저만'이 긍정월에서 꾸밈말로 쓰일 수 있다.

(97) ㄱ. 작아도 **이만저만** 작**아야지**.

　　ㄴ. 올 겨울은 추워도 **이만저만** 추**워야지**.

　(97)은 긍정월이지만 '이만저만'이 쓰인 부정월과 꼭 같은 의미를 나타 내며, 의미상 차이 없이 (98)과 같이 부정월로 다시 쓸 수 있다.

(98) ㄱ. 작아도 **이만저만** 작**지 않**아.

　　ㄴ. 올 겨울은 추워도 **이만저만** 춥**지 않**아.

　따라서 (97)은 (98)과 의미상 같기 때문에 표면상으로 긍정월의 형식 을 취하고 있지만 부정월과 다를 바 없는 특성을 보이는 것으로 간주된다.

　(97)에서는 '이만저만'이 삭제되면 (99)와 같이 부적격한 월이 되기 때 문에 '이만저만'은 꾸밈말이지만 월 짜임에서 필수 요소에 해당한다.

(99) ㄱ. *작아도 작**아야지**.

　　ㄴ. *올 겨울은 추워도 추**워야지**.

이와 같이 어찌씨 '이만저만'은 단순부정이나 부정 낱말 '아니다'를 가려잡으며, '이만저만'이 꾸밈말로 쓰인 월에서 '이만저만'이 삭제되면 삭제 전과 의미가 크게 달라지거나 부적격한 월이 되기 때문에 '이만저만'은 월 짜임에서 필수 요소에 해당한다.

5.2.21 통

'통'은 <전혀. 도무지>의 뜻을 지닌 어찌씨로,[135] 부정월에서 꾸밈말로 쓰인다. '통'은 단순부정이나 능력부정을 가려잡는 어찌씨에 해당한다. '통'은 시킴월이나 함께함월에서는 꾸밈말로 쓰이지 않기 때문에 '-지말-'은 가려잡지 않는다.

> (100) ㄱ. 저번 일은 **통** 기억이 나**지 않**는다.
> ㄴ. 영이는 밥을 **통** 먹**지 못**한다.

(100)의 긍정월에 해당하는 (101)이 부적격한 월이 되는 것으로 보아 '통'이 부정월에서는 꾸밈말로 쓰이지만 긍정월에서는 쓰이지 않음이 확인된다.

> (101) ㄱ. *저번 일은 **통** 기억이 난다.
> ㄴ. *영이는 밥을 **통** 먹는다.

(101)에서 '통'이 삭제되면 적격한 월이 되지만, '통'이 꾸밈말로 쓰여

---

135) 『연』에서는 이 뜻 밖에 <온통. 전부>의 뜻을 싣고, 보기로 "속옷 좀 갈아입으라고 그래도 통 귓등으로만 듣더니 꼴좋소."를 들고 있다. 이 뜻일 때는 긍정월에서 쓰여 이 장의 논의 대상에서 제외된다.

부적격한 월이 되었기 때문에 '통'이 부정월을 가려잡음이 증명된다.

'통'은 (102)와 같이 부정 풀이씨 가운데 '없다'와 '모르다'를 가려잡는다. 따라서 '통'은 (102)에 대립되는 긍정월인 경우에는 꾸밈말로 쓰이지 않는다.

> (102) ㄱ. 어린 것들이 **통** 버르장머리가 **없**다.
>   ㄴ. 무슨 뜻인지 **통 모르**겠다.

'통'이 특수한 경우에 긍정월에서도 꾸밈말로 쓰이기도 한다. 주로 반어법을 실현하는 '-어야지'로 끝맺는 긍정월에서 수식어로 쓰일 수 있다.

> (103) ㄱ. 그 사람의 속마음을 **통** 알 수가 있**어야지**.
>   ㄴ. 철수가 **통** 말을 들**어야지**.

(103)에서 '통'은 표면상 긍정월에서 꾸밈말로 쓰였지만, 내재적으로는 (104)와 같이 부정월로 해석되기 때문에 '통'이 부정 표현을 가려잡음이 유지된다.

> (104) ㄱ. [그 사람의 속마음을 **통** 알 수가 **없**어.]
>   ㄴ. [철수가 **통** 말을 듣**지 않**아.]

'통'은 부정월을 가려잡는 통사적 특성을 가지고 있지만, 꾸밈말로 쓰인 월에서 삭제되더라도 '통'의 뜻만 덜어질 뿐이고 월의 적격성에는 영향을 미치는 것은 아니기 때문에 월 짜임에서 필수 요소는 아니다.

5.3 뭇뜻 가운데 일부가 부정 표현을 가려잡는 어찌씨

5.3.1 결단(決斷)코

'결단(決斷)코'는 <어떤 일이 있어도 반드시>의 뜻을 지닌 '결단(決斷)코①'과 <어떤 일이 있어도 절대로>의 뜻을 지닌 '결단(決斷)코②'로 나뉜다. '결단(決斷)코①'은 (105)와 같이 주로 긍정월에서 꾸밈말로 쓰인다. 따라서 '결단(決斷)코①'은 이 장의 연구 대상에서 제외된다.

> (105) ㄱ. 어떤 어려움이 있더라도 이 일은 **결단코** 해 내겠다.
> ㄴ. 이번 경기는 **결단코** 이겨야 한다.

'결단(決斷)코②'는 부정월에서 꾸밈말로 쓰이며, '결코'와 뜻과 쓰임에서 유사하다.[136] 곧 '결코'는 부정월에서만 꾸밈말로 쓰이고 <어떤 경우라도 절대로>의 뜻을 지닌 점에서 '결단(決斷)코②'로 뜻에서 별다른 차이 없이 교체되어 쓰일 수 있다.

> (106) ㄱ. 지나간 시간은 **결단코** 다시 돌아오**지 않**는다.
> → 지나간 시간은 **결코** 다시 돌아오**지 않**는다.
> ㄴ. 나는 너를 **결단코** 용서할 수 **없다**.
> → 나는 너를 **결코** 용서할 수 **없다**.

<어떤 일이 있어도 반드시>의 뜻을 지닌 '결단(決斷)코①'은 '결코'와 뜻과 쓰임에서 차이를 보이기 때문에 (105)에서 '결단코'를 '결코'로 대치

---

136) '결코'는 '결단코②'와는 뜻과 쓰임에서 별 다른 차이가 없지만, '결단코①'과는 차이를 보인다.

하면 부적격한 월이 된다. 따라서 '결단코②'만이 '결코'와 뜻과 쓰임에서 유사하여 부정월을 가려잡는 어찌씨에 해당한다. '결단코②'의 쓰임은 '결코'와 같기 때문에 더 이상 논의하지 않는다.

5.3.2 과(過)히[137]

'과(過)히'는 <지나치게>의 뜻을 지닌 '과(過)히①'과 <그다지>의 뜻을 지닌 '과(過)히②'로 나뉜다. '과(過)히①'은 주로 긍정월에서 꾸밈말로 쓰이지만 부정월에서 쓰이기도 한다.

    (107) ㄱ. 저분은 **과히** 존경할 만하다.
         ㄴ. 이번 분양은 조건이 **과히** 파격적이다.

    (108) ㄱ. 고의로 한 것이 아니니 **과히** 탓하**지 마**십시오.
         ㄴ. 별 일이 아니니 **과히** 걱정하**지 않**아도 된다.

  (107)은 '과(過)히①'이 긍정월에서 꾸밈말로 쓰였고, (108)은 부정월에서 쓰였기 때문에 '과(過)히①'은 부정 표현을 가려잡는 어찌씨에 해당하지 않는다.

  <그다지>의 뜻을 지닌 '과(過)히②'는 부정월에서만 꾸밈말로 쓰일 수 있어 부정월을 가려잡는 어찌씨에 해당한다. '과(過)히②'는 주로 단순부정에서 꾸밈말로 쓰이며 능력부정에서 쓰이기도 한다.

    (109) ㄱ. 이 호수는 **과히** 깊**지 않**다.
         ㄴ. 이 사과는 **과히** 품질이 좋**지 못하**다.

---

137) '과(過)히'는 『표』에는 올림말로 올라 있지 않다.

(109)에서 '과히②'는 '그다지'로 대치하더라도 뜻에서 별다른 차이가 없다. (109)를 긍정월로 바꾸면 부적격한 월이 되거나 적격하더라도 '과히②'의 의미가 <그다지>로 해석되지 않고 '과히①'의 의미인 <지나치게>로 해석되기 때문에 (110)은 (109)의 긍정월에 해당되지 않는다.

(110) ㄱ. *이 호수는 **과히** 깊다.
     ㄴ. *이 사과는 **과히** 품질이 좋다.

'과히②'는 부정월에서 주로 그림씨로 이루어진 풀이말을 꾸미며 움직씨로 이루어진 풀이말이나 '아니다', '없다', '모르다' 따위의 부정 낱말로 이루어진 풀이말을 꾸미는 경우는 별로 없다.

'과히②'가 부정월만을 가려잡는 것은 <그다지>란 '과히②'의 의미 특성 때문이다. 곧 '과히2'의 의미 요소인 <그다지>가 부정월만을 가려잡는 제약을 가지기 때문이다. '과히②'가 부정월을 가려잡지만 꾸밈말로 쓰인 월에서 삭제되더라도 '과히②'의 뜻만 덜어질 뿐이고 월의 적격성에는 영향을 미치지 않기 때문에 월 짜임에서 필수 요소는 아니다.

5.3.3 굳이

'굳이'는 <고집스럽게>의 뜻을 지닌 '굳이①'과 <마음을 써서 꼭. 어려운 데도 일부러>의 뜻을 지닌 '굳이②'로 나뉜다. '굳이①'은 긍정월과 부정월에서 꾸밈말로 쓰일 수 있어 부정법 제약을 받지 않기 때문에 논의 대상에서 제외된다.

(111) ㄱ. 김 선생님은 상석을 **굳이** 사양하셨다.

ㄴ. 김 선생님은 상석을 **굳이** 사양하**지 않**으셨다.

(111)에서 '굳이'는 <고집스럽게>의 뜻을 나타내는 '굳이①'이기 때문에 긍정월과 부정월에서 꾸밈말로 쓰였지만 적격한 월이 되었다.

<마음을 써서 꼭. 어려운 데도 일부러>의 뜻을 지닌 '굳이②'는 부정월만을 가려잡기 때문에 긍정월에서는 꾸밈말로 쓰일 수 없는 제약이 따른다.

(112) ㄱ. *한가하면 **굳이** 와도 된다.
　　　ㄴ. 바쁘면 **굳이** 오**지 않**아도 된다.

'굳이②'는 주로 '-지 않아도'와 어울려 앞마디를 이룬다. '굳이②'는 움직씨를 꾸밀 수 있기 때문에 부정의 시킴월이나 함께함월에서도 꾸밈말로 쓰일 수 있어 '-지 말'을 가려잡는다.

(113) ㄱ. 바쁘니까 **굳이** 가**지 마**라.
　　　ㄴ. 바쁘니까 **굳이** 가**지 말**자.

'굳이②'는 부정월을 가려잡는 어찌씨이지만, 반어법을 실현하는 긍정의 물음월에서 꾸밈말로 쓰이기도 한다.

(114) ㄱ. 왜 **굳이** 떠나려고 하느냐?
　　　ㄴ. **굳이** 반대할 필요가 있니?

(114)에서 ㄱ은 축자적 의미와는 반대로 부정의 시킴월루 <굳이 떠나려고 하지 마라>라는 내재적 의미를 나타낸다. ㄴ도 축자적 의미와는

반대로 부정의 베풂월로 <굳이 반대할 필요가 없다>라는 내재적 의미를 나타낸다. (114)가 표면적으로는 긍정월이지만 내재적으로는 부정월로 해석되어 '구태여'가 부정 표현을 가려잡는다는 조건에서 벗어나는 것은 아니다.

<마음을 써서 꼭. 어려운 데도 일부러>의 뜻을 지닌 '굳이②'는 부정월만을 가려잡지만, '굳이②'가 쓰인 꾸밈말로 부정월을 구성하는 데 필수 요소는 아니다. '굳이②'가 삭제되더라도 월의 적격성에는 영향을 미치지 않기 때문에 수의 요소에 해당한다.[138]

5.3.4 그다지

'그다지'는 <별로>의 뜻을 지닌 '그다지①'과 <그러한 정도로. 또는 그렇게까지>의 뜻을 지닌 '그다지②'로 나눌 수 있다. 주로 '그다지①'이 많이 쓰이며, '그다지②'는 극히 일부 특정의 월에서 쓰인다.[139] '그다지②'는 긍정월에서 꾸밈말로 쓰일 수 있어 부정 표현을 가려잡는 어찌씨에 해당하지 않는다.

> (115) ㄱ. 남북통일이 **그다지**도 힘든 일인가?
> ㄴ. 어디를 **그다지** 뻔질나게 드나드니?

(115)에서의 '그다지'는 <그렇게까지>의 뜻을 지닌 '그다지②'로 긍정월에서 꾸밈말로 쓰이더라도 적격한 월이 되기 때문에 이 장에서의 논의 대상에서 제외된다.

---

138) 반어법을 실현하는 (115)에서 '굳이'가 삭제되면 단순 물음월로도 해석된다.
139) '그닥'은 '그다지①'의 준말로 쓰이지만, '그다지②'의 준말로는 쓰이지 않는다.

<별로>의 뜻을 지닌 '그다지①'은 단순부정이나 능력부정을 가려잡는 어찌씨에 해당한다. '그다지①'은 함께함월과 시킴월에서는 꾸밈말로 쓰이지 않기 때문에 '-지 말-'은 가려잡지 않는다.

(116) ㄱ. 이번 시험은 **그다지** 어렵**지 않**다.
　　　 ㄴ. 이번 시험을 **그다지** 잘 보**지 못**했다.

'그다지①'이 긍정월에서 꾸밈말로 쓰이면 부적격한 월이 된다. (116)에 대응하는 긍정월인 (117)이 부적격한 월이 됨을 통해 '그다지①'이 부정월에서 꾸밈말로 쓰임이 확인된다.

(117) ㄱ. *이번 시험은 **그다지** 어렵다.
　　　 ㄴ. *이번 시험을 **그다지** 잘 보았다.

'그다지①'은 <정도가 별로 높지 않음>을 뜻하는 정도 어찌씨에 해당하며, 꾸밈의 대상도 일반 정도 어찌씨와 마찬가지로 주로 그림씨나 다른 어찌씨를 꾸민다. 부정월이라도 움직씨를 꾸미는 경우에는 (118)과 같이 부적격해진다.[140]

(118) ㄱ. *철수가 **그다지** 공부하**지 않**는다.
　　　 ㄴ. *비가 **그다지** 오**지 않**는다.

(118)이 적격한 월이 되기 위해서는 (119)와 같이 '그다지①'의 꾸밈을 받는 어찌말이 쓰여야 한다. 곧 '그다지①'은 '공부하다', '오다'와 같은 움

---

140) '그다지'가 <그러한 정도로. 또는 그렇게까지>의 뜻을 지닌 '그다지②'이면 적격한 월이 될 수 있다.

직씨를 꾸미지 않는다.

> (119) ㄱ. 철수가 **그다지 열심히** 공부하**지 않**는다.
> ㄴ. 비가 **그다지 많이** 오**지 않**는다.

'그다지①'은 부정 낱말로 이루어진 풀이씨 가운데 '아니다', '없다'를
가려잡기도 한다. '모르다'는 움직씨이기 때문에 직접적으로 가려잡지는
않고 정도를 나타내는 꾸밈말과 함께 쓰이는 경우에 적격하게 쓰이지만
'모르다'를 꾸미는 것은 아니다.

> (120) ㄱ. 저분은 **그다지** 유명한 사람이 **아니**다.
> ㄴ. 저분은 **그다지** 돈이 **없**다.
> ㄷ. 나는 저분을 **그다지 잘 모른**다.[141]

'아니다'인 경우에 앞에 놓이는 'N+이/가'에서의 'N'이 절대적 의미를
가지면 부적격한 월이 되며, 상대적 의미를 가져야만 적격한 월이 된다.
왜냐하면 '그다지①'이 정도 어찌씨이기 때문에 절대적 의미를 가지는
경우에는 정도성의 차이가 불가능하기 때문이다. (120ㄱ)에서 '사람'은
절대적 의미를 가지지만 꾸밈 받는 월조각 '유명한'에 의해 정도성이 부
여되기 때문에 적격한 월이 되었다.

> (121) ㄱ. *저분이 **그다지** 사람이 **아니**다.
> ㄴ. 저분은 **그다지** 부자가 **아니**다.

(121)에서 '사람'은 절대적 의미를 지니기 때문에 ㄱ이 부적격한 월이

---

141) 이 월에서 '잘'이 삭제되면 '*나는 저분을 **그다지 모른다**.'라는 부적격한 월이 된다.

되었지만, '부자'는 정도성이 반영될 수 있는 상대적 의미를 지니기 때문에 적격한 월이 되었다.

'그다지①'이 단순부정이나 능력부정을 가려잡지만, '그다지①'이 월을 짜 이루는 데 필수 요소는 아니다. '그다지①'이 삭제되더라도 '그다지①'의 뜻만 덜어질 뿐이고 월의 적격성에는 영향을 미치지 않기 때문에 수의 요소에 해당한다.

5.3.5 그렇게

'그렇게'는 그림씨 '그렇다'의 줄기에 씨끝 '-게'가 결합하여 꼴바꿈을 한 것과 어찌씨 파생뒷가지 '-게'가 결합하여 파생된 어찌씨가 있다. 파생어찌씨 '그렇게'는 <그러한 정도로>, <그러한 모양으로. 또는 그러한 방식으로>, <아주> 등의 뜻을 지닌다.

    (122) ㄱ. 이 영화가 **그렇게** 재미있니?
         ㄴ. 왜 아이들을 **그렇게** 내버려둡니까?
         ㄷ. 이 영화가 **그렇게** 재미있을 수가 없다.

    (122)에서의 '그렇게'는 모두 파생어찌씨로, ㄱ에서는 <그러한 정도로>, ㄴ에서는 <그러한 모양으로>, ㄷ에서는 <아주>의 뜻을 지닌다. <그러한 정도로>나 <그러한 모양으로>의 뜻을 지닌 '그렇게'는 긍정월이나 부정월을 가리지 않고 꾸밈말로 쓰일 수 있어 '부정 표현을 가려잡는 어찌씨'에 해당하지 않는다.

    (123) ㄱ. 이 영화가 **그렇게** 재미**없**니?

ㄴ. 왜 아이들을 **그렇게** 내버려두**지 않**습니까?

(122)의 ㄱ과 ㄴ은 긍정월에서, (123)의 ㄱ과 ㄴ은 부정월에서 '그렇게'가 꾸밈말로 쓰였지만 모두 적격한 월이 되었음을 통해 이를 확인할 수 있다. <아주>의 뜻을 지닌 '그렇게'는 부정월에서만 꾸밈말로 쓰일 수 있으며, 긍정월에서 쓰이게 되면 부적격한 월이 되거나 적격한 월이 되더라도 <아주>의 뜻으로 해석되지 않는다.

(124) *이 영화가 **그렇게** 재미있을 수가 있다.

(124)는 (122) ㄷ의 긍정월로는 부적격한 월이 되었다. (124)에서 '그렇게'가 <아주>의 뜻이 아니라 <그러한 정도로>의 뜻인 경우에는 적격한 월이 되지만, 부정월만을 가려잡는 <아주>의 '그렇게'이기 때문에 부적격한 월이 되었다.

<아주>의 '그렇게'는 특수한 월 짜임에서 제한적으로 쓰인다. '-을 수가 없-'이나 '-지가 않-' 따위의 앞에서 꾸밈말로 쓰이는 특성을 보인다.

(125) ㄱ. 요즘 학생들이 **그렇게** 똑똑**할 수가 없**습니다.
　　　ㄴ. 겨울밤이 **그렇게** 길**지가 않**더구나.[142]

(125)는 형식상으로는 부정월이지만 내용상으로는 <힘줌>의 의미를 지닌 긍정월로 해석된다. (125)를 의미상 차이 없이 다시 쓰면 (126)와 같다.

(126) ㄱ. [요즘 학생들이 **아주** 똑똑합니다.]

---

142) 이 월은 중의성을 띠어 '그렇게'가 <그러한 정도로>의 뜻으로 해석될 수도 있다.

ㄴ. [겨울밤이 **아주** 길더구나.]

<아주>의 '그렇게'는 '아주'와 마찬가지로 <정도가 매우 높음>을 뜻하는 정도어찌씨에 해당하며, 꾸밈 대상도 일반 정도어찌씨와 마찬가지로 주로 그림씨나 다른 어찌씨를 꾸민다.

<아주>의 '그렇게'는 월에서 꾸밈말에 해당하지만 월 짜임에서 필수 요소에 해당한다. (125)에서 '그렇게'가 삭제되면 (125)와 관련이 없는 월인 (127)이 된다.

(127) ㄱ. 요즘 학생들이 똑똑**할 수가 없**습니다.
ㄴ. 겨울밤이 길**지가 않**더구나.

곧 (125)는 형식상으로는 부정월이고 내용상으로는 긍정월로 해석되지만, (127)은 형식상으로나 내용상으로 부정월에 해당하기 때문에 (125)에서의 '그렇게'는 월 짜임에 필수 요소가 된다. (125)에서 '그렇게'가 형식상으로는 부정월이지만 내용상으로는 긍정월로 해석되게 만드는 역할을 하고 있음이 확인된다.

이와 같이 <아주>의 '그렇게'는 특정의 부정월에서 꾸밈말로 쓰여 부정 표현을 가려잡는 어찌씨에 해당하며, 월 짜임에서 필수 요소로, 내용상으로는 강조의 의미를 지닌 긍정월로 해석되게 하는 특성을 지닌다.

5.3.6 그리

'그리'는 <그곳으로 또는 그쪽으로>의 뜻을 지닌 곳어찌씨와 <그러한 정도로>나 <별로. 그다지>의 뜻을 지닌 성상어찌씨로 나뉜다.

(128) ㄱ. **그리** 앉으십시오.

ㄴ. 무슨 일로 **그리** 바쁜가?

ㄷ. 이번 시험이 **그리** 쉽**지 않**다.

(128)에서 ㄱ은 <그쪽으로>를 뜻하는 곳어찌씨이며, ㄴ은 <그러한 정도로>를, ㄷ은 <별로>를 뜻하는 성상어찌씨이다. ㄱ과 ㄴ은 긍정월에서 꾸밈말로 쓰일 수 있어 부정월을 가려잡는 어찌씨에 해당하지 않아 이 장의 논의 대상에서 제외된다. <별로, 그다지>의 뜻을 지닌 ㄷ에서의 '그리'는 긍정월에서는 꾸밈말로 쓰일 수 없고, 단순부정이나 능력부정에서만 꾸밈말로 쓰일 수 있기 때문에 부정 표현을 가려잡는 어찌씨에 해당한다.

(129) ㄱ. 요즘은 **그리** 바쁘**지 않**다.

ㄴ. 집안 살림이 **그리** 넉넉하**지 못**하다.

(129)의 긍정월에 해당하는 (130)이 부적격한 월인 것으로 미루어 '그리'는 긍정월에서는 꾸밈말로 쓰이지 않고 부정월에서만 꾸밈말로 쓰임이 확실하다.

(130) ㄱ. *요즘은 **그리** 바쁘다.

ㄴ. *집안 살림이 **그리** 넉넉하다.

(130)에서 '그리'가 꾸밈말로 쓰이지 않으면 적격한 월이 되지만, '그리'가 꾸밈말로 쓰여 부적격한 월이 되었다. 따라서 '그리'가 (129)와 같이 부정월만을 가려잡는 통제자로 작용하지만 '그리'가 월 짜임에서 필수 요소로 작용하는 것은 아니다. (129)에서 '그리'가 삭제되더라도 '그

리'의 뜻만 덜어질 뿐이고 월의 적격성에는 영향을 미치지 않기 때문에 월 짜임에서 수의 요소가 된다.

<그다지, 별로>의 뜻을 지닌 '그리'는 부정의 낱말로 이루어진 풀이말 가운데 '아니다', '없다'를 가려잡기도 한다. '그리'의 통사적 제약은 '그다지'에서와 꼭 같으므로 더 이상 논의하지 않는다.

5.3.7 끝내[143]

'끝내'는 <마침내 드디어>의 뜻을 지닌 '끝내①'과 <끝까지 내내>의 뜻을 지닌 '끝내②'로 나눌 수 있다. '끝내①'은 (131)과 같이 긍정월에서 꾸밈말로 쓰일 수 있어 이 장의 논의 대상에서 제외된다.

    (131) ㄱ. 서울에서 취직자리를 알아보다가 **끝내** 시골로 내려갔다.
        ㄴ.할아버지는 병원에 입원해 계시다가 **끝내** 돌아가시고 말았다.

'끝내②'는 긍정월에서는 쓰이지 않고 (132)와 같이 단순부정이나 능력부정에서만 꾸밈말로 쓰인다. 따라서 '끝내②'는 단순부정이나 능력부정을 가려잡는 어찌씨에 해당한다. '끝내②'는 시킴월이나 함께함월에서는 꾸밈말로 쓰이지 않기 때문에 '-지 말-'은 가려잡지 않는다.

    (132) ㄱ. 날이 저물 때까지 철수는 **끝내** 모습을 드러내**지 않**았다.
        ㄴ. 회의가 끝날 때까지 철수는 **끝내** 발언을 하**지 못했**다.

---

143) '끝내'의 힘줌말로 어두반복 합성 낱말 '끝끝내'가 있다. '종내'는 <끝까지 내내>의 뜻이나 <마지막에 드디어>의 뜻을 지닌 어찌씨로, <끝끼지 내내>의 '종내'는 부정월에서만 꾸밈말로 쓰여 부정월을 가려잡는 어찌씨에 해당한다. '종내'는 '끝내'와 뜻 및 쓰임에서 차이가 없다. 따라서 앞에서 살핀 '끝내'의 보기에 '종내'로 대치하더라도 모두 적격한 월이 되며, 뜻에서도 별다른 차이가 없다.

(132)의 긍정월에 해당하는 (133)이 부적격한 월이 되는 것으로 보아 '끝내②'가 부정월에서만 꾸밈말로 쓰이고 긍정월에서는 쓰이지 않음이 확인된다.

(133) ㄱ. *날이 저물 때까지 철수는 **끝내** 모습을 드러냈다.
ㄴ. *회의가 끝날 때까지 철수는 **끝내** 발언을 했다.

'끝내②'는 부정 낱말로 이루어진 풀이씨 가운데 '없다', '모르다'를 가려잡기도 하지만, '아니다'는 가려잡지 않는다.

(134) ㄱ. 회의가 끝날 때까지 **끝내** 말이 **없**었다.
ㄴ. 졸업할 때까지 **끝내** 구구단을 **몰랐**다.

'끝내②'는 부정월에서만 꾸밈말로 쓰이지만 생략되어도 '끝내②'의 뜻만 덜어질 뿐이고 월의 적격성에는 영향을 미치지 않기 때문에 월 짜임에서 필수 요소에 해당되지 않는다.

5.3.8 도대체(都大體)

'도대체(都大體)'는 <다른 말은 그만두고 요점만 말하자면>의 뜻을 지닌 '도대체(都大體)①[144]과 <유감스럽게도 전혀>의 뜻을 지닌 '도대체(都大體)②'로 나뉜다. '도대체(都大體)①'은 주로 물음월에서 꾸밈말로 쓰이며 긍정월과 부정월을 가리지 않고 꾸밈말로 쓰일 수 있어 이 장의 연구 대상에서 제외된다.

---

144) '도대체(都大體)①'은 '대체(大體)'의 힘줌말에 해당한다.

(135) ㄱ. 너는 **도대체** 왜 학교에 가니?

ㄴ. 너는 **도대체** 왜 학교에 **안** 가니?

(135)에서는 '도대체'가 '도대체(都大體)①'의 뜻으로 해석되며, 긍정월과 부정월을 가리지 않고 꾸밈말로 쓰임을 알 수 있다.

<유감스럽게도 전혀>의 뜻을 지닌 '도대체(都大體)②'는 주로 베풂월에서 꾸밈말로 쓰이며, 단순부정이나 능력부정을 가려잡는 어찌씨에 해당한다. '도대체(都大體)②'는 시킴월이나 함께함월에서는 꾸밈말로 쓰이지 않기 때문에 '-지 말-'을 가려잡지 않는다.

(136) ㄱ. 난 **도대체** 이해가 **안** 돼.

ㄴ. 난 **도대체** 이해를 **못** 하겠어.

(136)의 긍정월에 해당하는 (137)이 부적격한 월이 되는 것으로 보아 '도대체(都大體)②'가 부정월에서만 꾸밈말로 쓰이고 긍정월에서는 쓰이지 않음이 확인된다.

(137) ㄱ. *난 **도대체** 이해가 돼.

ㄴ. *난 **도대체** 이해를 하겠어.

이와 같이 '도대체(都大體)②'는 부정월만을 가려잡지만, 일부 반어법을 실현하는 긍정월에서 꾸밈말로 쓰이기도 한다.

(138) ㄱ. **도대체** 감을 잡을 수가 있어야지.

ㄴ. 내가 **도대체** 누구를 믿겠니?

(138)은 반어법을 실현하는 월로, 표면적으로는 긍정월이지만 내재적

으로는 (139)와 같이 부정의 베풂월로 해석되어, 실제적으로 '도대체(都大體)②'가 부정 표현을 가려잡는 어찌씨임이 유지된다.

> (139) ㄱ. [**도대체** 감을 잡을 수가 **없**어.]
>   ㄴ. [내가 **도대체** 아무도 믿**지 못하**겠다.]

'도대체(都大體)②'는 부정 낱말로 이루어진 풀이씨 가운데 '아니다', '없다', '모르다'를 가려잡지만, 이들의 긍정 낱말인 '이다', '있다', '알다'는 반어법 월로 해석되는 경우에만 가려잡고 그 밖에는 가려잡지 않는다.

> (140) ㄱ. 그 사람은 **도대체** 정이 가는 사람이 **아니**다.
>   ㄴ. 그 사람은 **도대체** 이해할 수가 **없**다.
>   ㄷ. 그 사람이 하는 일을 **도대체 모르**겠어.

'도대체(都大體)②'는 부정월을 가려잡는 꾸밈말로만 쓰이지만, (142)와 (146)에서 생략되더라도 '도대체②'이 뜻만 덜어질 뿐이고 월의 적격성에 영향을 미치지 않기 때문에 월 짜임에서 필수 요소에 해당되지 않는다.

5.3.9 백날

'백날'은 <늘 또는 언제나>의 뜻을 지닌 '백날①'과 <아무리 오랜 시간이 지나도. 또는 아무리 애써 보아도>의 뜻을 지닌 '백날②'로 나눌 수 있다. '백날①'은 (141)과 같이 부정월만이 아니라 긍정월에서도 꾸밈말로 쓰여 이 장의 논의 대상에서 제외된다.

> (141) ㄱ. 그분은 **백날** 말로만 떠든다.

ㄴ. 그분은 **백날** 말로만 떠들**지 않**는다.

'백날②'는 이은월을 가려잡으며, 이은월에서 긍정의 앞마디에 놓이지만, 뒷마디는 반드시 부정이어야 하기 때문에 부정 표현을 가려잡는 어찌씨에 해당한다. 곧 '백날②'는 이은월의 앞마디에 놓이되, 뒷마디에 영향을 미치는 통사적 특성을 보인다.

(142) ㄱ. 내가 **백날** 타일러도 그 녀석 버릇은 **안** 고쳐진다.
　　　ㄴ. 그의 술버릇은 **백날** 말해 봤자 나아지**지 않**는다
　　　ㄷ. 그런 책은 **백날** 봐야 도움이 **안** 된다.

(142)에서와 같이 '백날②'는 이은월에서 쓰이되, 특정의 이음씨끝인 '-어도', '-었자', '-어야' 따위를 가려잡는다. 또한 '백날②'는 긍정의 앞마디에 놓이고 뒷마디는 부정이어야 하는 제약이 따른다. 이와 같은 제약은 모두 '백날②'가 꾸밈말로 쓰임으로 말미암은 것이기 때문에 앞마디의 꾸밈말인 '백날②'가 뒷마디에 영향을 미쳐 부정의 뒷마디를 가려잡는 특성을 가진다.

'백날②'가 꾸밈말로 쓰인 이은월에서 긍정의 뒷마디가 놓이는 경우 부적격한 월이 되지만, 반어법으로 해석되는 경우에 긍정의 뒷마디가 놓이더라도 적격한 월이 된다.

(143) ㄱ. **백날** 떠들어도 누가 들어 주냐?
　　　ㄴ. **백날** 말해 봤자 무슨 소용이 있니?

(143)은 뒷마디가 긍정월에 해당하지만 '백날②'기 꾸밈밀로 쓰이너라고 적격한 월이 되었다. (143)은 표면적으로는 긍정월이지만 내재적으로

는 (144)와 같이 부정월로 해석되는 반어법 월에 해당하기 때문에 '백날 ②'가 부정의 뒷마디만을 가려잡는 어찌씨에 해당함은 유지된다.

> (144) ㄱ. [**백날** 떠들어도 아무도 들어주**지 않**는다.]
> ㄴ. [**백날** 말해 봤자 아무 소용이 **없**다.]

'백날②'가 (145)와 같이 긍정의 뒷마디인 경우에도 꾸밈말로 쓰이는 일이 있다. 그러나 여기서도 뒷마디의 의미는 부정적 내용에 해당하는 경우에 한한다.

> (145) ㄱ. **백날** 해 보아야 **그 모양이다.**[백날 해 보아도 나아지지 않는다]
> ㄴ. **백날** 기다려도 **헛일이다.**[백날 기다려도 소용이 없다.]

'백날②'은 이은월을 가려잡고 앞마디에서 꾸밈말로 쓰여 부정의 뒷마디를 가려잡는 통사적 특성을 보인다. 이 조건이 갖추어지는 경우에 적절하게 쓰일 수 있지만, '백날②'가 꾸밈말로 쓰인 월에서 삭제되더라도 '백날②'의 뜻만 덜어질 뿐이고 월의 적격성에는 영향을 미치는 것은 아니기 때문에 월 짜임의 필수 요소는 아니다.

5.3.10 설마

'설마'는 <앞선 월이나 상대방의 발화에 대한 부정이나 회의>의 뜻이나, <그럴 가능성은 없지만 혹시>, <아무리 그러하기로>의 뜻을 지니는 어찌씨로, 의심이나 추측을 나타내는 월에서 꾸밈말로 쓰인다.[145]

---

145) '설마'가 꾸밈말로 쓰인 월에서 '설마'가 중의성을 띨 수 있다.

<앞선 월이나 상대방의 발화에 대한 부정이나 회의>의 뜻을 지닌 '설마①'은 (146)과 같이 긍정월이나 부정월을 가리지 않기 때문에 이 장의 연구 대상에서 제외된다.

(146) ㄱ. 가 : 김 대리는 일을 잘 못 해.
　　　나 : **설마** 김 대리도 이번이야 일을 잘 하겠지.
　　 ㄴ. 가 : 내일 비가 올 것 같아.
　　　나 : **설마** 내일 비가 안 올 거야.

<그럴 가능성은 없지만 혹시>의 뜻을 지닌 '설마②'도 (147)과 같이 긍정월이나 부정월을 가리지 않기 때문에 이 장의 연구 대상에서 제외된다.

(147) ㄱ. 윤 선생님이 **설마** 그들한테 무언가 귀띔을 해 주신 걸까?
　　 ㄴ. 윤 선생님이 **설마** 암이 아닐까?

<아무리 그러하기로>의 뜻을 지닌 '설마③'은 부정월에서 꾸밈말로 쓰이기 때문에 이 장의 연구 대상에 포함된다. '설마③'은 단순부정이나 능력부정을 가려잡는 어찌씨에 해당한다. '설마③'은 시킴월이나 함께함월에서는 꾸밈말로 쓰이지 않기 때문에 '-지 말-'은 가려잡지 않는다.

(148) ㄱ. **설마** 이번 시험에는 **안** 떨어지겠지./떨어지**지 않**겠지.
　　 ㄴ. **설마** 그가 나를 **못** 잊을 거야./잊**지 못할** 거야.

(148)의 긍정월에 해당하는 (149)가 부적격한 월이 되는 것으로 보아 '설마③'이 부정월에서만 꾸밈말로 쓰이고 긍정월에서는 쓰이지 않음이 확인된다.146)

(149) ㄱ. ***설마** 이번 시험에는 떨어지겠지.

ㄴ. ***설마** 그가 나를 잊을 거야.

'설마③'은 베풂월만이 아니라 물음월을 가려잡기도 한다. 물음월인 경우 '설마③'은 일반 물음월인 경우에는 부정월만을 가려잡지만, 반어법 물음월인 경우에는 (150)과 같이 표면적으로 긍정월을 가려잡기도 한다.

(150) ㄱ. 부지런히 농사를 지으면 **설마** 배야 곯겠느냐?

ㄴ. **설마** 거실이 운동장만큼이야 넓을라고?

(150)은 형식상으로 긍정월인데 '설마'가 꾸밈말로 쓰여 적격한 월이 되었다. 따라서 '설마'가 부정월만을 가려잡는 통사어찌씨라는 전제가 잘 못된 것으로 판단하기 쉽다. 그러나 (150)이 비록 형식상으로는 긍정월 이지만 내재적으로는 (151)과 같이 부정월로 해석되어 '설마③'이 부정 표현을 가려잡음은 유효하다.

(151) ㄱ. [부지런히 농사를 지으면 **설마** 배는 **안** 곯을 거야.]

ㄴ. [**설마** 거실이 운동장만큼이야 넓**지 않**을 거야.]

'설마③'은 (152)와 같이 부정 낱말로 이루어진 풀이말 가운데 '아니다, 없다', '모르다'를 가려잡는다. '설마③'이 부정월만을 가려잡기 때문에 (152)에 대립되는 긍정월은 부적격한 월이 된다.

(152) ㄱ. 그게 **설마** 독약은 **아니**겠지.

ㄴ. **설마** 그런 사람은 **없**겠지.

---

146) (149)가 적격한 월이 되면 '설마'가 '설마③'으로 해석되지 않는다.

ㄷ. 이번 일은 **설마** 아무도 **모르**겠지.

'설마'가 부정월을 가려잡는 통사적 특성을 가지고 있지만, 꾸밈말로 쓰인 월에서 삭제되더라도 '설마'의 뜻만 덜어질 뿐이고 월의 적격성에는 영향을 미치는 것은 아니기 때문에 월 짜임에서 필수 요소는 아니다.

5.3.11 아예

어찌씨 '아예'는 의미에 따라 <일이 있기 전에 미리. 처음부터>의 뜻을 가진 아예①, <차라리. 전적으로>의 뜻을 가진 아예②, <절대로. 조금도. 결코>의 뜻을 지닌 아예③으로 가를 수 있다. '아예①'과 '아예②'는 (153)에서와 같이 부정월만이 아니라 긍정월에서도 꾸밈말로 쓰일 수 있어 이 장의 연구 대상에서 제외된다.

(153) ㄱ. 가. 그 일에 대해서는 **아예** 예상을 하고 있었다.
　　　　나. 그 일에 대해서는 **아예** 예상을 하고 있**지 않**았다.
　　 ㄴ. 가. 조금 쉬라고 했더니 **아예** 잠을 자는군.
　　　　나. 조금 쉬라고 했더니 **아예** 공부를 하**지 않**는군.

<절대로. 조금도. 결코>의 뜻을 지닌 '아예③'은 부정월에서 꾸밈말로 쓰이기 때문에 이 장의 연구 대상에 포함된다. '아예③'은 단순부정이나 능력부정을 가려잡는 어찌씨에 해당한다. '아예③'은 시킴월이나 함께함월에서도 꾸밈말로 쓰일 수 있어 '-지 말-'을 가려잡는다.

(154) ㄱ. 목감기에 걸렸는지 목소리가 **아예 안** 나온다./나오**지 않**는다.
　　 ㄴ. 장을 담그는 일은 **아예** 엄두를 **못** 낸다./내**지 못한**다.

ㄷ. 이번 여행은 **아예** 가**지 말**자.

ㄹ. 남 듣는 데서는 **아예** 그런 말을 하**지 말**게.

(154)의 긍정월에 해당하는 (155)가 부적격한 월이 되는 것으로 보아 '아예③'이 부정월에서만 꾸밈말로 쓰이고 긍정월에서는 쓰이지 않음이 확인된다. 만일 적격한 월이 되면, '아예③'이 아니라 '아예①'이나 '아예②'에 해당한다.

(155) ㄱ. *목감기에 걸렸는지 목소리가 **아예** 나온다.

ㄴ. *장을 담그는 일은 **아예** 엄두를 낸다.

ㄷ. *이번 여행은 **아예** 가자.

ㄹ. *남 듣는 데서는 **아예** 그런 말을 하게.

'아예③'은 (156)과 같이 부정 낱말로 이루어진 풀이씨 가운데 '아니다', '없다', '모르다'를 가려잡는다. 따라서 '아예③'은 (156)에 대립되는 긍정월인 경우에는 꾸밈말로 쓰이지 않는다.

(156) ㄱ. 이번 사업은 **아예** 기대할 일이 **아니**다.

ㄴ. 집안 일이 어찌 돌아가는지 **아예** 관심이 **없**다.

ㄷ. 그 일에 대해서는 난 **아예 모른**다.

'아예③'이 부정월을 가려잡는 통사적 특성을 가지고 있지만, 꾸밈말로 쓰인 월에서 삭제되더라도 '아예③'의 뜻만 덜어질 뿐이고 월의 적격성에는 영향을 미치는 것은 아니기 때문에 월 짜임에서 필수 요소는 아니다.

5.3.12 영[147)

'영'은 <더할 나위 없이 완전히. 또는 심하게>의 뜻을 지닌 '영①'과 <전혀 또는 도무지>의 뜻을 지닌 '영②'로 나눌 수 있다. '영①'은 (163) 과 같이 긍정월에서도 꾸밈말로 쓰여 이 장의 논의 대상에서 제외된다.

(157) ㄱ. 오늘 따라 기분이 **영** 엉망이다.
ㄴ. 오늘은 기분이 **영** 고약하다.

<전혀 또는 도무지>의 뜻을 지닌 '영②'는 부정월에서 꾸밈말로 쓰이 기 때문에 이 장의 연구 대상에 포함된다. '영②'는 단순부정이나 능력부 정을 가려잡는 어찌씨에 해당한다. '영②'는 시킴월이나 함께함월에서는 꾸밈말로 쓰일 수 없어 '-지 말-'을 가려잡지 않는다.

(158) ㄱ. 성적이 **영** 오르**지 않**는다.
ㄴ. 그 친구는 모임에 **영** 나오**지 못했**다.

(158)의 긍정월에 해당하는 (159)가 부적격한 월이 되는 것으로 보아 '영②'가 부정월에서만 꾸밈말로 쓰이고 긍정월에서는 쓰이지 않음이 확 인된다.

(159) ㄱ. *성적이 **영** 오른다.
ㄴ. *그 친구는 모임에 **영** 나왔다.

---

147) 여기서 다루는 '영'은 토박이말이다. 한자말 '영(永)'은 <영원히 언제까지나>의 뜻 을 가진 어찌씨로, 아래 보기와 같이 부정월이나 긍정월에서 꾸밈말로 쓰일 수 있 으며, '영영(永永)'의 준말에 해당한다.
ㄱ. 그 사람은 **영(永)/영영(永永)** 마을을 떠나 버렸다.
ㄴ. 나는 그 친구와 **영(永)/영영(永永)** 만나**지 못**했다.

'영②'는 (160)과 같이 부정 낱말로 이루어진 풀이말 가운데 '아니다, 없다', '모르다'를 가려잡는다. '영②'가 부정월만을 가려잡기 때문에 (160)에 대립되는 긍정월은 부적격한 월이 된다.

> (160) ㄱ. 이번 일은 **영** 신기한 게 **아니**다.
> ㄴ. 운동엔 **영** 재주가 **없**다.
> ㄷ. 어머니는 나의 사정을 **영 모르**신다.

'영②'가 부정월을 가려잡는 통사적 특성을 가지고 있지만, 꾸밈말로 쓰인 월에서 삭제되더라도 '영②'의 뜻만 덜어질 뿐이고 월의 적격성에는 영향을 미치는 것은 아니기 때문에 월 짜임의 필수 요소는 아니다.

5.3.13 일절(一切)

'일절'은 <전혀. 도무지. 절대로>의 뜻이나 <완전히>의 뜻을 지닌 어찌씨로[148], 부인하거나 금지하는 말에서 주로 쓰인다. <전혀. 도무지. 절대로>의 '일절①'은 부정월에서 꾸밈말로 쓰여 부정월을 가려잡는 어찌씨에 해당한다. '일절①'은 단순부정이나 능력부정을 가려잡는 어찌씨로, 시킴월이나 함께함월에서도 꾸밈말로 쓰이기 때문에 '-지 말-'를 가려잡는다.

> (161) ㄱ. 선생님은 그 문제에 대해선 **일절** 말을 하**지 않**으신다.
> ㄴ. 수업 중에는 **일절** 잡담을 하**지 못한**다.
> ㄷ. 저분 말에는 **일절** 대꾸하**지 맙**시다.
> ㄹ. 이 일에는 **일절** 간섭하**지 마**시오.

---

148) <완전히>의 뜻을 지닌 '일절'은 말살이에서 자주 쓰이지만 표준말이 아니다. 표준말은 '일체'이다.

(161)의 긍정월에 해당하는 (162)가 부적격한 월이 되는 것으로 보아 '일절'이 부정월에서만 꾸밈말로 쓰이고 긍정월에서는 쓰이지 않음이 확인된다.

(162) ㄱ. *선생님은 그 문제에 대해선 **일절** 말을 하신다.
ㄴ. *수업 중에는 **일절** 잡담을 한다.
ㄷ. *저분 말에는 **일절** 대꾸합시다.
ㄹ. *이 일에는 **일절** 간섭하시오.

(162)에서 '일절'이 삭제되면 적격한 월이 되지만 '일절'이 꾸밈말로 쓰여 부적격한 월이 되었기 때문에 '일절'이 부정월을 가려잡음이 증명된다.
'일절'은 (163)과 같이 부정 낱말 가운데 '아니다'와 '없다', '모르다'를 가려잡는다. 따라서 '일절'은 (163)에 대립되는 긍정월인 경우에는 꾸밈말로 쓰이지 않는다.

(163) ㄱ. 이번 사건은 **일절** 걱정할 일이 **아니**다.
ㄴ. 이달부터 용돈은 **일절** **없**다.
ㄷ. 나는 그 일에 대해서는 **일절** **모른**다.

'일절'은 꾸밈 받는 풀이씨가 금하는 의미 특성을 가질 때에는 긍정월에서 꾸밈말로 쓰일 수 있으며, 의미적으로도 <완전히>의 뜻을 나타낸다. <완전히>의 '일절②'는 긍정월에서도 꾸밈말로 쓰일 수 있어 부정월을 가려잡는 어찌씨에 해당하지 않는다. (164)에서의 '일절'은 비표준말로, '일체'가 표준말이다.

(164) ㄱ. 면회는 **일절** **금한**다
ㄴ. 그는 담배를 **일절** **끊**었다.

ㄷ. 실내에서는 담배를 피우는 것이 **일절 금지되어** 있다.

ㄹ. 화환은 **일절 사양합**니다.

이와 같이 <전혀. 도무지. 절대로>의 뜻을 지닌 '일절①'은 부정월을 가려잡는 통사적 특성을 가지고 있지만, 꾸밈말로 쓰인 월에서 삭제되더라도 '일절①'의 뜻만 덜어질 뿐이고 월의 적격성에는 영향을 미치지 않기 때문에 월 짜임에서 필수 요소는 아니다.

5.3.14 전연(全然)[149]

'전연'은 <전혀. 도무지. 조금도>의 뜻이나 <아주. 완전히>의 뜻을 지닌 어찌씨로, <전혀. 도무지. 조금도>의 '전연①'은 부정월에서 꾸밈말로 쓰여 부정월을 가려잡는 어찌씨에 해당한다. '전연①'은 단순부정이나 능력부정을 가려잡는 어찌씨로, 시킴월이나 함께함월에서는 꾸밈말로 쓰이지 않기 때문에 '-지 말-'을 가려잡지 않는다.

(165) ㄱ. 꿈의 내용이 **전연** 생각나**지 않**았다.

ㄴ. 할머니는 그 사실을 **전연** 알**지 못했**다.

(165)의 긍정월에 해당하는 (166)이 부적격한 월이 되는 것으로 보아 '전연'이 부정월에서만 꾸밈말로 쓰이고 긍정월에서는 쓰이지 않음이 확인된다.

(166) ㄱ. *꿈의 내용은 **전연** 생각났다.

ㄴ. *할머니는 그 사실을 **전연** 알았다.

---

149) '전연(全然)'과 '전혀'는 뜻과 쓰임에서 별다른 차이가 나지 않는다. 따라서 앞에서 살핀 '전연'의 보기에 '전혀'로 대치하더라도 모두 적격한 월이 되며, 뜻에서도 별다른 차이가 없다.

(166)에서 '전연'이 삭제되면 적격한 월이 되지만 '전연'이 꾸밈말로 쓰여 부적격한 월이 되었기 때문에 '전연'이 부정월을 가려잡음이 증명된다.

'전연'은 (167)과 같이 부정 낱말 가운데 '아니다'와 '없다', '모르다'를 가려잡는다. 따라서 '전연'은 (167)에 대립되는 긍정월인 경우에는 꾸밈말로 쓰이지 않는다.

(167) ㄱ. 이번 사건은 **전연** 걱정할 일이 **아니**다.
ㄴ. 이번 일은 지난번 일과 **전연** 상관이 **없**다.
ㄷ. 나는 그런 사실을 **전연** **몰랐**다.

<아주. 완전히>의 '전연②'는 긍정월에서 꾸밈말로 쓰일 수 있어 부정월을 가려잡는 통사어찌씨에 해당하지 않는다.

(168) ㄱ. 선생님은 오늘 **전연** 딴사람처럼 보였다.
ㄴ. 이번 사건은 지난번 사건과 **전연** 다르다.
ㄷ. 이번 개각은 **전연** 예상 밖이다.

이와 같이 <전혀. 도무지. 조금도>의 뜻을 지닌 '전연①'은 부정월을 가려잡는 통사적 특성을 가지고 있지만, 꾸밈말로 쓰인 월에서 삭제되더라도 '전연①'의 뜻만 덜어질 뿐이고 월의 적격성에는 영향을 미치는 것은 아니기 때문에 월 짜임에서 필수 요소는 아니다.

5.3.15 절대(로)[150]

'절대(로)'는 <어떤 일이 있더라도 결코>의 뜻이나 <무슨 일이 있어도

---

150) 『고』에 따르면, '절대로'는 '절대'를 좀 더 분명하게 이르는 말이다. '절대(絕對)'는 어찌씨만이 아니라 이름씨로도 쓰인다.

반드시>의 뜻을 지닌 어찌씨로, <어떤 일이 있더라도 결코>의 '절대(로) ①'은 부정월에서 꾸밈말로 쓰여 부정월을 가려잡는 어찌씨에 해당한다. '절대(로)①'은 단순부정이나 능력부정을 가려잡는 어찌씨로, 시킴월이나 함께함월에서도 꾸밈말로 쓰이기 때문에 '-지 말-'을 가려잡는다.

> (169) ㄱ. 너의 주장은 현실적으로 **절대(로)** 가능하**지 않**다.
> ㄴ. 이번 일은 **절대(로)** 용서하**지 못하**겠다.
> ㄷ. **절대(로)** 담배를 피우**지 말**라.

(169)의 긍정월에 해당하는 (170)이 부적격한 월이 되는 것으로 보아 '절대(로)'가 부정월에서만 꾸밈말로 쓰이고 긍정월에서는 쓰이지 않음이 확인된다.

> (170) ㄱ. *너의 주장은 현실적으로 **절대(로)** 가능하다.
> ㄴ. *이번 일은 **절대(로)** 용서하겠다.
> ㄷ. ***절대(로)** 담배를 피워라.

(170)에서 '절대(로)'가 삭제되면 적격한 월이 되지만 '절대(로)'가 꾸밈말로 쓰여 부적격한 월이 되었기 때문에 '절대(로)'가 부정월을 가려잡음이 증명된다.

'절대(로)①'은 (171)과 같이 부정 낱말 가운데 '아니다'와 '없다', '모르다'를 가려잡는다. 따라서 '절대(로)①'은 (171)에 대립되는 긍정월인 경우에는 꾸밈말로 쓰이지 않는다.

> (171) ㄱ. 철수 말이 **절대(로)** 틀린 말은 **아니**다.
> ㄴ. 나는 **절대(로)** 네 말에 동의할 수 **없**어.
> ㄷ. 선생님은 이번 일을 **절대(로)** **모를** 거야.

<무슨 일이 있어도 반드시>의 '절대(로)②'는 (172)와 같이 긍정월에서도 꾸밈말로 쓰일 수 있어 부정월을 가려잡는 어찌씨에 해당하지 않는다.

(172) ㄱ. 다른 사람들에겐 **절대(로)** 비밀을 지켜라.
ㄴ. 물과 공기는 우리에게 **절대(로)** 필요한 것이다.
ㄷ. 당신의 협조가 **절대(로)** 필요합니다.

이와 같이 <어떤 일이 있더라도 결코>의 뜻을 지닌 '절대(로)①'은 부정월을 가려잡는 통사적 특성을 가지고 있지만, 꾸밈말로 쓰인 월에서 삭제되더라도 '절대(로)의 뜻만 덜어질 뿐이고 월의 적격성에는 영향을 미치는 것은 아니기 때문에 월 짜임의 필수 요소는 아니다.

5.4 주로 부정 표현을 가려잡는 어찌씨

5.4.1 더이상(-以上)[151]

'더이상'을 '더 이상'이란 통사적 짜임새로 보지 않고 [어찌씨+이름씨]의 결합으로 이루어진 합성어찌씨의 형태적 짜임새로 보고자 한다. '더'는 어찌씨이고 '이상'은 이름씨로서 통사적 짜임새라면 '더'가 이름씨 '이상'을 꾸미는 짜임새인데, 일부 어찌씨가 이름씨를 꾸미는 경우가 있지

---

151) '더이상(以上)'을 어찌씨로 처리한 사전류로는 『연』, 『고』가 있다. 『표』와 『한』 등에서는 올림말로 올라 있지 않은 것으로 보아 한 낱말로 처리하지 않고 통사적 짜임새로 본 것 같다. 같은 꼴로 이름씨인 '더이상'에 토씨 '의'가 결합하여 쓰인디. 주로 부정월에서 매김말로 쓰인다.
더이상의 피해는 보지 않았다.
더이상의 변명은 하지 마라.

만,152) '더'는 이름씨를 꾸미는 경우가 없기 때문에 예외적으로 이름씨 '이상'만을 꾸미는 것으로 처리해야 한다. 또한 '이상'은 이름씨로서 자리토씨를 취하여 임자말, 부림말, 매김말 따위의 월조각으로 쓰이지만, '더이상'에는 자리토씨는 결합되지 않고 일부 도움토씨가 결합될 뿐이기 때문에 '더 이상'의 '이상'이 이름씨로서의 자격을 잃게 된다. 의미적인 면에서도 단순히 <더+이상>이 아니라 <더 많이, 그 이후로 계속>이란 새로운 의미를 가지고 있으며 용법에서도 어찌씨와 같은 기능을 수행하기 때문에 '더이상'을 '더'와 '이상'이 합쳐져 결합과정을 거쳐 도출된 합성 어찌씨로 보는 것이 합리적이다.

'더이상'은 <더 많이, 그 이후로 계속>을 뜻하는 어찌씨로, 부정월에서 꾸밈말로 쓰인다. '더이상'은 단순부정이나 능력부정을 가려잡는 어찌씨에 해당한다. '더이상'은 시킴월이나 함께함월에서도 꾸밈말로 쓰이기 때문에 '-지 말-'을 가려잡기도 한다.

  (173) ㄱ. 눈물이 **더이상** 나오**지 않**았다.
    ㄴ. 나는 **더이상** 먹**지 못**하겠어요.
    ㄷ. **더이상** 저 아이를 괴롭히**지 마라**./괴롭히**지 말**자.

  (173)의 긍정월에 해당하는 (174)가 부적격한 월이 되는 것으로 보아 '더이상'은 부정월에서만 꾸밈말로 쓰이고 긍정월에서는 쓰이지 않음이 확인된다.

  (174) ㄱ. *눈물이 **더이상** 나왔다.
    ㄴ. *나는 **더이상** 먹겠어요.
    ㄷ. ***더이상** 저 아이를 괴롭혀라./*괴롭히자.

---

152) 어찌씨 '바로'는 "**바로 옆**이 우체국이다"에서와 같이 이름씨를 꾸미기도 한다.

이와 같이 '더이상'은 부정월을 가려잡지만, 극히 일부 긍정월에서 꾸밈말로 쓰이기도 한다.

(175) ㄱ. 나는 **더이상** 달리기가 **어려웠다**.
ㄴ. 나는 **더이상** 달리기가 **힘들다**.

(175)에서 ㄱ은 긍정월이지만 '더이상'이 꾸밈말로 쓰였다. 꾸밈 받는 말이 '어렵다'인 경우에는 긍정월에서도 '더이상'이 꾸밈말로 쓰이는데, '어렵다'의 의미가 <쉽지 않다>와 같아 부정적 의미를 함의하기 때문에 '더이상'이 꾸밈말로 쓰이더라도 적격해진다. ㄴ과 같이 '어렵다'와 비슷한 뜻을 지닌 '힘들다'인 경우에도 '더이상'이 꾸밈말로 쓰일 수 있다.

대체로 '더이상'이 긍정월에서 꾸밈말로 쓰이면 부적격한 월이 되지만, 긍정의 반어법 물음월에서는 '더이상'이 꾸밈말로 쓰이기도 한다.

(176) ㄱ. 내가 **더이상** 누구를 믿겠니?
ㄴ. 그분이 **더이상** 뭐가 아쉽겠니?

물음말이 있는 긍정의 반어법 물음월인 경우에 (176)과 같이 '더이상'이 꾸밈말로 쓰이기도 하지만, (176)은 표면상으로만 긍정의 물음월일 뿐이고 내재적으로는 (177)과 같이 부정의 베풂월로 해석된다. 따라서 '더이상'이 부정 표현을 가려잡음이 유지된다.

(177) ㄱ. [내가 **더이상** 아무도 믿**지 않**겠다.]
ㄴ. [그분이 **더이상** 아무것도 아쉽**지 않**겠다.]

'더이상'은 부정 낱말로 이루어진 풀이씨 가운데 '아니다', '없다', '모르다'를 가려잡지만, 이들의 긍정 낱말인 '이다', '있다', '알다'는 반어법 월로 해석되는 경우에만 가려잡고 그 밖에는 가려잡지 않는다.

(178) ㄱ. 이 사람은 **더이상** 아이가 **아니**다.
ㄴ. 이보다 좋은 일은 **더이상** **없**다.
ㄷ. 난 그 일에 대해서 **더이상** **모른**다.

'더이상'은 부정월을 가려잡는 꾸밈말로 쓰이지만, (173)과 (178)에서 생략되더라도 '더이상'의 뜻만 덜어질 뿐이고 월의 적격성에 영향을 미치지 않기 때문에 월 짜임에서 필수 요소에 해당되지 않는다. 긍정의 반어법 월에서 '더이상'이 삭제되더라도 반어법은 그대로 유지되기 때문에 '더이상'은 월 짜임에서 필수 요소는 아니다.

이와 같이 '더이상'은 부정월이나 부정의 뜻을 지닌 일부 긍정월, 긍정의 반어법 월을 가려잡는 어찌씨로, 삭제되더라도 월의 적격성에 영향을 미치지 않는다.

5.4.2 만만히[153]

<다루거나 대하기에 힘들지 않고 손쉽게>의 뜻을 지닌 어찌씨 '만만히'는 '만만하다'의 뿌리 '만만-'에 어찌씨 파생가지 '-히'가 결합하여 결합과정을 거쳐 도출된 파생어찌씨이다. '만만히'는 베풂, 물음, 함께함, 시킴월에서 꾸밈말로 쓰일 수 있어 의향법에 제약이 따르지 않는다. '만만히'는 (179)와 같이 베풂월과 물음월에서는 긍정이나 부정을 가리지

---

153) 같은 꼴이지만 뜻이 다른 것으로 <넘칠 만큼 넉넉히>의 뜻을 지닌 '만만(滿滿)히'와 <끝없이 지루하게>의 뜻을 지닌 '만만(漫漫)히'가 있다.

않고 꾸밈말로 쓰일 수 있기 때문에 부정 표현을 가려잡는 어찌씨에 해당되지 않는다. 따라서 이 장의 논의 대상에서 제외된다.

(179) ㄱ. 가. 사람들이 저분을 **만만히** 본다.
　　　　나. 사람들이 저분을 **만만히 안/못** 본다.
　　　ㄴ. 가. 사람들이 저분을 **만만히** 보니?
　　　　나. 사람들이 저분을 **만만히 안/못** 보니?

'만만히'가 함께함월과 시킴월에서 꾸밈말로 쓰이는 경우에는 긍정월은 가려잡지 않고 부정월을 가려잡기 때문에 부정 표현을 가려잡는 어찌씨에 해당한다.

(180) ㄱ. 가. *저분을 **만만히** 보자.
　　　　나. 저분을 **만만히** 보**지 말**자.
　　　ㄴ. 가. *저분을 **만만히** 보아라.
　　　　나. 저분을 **만만히** 보**지 마라.**

'만만히'가 부정의 함께함월과 시킴월만을 가려잡는 것은, 뒤에서 살필 '쓸데없이'와 마찬가지로 '만만히'의 의미 특성으로 말미암은 것으로 보인다.

함께함월과 시킴월에서 '만만히'는 부정 풀이씨 '아니다', '없다', '모르다'를 가려잡지 않는다. 이들 부정 풀이씨는 함께함월과 시킴월에서 풀이말로 쓰이지 않기 때문이다. '만만히'가 꾸밈말로 쓰인 함께함월과 시킴월에서 '없다'의 긍정 낱말인 '있다'인 경우에는 '있지 말-'로 실현된다.

(181) ㄱ. 이번에는 **만만히 있지 말**자.
　　　ㄴ. 이번에는 **만만히 있지 마라.**

'만만히'가 부정의 함께함월과 시킴월에서 꾸밈말로 쓰이는 특성을 지니지만, 풀이말이 '보다', '있다', '여기다' 따위인 월에서 삭제되면 '만만히'의 뜻만 덜어지는 것이 아니라 월 자체의 의미가 불완전해진다.

5.4.3 쓸데없이

'쓸데없이'는 '쓸데없다'란 그림씨 줄기에 어찌씨 파생가지 '-이'가 결합하여 만들어진 파생어찌씨로, <아무런 의의나 값어치가 없이>란 뜻을 지닌다. '쓸데없이'는 베풂, 물음, 함께함, 시킴월에서 꾸밈말로 쓰일 수 있어 의향법에 제약이 따르지 않는다. '쓸데없이'는 (182)와 같이 베풂월과 물음월에서는 긍정월이나 부정월을 가리지 않고 꾸밈말로 쓰일 수 있기 때문에 이 장의 논의 대상에서 제외된다.

> (182) ㄱ. 가. 철수는 **쓸데없이** 아무 일에나 참견하려 든다.
> 나. 나는 **쓸데없이** 낭비는 **안** 한다./하**지 않**는다.
> ㄴ. 가. 왜 너는 **쓸데없이** 남의 일에 참견하니?
> 나. 너는 **쓸데없이** 돈을 낭비하**지 않**니?

'쓸데없이'가 함께함월과 시킴월에서 꾸밈말로 쓰이는 경우에는 부정월을 가려잡기 때문에 부정 표현을 가려잡는 어찌씨에 해당한다.

> (183) ㄱ. **쓸데없이** 시간을 낭비하**지 말**자.
> ㄴ. **쓸데없이** 아무 일에나 참견하**지 마**라.

'쓸데없이'가 부정의 함께함월과 시킴월을 가려잡는 것은 '쓸데없이'의 의미 특성에 기인하는 것으로 보인다. 곧 아무런 의의나 값어치가 없는 것을 시키거나 함께 하자고 요청하는 것은 무의미하기 때문이다. 한 월로 의향법만 달리하여 '쓸데없이'의 용례를 들기로 한다.

> (184) ㄱ. 가. 이미 지나간 일로 **쓸데없이** 괴로워한다.
> 　　 나. 이미 지나간 일로 **쓸데없이** 괴로워하**지 않**는다.
> 　 ㄴ. 가. 이미 지나간 일로 **쓸데없이** 괴로워하니?
> 　　 나. 이미 지나간 일로 **쓸데없이** 괴로워하**지 않**니?
> 　 ㄷ. 가. *이미 지나간 일로 **쓸데없이** 괴로워하자.
> 　　 나. 이미 지나간 일로 **쓸데없이** 괴로워하**지 말**자.
> 　 ㄹ. 가. *이미 지나간 일로 **쓸데없이** 괴로워해라.
> 　　 나. 이미 지나간 일로 **쓸데없이** 괴로워하**지 마**라.

'쓸데없이'는 부정 풀이씨 '아니다', '없다', '모르다'를 가려잡지 않는다. 이들 부정 풀이씨는 함께함월과 시킴월에서 풀이말로 쓰이지 않기 때문이다. 쓸데없이'가 꾸밈말로 쓰인 함께함월과 시킴월에서 '없다'의 긍정 낱말인 '있다'인 경우에는 '있지 말-'로 실현된다.

> (185) ㄱ. **쓸데없이** 여기 **있지 말**자.
> 　 ㄴ. **쓸데없이** 여기 **있지 마**라.

'쓸데없이'가 부정의 함께함월과 시킴월에서 꾸밈말로 쓰이는 특성을 지니지만, 꾸밈말로 쓰인 월에서 삭제되더라도 '쓸데없이'의 뜻만 덜어질 뿐이고 월의 적격성에는 영향을 미치는 것은 아니기 때문에 월 짜임에서 필수 요소는 아니다.

5.4.4 이루

'이루'는 <아무리 하여도. 있는 대로 다>의 뜻을 지닌 어찌씨로, (186)과 같이 부정 낱말 '없다'나 부정의 뜻을 함의한 '어렵다, 힘들다' 따위를 가려잡는 어찌씨에 해당한다. '이루'는 부정월 가운데 일반적으로 쓰이는 단순부정이나 능력부정, '-지 말다' 부정월에서 꾸밈말로 쓰이지 않고, 극히 제한된 부정 낱말만을 가려잡는 특성을 가진다.

> (186) ㄱ. 합격의 기쁨은 **이루** 말할 수 **없**었다.
> ㄴ. 부모님의 은혜는 **이루** 다 헤아리기 **어렵**다.
> ㄷ. 산골 생활의 적적함은 **이루** 형용하기 **힘들**다.

(186)에서 ㄱ은 부정월 영역에 포함되지만, ㄴ과 ㄷ은 부정월에 해당하지 않는다. 비록 ㄴ과 ㄷ이 부정월에 속하지 않더라도 '어렵다'와 '힘들다'가 부정의 의미를 함의하기 때문에 '이루'를 부정 표현을 가려잡는 어찌씨 범주에 포함시켰다. (187)과 같이 풀이말이 긍정적 의미를 지닌다면 '이루'가 꾸밈말로 쓰일 수 없다.

> (187) ㄱ. *부모님의 은혜는 **이루** 다 헤아리기 **쉽**다.
> ㄴ. *산골 생활의 여유로움은 **이루** 형용하기 **쉽**다.

(186)의 ㄴ과 ㄷ은 형식상으로는 부정월은 아니지만, 풀이말이 부정적 의미를 지니기 때문에 의미상 큰 차이 없이 (188)과 같이 '없다' 부정월로 다시 쓸 수 있다.

> (188) ㄱ. 부모님의 은혜는 **이루** 다 헤아릴 수 **없**다.

ㄴ. 산골 생활의 적적함은 **이루** 형용할 수 **없**다.

따라서 '이루'는 '없다' 부정월에서 꾸밈말로 쓰이는 것으로 보아도 무방하다. '없다' 중에서도 제약이 따라 '-을 수 없다'인 월 짜임새로 한정된다. (188)에 대립되는 '있다' 긍정월에서는 '이루'가 꾸밈말로 쓰이게 되면 (189)와 같이 부적격한 월이 되는 것으로 보아 '이루'가 부정 표현을 가려잡음이 증명된다.

(189) ㄱ. *부모님의 은혜는 **이루** 다 헤아릴 수 **있**다.
　　　ㄴ. *산골 생활의 적적함은 **이루** 형용할 수 **있**다.

(189)에서 '이루'가 삭제되면 적격한 월이 되지만, '이루'가 꾸미말로 쓰였기 때문에 부적격한 월이 되었다. 그러므로 '이루'가 부정 표현을 가려잡음이 확실하다.

'이루'는 (190)과 같이 반어법을 실현하는 긍정월에서 꾸밈말로 쓰이기도 한다. 반어법의 긍정월은 표면상으로 긍정월이지만 내용상으로는 부정월에 해당하기 때문에 일반적인 긍정월과 차이를 보인다. 곧 내용상으로도 긍정월인 경우에는 '이루'가 꾸밈말로 쓰일 수 없다.

(190) ㄱ. 그 눈물겨운 사연을 어찌 **이루** 다 말할 수 **있**겠습니까?
　　　ㄴ. 그 사람의 추태를 어찌 **이루** 입에 담을 수 **있**겠니?

(190)은 형식상으로는 긍정의 물음월이지만, 내재적으로는 (191)과 같이 부정의 베풂월로 해석된다.

(191) ㄱ. [그 눈물겨운 사연을 **이루** 다 말할 수 **없**습니다.]

ㄴ. [그 사람의 추태를 **이루** 입에 담을 수 **없**다.]

'이루'가 긍정의 반어법 월로 쓰이는 경우에는 특수한 통사적 짜임새인 '어찌 이루 -을 수 있겠(으려)-물음꼴 씨끝?' 짜임새에 한정된다.

이와 같이 '이루'는 주로 부정 낱말 '없다'의 월 짜임새에서 꾸밈말로 쓰이지만, '이루'가 꾸밈말로 쓰인 월에서 생략되더라도 '이루'의 뜻만 덜어질 뿐이고 월의 적격성에서는 문제가 되지 않기 때문에 '이루'는 월 짜임에서 필수 요소에 해당되지는 않는다.

5.4.5 좀처럼/좀체

'좀처럼'과 '좀체'는 뜻과 쓰임이 같은 복수 표준 낱말로 인정하고 있다.154) 이 장에서는 '좀처럼'을 기본형으로 하여 논하기로 한다. '좀처럼'은 <여간해서는>의 뜻을 지닌 어찌씨로, 주로 단순부정이나 능력부정을 가려잡는 어찌씨이다. 시킴월이나 함께함월에서는 꾸밈말로 쓰이지 않기 때문에 '-지 말-'은 가려잡지 않는다.

(192) ㄱ. 아이가 **좀처럼** 울**지 않**는다.
ㄴ. 그분은 병마개를 **좀처럼** 따**지 못**했다.

(192)의 긍정월에 해당하는 (193)이 부적격한 월이 되는 것으로 보아 '좀처럼'이 부정월에서만 꾸밈말로 쓰이고 긍정월에서는 쓰이지 않음이 확인된다.

---

154) 복수 표준어에 관하여는 「한국어 표준어 규정」 제26항 참조.

(193) ㄱ. *아이가 **좀처럼** 운다.

ㄴ. *그분은 병마개를 **좀처럼** 땄다.

(193)에서 '좀처럼'이 삭제되면 적격한 월이 되지만, '좀처럼'이 꾸밈말로 쓰여 부적격한 월이 되었기 때문에 '좀처럼'이 부정월을 가려잡는 어찌씨임이 증명된다.

'이루'에서와 마찬가지로 '좀처럼'도 (194)와 같이 부정의 뜻을 함의하는 '어렵다', '힘들다' 따위를 가려잡기도 한다.

(194) ㄱ. 한번 무좀에 걸리면 **좀처럼** 낫기 **어렵다**.

ㄴ. 부도가 나서 **좀처럼** 회복하기 **힘들다**.

(194)는 형식상으로는 부정월은 아니지만, 풀이말이 부정적 의미를 지니기 때문에 의미상 큰 차이 없이 (195)와 같이 부정월로 다시 쓸 수 있다.

(195) ㄱ. 한번 무좀에 걸리면 **좀처럼** 낫기가 쉽**지 않**다.

ㄴ. 부도가 나서 **좀처럼** 회복하기가 쉽**지 않**다.

따라서 (194)의 '좀처럼'도 부정 표현에서 꾸밈말로 쓰인 것으로 보아도 무리가 없을 것 같다.

'좀처럼'은 (196)과 같이 부정 낱말 중에 '아니다', '없다', '모르다'를 가려잡는다. 따라서 '좀처럼'은 (196)에 대립되는 긍정월인 경우에는 꾸밈말로 쓰이지 않는다.

(196) ㄱ. 이번 사건은 **좀처럼** 잊힐 일이 **아니**다.

ㄴ. 이런 기회는 **좀처럼 없**다.

ㄷ. 그는 **좀처럼** 화를 낼 줄 **모른**다.

'좀처럼'은 부정월을 가려잡는 통사적 특성을 가지고 있지만, 꾸밈말로 쓰인 월에서 삭제되더라도 '좀처럼'의 뜻만 덜어질 뿐이고 월의 적격성에는 영향을 미치지 않기 아니기 때문에 월 짜임에서 필수 요소는 아니다.

5.4.6 지레

<무슨 일이나 때가 되기도 전에 미리>의 뜻을 지닌 어찌씨 '지레'는 베풂, 물음, 함께함, 시킴월에서 꾸밈말로 쓰일 수 있어 의향법에 제약이 따르지 않는다. '지레'는 (197)과 같이 베풂월과 물음월에서는 긍정이나 부정월을 가리지 않고 꾸밈말로 쓰일 수 있기 때문에 이 장의 논의 대상에서 제외된다.

(197) ㄱ. 가. 경비들은 **지레** 겁을 먹는다.
　　　　나. 경비들은 **지레** 겁을 **안** 먹는다.
　　　ㄴ. 가. 경비들이 **지레** 겁을 먹니?
　　　　나. 경비들이 **지레** 겁을 **안** 먹니?

'지레'가 함께함월과 시킴월에서 꾸밈말로 쓰이는 경우에는 긍정월은 가려잡지 않고 부정월을 가려잡기 때문에 부정 표현을 가려잡는 어찌씨에 해당한다.

(198) ㄱ. 가. ***지레** 겁을 먹자.
　　　　나. **지레** 겁을 먹**지 말**자.
　　　ㄴ. 가. ***지레** 겁을 먹어라.
　　　　나. **지레** 겁을 먹**지 마**라.

'지레'가 부정의 함께함월과 시킴월만을 가려잡는 것은 '지레'의 의미 특성으로 말미암은 것으로 보인다.

함께함월과 시킴월에서 '지레'는 부정 풀이씨 '아니다', '없다', '모르다' 를 가려잡지 않는다. 이들 부정 풀이씨는 함께함월과 시킴월에서 풀이말 로 쓰이지 않기 때문이다.

'지레'가 부정의 함께함월과 시킴월에서 꾸밈말로 쓰이는 특성을 지니 지만, 꾸밈말로 쓰인 월에서 삭제되더라도 '지레'의 뜻만 덜어질 뿐이고 월의 적격성에는 영향을 미치는 것은 아니기 때문에 월 짜임에서 필수 요소는 아니다.

5.4.7 차마

'차마'는 <애틋하고 안타까워서 감히>의 뜻을 지닌 어찌씨로, 주로 부 정월에서 꾸밈말로 쓰인다. '차마'는 단순부정이나 능력부정을 가려잡는 어찌씨에 해당한다.[155] '차마'는 시킴월이나 함께함월에서는 꾸밈말로 쓰 이지 않기 때문에 '-지 말-'을 가려잡지 않는다.

> (199) ㄱ. 너를 두고서는 **차마** 발이 떨어지**지 않**는구나.
> ㄴ. 나는 **차마** 그녀의 시선을 마주보**지 못했**다.

(199)의 긍정월에 해당하는 (200)이 부적격한 월이 되는 것으로 보아 '차마'가 부정월에서 꾸밈말로 쓰이고 긍정월에서는 쓰이지 않음이 확인 된다.

---

155) '차마'는 단순부정 월보다는 능력부정 월에서 더 많이 쓰인다.

(200) ㄱ. *너를 두고서는 **차마** 발이 떨어지는구나.

ㄴ. *나는 **차마** 그녀의 시선을 마주보았다.

(200)에서 '차마'가 삭제되면 적격한 월이 되지만, '차마'가 꾸밈말로 쓰여 부적격한 월이 되었기 때문에 '차마'가 부정월을 가려잡음이 증명된다.

'이루', '좀처럼'에서와 마찬가지로 '차마'도 (201)과 같이 부정의 의미를 지닌 '어렵다', '힘들다' 따위를 가려잡기도 한다.

(201) ㄱ. 그분 말은 **차마** 입에 담기가 **어렵다**.

ㄴ. 너무 참혹해서 **차마** 보기가 **힘들다**.

(201)은 형식상으로는 부정월은 아니지만, 풀이말이 부정적 의미를 함의하기 때문에 의미상 큰 차이 없이 (202)와 같이 부정월로 다시 쓸 수 있다.

(202) ㄱ. 그분 말은 **차마** 입에 담기가 쉽**지 않**다.

ㄴ. 너무 참혹해서 **차마** 보기가 쉽**지 않**다.

따라서 (202)의 '차마'도 부정 표현에서 꾸밈말로 쓰인 것으로 보아도 무리가 없을 것 같다.[156)]

'차마'는 (203)과 같이 부정 낱말 가운데 '아니다', '없다'를 가려잡는다.

---

156) '차마'가 극히 일부 형식상으로나 내용상으로도 긍정월에서 꾸밈말로 쓰이는 경우도 있다. 곧 다음 보기와 같이 '차마'에 의해 꾸밈을 받는 풀이씨가 부정적 뜻을 가지는 월에 한정하여 '차마'가 꾸밈말로 쓰이기도 한다.

ㄱ. 그 사건은 입에 올리기가 **차마 역겨웠다**.

ㄴ. 그 사람 표정은 **차마** 보기에 **안쓰럽다**.

ㄷ. 부모님 얼굴을 쳐다보기가 **차마 민망스러웠다**.

따라서 '차마'는 (203)에 대립되는 긍정월인 경우에는 꾸밈말로 쓰이지 않는다.

(203) ㄱ. 이건 **차마** 입에 담을 말이 **아니**다.
ㄴ. 난 그 아이를 **차마** 꾸짖을 수 **없**었다.

'차마'가 '없다'를 가려잡는 경우에는 주로 '-을 수 없다'로 쓰여, '차마 -을 수 없다'란 통사적 짜임새를 이루어 사용된다.

'차마'는 (204)와 같이 반어법을 실현하는 긍정월에서 꾸밈말로 쓰이기도 한다. 반어법의 긍정월은 표면상으로 긍정의 물음월이지만 내재적으로는 부정의 베풂월에 해당하기 때문에 일반적인 긍정월과 차이를 보인다. 곧 내재적으로도 긍정월인 경우에는 '차마'가 꾸밈말로 쓰일 수 없다.

(204) ㄱ. 어린이한테 어찌 **차마** 손찌검을 하겠니?
ㄴ. 어찌 **차마** 그 청을 뿌리칠 수 있겠니?

(204)는 형식상으로는 긍정의 물음월이지만, 내재적으로는 (205)와 같이 부정의 베풂월로 해석되기 때문에 적격한 월이 된다.

(205) ㄱ. [어린이한테 **차마** 손찌검을 하**지 못하**겠다.]
ㄴ. [**차마** 그 청을 뿌리칠 수 **없**다.]

'차마'가 긍정의 반어법 월로 쓰이는 경우에는 특수한 통사적 짜임새인 '어찌 차마 -물음꼴 씨끝?' 짜임새에 한정된다.

'차마'는 부정월을 가려잡는 통사적 특성을 가지고 있지만, 꾸밈말로 쓰인 월에서 삭제되더라도 '차마'의 뜻만 덜어질 뿐이고 월의 적격성에는 영향을 미치는 것은 아니기 때문에 월 짜임에서 필수 요소는 아니다.

5.4.8 채

'채'는 <미처. 제대로. 아직>의 뜻을 지닌 어찌씨로[157], 주로 부정월에서 꾸밈말로 쓰인다. '채'는 단순부정이나 능력부정을 가려잡는 어찌씨에 해당한다. '채'는 시킴월이나 함께함월에서는 꾸밈말로 쓰이지 않기 때문에 '-지 말-'은 가려잡지는 않는다.

> (206) ㄱ. 손에는 먹물이 **채** 마르**지 않**았다.
> ㄴ. 철수는 숙제도 **채** 끝내**지 못했**다.

(206)의 긍정월에 해당하는 (207)이 부적격한 월이 되는 것으로 보아, '채'가 부정월에서 꾸밈말로 쓰이지만 긍정월에서는 쓰이지 않음이 확인된다.

> (207) ㄱ. *손에는 먹물이 **채** 말랐다.
> ㄴ. *철수는 숙제도 **채** 끝냈다.

(207)에서 '채'가 삭제되면 적격한 월이 되지만, '채'가 꾸밈말로 쓰여 부적격한 월이 되었기 때문에 '채'가 부정월을 가려잡음이 증명된다. '채'는 (208)과 같이 부정월 가운데 주로 풀이씨 '되다'를 꾸미는 월에서 자주 쓰인다. 부정 낱말 풀이씨 '아니다', '없다', '모르다'는 가려잡지 않는다.

---

157) 같은 꼴의 매인이름씨 '채'가 있지만 <그러한 상태를 유지하면서>의 뜻으로, 어찌씨 '채'와는 뜻에서 관련이 없다.

(208) ㄱ. 그는 서른이 **채 안** 되었다./되**지 않**았다.

　　　 ㄴ. 그 집은 두 평이 **채 못** 된다./되**지 못**한다.

‘채’가 일부 긍정월에서 꾸밈말로 쓰이는 일이 있다. ‘채’가 어찌씨 가운데 ‘덜’을 꾸미는 경우에는 긍정월인데도 불구하고 적격한 월이 된다. 또한 ‘-기 전에’와 호응하는 경우에도 긍정월에서 꾸밈말로 쓰인다.

(209) ㄱ. 철수가 잠에서 **채 덜** 깼다.

　　　 ㄴ. 날이 채 어둡**기 전에** 잠자리에 들었다.

(209ㄱ)에서 ‘덜’이 <어떤 분량이나 정도에 다 차지 못하게>를 뜻하기 때문에 형식상으로는 긍정월이지만 내재적으로 부정적 의미를 함의하는 것으로 보인다. (209ㄴ)에서 ‘-기 전에’도 <사건이 아직 안 일어났을 때>를 뜻하기 때문에 부정적 의미를 함의하는 것으로 보인다. (209)를 부정적 의미를 가진 월로 다시 쓰면 (210)과 같다.

(210) ㄱ. [철수가 잠에서 온전히 **채 깨지 않**았다.]

　　　 ㄴ. [날이 **채** 어두워지**지 않**았을 때 잠자리에 들었다.]

따라서 (209)는 형식상으로는 긍정월이지만 내재적으로는 부정적 의미를 함의하기 때문에 ‘채’가 꾸밈말로 쓰인 것으로 설명할 수 있다.

‘채’는 부정월을 가려잡는 통사적 특성을 가지고 있지만, 꾸밈말로 쓰인 월에서 삭제되더라도 ‘채’의 뜻만 덜어질 뿐이고 월의 적격성에는 영향을 미치는 것은 아니기 때문에 월 짜임의 필수 요소에 해당하지는 않는다.

5.4.9 하등(何等)

'하등'은 <아무런 것. 아무것>을 뜻하는 이름씨와 <전혀. 조금도>를 뜻하는 어찌씨 두 가지가 있다.[158] 이름씨 '하등'과 어찌씨 '하등'은 뜻 차이 밖에 토씨 '의'의 결합 가능성 여부, 꾸밈 대상(이름씨인 경우 임자씨, 어찌씨인 경우 풀이씨)의 차이에 따라 구별된다. 이름씨인 '하등'은 (211)에 서와 같이 단순부정이나 능력부정, 부정 풀이씨로 이루어진 부정월을 가려잡는다.

> (211) ㄱ. 철수는 이 일에 대하여 **하등**의 부끄러움을 느끼**지 않**았다.
> ㄴ. 그런 건 모두 **하등**의 문젯거리가 되**지 못했**다.
> ㄷ. 이번 결정은 국민과는 **하등**의 관계가 **없**다.

(211)의 긍정월에 해당하는 (212)가 부적격한 월이 되는 것으로 보아 이름씨 '하등'이 부정월에서 꾸밈말로 쓰이지만 긍정월에서는 쓰이지 않음이 확인된다.

> (212) ㄱ. *철수는 이 일에 대하여 **하등**의 부끄러움을 느꼈다.
> ㄴ. *그런 건 모두 **하등**의 문젯거리가 되었다.
> ㄷ. *이번 결정은 국민과는 **하등**의 관계가 있다.

이름씨 '하등'은 주로 토씨 '의'와 결합하여 매김말로서 뒤에 놓이는 임자씨를 꾸미면서 부정월을 가려잡음을 알 수 있다. 따라서 이름씨 '하 등'은 부정법을 가려잡는 이름씨에 속한다.

---

158) 『표』에는 이름씨만 올림말로 실려 있다. 『한』과 『고』에는 한 올림말 아래 이름씨 와 어찌씨로 실려 있으며, 『연』에는 이름씨 '하등'과 어찌씨 '하등'으로 각각 올림 말로 실려 있어 사전류에 따라 차이를 보인다.

<전혀. 조금도>를 뜻하는 어찌씨 '하등'도 단순부정이나 능력부정을
가려잡는 어찌씨에 해당한다. '하등'은 시킴월이나 함께함월에서도 꾸밈
말로 쓰이기 때문에 '-지 말-'을 가려잡는다.

(213) ㄱ. 핸드폰은 우리들에게 **하등** 신기하**지 않**다.
ㄴ. 이 정도의 실수는 **하등** 문제가 되**지 못한**다.
ㄷ. 그 일에 대해서는 **하등** 염려하**지 마**라.

(213)의 긍정월에 해당하는 (214)가 부적격한 월이 되는 것으로 보아
'하등'이 부정월에서 꾸밈말로 쓰이지만 긍정월에서는 쓰이지 않음이 확
인된다.

(214) ㄱ. *핸드폰은 우리들에게 **하등** 신기하다.
ㄴ. *이 정도의 실수는 **하등** 문제가 된다.
ㄷ. *그 일에 대해서는 **하등** 염려해라.

(214)에서 '하등'이 삭제되면 적격한 월이 되지만, '하등'이 꾸밈말로
쓰여 부적격한 월이 되었기 때문에 '하등'이 부정월을 가려잡음이 증명
된다.

'하등'은 (215)와 같이 부정 풀이씨 가운데 '아니다', '없다', '모르다'를
가려잡는다. 따라서 '하등'은 (215)에 대립되는 긍정월인 경우에는 꾸밈
말로 쓰이지 않는다.

(215) ㄱ. 그 문제는 **하등** 내가 상관할 일이 **아니**다.
ㄴ. 이번 일은 나와는 **하등** 관계가 **없다**.
ㄷ. 그 문제에 관하여는 나는 **하등 모르**는 일이다.

어찌씨 '하등'은 부정월을 가려잡는 통사적 특성을 가지고 있지만, 꾸밈말로 쓰인 월에서 삭제되더라도 '하등'의 뜻만 덜어질 뿐이고 월의 적격성에는 영향을 미치지 않기 때문에 월 짜임에서 필수 요소에 해당하지는 않는다.

5.4.10 함부로

<조심하거나 깊이 생각하지 않고 마음 내키는 대로 마구>의 뜻을 지닌 어찌씨 '함부로'는 베풂, 물음, 함께함, 시킴월에서 꾸밈말로 쓰일 수 있어 의향법에 제약이 따르지 않는다. '함부로'는 (216)과 같이 베풂월과 물음월에서는 긍정이나 부정월을 가리지 않고 꾸밈말로 쓰일 수 있기 때문에 이 장의 논의 대상에서 제외된다.

> (216) ㄱ. 가. 그는 아무 음식이나 **함부로** 먹는다.
> 　　　　나. 그는 아무 음식이나 **함부로 안/못** 먹는다.
> 　　　ㄴ. 가. 그는 아무 음식이나 **함부로** 먹니?
> 　　　　나. 그는 아무 음식이나 **함부로 안/못** 먹니?

'함부로'가 함께함월과 시킴월에서 꾸밈말로 쓰이는 경우에는 긍정월은 가려잡지 않고 부정월을 가려잡기 때문에 부정 표현을 가려잡는 어찌씨에 해당한다.

> (217) ㄱ. 가. *아무 음식이나 **함부로** 먹자.
> 　　　　나. 아무 음식이나 **함부로 먹지 말자**.
> 　　　ㄴ. 가. *아무 음식이나 **함부로** 먹어라.
> 　　　　나. 아무 음식이나 **함부로 먹지 마라**.

‘함부로’가 부정의 함께함월과 시킴월을 가려잡는 것은 ‘함부로’의 의미 특성으로 말미암은 것으로 보인다.

함께함월과 시킴월에서 ‘함부로’는 부정 풀이씨 ‘아니다’, ‘없다’, ‘모르다’를 가려잡지 않는다. 이들 부정 풀이씨는 함께함월과 시킴월에서 풀이말로 쓰이지 않기 때문이다.

‘함부로’가 부정의 함께함월과 시킴월에서 꾸밈말로 쓰이는 특성을 지니지만, 꾸밈말로 쓰인 월에서 삭제되더라도 ‘함부로’의 뜻만 덜어질 뿐이고 월의 적격성에는 영향을 미치지 않기 때문에 월 짜임에서 필수 요소는 아니다.

5.5 마무리

대다수의 어찌씨는 긍정월이나 부정월을 가리지 않고 꾸밈말로 쓰여 부정법에 영향을 미치지 않는다. 그러나 일부 어찌씨는 부정법에 영향을 미쳐 부정월이나 긍정의 반어법 월만을 가려잡는 것들이 있다. 이에 속하는 것들을 부정 표현을 가려잡는 어찌씨라고 하였다.

부정월을 가려잡는 어찌씨 가운데 전적으로 부정월만 가려잡는 것, 뭇뜻을 가진 어찌씨로 의미에 따라 일부가 부정월을 가려잡는 것, 일부 긍정월에서도 쓰이는 일이 있지만 주로 부정월을 가려잡는 것 등 세 가지로 나누어 논의하였다.

전적으로 부정월만 가려잡는 어찌씨에는 ‘간대로’, ‘결코’, ‘구태여’, ‘당최’, ‘도무지’, ‘도저히’, ‘도통’, ‘미처’, ‘바이’, ‘변변히’, ‘별달리’, ‘별로’, ‘별반’, ‘비단’, ‘여간’, ‘통’ 따위가 있다.

뭇뜻 가운데 일부가 부정 표현을 가려잡는 어찌씨로는 ‘결단코’, ‘과히', '굳이', '그렇게', '그다지', '그리', '끝내', '도대체', '백날', '설마', '아예', '영', '일절', '전연', '전혀', '절대(로)', '종내' 따위가 있다.

일부 긍정월을 가려잡기도 하지만 주로 부정 표현을 가려잡는 어찌씨로는 '더이상', '만만히', '쓸데없이', '만만히', '이루', '좀처럼/좀체', '지레', '차마', '채', '하등', '함부로' 따위가 있다.

위에서 선정한 부정 표현을 가려잡는 어찌씨들은 각기 통사적 제약이 다르다. 어찌씨에 따라 부정 표현의 양상에 제약이 달리 나타나기도 하며, 부정으로 해석되는 긍정의 반어법 월에서의 실현 가능성 여부, 반어법 월의 양상에서 차이가 나기도 한다. 어찌씨에 따라 월 짜임의 필수 요소인 것도 있고 수의 요소인 것도 있어 어찌씨에 따라 차이를 보인다. 이와 같이 부정 표현을 가려잡는 어찌씨들은 통사적 제약에서 차이를 보이기 때문에 어찌씨마다 지니는 개별적인 통사적 특성을 밝히고자 하였다.

제6장

부정 표현을 가려잡는 토씨의 통사 특성*

6.1 들머리

이 장은 토씨 가운데 부정월에서는 적격하게 쓰이지만 긍정월에서 쓰이면 부적격해지는 토씨를 선정한 다음, 해당 토씨의 통사적 특성과 의미 기능을 규명하는 데 목적이 있다. 이들 토씨는 부정월을 가려잡기 때문에 부정월을 가려잡는 토씨라고 하기로 한다.[159]

토씨는 홀로 월조각을 짜 이루는 일이 없고, 주로 임자씨에 결합하여야 월조각으로 쓰일 수 있다. 대다수의 토씨는 긍정월이건 부정월이건 가리지 않고 쓰일 수 있어 부정월이나 긍정월을 가려잡는 데 비관여적이다. 이를테면 '만'은 (1)과 같이 긍정월(ㄱ)에서도 적격하게 쓰이고, 부정월(ㄴ)에서도 적격하게 쓰인다.

---

* 이 장은 한길(2018:132-151)을 깁고 덧보태었다.

159) 부정월을 가려잡는 낱말로는 토씨 밖에도 이름씨, 어찌씨, 움직씨 따위가 있다. 부정월을 가려잡는 어찌씨에 관한 논의로는 한길(2015a, 2016)이 있다.

(1) ㄱ. 철수가 사과**만** 먹는다.

　　ㄴ. 철수가 사과**만** **안** 먹는다.

(1)에서 '만' 자리에 '밖에'가 놓이게 되면, (2)와 같이 긍정월인 ㄱ은 부적격한 월이 되고, 부정월인 ㄴ은 적격한 월이 된다.

(2) ㄱ. *철수가 사과**밖에** 먹는다.

　　ㄴ. 철수가 사과**밖에** **안** 먹는다.

(2)에서 긍정월인 ㄱ이 부적격한 까닭은 도움토씨 '밖에'가 쓰였기 때문이다. '밖에'가 삭제되거나 다른 토씨로 대치되면,[160] (2ㄱ)이 적격한 월이 되는 것으로 미루어 보아 '밖에'가 부정월을 가려잡는 통사적 지배 제약을 일으키는 요소임을 확인할 수 있다. 곧 '밖에'가 부정월을 가려잡는 통제자임이 확실하다.

토씨 가운데 '밖에'와 같이 부정월을 가려잡는 것으로는 '이라고는', '커녕', '은커녕'이 있다. 이들 토씨에 따라 요구하는 부정월의 양상이 다르기도 하며, 의미적 특성에서도 차이를 보이기 때문에 각각의 통사적 특성과 의미 기능을 밝힐 필요성이 제기된다.

부정월만을 가려잡는 것은 아니지만 부정과 관련을 맺는 월만을 가려잡는 것으로는 '인들'을 들 수 있다. '인들'은 (3)에서와 같이 형식상 부정월이지만 내재적으로 긍정월에 해당하거나(ㄱ), 형식상 긍정월이지만 내재적으로 부정월에 해당하는 월(ㄴ)인 부정 표현을 가려잡는다.

---

160) (2ㄱ)에서 ①은 '밖에'가 삭제 된 보기이고, ②는 부림자리토씨나 도움토씨로 대치된 보기인데 모두 적격한 월이다. 이를 통해 '밖에'가 (2ㄱ)을 부적격한 월로 만드는 요소임이 확인된다.

① 철수가 사과 먹는다.

② 철수가 사과**를**/**는**/**도**/**까지** 먹는다.

(3) ㄱ. 그런 일은 누구**인들 못** 하겠니?

　　　[그런 일은 누구라도 할 수 있다.]

　　ㄴ. 그 사람**인들** 할 수 있겠습니까?

　　　[그 사람이라도 할 수 없을 것입니다.]

이 장에서는 전형적으로 부정월을 가려잡는 토씨와 아울러 '인들'과 같이 부정과 관련된 월을 가려잡는 토씨의 통사적 특성과 의미 기능을 살피기로 한다.

6.2 부정 표현만을 가려잡는 토씨

도움토씨 가운데 일부는 부정월을 가려잡는 통사적 특성을 보인다. 곧 그 도움토씨로 말미암아 긍정월인 경우에는 부적격한 월이 되지만, 부정월인 경우에는 적격한 월이 되어 부정월을 가려잡는 통사적 지배 제약을 일으키는 요인으로 작용하는 통사적 특성을 지닌다. 이에 해당하는 것으로는 '밖에', '이라고는', '커녕', '은커녕'이 있다. 형식상으로나 내재적으로 부정을 나타내는 전형적인 부정월은 아니지만, 부정과 관련하여 형식상으로는 부정월이지만 내재적으로 긍정월로 해석되거나, 형식상으로는 긍정월이지만 내재적으로 부정월로 해석되는 반어법 월을 가려잡아 부정 표현에 해당하는 것으로 '인들'이 있다. 이 장에서는 부정월을 가려잡는 토씨 '밖에', '이라고는', '커녕', '은커녕'에 관하여 통사적 특성을 밝히기로 한다.

6.2.1 밖에

　도움토씨 '밖에'에 관하여 허웅(1995:1433)은 "이름씨 '밖'에 위치토 '에'가 붙어 한 도움토로 녹아붙은 것인데, 뒤에 지움(부정)의 뜻을 가진 말에 이끌려, 거기에 '국한됨'을 나타내고 '만족스럽지 못함'을 나타내는 데로 번져나가기도 한다."라고 한 바 있다. 곧 '밖에'의 낱말 만들기의 특성과 쓰임, 뜻, 화용에 관한 전반적 설명에 해당한다. 『한』에서는 '밖에'를 토씨로 보지 않고 이름씨 '밖'과 토씨 '에'의 단순한 결합으로 처리하였지만,161) '밖에'의 뜻이 '밖'과 '에'의 단순한 합성적 뜻이 아니라 <그것 말고는, 그것 외에는>이라는 비합성적 뜻을 지니므로 '밖에'를 '밖'과 '에'가 결합과정을 거쳐 도출된 한 낱말로 보되, 다른 토씨들과 마찬가지로 주로 임자씨 뒤에 붙는 특성을 보이기 때문에 토씨의 범주에 포함시키는 것이 합리적이다.162) '밖에'는 다른 도움토씨들과 마찬가지로 주로 임자씨나 어찌자리토씨에 결합하여 월에서 여러 종류의 월조각으로 쓰이기 때문에 도움토씨에 해당한다.

　　(4) ㄱ. **철수밖에** 순이에게 책을 주**지 않**는다.(임자말)
　　　　ㄴ. 철수가 **순이에게밖에** 책을 주**지 않**는다.(어찌말)
　　　　ㄷ. 철수가 순이에게 **책밖에** 주**지 않**는다.(부림말)

---

161) '밖에'가 '밖'과 '에'의 단순한 합성적 뜻을 나타내는 경우에는 당연히 이름씨 '밖'과 토씨 '에'에 해당한다. 다음 보기의 '밖에'가 이에 해당한다.
　　철수가 지금 집 **밖에** 있다.
162) 『고』에서는 '밖에'에 도움토씨 '는'이 결합하여 축약된 '밖엔'을 별도의 토씨로 처리하였다. '밖엔'이 '밖에'와 '는'이 결합함으로써 쓰임 및 뜻이 새로워지면 별개의 토씨로 간주될 수 있지만, '밖에는'은 단순히 '밖에'와 '는'이 어울려 있을 뿐이고 '는'을 삭제하더라도 적격성에 아무 문제가 없을 뿐만 아니라 '는'의 뜻만 덜어지기 때문에 두 토씨의 어울림으로 보는 것이 합리적이다.

도움토씨 '밖에'는 (5)에서와 같이 앞자리에 주로 임자씨가 놓이며, 일부 어찌씨나 다른 토씨, 풀이씨의 '-어서', '-기' 꼴바꿈, 마디 따위가 놓이기도 한다. 뒤에는 도움토씨 '는'이 놓일 수 있다.

(5) ㄱ. 저 사람은 **돈**밖에 모른다.(이름씨)

ㄴ. 친구가 **너**밖에 없다.(대이름씨)

ㄷ. 사과가 **하나**밖에 남지 않았어.(셈씨)

ㄹ. 돈이 **조금**밖에 없다.(어찌씨)

ㅁ. 이 기차는 서울**까지/로**밖에 가지 않는다.(토씨)

ㅂ. 그런 일은 **죽어서**밖에 볼 수가 없다.(풀이씨의 꼴바꿈)

ㅅ. **같이 일을 잘 해 보자고**밖에 더 할 말이 없었다.(마디)

ㅇ. 그의 말이 농담으로밖에**는** 들리지 않았다.(도움토씨 '는')

도움토씨 '밖에'는 부정월을 가려잡는 통사적 지배 제약을 일으키는 통제자로서 긍정월에 쓰이면 부적격한 월이 되며, (5)에서 든 보기와 같이 부정월에 쓰여야만 적격한 월이 된다. (5)의 보기를 긍정월로 바꾸면 모두 부적격한 월이 되는 것으로 보아 '밖에'가 부정월을 지배하는 요소임이 분명하다. '밖에'는 (6)과 같이 부정월 가운데 단순부정이나 능력부정에서 적격하게 쓰일 수 있어 제약이 따르지 않는다.

(6) ㄱ. 학생이 두 명**밖에 안** 왔다./오**지 않**았다.

ㄴ. 학생이 두 명**밖에 못** 왔다./오**지 못했**다.

도움토씨 '밖에' 뒤에는 부정 낱말 '없다', '모르다'가 놓일 수 있지만 '아니다'가 놓이는 경우는 없다. '아니다' 앞에 '밖에'는 놓일 수 없지만, '도', '은' 따위의 도움토씨가 놓일 수 있는 점에서 차이를 보인다.

(7) ㄱ. 친구가 한 명**밖에** **없**다.

    ㄴ. 철수는 공부**밖에** **모른**다.

    ㄷ. *철수가 학생**밖에** **아니**다.

도움토씨 '밖에'가 적격하게 쓰인 부정월은 일반 부정월과 달리 뜻에서 특이한 특성을 보인다. 형식적으로는 부정에 해당하지만, 뜻에서는 긍정으로 이해된다. 곧 (8)에서와 같이 '밖에'가 통사적으로는 부정월을 가려잡게 하지만, 뜻에서는 긍정으로 해석하게 하는 특성을 지니고 있음을 알 수 있다.

(8) ㄱ. 이 기차는 수원까지**밖에** **안** 갑니다.

    →[이 기차는 수원까지**만** 갑니다.]

    ㄴ. 저 사람은 돈**밖에** **모른**다.

    →[저 사람은 돈**만** **안**다.]

(8ㄱ)은 부정월이지만, '안'이 '갑니다'를 부정하는 것은 아니다. '이 기차는 가는데 수원까지만 간다'라는 긍정의 의미로 해석된다. '안'이 '갑니다'만이 아니라 앞에 놓인 어떤 다른 월조각도 부정하는 역할을 하지 않는다. (8ㄴ)도 마찬가지로, 부정 형식이지만 '모르다'가 부정이 아니라 긍정의 '알다'의 뜻으로 해석된다. 따라서 '밖에 부정'은 뜻에서 별다른 차이 없이 '만 긍정'으로 대치될 수 있는 경우가 많다.

매인이름씨 '수' 뒤에 '밖에'가 결합하는 경우에는 뒤에 부정 낱말 '없다'로 고정되어 '-을/는 수밖에 없다'의 통사적 짜임새를 이룬다. '-을/는 수밖에'의 뒷부분이 생략되어 쓰이기도 하는데, 어떤 경우에도 '없다'로 예측되어 복원을 할 수 있는 점이 이를 증명해 준다. 이 경우에는 (9)와 같이 '만 긍정'으로 바꿔 쓰면 부적격한 월이 되기 때문에 (8)에서와 같이 바꾸어 쓸 수는 없다.

(9) ㄱ. 아파도 참**을 수밖에 없다**.
　　→*아파도 참**을 수만 있다**.
ㄴ. 그 일은 포기하**는 수밖에 없다**.
　　→*그 일은 포기하**는 수만 있다**.

도움토씨 '밖에'는 부정월만 가려잡는 것이 아니라 극히 일부 긍정월
도 가려잡는 경우가 있다. 형식상 긍정의 물음월이지만 내재적으로 부정
의 베풂월로 해석되는 반어법 월에서는 '밖에'가 쓰이더라도 적격한 월
이 된다.

(10) ㄱ. 철수가 거기**밖에** 더 가겠니?
　　→[철수가 거기밖에 **안/못** 갈 것이다.]
ㄴ. 아는 것이 그것**밖에** 더 있니?
　　→[아는 것이 그것밖에 **없다**.]

곧 (10)은 형식상으로는 긍정의 물음월이지만 내재적으로 부정의 베
풂월로 해석되는 반어법 월에 해당하기 때문에 '밖에'가 부정 표현을 가
려잡는다는 전제는 유효하다. 도움토씨 '밖에'가 형식상으로도 긍정월이
고 내재적으로도 긍정월로 해석되는 월에서 쓰이는 일은 없다.
도움토씨 '밖에'가 쓰인 부정월에서 '밖에' 뒤에 도움토씨 '는'이 덧붙
는 것은 허용이 되는 경우가 있지만, '도'가 덧붙는 것은 허용되지 않아
'도'가 덧붙으면 부적격한 월이 된다.

(11) ㄱ. 학생이 한 명**밖에** 오**지 않**았다.
ㄴ. 학생이 한 명**밖에는** 오**지 않**았다.

ㄷ. *학생이 한 명**밖에도** 오**지 않**았다.

(11)에서 ㄱ의 '밖에' 뒤에 '는'이 덧붙은 ㄴ은 적격한 월이 되었지만, '도'가 덧붙은 ㄷ은 부적격한 월이 되었다. 따라서 도움토씨 '밖에' 뒤에는 도움토씨 '도'가 덧붙지 않는 제약이 있다. '밖에' 뒤에 '도'가 놓이면 '밖에도'가 부정월을 가려잡는 것이 아니라 긍정월을 가려잡지만, 이 경우의 '밖에'는 매인이름씨 '밖'[일정한 범위나 한도를 넘어서는 부분을 나타냄]에 토씨 '에'가 덧붙어 있는 것이다.

(12) ㄱ. 나를 도와줄 사람은 너 **밖에도** 여럿이 있다.
　　 ㄴ. 내가 머물 곳이 여기 **밖에도** 많다.

이와 같이 도움토씨 '밖에'에는 도움토씨 '는'이 덧붙을 수 있지만. '도'는 덧붙을 수 없으며, '도'가 덧붙는 경우의 '밖'은 매인이름씨에 해당한다.

부정월을 가려잡는 '밖에'는, 형식적으로는 부정월에 해당하지만 내재적으로는 긍정을 나타내며, 극히 일부 형식상 긍정이지만 내재적으로 부정을 나타내는 반어법 월에서 적격하게 쓰이는 통사적 특성을 지닌다.

6.2.2 이라고는[163]

'이라고는'은 '이라고'에 도움토씨 '는'이 결합되어 있어 두 토씨에 해당되는 것처럼 보이지만, '이라고는'은 '이라고'와 '는'이 결합과정을 거쳐 도출된 합성토씨로 보는 것이 합리적이다. '이라고'는 첫째, 앞말이 직접 인용되는 말임을 나타내는 자리토씨와 둘째, 어떤 대상을 바로 집어서

---

163) '이라곤'은 '이라고는'의 줄어든 꼴로 쓰임과 뜻에서 차이를 보이지 않는다.

대수롭지 않게 가리키는 뜻을 나타내는 도움토씨가 있다. '이라고는'에서 의 '이라고'는 후자에 해당한다. '이라고'는 (13)에서와 같이 주로 부정월 에서 쓰이는 경향이 있다.164)

(13) ㄱ. 명품**이라고** 다 같**지는 않**다.
ㄴ. 친한 사람**이라고** 무조건 베풀**지 마**라.
ㄷ. 선생님**이라고** 무엇이든 다 아는 것은 **아니**다.
ㄹ. 생일날**이라고** 특별한 것도 **없**다.

(13)에서 '이라고' 뒤에 도움토씨 '는'이 결합되면, (14)에서와 같이 모 두 부적격한 월이 된다.

(14) ㄱ. *명품**이라고는** 다 같**지는 않**다.
ㄴ. *친한 사람**이라고는** 무조건 베풀**지 마**라.
ㄷ. *선생님**이라고는** 무엇이든 다 아는 것은 **아니**다.
ㄹ. *생일날**이라고는** 특별한 것도 **없**다.

'이라고는'이 합성토씨가 아니고 도움토씨 두 개가 단순히 이웃해 있 다면 (14)가 부적격해질 이유가 없다. (14)가 부적격한 월이 됨을 통해 '이라고는'이 '이라고'에 '는'이 단순히 어울려 있는 것으로 볼 수는 없다. 이와 반대로 '이라고는'이 쓰인 적격한 월을 살피기로 한다.

---

164) 허웅(1995:1476)에서 '이라고'를 "풀이씨 '이다'에 따옴을 나타내는 토씨 '고'가 녹아 붙은 도움토씨이다. 부정적인 말이 뒤따른다."라고 한 바 있다. 도움토씨 '이라고' 는 다음과 같이 긍정월에서도 쓰이는 일이 있기 때문에 이 장의 연구 대상에서 제 외된다.
ㄱ. 모르는 사람**이라고** 말을 너무 함부로 한다.
ㄴ. 이것도 일**이라고** 했니?
ㄷ. 방학**이라고** 끼리끼리 몰려다닌다.

(15) ㄱ. 사람**이라고는** 한 사람도 보이**지 않**는다.

ㄴ. 저분은 흠**이라고는** 찾아볼 수 **없**다.

ㄷ. 온전한 건물**이라고는** 눈을 씻어도 보이**지 않**는다.

(15)에서 '이라고는'에서 '는'이 삭제되면 (16)과 같이 부적격한 월이 된다.

(16) ㄱ. *사람**이라고** 한 사람도 보이**지 않**는다.

ㄴ. *저분은 흠**이라고** 찾아볼 수 **없**다.

ㄷ. *온전한 건물**이라고** 눈을 씻어도 보이**지 않**는다.

따라서 '이라고는'은 도움토씨 '이라고'에 '는'이 단순히 어울려 있는 것으로 볼 수 없다. '이라고'와 '이라고는'은 쓰임과 뜻에서 차이를 보이기 때문에 '이라고'와 '는'이 결합과정을 거쳐 도출된 합성토씨 '이라고는'으로 처리하는 것이 합리적이다.

'이라고는'은 <앞말에 해당하는 내용이 거의 없음을 강조하여 지정하는 뜻>을 나타내는 도움토씨로서, 앞자리에는 주로 이름씨가 놓이고 다른 토씨는 놓이지 않으며, 뒷자리에도 토씨가 놓이지 않는 특성을 지닌다. (15)에서와 같이 '이라고는'은 부정월에서 쓰이며, 긍정월에서 쓰이면 (17)과 같이 부적격한 월이 된다. (17)은 부정월 (15)를 긍정월로 바꾼 월이지만 모두 부적격한 월이 되었음을 통해 '이라고는'이 부정월만 가려잡음이 확인된다.

(17) ㄱ. *사람**이라고는** 한 사람이 보인다.

ㄴ. *저분은 흠**이라고는** 찾아볼 수 있다.

ㄷ. *온전한 건물**이라고는** 눈을 씻어도 보인다.

이와 같이 '이라고는'은 부정월을 가려잡는 통사적 지배 제약을 일으키는 통제자로서, (18)에서와 같이 부정월 가운데 단순부정(ㄱ)이나 능력부정(ㄴ)에 쓰일 수 있어 부정월 종류에 제약이 따르지 않는다.

(18) ㄱ. 우리 동네는 눈**이라곤** 내리**지 않**는다.
　　 ㄴ. 망망한 대해에서 육지**라고는** 구경을 하**지 못했**다.

'이라곤' 뒤에는 부정 낱말 가운데 '없다'가 주로 놓인다. '모르다'가 놓일 수 있지만 '아니다'가 놓이는 경우는 없다.

(19) ㄱ. 그분은 인정**이라고는** **없**다.
　　 ㄴ. 그녀는 꽃**이라고는** 장미밖에 **모른**다.
　　 ㄷ. *그분이 의사**라고는** **아니**다.

'이라고는'은 일반적으로 긍정월에서 쓰이면 부적격한 월이 되지만, 특수한 환경 조건에서 긍정월에서 쓰이기도 한다. 그렇지만 이에 해당하는 긍정월이 내재적으로는 부정적인 뜻을 함의하기 때문에 특수한 경우에 해당한다.

(20) ㄱ. 한국인 학생**이라고는** 그 사람뿐**이**다.
　　 →[한국인 학생**이라고는** 그 사람밖에 **없**다.]
　　 ㄴ. 시장**이라곤** 읍내에 딱 하나**뿐**이었다.
　　 →[시장**이라곤** 읍내에 딱 하나밖에 **없**었다.]

(20)에서와 같이 도움토씨 '뿐'이 쓰인 긍정월에서는 '이라고는'이 쓰이너라노 석격해진다. 그렇더라도 내재적으로는 부정적인 뜻을 함의하기 때문에 일반 긍정월과는 차이를 보인다. '뿐'이 긍정월에서 쓰였지만 '이

라고는'이 쓰이게 되면 부정적 뜻을 나타내어 '밖에 없다'의 뜻을 나타내고, '뿐'을 '밖에 없다'로 치환하더라도 뜻과 쓰임에서 별다른 차이가 나지 않는다. 따라서 '뿐'이 쓰인 긍정월에서 '이라고는'이 쓰였지만, 부정월에 준하는 것으로 보아 부정적 표현으로 처리하더라도 무방하다. 형식상으로 긍정월이고 내재적으로도 긍정적인 뜻을 지니는 월에서 '이라고는'이 쓰이면 당연히 부적격한 월이 된다.

'이라고'는 표면상 긍정의 물음월이지만 내재적으로 부정의 베풂월로 해석되는 반어법 월에서 쓰이기도 한다.

(21) ㄱ. 우등생**이라고** 다 착한가?
→[우등생**이라고** 다 착한 것은 **아니**다.]
ㄴ. 나**라고** 그런 일 못하란 법이 있소?
→[나**라고** 그런 일 못하란 법이 **없**다.]

(21)에서 '이라고' 뒤에 '는'이 결합하거나 '이라고는'으로 교체할 수 없다. 곧 '이라고는'은 '이라고'와 달리 반어법으로 쓰이지 않는다.

이와 같이 '이라고는'은 단순히 도움토씨 '이라고'와 '는'이 어울려 있는 것이 아니라 결합과정을 거쳐 도출된 합성토씨로서, 부정월을 가려잡는 통사적 특성을 지니고 있다. '이라고는'은 단순부정이나 능력부정을 가리지 않으며, 부정 낱말 가운데 주로 '없다'를 가려잡으며 '모르다'를 가려잡기도 하지만 '아니다'는 가려잡지 않는다. 도움토씨 '뿐'이 쓰인 긍정월에서는 '이라고는'이 쓰이더라도 적격한데, 이 경우에는 내재적 의미에서 부정의 뜻을 함의하기 때문에 일반 긍정월과는 차이를 보인다. 표면상 긍정의 물음월이지만 내재적으로 부정의 베풂월로 해석되는 반어법 월에서 쓰일 수 있는 '이라고'와 달리, '이라고는'은 반어법 월에서 쓰이지 않는 특성을 지닌다.

6.2.3 커녕

<①어떤 사실을 부정하는 뜻을 강조할 뿐 아니라 그보다 못한 것까지 부정하는 뜻을 나타냄. ②'그것은 말할 것도 없거니와 도리어'의 뜻을 나타냄>의 '커녕'의 보기는 (22)와 같다.[165]

(22) ㄱ. 밥**커녕** 죽도 **못** 먹는다.
ㄴ. 상**커녕** 벌을 받았다.

(22)에서 ㄱ의 '커녕'은 ①에 해당하고, ㄴ의 '커녕'은. ②에 해당한다. ②의 '커녕'은 (22ㄴ)과 같이 긍정월에서 쓰일 수 있어 이 장의 논의 대상에서 제외된다. ①의 '커녕'은 (22ㄱ)과 같이 부정월에서 쓰여 적격한 월이 되었으며, (23)과 같이 긍정월에서 쓰이면 부적격한 월이 되기 때문에 ①의 '커녕'은 이 장의 연구 대상에 포함된다.

(23) ㄱ. *밥**커녕** 죽도 먹는다.
ㄴ. *많이**커녕** 조금도 있다.

①의 '커녕'은 주로 임자씨 A를 앞세우고 뒤에 임자씨 B가 자리하며, B 뒤에는 도움토씨 '도, 조차, 마저'가 결합한다. 그 뒤에 부정이 놓이는 특성을 보인다. 곧 'A커녕 B도 부정'이란 통사적 짜임새를 이룬다. 이를 도식화하면 (24)와 같다.

(24) A커녕 B도/조차/마저 부정

---

165) 허웅(1995:1478)에서는 ①의 '커녕'의 뜻을 '아우름', ②의 '커녕'의 뜻을 '가림'이라고 하였다.

체언 A와 B는 같은 의미 부류에 속하는 낱말로, A보다는 B가 덜 하거나, 못하거나, 안 좋은 것을 나타내는 경우가 많다. 뒤에 놓이는 부정의 꾸밈 영역은 B에만 영향을 미치는 것이 아니라 A에도 영향을 미친다. (22ㄱ)의 의미를 부정의 영역과 관련하여 다시 쓰면 (25)와 같다.

(25) [밥을 못 먹는 것은 물론이고 그보다 덜한 죽도 **못** 먹는다.]

①의 '커녕'은 부정월을 가려잡는 통사적 지배 제약을 일으키는 통제자로서 긍정월에 쓰이면 (23)과 같이 부적격한 월이 되며, 부정월에 쓰여야만 적격한 월이 된다. 부정월 가운데 단순부정이나 능력부정을 가려잡아 제약이 따르지 않는다.

(26) ㄱ. 비**커녕** 구름**조차** 끼**지 않**는다.
　　 ㄴ. 그는 대학교**커녕** 중학교**도** 다니**지 못**했다.

①의 '커녕'이 (26)에서와 같이 부정월을 가려잡기 때문에 (26)의 긍정월인 (27)은 당연히 부적격한 월이 된다. 곧 '커녕'이 긍정월인 (27)을 부적격한 월로 만드는 통제자로 작용하기 때문에 '커녕'은 부정월을 가려잡는 통사적 특성을 지니고 있는 것으로 보는 것이 합리적이다.

(27) ㄱ. *비**커녕** 구름조차 낀다.
　　 ㄴ. *그는 대학교**커녕** 중학교**도** 다녔다.

①의 '커녕'은 의향법에도 제약을 일으켜 부정의 베풂월만을 가려잡는 특성을 보인다. 부정의 물음월에서 쓰이면 부적격한 월이 되며, 부정의 함께함월과 시킴월에서 쓰여도 부적격해지기 때문에 '-지 말-'을 가려잡

지 않는다.

> (28) ㄱ. 밥**커녕** 죽도 먹**지 않**는다.
> ㄴ. *밥**커녕** 죽도 먹**지 않**니?
> ㄷ. *밥**커녕** 죽도 먹**지 말**자.
> ㄹ. *밥**커녕** 죽도 먹**지 마라**.

①의 '커녕' 뒤에는 부정 낱말 '없다', '모르다', '아니다'가 놓일 수 있다. 이들의 긍정 낱말인 '알다', '모르다', '이다'가 놓이면 당연히 부적격한 월이 된다.

> (29) ㄱ. 그 황무지에는 나무**커녕** 물도 **없**다.
> ㄴ. 그분에 대해서 학력**커녕** 이름도 **모른**다.
> ㄷ. 저분은 과장**커녕** 주임도 **아니**다.

①의 '커녕'은 임자씨 뒤에 놓일 뿐만 아니라 어찌씨 뒤에도 놓일 수 있다. '커녕' 앞에 어찌씨가 놓이는 경우에 뒤에는 반의관계에 놓이는 어찌씨가 놓이고 그 뒤에는 도움토씨 '도'가 놓이는 것이 자연스럽다.

> (30) ㄱ. **많이**커녕 조금도 **없**다.
> ㄴ. **빨리**커녕 천천히도 **못** 걷는다.

월에서 'A커녕'은 'A+(토씨) 풀이씨 줄기-기커녕'으로 뜻에서 별다른 차이가 없이 바꾸어 쓸 수 있다. '-기커녕' 앞의 풀이씨는 문맥에 따라 뒤에 놓이는 풀이씨와 같을 수도 있고 다를 수도 있다. A 뒤에 놓이는 토씨도 문맥에 따라 결정된나. (31)에서 'A+(토씨) 풀이씨 줄기-기커녕'으로 변형된 ㄱ은 풀이씨가 다르며 임자자리토씨 '가'가 선택되었다. ㄴ은 풀이씨가 같으며 부림자리토씨 '를'이 선택되었다. ㄷ은 풀이씨가 같으며 A가 어찌씨이기 때문에 토씨가 선택되지 않았다.

> (31) ㄱ. 비**커녕** 구름**조차** 끼**지 않**는다.
> → 비가 오기**커녕** 구름**조차** 끼**지 않**는다.
> ㄴ. 밥**커녕** 죽도 먹**지 않**는다.
> → 밥을 먹**기커녕** 죽도 먹**지 않**는다.
> ㄷ. 많이**커녕** 조금도 **없**다.
> → 많이 있**기커녕** 조금도 **없**다.

①의 'A커녕'은 의미상 <A는 말할 것도 없고>, <A는 고사하고>, <A는 물론이고>의 뜻을 나타내기 때문에 'A커녕' 자리에 이들로 대치 하더라도 뜻에서 별다른 차이를 보이지 않는다.

이와 같이 ①의 '커녕'은 부정월을 가려잡는 통사적 특성을 지니며, 'A 커녕 B도/조차/마저 부정'의 통사적 짜임새를 이룬다. A와 B는 같은 의 미 부류에 속하는 낱말로, A보다는 B가 덜 하거나, 못하거나, 안 좋은 것을 나타내는 경우가 많다. 뒤에 놓이는 부정의 꾸밈 영역은 B에만 영 향을 미치는 것이 아니라 A에도 영향을 미친다. 'A커녕'은 'A+(토씨) 풀 이씨 줄기-기커녕'으로 뜻에서 별다른 차이 없이 바꾸어 쓸 수 있다.

6.2.4 은커녕

도움토씨 '은커녕'은 도움토씨 '은'과 도움토씨 '커녕'이 결합과정을 거 쳐 도출된 합성토씨에 해당한다. '은커녕'은 '은'과 '커녕'의 두 토씨의 어 울림으로 보지 않고 합성토씨로 보아야 하는 이유를 살피기로 한다. 도움토씨 '은'은 다른 도움토씨나 자리토씨와 어울릴 적에는 대체로 끝자리에 놓이게 된다.

  (32) ㄱ. 이곳에서만**은** 조용히 하십시오.
      ㄴ. 이것만으로써**는 안** 되겠다.
      ㄷ. 자식들에게만**은** 가난을 물려주**지 않**겠다.

  (32)에서와 같이 토씨의 어울림에서 도움토씨 '은'은 주로 끝자리에 놓이며, 이를 지키지 않으면 부적격한 월이 된다. 또한 '은'을 삭제하더라도 (32)에서와 같이 월의 적격성에는 영향을 미치지 않는다.

  (33) ㄱ. 이곳에서만 조용히 하십시오.
      ㄴ. 이것만으로써 **안** 되겠다.
      ㄷ. 자식들에게만 가난을 물려주**지 않**겠다.

  '은커녕'에서도 '은'이 삭제되더라도 월의 적격성에는 영향을 미치지 않는다. 그러나 '커녕'이 삭제되면 (34ㄷ)과 같이 부적격한 월이 된다. 또한 '은'과 '커녕'이 자리를 바꾸면 (34ㄹ)과 같이 부적격한 월이 된다.

  (34) ㄱ. 천 원**은커녕** 백 원도 **없**다.
      ㄴ. 천 원**커녕** 백 원도 **없**다.
      ㄷ. *천 원**은** 백 원도 **없**다.
      ㄹ. *천 원**커녕은** 백 원도 **없**다.

  '은커녕'의 '은'과 도움토씨 '은'은 쓰임에서 차이를 보이기 때문에 같은 도움토씨로 처리하기보다는 '은커녕'을 합성토씨로 보는 것이 온당하다. '은커녕'의 뜻은 '커녕'의 뜻에 <힘줌>의 뜻을 더한 것으로, '커녕'의

힘줌말에 해당한다. 곧 <①어떤 사실을 부정하는 뜻을 힘주어 강조할
뿐 아니라 그보다 못한 것까지 부정하는 뜻을 나타냄. ②'그것은 말할
것도 없거니와 도리어'의 뜻을 힘주어 나타냄>을 나타낸다. ②의 '은커
녕'은 긍정월에도 쓰일 수 있어 이 장의 논의 대상에서 제외된다.166)

①의 '은커녕'은 앞에서 살핀 ①의 '커녕'과 마찬가지로 부정월을 가려
잡으며, 쓰임에서도 별다른 차이를 보이지 않는다. 곧 '은커녕'도 부정월
을 가려잡는 통사적 지배 제약을 일으키는 통제자로서 긍정월에 쓰이면
부적격한 월이 되며, 부정월에 쓰여야만 적격한 월이 된다. 부정월 가운
데 단순부정이나 능력부정을 가려잡아 제약이 따르지 않는다. ①의 '은
커녕'도 의향법에 제약을 일으켜 부정의 베풂월만을 가려잡는 특성을 보
인다. ①의 '은커녕' 뒤에도 부정 낱말 '없다', '모르다', '아니다'가 놓일
수 있다. ①의 '은커녕'도 임자씨 뒤에 놓일 뿐만 아니라 어찌씨 뒤에도
놓일 수 있다. '커녕' 앞에 어찌씨가 놓이는 경우에 뒤에는 반의관계에
놓이는 어찌씨가 놓이고 그 뒤에는 도움토씨 '도'가 놓이는 것이 자연스
럽다.

①의 '은커녕'은 주로 임자씨 A를 앞세우고 뒤에 임자씨 B가 자리하
며, B 뒤에는 도움토씨 '도, 조차, 마저'가 결합하고 그 뒤에 부정이 놓이
는 특성을 보인다. 곧 'A는커녕 B도 부정'이란 통사적 짜임새를 이룬다.
월에서 'A는커녕'은 'A+(토씨) Vst-기는커녕'으로 뜻에서 별다른 차이
없이 바꾸어 쓸 수 있다. 이를 도식화하면 (35)와 같다.

  (35) A는커녕 B도/조차/마저 부정
    →A+(토씨) 풀이씨 줄기-기는커녕 B도/조차/마저 부정

---

166) ②의 뜻을 지닌 '은커녕'은 다음 보기와 같이 긍정월에서 적격하게 쓰인다.
  상**은커녕** 벌만 받았네.

이에 해당하는 보기를 들면 (36)과 같다. ㄱ과 ㄴ은 A 자리에 임자씨가 놓였고 ㄷ은 어찌씨가 놓였다. 어찌씨가 놓이는 경우에는 변환될 때 토씨가 놓이지 않는다.

(36) ㄱ. 그 두 사람은 말**은커녕** 아는 체**도** 하**지 않**았다.
　　→그 두 사람은 말**을** 하기**는커녕** 아는 체**도** 하**지 않**았다.
　　ㄴ. 그의 정체**는커녕** 성명**도 모른**다.
　　→그의 정체**를** 알**기는커녕** 성명**도 모른**다.
　　ㄷ. 자주**는커녕** 가끔도 만나**지 못**한다.
　　→자주 만나기**는커녕** 가끔**도** 만나**지 못한**다.

①의 'A는커녕'은 의미상 <A는 말할 것도 없고>, <A는 고사하고>, <A는 물론이고>의 뜻을 나타내기 때문에 'A는커녕' 자리에 이들로 대치하더라도 뜻에서 별다른 차이를 보이지 않는다.

이와 같이 '은커녕'은 앞에서 살핀 '커녕'과 쓰임에서 대체로 일치하며, 뜻에서 '커녕'에 강조의 뜻이 덧붙는다.

6.3 부정 관련 표현을 가려잡는 토씨

6.3.1 인들

부정은 긍정에 대립되는 개념으로, 월에서 형식과 내용에 해당될 수 있다. 형식적으로는 부정월의 형식을 갖추는 것이고, 내용적으로는 부정의 뜻을 가지는 것이나. 말본에서의 부정월은 형식에 초점을 두어 뜻에서 부정이건 부정이 아니건 관계없이 부정월의 형식을 갖추면 부정법의 범주에 포함된다.

부정의 양상을 보면, (37)에서와 같이 형식상 부정이고 내용상으로도 부정인 경우가 있고(37ㄱ), 형식상 부정이면서 내용상 긍정인 경우가 있으며(37ㄴ), 형식상 긍정이지만 내용상 부정인 경우가 있따(37ㄷ).

> (37) ㄱ. 비가 오**지 않**는다.
>   ㄴ. (우산을 가지고 가.) 밖에 비가 오**지 않**니?
>   ㄷ. (날씨가 이렇게 좋은데) 무슨 비가 오니?

(37)에서 ㄱ은 표면상으로 부정의 베풂월이고 내재적 의미도 부정의 베풂월이다. ㄴ은 형식상으로는 부정의 물음월이지만 내재적으로는 <밖에 비가 온다.>란 긍정의 베풂월로 이해된다.167) ㄷ은 형식상으로는 긍정의 물음월이지만 내재적으로는 <밖에 비가 오지 않는다.>란 부정의 베풂월로 이해된다. (37)의 ㄱ과 ㄴ은 통사론적으로 부정법의 연구 대상이지만 ㄷ은 제외된다.168) 그러나 의미적으로는 ㄱ과 ㄷ은 부정의 영역에 포함되지만 ㄴ은 제외된다. 어떻든 (37)의 보기들은 모두 부정과 연관을 맺고 있다.

<('인들' 앞자리에 놓인 말)이라고 할지라도 마찬가지임>의 뜻을 지닌 도움토씨 '인들'은 앞자리에 주로 임자씨가 놓이며, 일부 어찌씨나 다른 토씨가 놓이기도 한다. '인들' 뒤에 놓일 수 있는 토씨는 없다.

> (38) ㄱ. 네 **마음**인들 편하겠니?(이름씨)
>   ㄴ. **난**들 어찌 법이 무섭**지 않**겠니?(대이름씨)
>   ㄷ. 친구가 **열**인들 무슨 도움이 되겠니?(셈씨)

---

167) ㄴ은 이른바 '부정 아닌 부정'으로, 이에 관하여는 김동식(1981)을 참고.
168) ㄷ은 반어법을 실현하는 월로, 반어법에 관한 자세한 논의는 한길(2005)을 참고.

ㄹ. 이런 기회가 **다신**들 있겠니?(어찌씨)

ㅁ. 어디**로**인들 못 가겠느냐?(토씨)

　도움토씨 '인들'은 부정과 관련을 맺는 (38)의 ㄴ과 ㄷ의 보기와 같은 용법으로 쓰이는 특성을 보인다. (38)의 ㄴ과 같이 형식적으로 부정월이고 내재적으로 긍정월로 해석되는, 반어법 월을 살피기로 한다.

　(39) ㄱ. 밤낮으로 생각만 하니 병**인들 안** 나겠니?

　　　ㄴ. 그런 정신이면 돌**인들 못** 뚫겠니?

　(39)는 형식상으로 부정의 물음월이지만 내재적으로는 (40)과 같이 긍정의 베풂월로 해석되는 반어법 월에 해당한다.

　(40) ㄱ. [밤낮으로 생각만 하니 병이라도 날 것이다.]

　　　ㄴ. [그런 정신이면 돌도 뚫을 수 있다.]

　이런 용법으로 쓰이는 '인들'은 긍정월은 가려잡지 않고 부정의 물음월만 가려잡으며, 베풂월이나 함께함월, 시킴월은 가려잡지 않는다. 또한 (39)에서와 같이 단순부정이나 능력부정을 가리지 않고 가려잡을 수 있으며, (41)과 같이 부정 낱말 '없다', '모르다', '아니다'가 놓일 수 있다.

　(41) ㄱ. 옛날**엔들** 그런 일이 **없**었겠니?

　　　ㄴ. **난들** 어찌 법 무서운 줄 **모르**겠소?

　　　ㄷ. 낙**환들** 꽃이 **아니**랴?

　(41)도 형식적으로는 부정의 물음월이지만, 내재적으로는 긍정의 베풂월로 해석되는 반어법 월로, 내재적 의미를 다시 쓰면 (42)와 같다.

(42) ㄱ. [옛날에도 그런 일이 있었다.]

ㄴ. [나도 법 무서운 줄 아오.]

ㄷ. [낙화도 꽃이다.]

도움토씨 '인들'이 부정과 관련을 맺는 (38)의 ㄷ과 같이, 형식적으로는 긍정의 물음월이지만 내재적으로 부정의 베풂월로 해석되는, 반어법 월을 살피기로 한다.

(43) ㄱ. 그 사람**인들** 나에게 화를 내고 싶겠니?

ㄴ. 짐승**인들** 이보다 더 잔혹하랴?

(43)도 형식적으로는 긍정 물음월이지만, 내재적으로는 부정의 베풂월로 해석되는 반어법 월로, 내재적 의미를 다시 쓰면 (44)와 같다.

(44) ㄱ. [그 사람도 나에게 화를 내고 싶**지 않**을 것이다.]

ㄴ. [짐승도 이보다 더 잔혹하**지 않**을 것이다.]

도움토씨 '인들'이 부정과 관련을 맺는 월로, 형식적으로는 긍정의 베풂월이지만 내재적으로 부정의 베풂월로 해석되는 반어법 월을 살피기로 한다.

(45) ㄱ. 물가가 오르기만 하니 **난들** 어떻게 **할 수가 있어야지**.

ㄴ. 비행 학생에 대해서는 선생님**인들 별 수 있어야지**.

(45)는 형식적으로는 긍정의 베풂월이지만, 내재적으로는 부정의 베풂월로 해석되는 반어법 월로, 내재적 의미를 다시 쓰면 (46)과 같다.

(46) ㄱ. [물가가 오르기만 하니 나도 어떻게 할 수가 **없**다.]

　　ㄴ. [비행 학생에 대해서는 선생님도 별 수 **없**다.]

(45)에서와 같이 '인들'이 쓰인 월 가운데에 형식적으로는 긍정의 베풂월이지만 내재적으로 부정의 베풂월로 해석되는 경우는 극히 드물다. 통사적 짜임새인 '-을 수 있어야지'로 끝나는 경우에 이런 용법으로 쓰이게 된다.

위에서 살핀 바와 같이 도움토씨 '인들'은 주로 반어법을 실현하는 물음월로, 형식상 부정월이지만 내재적으로 긍정월에 해당하거나, 형식상 긍정월이지만 내재적으로 부정월에 해당하는 월을 가려잡는다. 극히 일부 형식상 긍정의 베풂월이지만 내재적으로 부정의 베풂월로 해석되는 월을 가려잡기도 하는 통사적 특성을 지닌다.

6.4 마무리

이 장에서는 토씨 가운데 부정월에서 적격하게 쓰이지만 긍정월에서 쓰이면 부적격해지는 토씨를 선정하고, 이에 해당하는 각 토씨의 통사적 특성과 의미 기능을 규명하고자 하였다. 이들 토씨는 부정월을 가려잡는 통사적 지배 제약을 일으키는 통제자임을 확인하고, 부정월을 가려잡는 토씨라고 하였다.

긍정월에서 쓰이면 부적격한 월이 되는, 부정월을 가려잡는 토씨로는 '밖에', '이라고는', '커녕', '은커녕'이 선정되었다. 이 밖에 형식상으로나 내재적으로 부정을 나타내는 전형적인 부정월은 아니더라도, 부정과 관련하여 형식상으로는 부정월이지만 내재적으로 긍정월로 해석되거나, 형식상으로는 긍정월이지만 내재적으로 부정월로 해석되는 반어법 월을 가려잡는 토씨로 '인들'이 선정되었다.

부정월을 가려잡는 도움토씨 '밖에'는, 형식적으로는 부정월에 해당하지만 내재적으로는 부정의 의미를 나타내지 않고 긍정의 의미적 기능을 나타낸다. 극히 일부 형식상 긍정월이지만 내재적으로 부정의 의미 기능을 나타내는 반어법 월에서 적격하게 쓰여 부정 표현에 해당하는 통사적 특성을 지닌다. '밖에'는 단순부정이나 능력부정을 가리지 않고 가려잡으며, 부정 낱말 '아니다', '없다', '모르다'를 가려잡을 수 있다. 긍정의 물음월이지만 내재적으로 부정의 베풂월로 해석되는 반어법 월에서도 '밖에'가 쓰일 수 있다.

도움토씨 '이라고는'은 도움토씨 '이라고'와 '는'이 결합과정을 거쳐 도출된 합성토씨로, 부정월을 가려잡는 통사적 특성을 지닌다. '이라고는'은 단순부정이나 능력부정을 가리지 않고 가려잡으며, 부정 낱말 가운데 주로 '없다'를 가려잡는다. 도움토씨 '뿐'이 쓰인 긍정월에서는 '이라고는'이 쓰이더라도 적격한데, 이 경우에는 내재적 의미에서 부정의 의미를 함의한다. '이라고는'은 반어법 월에서 쓰이지 않는다.

부정월을 가려잡는 도움토씨 '커녕'은 통사적 짜임새 'A커녕 B도/조차/마저 부정'으로 주로 쓰인다. A와 B는 같은 의미 부류에 속하는 낱말로, A보다는 B가 덜 하거나, 못하거나, 안 좋은 것을 나타내는 경우가 많다. 뒤에 놓이는 부정의 꾸밈 영역은 B에만 영향을 미치는 것이 아니라 A에도 영향을 미친다. 'A커녕'은 'A+(토씨) 풀이씨 줄기-기커녕'으로 뜻에서 별다른 차이 없이 바꾸어 쓸 수 있다.

부정월을 가려잡는 도움토씨 '은커녕'은 통사적 짜임새 'A는커녕 B도/조차/마저 부정'으로 주로 쓰이며, '커녕'과 용법이 대체로 일치한다. '커녕'의 힘줌말에 해당한다.

도움토씨 '인들'은 주로 반어법을 실현하는 물음월을 가려잡는다. 형식상 부정월이지만 내재적으로 긍정월에 해당하거나, 형식상 긍정월지만 내재적으로 부정월에 해당하는 월을 가려잡는다. 극히 일부 형식상 긍정의 베풂월이지만 내재적으로 부정의 베풂월로 해석되는 월을 가려잡기도 한다.

제 7 장

부정 표현을 가려잡는
대이름씨와 매김씨의 통사 특성

7.1 들머리

품사[씨] 가운데 부정 표현을 가려잡는 낱말이 비교적 많은 것들은 앞에서 논의한 바 있다. 이 장에서는 부정월을 가려잡는 낱말이 극히 적은 품사[씨]로, 대이름씨와 매김씨에 관하여 논의하기로 한다.169)

부정 표현을 가려잡는 대이름씨에는 '아무'가 있으며, '아무'를 받침말로 하고, 여기에 사물을 가리키는 '것'과 장소를 가리키는 '데'가 결합과정을 거쳐 대이름씨가 도출된 '아무것'과 '아무데'가 있다. '아무', '아무것', '아무데'는 부정월만을 가려잡는 것은 아니고 도움토씨 '도' 따위가 결합된 경우에 한하여 부정월을 가려잡는다. 따라서 '도'가 결합된 '아무도', '아무것도', '아무데도'는 부정법을 가려잡는 통사적 지배 제약을 일으키는 통제자가 된다.

---

169) 셈씨와 느낌씨에서는 부정월만을 가려잡는 낱말이 발견되지 않는다.

(1) ㄱ. **아무도 안** 온다./**오지 않**는다.

　　ㄴ. **아무것도 안** 먹는다./**먹지 않**는다.

　　ㄷ. **아무데도 안** 간다./**가지 않**는다.

　(1)은 부정월이기 때문에 '아무도', '아무것도', '아무데도'가 쓰여 적격한 월이 되었지만, (1)의 긍정월인 (2)는 부적격한 월이 된 점으로 보아 이들이 부정월을 가려잡는 통제자임이 확인된다.

(2) ㄱ. ***아무도** 온다.

　　ㄴ. ***아무것도** 먹는다.

　　ㄷ. ***아무데도** 간다.

　부정월을 가려잡는 매김씨에는 '아무'와 '아무런'이 있다. '아무'는 <① 전혀 어떠한. ②어떤 사람이나 사물 따위를 특별히 정하지 않고 이를 때 쓰는 말>의 뜻을 지닌다. ①의 뜻인 '아무'만이 부정월을 가려잡는다.

(3) ㄱ. 그는 **아무**① 일도 **안** 한다./**하지 않**는다.

　　ㄴ. 그는 **아무**② 일이나 한다.

　①의 뜻인 '아무'는 부정월을 가려잡기 때문에 긍정월로 바꾸면 (4ㄱ)과 같이 부적격한 월이 된다. 이로 미루어 ①의 뜻인 '아무'가 부정월을 가려잡는 통제자임이 확인된다. 따라서 '아무'는 부정 표현을 가려잡는 통사적 지배 제약을 지닌다. ②의 뜻인 '아무'는 긍정이나 부정월을 가리지 않기 때문에 부정월로 바꾸더라도 (4ㄴ)은 적격한 월이 된다.

(4) ㄱ. *그는 **아무**① 일도 한다.

　　ㄴ. 그는 **아무**② 일이나 **안** 한다./**하지 않**는다.

'아무런'은 <전혀 어떠한>의 뜻을 지닌다. ①의 뜻인 '아무'와 뜻 및 쓰임에서 별다른 차이를 보이지 않는다. '아무런'은 ①의 뜻인 '아무'와 뜻 및 쓰임에서 차이 없이 교체되어 쓰일 수 있다. ②의 뜻인 '아무'와는 뜻과 쓰임에서 차이를 보이기 때문에 교체되어 쓰일 수 없다. (5)를 통해 이를 확인할 수 있다.

(5) ㄱ. 그는 **아무①/아무런** 일도 **안** 한다./하**지 않**는다.
ㄴ. 그는 **아무②/아무런** 일이나 한다.

이를 통해 '아무런'도 부정월을 가려잡는 통제자임이 확인된다. 이 장에서는 부정월을 가려잡는 대이름씨 '아무', '아무것', '아무데'와 매김씨 '아무', '아무런'의 통사적 특성을 살피기로 한다.

7.2 부정 표현을 가려잡는 대이름씨[170]

7.2.1. 아무[171]

<누구라고 꼭 지정하지 않고 막연히 가리켜서 이르는 말>로 쓰이는 대이름씨 '아무'는 결합되는 토씨의 종류에 제약이 심한 편이다. '아무'에 결합 가능한 토씨에 따라 부정월과 긍정월을 가리지 않고 쓰이기도 하고 긍정월에서만 쓰이거나 부정월에서만 쓰이기도 한다. 부정월과 긍정

---

170) 대이름씨 자체만으로 부정 표현을 가려잡는 것은 없고, 일부 토씨가 결합하여 부정월을 가려잡는 것들이 있을 뿐이다

171) '아무'는 뒤에 놓이는 말에 따라 이름씨와 매김씨로 쓰인다. 이름씨인 '아무'에는 토씨가 결합되고, 매김씨인 '아무'에는 이름씨가 통합된다. 매김씨 '아무'도 주로 '않다, 없다, 못하다' 따위의 부정 낱말과 함께 쓰인다.

월을 가리지 않는 토씨로는 '나'가 있으며, 긍정월에서만 쓰이는 토씨로는 '라도'가 있다.

(6) ㄱ. 가. 이런 일은 **아무나** 할 수 <u>있</u>다.
　　나. 이런 일은 **아무나** 할 수 <u>없</u>다.
　ㄴ. 가. 이런 일은 **아무라도** 할 수 <u>있</u>다.
　　나. *이런 일은 **아무라도** 할 수 <u>없</u>다.

(6)에서 ㄱ은 '아무'에 '나'가 결합되어 긍정월이건 부정월이건 가리지 않고 쓰일 수 있는 보기이며, ㄴ은 '라도'가 결합되어 긍정월에서만 쓰일 수 있는 보기에 해당한다. 따라서 부정월에서만 쓰이는 조건에 충족되지 않기 때문에 이 장의 논의 대상에서 제외된다.

'아무'에 결합되어 부정월에서만 쓰이게 하는 토씨로는 '도'가 있다. '도' 앞에는 '에게/한테 따위가 놓일 수 있다.172)

(7) ㄱ. 그녀는 **아무도** 봐주<u>지 않</u>는다.
　ㄴ. 이 사실을 **아무/에게(한테)도** 말하<u>지 마</u>세요.

(7)의 긍정월에 해당하는 (8)이 부적격한 월이 되는 것으로 보아 '도'가 결합된 '아무'는 부정월에서만 쓰임이 확인된다. 곧 '도'가 결합된 '아무'가 부정월을 선택하는 통제자임이 확인된다.

(8) ㄱ. *그녀는 **아무도** 봐준다.

---

172) '도'앞에 '와/하고'가 놓일 수 있지만, '아무와/하고도'는 긍정월이건 부정월이건 가리지 않고 쓰일 수 있다.
　ㄱ. 철수는 **아무와/하고도** 잘 어울린다.
　ㄴ. 철수는 **아무와/하고도** 잘 어울리<u>지 않</u>는다.

ㄴ. *이 사실을 **아무/에게(한테)도** 말하세요.

곧 도움토씨 '도' 결합형인 '아무도', '아무에게/한테도'는 한 몸처럼 작용하여 부정월에서만 쓰이는 제약을 지닌다. 이들은 부정월 가운데 단순부정과 능력부정에서 쓰일 수 있으며, 함께함월과 시킴월에서는 '-지 말-'을 가려잡는다.

(9) ㄱ. **아무도** 집에 **안** 갔다.
　　ㄴ. **아무도** 집에 **못** 갔다.
　　ㄷ. **아무에게/한테도** 말하**지 말**자/말하**지** 마라.

'아무도'는 부정 낱말 가운데 '아니다', '없다', '모르다'가 쓰인 월에서도 적격하게 쓰인다. 이들의 긍정 낱말인 '이다', '있다', '알다'가 쓰인 월에 놓이면 부적격한 월이 된다.

(10) ㄱ. **아무도** 범인이 **아니**다.
　　 ㄴ. **아무도** 집에 **없**다.
　　 ㄷ. **아무도** 그 사실을 **모른**다.

'아무도'와 '아무에게도/한테도'는 반어법을 실현하는 긍정의 물음월이나 베풂월에서 쓰이는 일이 없다.

7.2.2 아무것[173)]

<①특별히 정해지지 않은 어떤 것 일체. ②특별하거나 대단한 어떤

---

173) 입말에서는 주로 '아무거'로 쓰인다.

것>의 뜻을 지닌 대이름씨 '아무것'은 결합되는 토씨의 종류에 제약이 심한 편이다. '아무것'에 결합 가능한 토씨에 따라 부정월과 긍정월을 가리지 않고 쓰이기도 하고, 긍정월에서만 쓰이거나 부정월에서만 쓰이기도 한다. 부정월과 긍정월을 가리지 않는 토씨로는 '나'가 있으며, 긍정월에서만 쓰이는 토씨로는 '이라도'가 있다.

> (11) ㄱ. 가. 난 **아무것이나** 잘 먹는다.
> 　　 나. 난 **아무것이나** 잘 먹**지 않**는다.
> 　　 ㄴ. 가. 난 **아무것이라도** 잘 먹는다.
> 　　 나. *난 **아무것이라도** 잘 먹**지 않**는다.

(11)에서 ㄱ은 '아무것'에 '이나'가 결합되어 긍정월이건 부정월이건 가리지 않고 쓰일 수 있는 보기이며, ㄴ은 '이라도'가 결합되어 긍정월에서만 쓰일 수 있는 보기에 해당한다. 따라서 부정월에서만 쓰이는 조건에 충족되지 않기 때문에 이 장의 논의 대상에서 제외된다.

'아무것'에 결합되어 부정월에서만 쓰이게 하는 토씨로는 '도'가 있다. '도' 앞에는 '에' 따위가 놓일 수 있다.

> (12) ㄱ. 영호는 **아무것도** 먹**지 않**았다.
> 　　 ㄴ. 영호는 **아무것에도** 손을 대**지 않**았다.

(12)의 긍정월에 해당하는 (13)이 부적격한 월이 되는 것으로 보아 '도'가 결합된 '아무것도'와 '아무것에도'는 부정월에서만 쓰임이 확인된다. 곧 '도'가 결합된 '아무것'이 부정월을 선택하는 통제자임이 확인된다.

> (13) ㄱ. *영호는 **아무것도** 먹었다.
> 　　 ㄴ. *영호는 **아무것에도** 손을 대었다.

곧 도움토씨 '도' 결합형인 '아무것도', '아무것에도'는 한 몸처럼 작용하여 부정월에서만 쓰이는 제약을 지닌다. 이들은 부정월 가운데 단순부정과 능력부정에서 쓰일 수 있으며, 함께함월과 시킴월에서는 '-지 말-'을 가려잡는다.

(14) ㄱ. **아무것도 안** 먹었다.
ㄴ. **아무것도 못** 먹었다.
ㄷ. **아무것도** 먹**지 말**자./먹**지 마**라.

'아무것도'는 부정 낱말 가운데 '아니다', '없다', '모르다'가 쓰인 월에서도 적격하게 쓰인다. 이들의 긍정 낱말인 '이다', '있다', '알다'가 쓰인월에 놓이면 부적격한 월이 된다.

(15) ㄱ. **아무것도 아니**다.
ㄴ. 난 **아무것도 없**다.
ㄷ. 난 **아무것도 모른**다.

'아무것도'와 '아무것에도'는 반어법을 실현하는 긍정의 물음월이나 베풂월에서 쓰이는 일이 없다.

7.2.3 아무데

<특별히 정해지지 않은 막연한 어떤 곳>의 뜻을 지닌 대이름씨 '아무데'는 결합되는 토씨의 종류에 제약이 심한 편이다. '아무데'에 결합 가능한 토씨에 따라 부정월과 긍정월을 가리지 않고 쓰이기도 하고, 긍정월에서만 쓰이거나 부정월에서만 쓰이기도 한다. 부정월과 긍정월을 가

리지 않는 토씨로는 '나'와 '든지'가 있으며, 긍정월에서만 쓰이는 토씨로
는 '라도'가 있다.

(16) ㄱ. 가 : 나는 **아무데나** 주저앉았다.
　　　 나 : 나는 **아무데나** 주저앉**지 않**았다.
　　 ㄴ. 가 : 나는 **아무데라도/든지** 주저앉았다.
　　　 나 : *나는 **아무데라도/든지** 주저앉**지 않**았다.

(16)에서 ㄱ은 '아무데'에 '나'가 결합되어 긍정월이건 부정월이건 가
리지 않고 쓰일 수 있는 보기이며, ㄴ은 '라도'가 결합되어 긍정월에서만
쓰일 수 있는 보기에 해당한다. 따라서 부정월에서만 쓰이는 조건에 충
족되지 않기 때문에 이 장의 논의 대상에서 제외된다.
　'아무데'에 결합되어 부정월에서만 쓰이게 하는 토씨로는 '도'가 있다.
'도' 앞에는 '에서' 따위가 놓일 수 있다.

(17) ㄱ. 명절에 **아무데도 안** 갔다.
　　 ㄴ. **아무데에서도 안** 불렀다.

(17)의 긍정월에 해당하는 (18)이 부적격한 월이 되는 것으로 보아
'도'가 결합된 '아무데도'와 '아무데에서도'는 부정월에서만 쓰임이 확인
된다. 곧 '도'가 결합된 '아무데'가 부정월을 선택하는 통제자임이 확인된다.

(18) ㄱ. *명절에 **아무데도** 갔다.
　　 ㄴ. ***아무데에서도** 불렀다.

곧 도움토씨 '도' 결합형인 '아무데도', '아무데에서도'는 한 몸처럼 작
용하여 부정월에서만 쓰이는 제약을 지닌다. 이들은 부정월 가운데 단순

부정과 능력부정에서 쓰일 수 있으며, 함께함월과 시킴월에서는 '-지 말-'을 가려잡는다.

> (19) ㄱ. 나는 주말에 **아무데도** **안** 갔다./가**지** **않**았다.
> ㄴ. 나는 주말에 **아무데도** 못 갔다./가**지** **못**했다.
> ㄷ. 주말에 **아무데도** 가**지** **말**자./가**지** 마라.

'아무데도'는 부정 낱말 가운데 '없다'와 '모르다'가 쓰인 월에서도 적격하게 쓰인다. 이들의 긍정 낱말인 '있다', '알다'가 쓰인 월에 놓이면 부적격한 월이 된다.

> (20) ㄱ. 나를 알아주는 곳은 **아무데도** **없**다.
> ㄴ. 나는 식당이라곤 **아무데도** **모른**다.

'아무데도'와 '아무데에서도'는 반어법을 실현하는 긍정의 물음월이나 베풂월에서 쓰이는 일이 없다.

7.3 부정 표현을 가려잡는 매김씨

7.3.1 아무

매김씨 '아무'는 <①전혀 어떠한. ②어떤 사람이나 사물 따위를 특별히 정하지 않고 이를 때 쓰는 말>의 뜻을 지닌다. ②의 뜻인 '아무'는 (21)에서와 같이 긍정월이건 부정월이건 가리지 않고 쓰일 수 있어 이 장의 논의 대상에서 제외된다.

(21) ㄱ. **아무** 사람이나 만나도 된다.

ㄴ. **아무** 사람이나 만나서는 **안** 된다.

(21)은 긍정월(ㄱ)과 부정월(ㄴ)로, ②의 뜻인 '아무'가 쓰여 적격한 월이 되었기 때문에 이 장의 논의 대상에서 제외된다.

①의 뜻인 '아무'만이 부정월을 가려잡기 때문에 이 장에 논의 대상에 해당한다. ①의 뜻인 '아무'가 긍정월에서 쓰이면 (22)와 같이 부적격한 월이 된다.

(22) ㄱ. *그는 **아무** 말도 했다.

ㄴ. *방에서는 **아무** 기척이 있었다.

(22)는 모두 긍정월로, '아무'가 쓰여 부적격한 월이 되었다. '아무' 자리에 부정월이건 긍정월이건 가리지 않는 매김씨가 놓이면 모두 적격한 월이 되는 것으로 보아[174] (22)가 부적격한 월이 된 것은 바로 '아무'에 원인이 있음이 확인된다. 곧 '아무'가 부정월을 가려잡는 통제자임이 분명하다. 부적격한 월인 (22)를 부정월로 바꾸면 (23)과 같이 모두 적격한 월이 된다.

(23) ㄱ. 그는 **아무** 말도 하**지 않**았다.

ㄴ. 방에서는 **아무** 기척이 **없**었다.

부정월을 가려잡는 '아무'는 (24)와 같이 단순부정과 능력부정을 가려잡는다. '아무'는 긴 부정이건 짧은 부정이건 가리지 않지만 풀이씨에 따라 제약이 결정된다.

---

174) 이를테면 '아무' 자리에 '이런'이 놓이면 적격한 월이 된다.

(24) ㄱ. 그는 아무 일도 **안** 한다./하**지 않**는다.

　　ㄴ. 나는 아무 연락도 **못** 받았다./받**지 못했**다.

①의 뜻을 지닌 '아무'는 (25)에서와 같이 부정 낱말 가운데 '없다', '아니다', '모르다'를 가려잡는다.

(25) ㄱ. 아무 소용이 **없**다.

　　ㄴ. 이 정도의 고생은 아무 일도 **아니**다.

　　ㄷ. 그는 아무 일도 **모른**다.

'아무'는 반어법을 실현하는 긍정의 베풂월이나 물음월에서 쓰이는 일이 없다.

7.3.2 아무런

앞에서 살핀 '아무'는 뜻에 따라 긍정월이나 부정월을 가리지 않는 ②의 '아무'와 부정월만을 가려잡는 ①의 '아무'로 나뉜다. '아무런'은 ②의 '아무'와 관련이 없고, ①의 '아무'와 뜻과 쓰임에서 별다른 차이를 보이지 않는다. 따라서 ①의 '아무' 자리에 '아무런'으로 바꾸어 넣더라도 뜻과 쓰임이 달라지지 않는다.

<전혀 어떠한>의 뜻을 지닌 매김씨 '아무런'은 부정월을 가려잡기 때문에 이 장에 논의 대상에 해당한다. ①의 뜻인 '아무런'이 긍정월에서 쓰이면 (26)과 같이 부적격한 월이 된다.

(26) ㄱ. *나는 그 일에 관해 **아무런** 방안을 제시하였다.

　　ㄴ. *나는 **아무런** 저항도 하였다.

(26)은 모두 긍정월로, '아무런'이 쓰여 부적격한 월이 되었다. '아무런' 자리에 부정월이건 긍정월이건 가리지 않는 매김씨가 놓이면 모두 적격한 월이 되는 것으로 보아[175] (26)이 부적격한 월이 된 것은 바로 '아무런'에 원인이 있음이 확인된다. 곧 '아무런'이 부정월을 가려잡는 통제자임이 분명하다. 부적격한 월인 (26)을 부정월으로 바꾸면 (27)과 같이 모두 적격한 월이 된다.

(27) ㄱ. 나는 그 일에 관해 **아무런** 방안을 제시하**지 않**았다.
ㄴ. 나는 **아무런** 저항도 하**지 못하**였다.

부정월을 가려잡는 '아무런'은 (28)과 같이 단순부정과 능력부정을 가려잡는다. '아무런'은 긴 부정이건 짧은 부정이건 가리지 않지만 풀이씨에 따라 제약이 결정된다.

(28) ㄱ. 우리는 **아무런** 말도 **안** 나누었다./나누**지 않**았다.
ㄴ. 남자는 그녀의 말에 아무런 대꾸도 **못** 했다./하**지 못했**다.

'아무런'은 (29)에서와 같이 부정 낱말 가운데 '없다', '아니다', '모르다'를 가려잡는다.

(29) ㄱ. 나는 이번 방학에 **아무런** 계획이 **없**다.
ㄴ. 그는 나와 **아무런** 관계도 **아니**다.
ㄷ. 그는 이번 일에 **아무런** 계획도 **모른**다.

'아무런'도 '아무'와 마찬가지로 반어법을 실현하는 긍정의 베풂월이나

---

175) 이를테면 '아무' 자리에 '그런'이 놓이면 적격한 월이 된다.

물음월에서 쓰이는 일이 없다.

7.4 마무리

이 장에서는 부정월을 가려잡는 대이름씨 '아무', '아무것', '아무데'와 매김씨 '아무', '아무런'의 통사적 특성을 살펴보았다.

대이름씨 '아무'는 <누구라고 꼭 지정하지 않고 막연히 가리켜서 이르는 말>로 결합되는 토씨의 종류에 제약이 심한 편이다. '아무'에 결합되어 부정월에서만 쓰이게 하는 토씨로는 '도'가 있다. '도'가 결합된 '아무'가 부정월을 선택하는 통제자임이 확인된다. '도' 앞에는 '에게/한테 따위가 놓일 수 있다. 부정월 가운데 단순부정과 능력부정에서 쓰일 수 있으며, 함께함월과 시킴월에서는 '-지 말-'을 가려잡는다. '아무도'는 부정 낱말 가운데 '아니다', '없다', '모르다'가 쓰인 월에서도 적격하게 쓰인다. '아무도'와 '아무에게/한테도'는 반어법을 실현하는 긍정의 물음월에서 쓰이는 일이 없다.

대이름씨 '아무것'은 <①특별히 정해지지 않은 어떤 것 일체. ②특별하거나 대단한 어떤 것>의 뜻을 나타내며, 결합되는 토씨의 종류에 제약이 심한 편이다. '아무것'에 결합되어 부정월에서만 쓰이게 하는 토씨로는 '도'가 있다. '도'가 결합된 '아무것'이 부정월을 선택하는 통제자이다. '도' 앞에는 '에' 따위가 놓일 수 있다. 부정월 가운데 단순부정과 능력부정에서 쓰일 수 있으며, 함께함월과 시킴월에서는 '-지 말-'을 가려잡는다. '아무것도'는 부정 낱말 가운데 '아니다', '없다', '모르다'가 쓰인 월에서도 적격하게 쓰인다. '아무것도'와 '아무에도'는 반어법을 실현하는 긍정의 물음월에서 쓰이는 일이 없다.

대이름씨 '아무데'는 <특별히 정해지지 않은 막연한 어떤 곳>의 뜻을 나타내며, 결합되는 토씨의 종류에 제약이 심한 편이다. '아무데'에 결합되어 부정월에서만 쓰이게 하는 토씨로는 '도'가 있다. 도가 결합된 '아무데'가 부정월을 선택하는 통제자임이 확인된다. '도' 앞에는 '에서' 따위가 놓일 수 있다. 부정월 가운데 단순부정과 능력부정에서 쓰일 수 있으며, 함께함월과 시킴월에서는 '-지 말-'을 가려잡는다. '아무데도'는 부정 낱말 가운데 '없다'와 '모르다'가 쓰인 월에서도 적격하게 쓰인다. '아무데도'와 '아무데에서도'는 반어법을 실현하는 긍정의 베풂월이나 물음월에서 쓰이는 일이 없다.

매김씨 '아무'는 <①전혀 어떠한. ②어떤 사람이나 사물 따위를 특별히 정하지 않고 이를 때 쓰는 말>의 뜻을 지닌다. ①의 뜻인 '아무'만이 부정월을 가려잡는다. 부정월을 가려잡는 '아무'는 단순부정과 능력부정을 가려잡는다. '아무'는 긴 부정이건 짧은 부정이건 가리지 않지만 풀이씨에 따라 제약이 결정된다. 부정 낱말 가운데 '없다', '아니다', '모르다'를 가려잡는다. '아무'는 반어법을 실현하는 긍정의 베풂월이나 물음월에서 쓰이는 일이 없다.

매김씨 '아무런'은 <전혀 어떠한>의 뜻을 나타내며, 부정월을 가려잡는다. ①의 뜻인 '아무'와 뜻과 쓰임에서 차이가 없다. '아무런'은 단순부정과 능력부정을 가려잡는다. '아무런'은 긴 부정이건 짧은 부정이건 가리지 않지만 풀이씨에 따라 제약이 결정된다. 부정 낱말 가운데 '없다', '아니다', '모르다'를 가려잡는다. '아무런'은 반어법을 실현하는 긍정의 베풂월이나 물음월에서 쓰이는 일이 없다.

제8장

부정 표현을 가려잡는
'는' 결합 어찌말의 통사 특성*

8.1 들머리

이 장에서는 긍정월이나 부정월을 가리지 않고 꾸밈말로 쓰일 수 있는 일부 어찌씨에 도움토씨 '는'이 결합되어 월에서 꾸밈말로 쓰이면서 부정월만을 가려잡는 어찌말을 선정하여 이들의 통사적 특성을 밝히고자 한다.

도움토씨 '는'의 여러 쓰임 가운데 하나로, '는'이 긍정월이나 부정월을 가리지 않고 꾸밈말로 쓰일 수 있는 일부 어찌씨에 덧붙어 부정월만을 가려잡거나 주로 부정월을 가려잡는 기능을 가지게 한다.[176] 예컨대 '다시'는 (1)과 같이 긍정월이나 부정월을 가리지 않고 꾸밈말로 쓰이는 어찌씨에 해당한다.

---

* 이 장은 한길(2017:104-129)을 바탕으로 하여 깁고 다듬은 것이다.
176) 도움토씨 '도'도 일부 어찌씨나 어찌씨 밖의 낱말, 말도막에 결합되어 부정월만을 가려잡게 한다. 이에 관한 자세한 논의는 한길(2015) 참고.

(1) ㄱ. 철수는 순이를 **다시** 만났다.

ㄴ. 철수는 순이를 **다시** 만나**지 않**았다.

(1)에서 '다시' 뒤에 도움토씨 '는'이 덧붙으면 (2)와 같이 긍정월인 ㄱ은 부적격한 월이 되고 부정월인 ㄴ은 적격한 월이 된다.

(2) ㄱ. *철수는 순이를 **다시는** 만났다.

ㄴ. 철수는 순이를 **다시는** 만나**지 않**았다.

이와 같이 '다시'는 긍정월이나 부정월을 가리지 않고 꾸밈말로 쓰이지만, '다시는'은 부정월만을 가려잡아 꾸밈말로 쓰이는데, 그 원인은 '는' 때문이다. 곧 '는'이 부정월을 가려잡게 하는 통제자에 해당한다.

모든 어찌씨에 도움토씨 '는'이 결합될 수 있는 것은 아니다.177) '는'이 결합될 수 있는 어찌씨는 일부분이며, '는'이 결합될 수 있다고 하더라도 부정월에서만 쓰이는 것은 아니다. 어찌씨 '조금'은 긍정월이나 부정월을 가리지 않고 꾸밈말로 쓰일 수 있어 부정월을 가려잡는 어찌씨에 해당하지 않는다. '조금'에는 '는'이 결합될 수 있지만 '조금은'이 부정월에서만 꾸밈말로 쓰일 수 있는 것이 아니라 긍정월에서도 꾸밈말로 쓰일 수 있어 부정월을 가려잡는 어찌말에 해당되지 않는다.

(3) ㄱ. 철수가 술을 **조금은** 마신다.

ㄴ. 철수가 술을 **조금은** 마시**지 않**는다.

---

177) 이를테면, '아주'는 긍정월이건 부정월이건 가리지 않고 꾸밈말로 쓰일 수 있지만, '는'이 결합되면 부적격한 월이 된다.

ㄱ. 여기서 서울이 **아주** 멀다. →*여기서 서울이 **아주는** 멀다.

ㄴ. 여기서 서울이 **아주** 멀**지 않**다. →*여기서 서울이 **아주는** 멀**지 않**다.

따라서 '조금'에 '는'이 결합되어 월에서 어찌말로 쓰이더라도 긍정월에서도 꾸밈말로 쓰일 수 있기 때문에 '다시'에 '는'이 결합되는 것과는 차이를 보인다.

'다시는'과 마찬가지로 '는'이 덧붙어 부정월만을 가려잡는 것으로는 '더는', '일부러는', '다는', '그냥은' 따위가 있고, 주로 부정월을 가려잡는 것으로는 '자주는', '많이는', '멀리는' 따위가 있다. 이 장에서는 이들 어찌말이 긍정월이건 부정월이건 가리지 않고 꾸밈말로 쓰일 수 있는 어찌씨에 도움토씨 '는'이 덧붙어 부정월을 가려잡는 어찌말로 쓰임을 밝히고, 이들 어찌말의 통사적 특성을 논의하고자 한다.

8.2 부정 표현만을 가려잡는 '는' 결합 어찌말

대다수의 어찌씨는 꾸밈 받는 말에 의미적으로 제한을 가하는 역할을 할 뿐이고, 월 짜임과 말본 범주에 통사적 영향을 미치지 않는다. 이에 해당하는 어찌씨를 단순어찌씨라고 한 바 있다.178) 일부 어찌씨는 월 짜임이나 말본 범주에 영향을 미치기도 하는데, 이런 어찌씨를 통사어찌씨라고 한 바 있다.179)

본디 통사적 영향을 미치지 않는 단순어찌씨이지만 도움토씨 '는'이 결합하여 월에서 어찌말로 쓰이면서 말본 범주 가운데 부정법에 영향을 미쳐 부정월만을 가려잡는 어찌씨로는 '다시'와 '더', '일부러', '다', '그냥

---

178) 한길(2016)에서는 어찌씨의 기능에 따라, 꾸밈 받는 말을 의미적으로 한정하는 데 국한하는 어찌씨를 단순어찌씨, 월 짜임이나 말본 범주에 제약을 기하는 어찌씨를 통사어찌씨, 월 밖에까지 영향을 미치는 어찌씨를 화용어찌씨라고 한 바 있다.
179) 통사어찌씨란 갈말은 한길(2013, 2014, 2016)에서 사용하였으며, 통사어찌씨의 특성에 관한 전반적인 논의는 한길(2016)에서 이루어진 바 있다.

따위가 있다. 곧 이들 어찌씨는 긍정월이건 부정월이건 가리지 않고 꾸밈말로 쓰일 수 있지만, '는'과 결합함으로서 부정월에서만 쓰이는 통사적 특성을 보인다.

8.2.1 다시는[180)]

어찌씨 '다시'는 월 짜임이나 말본 범주에 제약을 가하지 않고 단지 꾸밈 받는 말을 의미적으로 한정하는 단순어찌씨로, (4)와 같이 부정월만이 아니라 긍정월에서도 꾸밈말로 쓰일 수 있다.

(4) ㄱ. 그는 동생을 **다시** 만났다.
ㄴ. 그는 동생을 **다시** 만나**지 않**았다.

그러나 '다시'[181)]에 도움토씨 '는'이 결합된 '다시는'은 단순히 <다시+는>의 의미가 아니라 <뒤에 더는. 이후에 결코>의 뜻을 나타내어 '다시'와 차이를 보인다. 쓰임에서도 '다시는'은 '다시'와 차이를 보인다. '다시는'은 '다시'와 '는'이 결합하여 한 몸처럼 굳어져 '다시'와 달리 부정월에서만 꾸밈말로 쓰이는 특성을 보인다. 곧 (5)에서 '다시는'이 긍정월에서 꾸밈말로 쓰인 ㄱ은 부적격한 월이 되어 '다시는'이 부정월만을 가려잡음을 알 수 있다.

(5) ㄱ. *그는 동생을 **다시는** 만났다.
ㄴ. 그는 동생을 **다시는** 만나**지 않**았다.

---

180) 입말에서는 주로 준말 '다신'으로 실현된다.
181) '다시'에 덧붙을 수 있는 토씨로는 '는' 밖에는 없다. '다시는'을 어찌씨로 처리하면 '다시'에 붙는 토씨는 없게 된다.

'다시'에는 '는' 밖의 다른 토씨가 덧붙을 수 없고,[182] '다시'와 '는' 사이에 다른 어떤 요소도 끼어들 수 없기 때문에 '다시는'을 어찌씨 '다시'와 도움토씨 '는'이 어울려 있는 것으로 보지 않고, '다시는' 자체를 한 낱말로 처리할 수도 있다. 곧 '다시'와 '는'이 각각 본디의 뜻과 기능을 유지하지 않고 달라졌기 때문에 결합과정을 거쳐 도출된 합성어찌씨로 간주할 수도 있다.[183] 그러나 일부 어찌씨에 '는'이 결합하여 '다시는'과 같이 본디의 뜻과 쓰임에서 전환되어 쓰이는 일이 있기 때문에 이 장에서는 '다시는'을 합성어찌씨에 포함시키지 않고, 어찌씨 '다시'에 도움토씨 '는'이 어울린, 부정월을 가려잡는 어찌말로 처리하기로 한다.

'다시는'은 단순부정이나 능력부정을 가려잡는 어찌말에 해당한다. '다시는'은 의향법에 제약이 없어 함께함월이나 시킴월에서는 '-지 말-'을 가려잡는다.

(6) ㄱ. 나는 그분을 **다시는** 만나**지 않**았다.
 ㄴ. 나는 그런 음식을 **다시는** 먹**지 못했**다.
 ㄷ. 그런 생각을 **다시는** 하**지 말**자.
 ㄹ. 거짓말을 **다시는** 하**지 마**라.

(6)의 긍정월에 해당하는 (7)이 부적격한 월이 되는 것으로 보아 '다시는'이 부정월에서만 꾸밈말로 쓰이고 긍정월에서는 꾸밈말로 쓰이지 않음이 재확인된다.

(7) ㄱ. *나는 그분을 **다시는** 만났다.

---

182) '다시'에는 <힘줌>의 뜻을 더하는 파생가지 '-금'이 결합되어 파생어찌씨 '다시금'이 만들어졌다. '다시금'도 '다시'와 같은 용법으로 쓰인다.
183) 대다수 사전류에는 '다시는'이 어찌씨로 올라 있지 않지만, 『한』에는 "부정하는 말과 함께 쓰여, '그 밖에 더'의 뜻을 지닌 어찌씨로 올라 있다.

ㄴ. *나는 그런 음식을 **다시는** 먹었다.

ㄷ. *그런 생각을 **다시는** 하자.

ㄹ. *거짓말을 **다시는** 해라.

(7)에서 '다시는' 자리에 '다시'가 꾸밈말로 쓰이면 적격한 월이 되지만, '다시는'이 꾸밈말로 쓰여 부적격한 월이 된 점으로 미루어 '다시는'은 긍정월은 가려잡지 않고 부정월만을 가려잡음이 확인된다. '다시는'이 이런 통사적 제약을 일으키는 요인은 바로 '는' 때문이다. 다시 말해서 '다시는'이 부정월만을 가려잡지만, '는'이 제거되면 '다시'의 본유적 쓰임으로 돌아가 긍정월이건 부정월이건 가리지 않고 꾸밈말로 쓰이기 때문이다.

'다시는'이 (6)과 같이 부정월만을 가려잡음이 확실하지만, '다시는'이 삭제되더라도 월의 적격성에서 문제가 되지 않기 때문에 '다시는'은 월 짜임의 필수 요소는 아니다. 곧 '다시는'이 꾸밈말로 쓰이기 위해서는 반드시 부정월이어야 하는 제약이 따르지만, 부정월을 짜 이루는 데 필수 요소는 아니다. 또한 '다시는'이 삭제되면 '다시는'의 의미만 덜어질 뿐이며 월의 뜻에는 영향을 미치지 않기 때문에 필수 요소에 해당하지 않는다.184)

'다시는'은 부정 풀이씨 가운데 '아니다', '없다', '모르다'를 가려잡는다. '다시는'이 부정월만을 가려잡기 때문에 (8)에 대립되는 긍정월은 당연히 부적격한 월이 된다.

(8) ㄱ. 사람으로서 **다시는** 할 일이 **아니**다.

ㄴ. 이런 기회는 **다시는** **없**다.

ㄷ. 이번 일에 대해서 나는 **다시는** **모른**다.

---

184) 한길(2016:181-183)에서 살핀 바와 같이, 부정월을 가려잡는 '여간'은 월에서 삭제되면 삭제 전과 월의 뜻이 달라지기 때문에 필수 요소에 해당한다.

'다시는'은 부정월에서 꾸밈 받는 말을 뜻에서 한정할 뿐이며, 삭제되더라도 '다시는'의 뜻만 제거될 뿐이고 월의 뜻이나 적격성에는 영향을 미치지 않는다. '다시는'이 꾸밈말로 쓰인 (6)과 (8)에서 '다시는'이 삭제되더라도 적격한 월이 됨을 통해 이를 확인할 수 있다.

앞에서 논의한 바와 같이, '다시는'이 어찌씨 '다시'와 도움토씨 '는'이 결합과정을 거쳐 생산된 합성어찌씨로 볼 수 있는 근거들이 있지만, 이 장에서는 어찌씨 '다시'에 도움토씨 '는'이 어울려 부정월을 가려잡는 어찌말로 보았다. '다시는'은 월에서 꾸밈말로 쓰여 단순부정이나 능력부정을 가려잡고, 함께함월이나 시킴월에서는 '-지 말-'을 가려잡는 통사적 특성을 지닌다. '다시는'은 부정월만을 가려잡는 통사적 특성을 지니지만 월에서 삭제되더라도 월의 적격성에는 영향을 미치지 않기 때문에 월 짜임의 필수 요소에는 해당하지 않는다.

8.2.2 더는[185)

어찌씨 '더'도 월 짜임이나 말본 범주에 제약을 가하지 않고 단지 꾸밈 받는 말을 의미적으로 한정하는 단순어찌씨로, (9)와 같이 부정월만이 아니라 긍정월에서도 꾸밈말로 쓰일 수 있다.

(9) ㄱ. 비행기가 기차보다 **더** 빠르다.
 ㄴ. 비행기가 기차보다 **더** 빠르**지 않**다.

---

185) '너'에 덧붙을 수 있는 토씨로는 '는' 밖에 '도'가 있다. '더도'는 '더도 말고 덜도 말고-' 등 특수한 경우의 부정월에서만 쓰이는 제약이 있다. 입말에서 '더는'은 준말 '던'으로 실현되기도 한다.

(9)에서 '더'에 도움토씨 '는'이 결합되면 부정월인 ㄴ은 적격한 월이 되지만 긍정월인 ㄱ은 부적격한 월이 됨을 (10)을 통해 확인할 수 있다.

(10) ㄱ. *비행기가 기차보다 **더는** 빠르다.
ㄴ. 비행기가 기차보다 **더는** 빠르**지 않**다.

따라서 '더'는 단순어찌씨이지만 '는'이 결합한 '다시는'은 부정월을 가려잡는 어찌말에 해당함을 알 수 있다.

'다시는'과 마찬가지로 '더는'도 어찌씨 '더'에 도움토씨 '는'이 덧붙어 결합과정을 거쳐 도출된 합성어찌씨로 볼 수도 있다.[186] 단지 '더+는'의 기능을 하는 것이 아니라 '더는' 자체가 하나의 어찌씨로 굳어져 부정월에서만 꾸밈말로 쓰이는 특성을 보이기 때문이다. '더'는 부정월만이 아니라 긍정월에서도 꾸밈말로 쓰일 수 있지만, '더'에 도움토씨 '는'이 덧붙음으로써 부정월만을 가려잡기 때문에 '더는'은 부정월을 가려잡는 어찌씨로 볼 수도 있다. 의미적으로도 '더는'은 <더+는>의 단순 의미 합계가 아니라 <이 이상 결코>의 뜻을 나타내어 '더'와 차이를 보인다. 쓰임에서도 '더'와 차이를 보이기 때문에 '더는' 자체를 한 낱말로 처리하되, 어찌씨와 같은 기능을 수행하기 때문에 어찌씨의 범주에 포함시킬 수도 있다. 그렇지만 이 장에서는, 앞에서 논의한 '다시는'에서와 같은 이유로, 어찌씨 '더'에 도움토씨 '는'이 어울려 부정월을 가려잡는 어찌말로 처리하기로 한다.

'더는'은 단순부정이나 능력부정을 가려잡는 어찌말에 해당한다. '더는'은 의향법에 제약이 없기 때문에 함께함월이나 시킴월에서는 '-지 말-'

---

186) '더는'이 어찌씨로 올라 있는 사전류는 없다. '다시는'이 어찌씨로 올라 있는 『한』에도 '더는'은 어찌씨로 올라 있지 않다.

을 가려잡는다.

(11) ㄱ. 나는 그곳에 **더는** 가**지 않**겠다.
　　ㄴ. 나는 그분을 **더는** 만나**지 못했**다.
　　ㄷ. 그 일에 대해 **더는** 묻**지 마**라./묻**지 말**자.

(11)의 긍정월에 해당하는 (12)가 부적격한 월이 되는 것으로 보아 '더는'이 부정월에서만 꾸밈말로 쓰이고 긍정월에서는 쓰이지 않음이 재확인된다.

(12) ㄱ. *나는 그곳에 **더는** 가겠다.
　　ㄴ. *나는 그분을 **더는** 만났다.
　　ㄷ. *그 일에 대해 **더는** 물어라/묻자.

(12)에서 '더는' 대신에 '더'가 꾸밈말로 쓰이면 적격한 월이 되지만, '더는'이 꾸밈말로 쓰여 부적격한 월이 된 점으로 미루어 '더는'은 긍정월은 가려잡지 않고 부정월만을 가려잡음이 확인된다. 이와 같은 통사적 제약을 일으키는 원인은 '는'에 있다. 왜냐하면 (12)에서 '는'이 삭제되면 모두 적격한 월이 되기 때문이다.

'더는'이 (11)과 같이 부정월만을 가려잡음이 확실하지만, '더는'이 삭제되더라도 월의 적격성에서 문제가 되지 않기 때문에 월 짜임의 필수 요소는 아니다. 곧 '더는'이 꾸밈말로 쓰이기 위해서는 반드시 부정월이어야 하지만, 부정월을 구성하는 데 필수 요소는 아니다. 또한 (11)에서 '더는'이 삭제되면 '더는'의 뜻만 덜어질 뿐이고 월의 뜻에 영향을 미치지 않기 때문에 필수 요소에 해당하지 않는다.

'더는'은 부정 풀이씨 가운데 '아니다', '없다', '모르다'를 가려잡는다.

'더는'이 부정월만을 가려잡기 때문에 (13)에 대립되는 긍정월은 당연히 부적격한 월이 된다.

> (13) ㄱ. 저분은 **더는** 부자가 **아니**다.
> ㄴ. 너에게 줄 돈이 **더는 없**다.
> ㄷ. 그 일에 대하여 나는 **더는 모른**다.

이와 같이 어찌씨 '더'에 도움토씨 '는'이 결합함으로써 어찌말로 쓰이면서 부정월만을 가려잡는 통사적 제약을 나타내는데, 이런 통사적 제약을 일으키는 통제자는 '는'이다.

8.2.3 일부러는

<①특별히 일삼아. ②알면서도 짐짓>의 뜻을 지닌 어찌씨 '일부러'는 주로 움직씨를 꾸미며 긍정월이건 부정월이건 가리지 않고 꾸밈말로 쓰일 수 있다.

> (14) ㄱ. 나는 그 친구를 **일부러** 만났다.
> ㄴ. 나는 친구를 **일부러** 만나**지 않**았다.

'일부러'는 뒤에 놓이는 꾸밈 받는 말을 의미적으로 한정할 뿐이고 월 짜임이나 말본 범주에 영향을 미치지 않는 단순어찌씨에 해당한다.
(14)에서 '일부러'에 도움토씨 '는'이 결합하면 (15)와 같이 긍정월인 ㄱ은 부적격한 월이 되고 부정월인 ㄴ은 적격한 월이 된다.

> (15) ㄱ. *나는 그 친구를 **일부러는** 만났다.

ㄴ. 나는 그 친구를 **일부러는** 만나**지 않**았다.

'일부러'는 단순부정에서는 꾸밈말로 쓰일 수 있지만, 능력부정에서는
꾸밈말로 쓰일 수 없다. 그 까닭은 '일부러'의 의미 특성이 능력부정과는
부조화를 이루기 때문인 것으로 보인다. 그러나 '일부러는'은 능력부정에
서도 꾸밈말로 쓰일 수 있다.

(16) ㄱ. *나는 그 친구를 **일부러** **못** 만나겠다.
　　　ㄴ. 나는 그 친구를 **일부러는** **못** 만나겠다.

이와 같이 부정월을 가려잡는 '일부러는'은 주로 움직씨로 이루어진
풀이말을 꾸미고, 단순부정만이 아니라 능력부정도 가려잡아 꾸밈말로
쓰일 수 있는 통사적 특성을 지닌다. '일부러는'은 함께함월과 시킴월에
서도 꾸밈말로 쓰이기 때문에 '-지 말-'을 가려잡을 수 있다.

(17) ㄱ. 이번 일을 **일부러는** 하**지 말**자.
　　　ㄴ. 이번 일을 **일부러는** 하**지 마라**.

(17)의 긍정월이 (18)과 같이 부적격한 월이 되는 것으로 보아 '일부
러는'이 부정의 함께함월과 시킴월을 가려잡음이 확인된다.

(18) ㄱ. *이번 일을 **일부러는** 하자.
　　　ㄴ. *이번 일을 **일부러는** 해라.

(18)에서 '일부러는'이 삭제되면 적격한 월이 되지만 '일부러는'이 꾸
밈말로 쓰임으로 말미암아 부적격한 월이 되었기 때문에 '일부러는'이

부정월을 가려잡는 제약을 일으키는 역할을 함을 알 수 있다. 이를 통해 '일부러는'은 부정월을 가려잡는 통사적 특성을 지니고 있음이 증명된다. '일부러는'이 꾸밈말로 쓰이기 위해서는 반드시 부정월이어야 하지만, 삭제되더라도 '일부러는'의 뜻만 덜어질 뿐이고 월의 적격성에는 영향을 미치지 않기 때문에 월 짜임의 필수 요소는 아니다.

8.2.4 다는[187)]

어찌씨 '다'는 <①남거나 빠짐없이 모두. ②어떤 상황이나 동작이 완료된 상태에 이르렀음을 나타내는 말. ③뜻밖의 일에 비꼬거나 놀람, 감탄을 나타내는 말. ④실현될 수 없는 앞일을 이미 이루어진 것처럼 반어적으로 나타내는 말>의 뜻을 지닌다.

    (19) ㄱ. 회원들이 **다**① 왔다.
        ㄴ. 목적지에 **다**② 왔다.
        ㄷ. 세상에 별사람 **다**③ 보겠다.
        ㄹ. 비가 오니 소풍은 **다**④ 갔다.

(19)에서 ㄱ과 ㄴ의 '다'는 꾸밈 받는 말을 의미적으로 한정할 뿐이고 월 짜임이나 말본 범주에 영향을 미치지 않는 단순어찌씨에 해당한다. 따라서 '다'는 긍정월이건 부정월이건 가리지 않고 꾸밈말로 쓰일 수 있다. '다'의 뜻 ①~④ 가운데 도움토씨 '는'이 결합될 수 있는 것은 ①과 ②

---

187) '다'는 어찌씨만이 아니라 다음 보기와 같이 <①남거나 빠짐없는 모든 것. ②더할 나위 없는 최상의 것>의 뜻을 지닌 이름씨가 있다.
    ㄱ. 이것이 내가 가지고 있는 것의 **다**가 아니다.
    ㄴ. 인생에서 돈이 **다**가 아니다.

이다. ③과 ④의 뜻인 경우에는 '는'이 결합될 수 없다. ①과 ②의 뜻일지라도 긍정월인 경우에는 '다는'이 꾸밈말로 쓰이게 되면 (20)과 같이 부적격한 월이 된다.

(20) ㄱ. *회원들이 **다는** 왔다.
ㄴ. *목적지에 **다는** 왔다.

①과 ②의 뜻인 '다'에 '는'이 결합되어 쓰이더라도 적격한 월이 되는 것은 (21)과 같이 부정월에서 꾸밈말로 쓰일 때로 한정된다.

(21) ㄱ. 회원들이 **다는** **안/못** 왔다./오**지** **않**았다./오**지** **못했**다.
ㄴ. 목적지에 **다는** **안/못** 왔다./오**지** **않**았다./오**지** **못했**다.

부정월에서의 '다는'은 의향법의 종류에 관계없이 꾸밈말로 쓰이더라도 모두 적격한 월이 된다. 함께함월과 시킴월에서도 꾸밈말로 쓰이기 때문에 '-지 말-'을 가려잡을 수 있다.

(22) ㄱ. 회원들이 **다는** **안/못** 왔니?
ㄴ. 과자를 **다는** 먹**지** **말**자.
ㄷ. 과자를 **다는** 먹**지** **마**라.

이와 같이 '다는'이 부정월에서 꾸밈말로 쓰이기 때문에 부정월을 가려잡는 어찌씨에 해당한다. '다는'은 부정과 합쳐져 '다'가 ①의 뜻일 때에는 <일부>의 뜻으로 해석되고, ②의 뜻일 때에는 <거의>의 뜻으로 해석된다.

(23) ㄱ. 회원들이 **다는** **안/못** 왔다.

⇒<회원들이 **일부** 왔다.>

ㄴ. 목적지에 **다는 안/못** 왔다.

⇒<목적지에 **거의** 왔다.>

곧 (23)에서와 같이 [①다는+부정]이 '일부'와 같은 뜻을 나타내고, [②다는+부정]이 '거의'와 같은 뜻을 나타낸다.

(22)와 (23)에서 '다는'이 비록 꾸밈말이지만, 월 짜임에서 삭제될 수 없다. '다는'이 꾸밈말로 쓰임으로써 내용상으로 부분 긍정을 나타내는데, '다는'이 삭제되면 부정을 나타내게 되어 '다는'이 삭제됨으로써 '다는'의 뜻만 덜어지는 것이 아니라 삭제 전과 후의 뜻이 크게 달라진다. 따라서 '다는'은 월 짜임의 필수 요소에 해당한다.

8.2.5 그냥은

<①더 이상의 변화 없이 그대로. ②아무런 대가나 조건 없이. ③그대로 줄곧>의 뜻을 지닌 '그냥'은 ①과 ②인 경우에는 긍정월이나 부정월에서 꾸밈말로 두루 쓰일 수 있어 부정월만을 가려잡는 어찌씨가 아니다. ①의 뜻인 '그냥'은 (24)와 같이 긍정월이건 부정월이건 가리지 않고 꾸밈말로 쓰인다.

(24) ㄱ. 그 자리에 **그냥** 두십시오.

ㄴ. 그 자리에 **그냥** 두**지 마**십시오.

곧 '그냥'은 뒤에 놓이는 꾸밈 받는 말을 의미적으로 한정할 뿐이고 월 짜임이나 말본 범주에 영향을 미치지 않는 단순어찌씨에 해당한다.

(24)에서 '그냥'에 도움토씨 '은'이 결합되면 (25)와 같이 긍정월인 ㄱ은 부적격한 월이 되고 부정인 ㄴ은 적격한 월이 된다.

(25) ㄱ. *그 자리에 **그냥은** 두십시오.
ㄴ. 그 자리에 **그냥은** 두**지 마**십시오.

'그냥'에 '은'이 결합됨으로 말미암아 적격했던 긍정월에서 부적격한 월이 된 것으로 보아 '그냥은'은 긍정월이건 부정월이건 가리지 않던 '그냥'과 달리 부정월만 가려잡는 통사적 특성을 나타내었다. 곧 '그냥은'은 단지 '그냥'과 '은'의 쓰임이 그대로 유지되는 것이 아니라 부정월을 가려잡는 새로운 쓰임으로 바뀌었음을 알 수 있다. 이와 같이 부정월만을 가려잡게 하는 역할은 '은'이 담당하는 것으로 보인다. '그냥은'에서 '은'이 삭제되면 '그냥'은 본디의 쓰임으로 돌아가기 때문이다. 곧 '은'과 결합함으로써 부정월을 가려잡는 쓰임으로 바뀌기 때문에 부정월을 가려잡는 새로운 쓰임으로 바뀌게 하는 통제자를 '은'으로 보는 것이 합리적이다.

①의 '그냥은'은 단순부정이나 능력부정을 가리지 않고 꾸밈말로 쓰이며, 움직씨인 풀이말을 꾸미는 경우에 의향법에 제약이 없다. 함께함월과 시킴월인 경우에는 '-지 말-'을 가려잡는다.

(26) ㄱ. 이 과일은 **그냥은 안/못** 먹는다.
ㄴ. 이 과일은 **그냥은** 먹**지 말**자./먹**지 마**라.

②의 '그냥'도 긍정월이나 부정월에서 꾸밈말로 두루 쓰일 수 있어 부정월만을 가려잡는 어찌씨가 아니다.

(27) ㄱ. 이 책을 __그냥__ 주어라.

　　　ㄴ. 이 책을 __그냥__ 주지 마라.

(27)에서 '그냥'에 도움토씨 '는'이 결합하면 (28)과 같이 긍정월인 ㄱ
은 부적격한 월이 되고 부정월인 ㄴ은 적격한 월이 된다.

(28) ㄱ. *이 책을 __그냥은__ 주어라.

　　　ㄴ. 이 책을 __그냥은__ 주__지 마__라.

②의 '그냥은'도 단순부정이나 능력부정을 가리지 않고 꾸밈말로 쓰이
며, 움직씨인 풀이말을 꾸미는 경우에 의향법에 제약이 없다. 함께함월
과 시킴월인 경우에는 '-지 말-'을 가려잡는다.

(29) ㄱ. 이 책을 __그냥은 안/못__ 준다.

　　　ㄴ. 이 책을 __그냥은__ 주__지 말__자./주__지 마__라.

③의 '그냥'은 주로 긍정월에서 꾸밈말로 쓰이며, 부정월에서는 잘 쓰
이지 않는다. 따라서 ③의 '그냥'에는 부정월을 가려잡게 하는 '은'이 결
합되어 쓰이지 않는다.

(30) ㄱ. 비가 사흘째 __그냥__ 오고 있다.

　　　ㄴ. *비가 사흘째 __그냥은__ 오고 있__지 않__다.

긍정월인 (30ㄱ)에서 '그냥'이 <그대로 줄곧>의 뜻을 지니기 때문에
뒤에 '은'이 결합된 (30ㄴ)이 부적격한 월이 되었다.

이와 같이 ①과 ②의 뜻을 지닌 '그냥'이 꾸밈말로 쓰인 월에서 '그냥'
에 '은'이 결합되면 부정월에서는 적격한 월이 되지만, 긍정월에서는 부

적격한 월이 되어 '그냥은'은 부정월을 가려잡는 통사적 특성을 지닌다. ③의 뜻을 지닌 '그냥'은 긍정월에서만 꾸밈말로 쓰이기 때문에 <그대로 줄곧>의 뜻을 지닌 '그냥'에는 '은'이 결합되지 않는다.

8.3 주로 부정 표현을 가려잡는 '는' 결합 어찌말

본디 통사적 제약을 미치지 않는 단순어찌씨로, 긍정월이나 부정월에서 꾸밈말로 두루 쓰일 수 있어 부정월만을 가려잡지는 않지만, 도움토씨 '는'이 결합됨으로서 주로 부정월을 가려잡아 통사적 제약을 미치는 것들이 있다. 이에 해당하는 어찌말로 '자주는', '많이는', '멀리는'을 들고, 이들 어찌말의 통사적 특성을 살피기로 한다.

8.3.1 자주는

<같은 일을 잇달아 잦게>의 뜻을 지닌 '자주'는 주로 움직씨를 꾸미는 어찌씨로, 긍정이나 부정의 월에서 꾸밈말로 두루 쓰일 수 있어 부정월만을 가려잡는 어찌씨는 아니다.

(31) ㄱ. 그는 등산을 **자주** 다닌다.
    ㄴ. 그는 등산을 **자주 안/못** 다닌다./다니**지 않**는다./다니**지 못**한다.

'자주'는 꾸밈 받는 말을 의미적으로 한정할 뿐이고, 월 짜임이나 말본 범주에 영향을 미치지 않는 단순어찌씨에 해당한다.

'자주'에 도움토씨 '는'이 결합되어 꾸밈말로 쓰이면, (32)와 같이 부정월에서는 적격한 월로 자연스럽지만, 긍정월에서는 부적격한 월에는 해당하지 않더라도 불완전한 월이 된다.

(32) ㄱ. #그는 등산을 **자주는** 다닌다.
　　ㄴ. 그는 등산을 **자주는** **안/못** 다닌다./다니**지 않**는다./다니**지 못**한다.

(32)에서 ㄱ은 불완전한 월이 되지만 ㄱ이 앞마디가 되고, 뒤에 부정의 뒷마디가 놓이거나 ㄱ이 뒷마디가 되고 앞에 부정의 앞마디가 놓이게 되는 경우에 완전한 월이 된다.

(33) ㄱ. 그는 등산을 **자주는** 다니지만, 별로 좋아하**지 않**는다.
　　ㄴ. 그는 등산을 별로 좋아하**지 않**지만 **자주는** 다닌다.

곧 부정월에서의 '자주는'은 꾸밈말로 쓰이더라도 적격한 월이 되고, 긍정월에서 '자주는'이 꾸밈말로 쓰이면 부적격하지는 않지만 불완전한 월이 되어, (33)과 같이 특수한 경우에 한하여 완전한 월이 됨을 알 수 있다.

긍정월에서의 '자주는'은 (32ㄱ)과 같이 베풂월에서만 불완전한 것이 아니라 물음월, 함께함월, 시킴월에서도 불완전한 월이 된다.

(34) ㄱ. #그는 등산을 **자주는** 다니니?
　　ㄴ. #등산을 **자주는** 다니자.
　　ㄷ. #등산을 **자주는** 다녀라.

'자주'와 맞섬 관계를 이루는 '가끔'에는 도움토씨 '는'이 결합되면 의향법의 종류에 관계없이 긍정월에서 꾸밈말로 쓰이더라도 모두 적격한 월이 되는 것과 대조된다.

(35) ㄱ. 그는 등산을 **가끔은** 다닌다.
ㄴ. 그는 등산을 **가끔은** 다니니?
ㄷ. 등산을 **가끔은** 다니자.
ㄹ. 등산을 **가끔은** 다녀라.

곧 '자주는'을 '가끔은'과 견주어 보면, '가끔은'과 달리 '자주는'은 긍정월에서 꾸밈말로 쓰이면 불완전한 월이 됨을 알 수 있다.

부정월에서의 '자주는'은 의향법의 종류에 관계없이 꾸밈말로 쓰이더라도 모두 적격한 월이 된다.

(36) ㄱ. 그는 등산을 **자주는 안/못** 다니니?
ㄴ. 등산을 **자주는** 다니**지 말**자.
ㄷ. 등산을 **자주는** 다니**지 마**라.

이와 같이 '자주는'은 주로 부정월에서 꾸밈말로 쓰이기 때문에 부정월을 가려잡는 어찌씨에 해당한다. '자주는'은 부정과 합쳐져 '가끔'의 뜻으로 해석된다.

(37) ㄱ. 그는 등산을 **자주는 안/못** 다닌다.
→[그는 등산을 **가끔** 다닌다.]
ㄴ. 몸이 **자주는** 아프지 않다.
→[몸이 **가끔** 아프다.]

(37)에서와 같이 [자주는+부정]이 '가끔'과 같은 뜻을 나타낸다. (37)에서 '자주는'이 삭제되면 내용상으로도 부정월이 되기 때문에 삭제 전과

뜻이 달라진다. 곧 '자주는'이 삭제되면 '자주는'의 의미만 덜어지는 것이 아니기 때문에 '자주는'이 꾸밈말로 쓰인 월에서 '자주는'은 삭제될 수 없는 필수 요소에 해당한다.

8.3.2 많이는

<수효나 분량, 정도 따위가 일정한 기준보다 넘게>의 뜻을 지닌 어찌씨 '많이'는 움직씨와 그림씨를 꾸미는 어찌씨로, (38)과 같이 긍정월이나 부정월에서 꾸밈말로 두루 쓰일 수 있어 부정월만을 가려잡는 어찌씨가 아니다. 따라서 '많이'는 꾸밈 받는 말을 의미적으로 한정할 뿐이고 월 짜임이나 말본 범주에 영향을 미치지 않는다.

(38) ㄱ. 비가 **많이** 왔다.
ㄴ. 비가 **많이** 안 왔다/오**지 않**았다.

'많이'에 도움토씨 '는'이 결합되어 꾸밈말로 쓰이면, (39)와 같이 부정월에서는 적격한 월로 자연스럽다. 그러나 긍정월에서는 부적격한 월에는 해당하지 않지만 의미적으로 불완전한 월이 된다.

(39) ㄱ. #손님이 **많이는** 왔다.
ㄴ. 손님 **많이는 안** 왔다/오**지 않**았다.

(39)에서 ㄱ은 불완전한 월이 되지만 ㄱ이 앞마디가 되고, 뒤에 부정의 뒷마디가 놓이거나, ㄱ이 뒷마디가 되고 앞에 부정의 앞마디가 놓이게 되는 경우에 의미적으로도 완전한 월이 된다.

(40) ㄱ. 손님이 **많이는** 왔지만 기다리던 사람은 **안** 왔다.

　　 ㄴ. 기다리던 사람은 **안** 왔지만 손님이 **많이는** 왔다.

이와 같이 부정월에서 '많이는'이 꾸밈말로 쓰이면 적격한 월이 된다. 긍정월에서 '많이는'이 꾸밈말로 쓰이면 부적격하지는 않으나 의미적으로 불완전한 월이 된다. (40)과 같이 특수한 경우에 한하여 긍정월에서 쓰이더라도 완전한 월이 됨을 알 수 있다.

'많이'와 대립적인 '조금'은 '은'이 결합하더라도 부정월이건 긍정월이건 가리지 않고 적격하게 쓰이는 점에서 대조를 이룬다. 이처럼 '많이는'과 '조금은'이 차이를 보이는 것은 '많이'와 '조금'의 의미 특성에서 기인하는 것으로 보인다.[188]

(41) ㄱ. 철수가 떡을 **조금은** 먹는다.

　　 ㄴ. 철수가 떡을 **조금은** **안** 먹는다./먹**지 않**는다.

곧 '많이는'의 쓰임을 '조금은'의 쓰임과 견주어 보면, '조금은'과 달리 '많이는'은 긍정월에서 꾸밈말로 쓰이면 불완전한 월이 됨을 알 수 있다. '많이는'이 주로 부정월에서만 꾸밈말로 쓰이는 특성을 통해, '많이는'은 단지 '많이'와 '는'의 쓰임이 그대로 유지되는 것이 아니라 부정월을 가려잡는 새로운 쓰임으로 바뀌었음을 알 수 있다. 또한 뜻에서도 각각의 뜻을 유지하는 것이 아니라 부정과 합쳐 부분 긍정의 의미를 나타낸다.

(42) ㄱ. 비가 **많이는 오지 않**았다.

　　 ㄴ. 요즘 **많이는 안** 바쁘다.

---

188) 노움토씨 '도'와의 결합에서도 차이를 보인다. '조금도'는 <전혀>의 뜻으로 부정월에서 꾸밈말로 쓰이지만, '많이도'는 다른 뜻으로 바뀌지 않고 '많이'와 '도'의 뜻과 기능을 그대로 유지한다.

(42)는 표면적으로는 부정월이지만, 내면적으로는 (43)과 같이 부분 긍정의 뜻을 나타낸다.

(43) ㄱ. [비가 **어느 정도** 왔다.](**비가 왔는데** 많이 온 것은 **아니**다.)
　　ㄴ. [요즘 **어느 정도** 바쁘다.](**요즘 바쁜데** 많이 바쁜 것은 **아니**다.)

(42)에서 '많이는'이 삭제되면 부정월이 되지만 '많이는'이 꾸밈말로 쓰임으로 말미암아 (43)과 같이 부분 긍정의 뜻을 지니는데, 이 역할을 '많이는'이 담당하는 것으로 보인다. (42)에서 '많이는'이 삭제되면 삭제 전과는 뜻과 쓰임이 달라지기 때문에 월 짜임에서 삭제 될 수 없는 필수 요소에 해당한다.

주로 부정월을 가려잡는 '많이는'은 그림씨만이 아니라 움직씨로 이루어진 풀이말을 꾸밀 수 있기 때문에 단순부정과 능력부정을 가리지 않고 가려잡을 수 있다. 함께함월과 시킴월에서도 꾸밈말로 쓰일 수 있기 때문에 '-지 말-'을 가려잡을 수 있다.

(44) ㄱ. 형이 **많이는 안** 늙었다./늙**지 않**았다
　　ㄴ. 청중들이 **많이는 못** 모였다./모이**지 못했**다.
　　ㄷ. 고기를 **많이는** 먹**지 말**자./먹**지 마라**.

(44)와 같이 '많이는'은 부정월을 가려잡지만, 부정월에 관한 별도의 제약이 따르지 않는다. '많이는'은 부정 풀이씨 가운데 '없다', '모르다'는 가려잡지만 '아니다'는 가려잡지 않는다.

(45) ㄱ. 친구가 **많이는 없**다.
　　ㄴ. 나는 영어를 **많이는 모른**다.

이와 같이 '많이'와 '는'이 결합된 '많이는'은 어찌말로 쓰이면서 주로 부정월을 가려잡아 꾸밈말로 쓰이며, 표면적으로는 부정월이지만 내재적으로는 일부 긍정의 의미를 나타내게 하는 특성을 지닌다.

8.3.3 멀리는

<거리가 꽤 많이 떨어지게. 시간적인 간격이 아주 길게>의 뜻을 지닌 '멀리'는 주로 움직씨를 꾸미는 어찌씨로, (46)과 같이 긍정월이나 부정월에서 꾸밈말로 두루 쓰일 수 있어 부정월만을 가려잡는 어찌씨가 아니다.

(46) ㄱ. 철수가 **멀리** 떠난다.
ㄴ. 철수가 **멀리** 안 떠난다./떠나**지 않**는다.

곧 '멀리'는 뒤에 놓이는 꾸밈 받는 말을 의미적으로 한정할 뿐이고 월 짜임이나 말본 범주에 영향을 미치지 않는 단순어찌씨이다.

'멀리'에 도움토씨 '는'이 결합되어 어찌말로 쓰이면, (47)과 같이 부정월에서는 적격한 월로 자연스러우나, 긍정월에서는 부적격한 월에는 해당하지는 않지만 뜻에서 불완전한 월이 된다.

(47) ㄱ. #철수가 **멀리는** 떠난다.
ㄴ. 철수가 **멀리는 안** 떠난다./떠나**지 않**는다.

(47)에서 '멀리는'이 어찌말로 쓰인 부정월 ㄴ은 적격한 월이 되었지만, 긍정월 ㄱ은 부적격한 월은 아니지만 뜻에서 불완전한 월이 되었다.

ㄱ이 완전한 월이 되기 위해서는 (48)과 같이 ㄱ이 앞마디나 뒷마디가 되고, 앞자리나 뒷자리에 앞마디나 뒷마디가 놓여야 한다.

(48) ㄱ. 철수가 **멀리는** 떠났지만 곧 돌아올 것이다.
ㄴ. 철수가 가까이는 떠나지 않지만 **멀리는** 떠난다.

'멀리'에 '는'이 결합되어 쓰임으로 말미암아 결합 전과 쓰임에서 차이를 보이는 원인은 도움토씨 '는'에 있다. '멀리'에 '는'이 결합됨으로서 부정월을 가려잡는 용법으로 달라졌기 때문이다. '멀리는'은 한 몸처럼 작용하여 주로 부정월을 가려잡는 통사적 특성을 지닌다. '멀리는'이 주로 부정월에서만 꾸밈말로 쓰이는 특성을 통해, '멀리는'은 단지 '멀리'와 '는'의 용법이 그대로 유지되는 것이 아니라 부정월을 가려잡는 새로운 용법으로 바뀌었음을 알 수 있다. 또한 의미에서도 '멀리'와 '는'이 각각의 의미를 유지하는 것이 아니라 부정과 합쳐져 부분 긍정의 의미를 나타낸다.

(49) ㄱ. 서울에서 인천이 **멀리는 안** 떨어졌다.
ㄴ. 철수가 아직 **멀리는 못** 갔다.

(49)는 표면적으로는 부정월이지만, 내재적으로는 (50)과 같이 부분 긍정의 의미를 나타낸다.

(50) ㄱ. [서울에서 인천이 **어느 정도** 떨어졌다.](**서울에서 인천이 떨어졌 지만** 꽤 많이 떨어진 것은 **아니**다.)
ㄴ. [철수가 **어느 정도** 갔다.](**철수가 갔지만** 꽤 많이 간 것은 **아니** 다.)

'멀리는'이 꾸밈말로 쓰인 (49)에서 '멀리는'이 삭제되더라도 월의 적격성에는 영향을 미치지 않지만, 의미상 '멀리는'의 의미만 덜어지는 것이 아니라 월의 의미가 달라진다. 곧 (49)는 (50)과 같이 부분 긍정월로 해석되지만 '멀리는'이 삭제됨으로 말미암아 부정월로만 해석되기 때문에 '멀리는'은 월 짜임의 필수 요소에 해당한다.

주로 부정월을 가려잡는 '멀리는'은 주로 움직씨로 이루어진 풀이말을 꾸미기 때문에 단순부정과 능력부정을 가리지 않고 가려잡을 수 있다. 함께함월과 시킴월에서도 꾸밈말로 쓰일 수 있기 때문에 '-지 말-'을 가려잡을 수 있다.

(51) ㄱ. **멀리는 안** 간다./가**지 않**는다
　　 ㄴ. **멀리는 못** 간다./가**지 못한**다.
　　 ㄷ. 너무 **멀리는** 가**지 말**자./가**지 마**라.

이와 같이 '멀리'에 '는'이 결합된 '멀리는'은 앞에서 살핀 '많이는'과 마찬가지로 월에서 어찌말로 쓰이면서 주로 부정월을 가려잡아 꾸밈말로 쓰이며, 표면적으로는 부정월이지만 내재적으로는 부분 긍정의 의미를 나타내게 하는 특성을 지닌다.

8.4 마무리

긍정월이나 부정월을 가리지 않고 꾸밈말로 쓰일 수 있는 일부 어찌씨에 도움토씨 '는'이 결합되어 꾸밈말로 쓰이면서 부정월만을 가려잡거나 주로 부정월을 가려잡는 어찌말을 선정하여 이들의 통사적 특성을

규명하였다.

부정월만을 가려잡는 '는' 결합형 어찌말로는 '다시는'과 '더는', '일부러는', '다는', '그냥은'이 있고, 부정월을 주로 가려잡는 것으로는 '자주는', '많이는', '멀리는' 따위가 있다. 이들은 단지 해당 어찌씨의 기능에 '는'이 결합된 것이 아니라 합쳐서 부정월만을 가려잡는 새로운 통사적 특성과 의미적 특성을 지니게 되었다.

'는' 결합형으로, <뒤에 더는. 이후에 결코>를 뜻하는 '다시는'과 <이 이상 결코>를 뜻하는 '더는'은 어찌씨 '다시'와 '더'에 도움토씨 '는'이 덧붙어 이루어진 어찌말로, 단순부정이나 능력부정을 가려잡는 어찌말에 해당한다. 부정 풀이씨 가운데 '아니다', '없다', '모르다'를 가려잡는다. 이들 어찌말도 부정월만을 가려잡지만, 이들 어찌말이 꾸밈말로 쓰인 월에서 삭제되더라도 이들 어찌말의 뜻만 덜어질 뿐이고 월의 적격성에서 문제가 되지 않기 때문에 월 짜임의 필수 요소는 아니다. 곧 이들 어찌말이 꾸밈말로 쓰이기 위해서는 반드시 부정월이어야 하지만, 부정월을 구성하는 데 필수 요소는 아니다. 이들 어찌말은 함께함월과 시킴월에서 꾸밈말로 쓰이는 경우에는 '-지 말-'을 가려잡는다.

<①더 이상의 변화 없이 그대로. ②아무런 대가나 조건 없이. ③그대로 줄곧>의 뜻 가운데 ①과 ②의 '그냥은'과 <①특별히 일삼아. ②알면서도 짐짓>의 뜻을 지닌 '일부러는'은 단순부정이나 능력부정을 가리지 않고 꾸밈말로 쓰이며, 움직씨인 풀이말을 꾸미는 경우에 의향법에 제약이 없어 함께함월과 시킴월인 경우에는 '-지 말-'을 가려잡는다.

'다는'은 부정과 합쳐져 '다'가 <남거나 빠짐없이 모두>의 뜻일 때에는 '일부'의 뜻으로 해석되고, <어떤 상황이나 동작이 완료된 상태에 이르렀음을 나타내는 말>의 뜻일 때에는 '거의'의 뜻으로 해석된다. '다는'이 삭제되면 부정을 나타내게 되어 '다는'이 삭제됨으로써 '다는'의 뜻만

덜어지는 것이 아니라 삭제 전과 후의 뜻이 크게 달라진다. 따라서 '다는'은 월 짜임의 필수 요소에 해당한다. '다는'이 함께함월과 시킴월에서 꾸밈말로 쓰이는 경우에 '-지 말-'을 가려잡는다.

주로 부정월을 가려잡는 '자주는'은 부정과 합쳐져 '가끔'의 뜻으로 해석된다. '자주는'이 꾸밈말로 쓰임으로써 내용상으로 부분 긍정을 나타내는데, '자주는'이 삭제되면 부정을 나타내게 되어 '자주는'이 삭제됨으로써 '자주는'의 뜻만 덜어지는 것이 아니라 삭제 전과 후의 뜻이 크게 달라지기 때문에 월 짜임의 필수 요소에 해당한다. '자주는'이 함께함월과 시킴월에서 꾸밈말로 쓰이는 경우에 '-지 말-'을 가려잡는다.

'많이는'과 '멀리는'은 주로 부정월을 가려잡아 꾸밈말로 쓰이며, 표면적으로는 부정월이지만 내재적으로는 일부 긍정의 뜻을 나타내게 하는 특성을 지닌다. '많이는'과 '멀리는'이 꾸밈말로 쓰인 월에서 삭제되면 삭제 전과 뜻과 쓰임이 달라지기 때문에 이들은 월 짜임의 필수 요소에 해당한다. 이들 어찌말은 함께함월과 시킴월에서 꾸밈말로 쓰이는 경우에는 '-지 말-'을 가려잡는다.

제9장

부정 표현을 가려잡는
'도' 결합 낱말의 통사 특성

9.1 부정 표현을 가려잡는 '도' 결합 어찌말의 통사 특성189)

9.1.1 들머리

대다수의 어찌말은 긍정이나 부정월을 가리지 않고 월에서 꾸밈말로 쓰여 부정법에 영향을 미치지 않지만, 일부 어찌말은 부정월만을 가려잡아 부정법에 영향을 미치기도 한다. 어찌말 가운데 말본 범주에 영향을 미치는 것으로, 부정월만을 가려잡는 것들을 부정법 제약 어찌말이라고 하였다. 부정월에서만 쓰이고 긍정월에서 쓰이지 않는 것들이 부정법을 가려잡는 어찌말이고, 긍정월에서만 쓰이고 부정월에서 쓰이지 않는 것들이 부정법을 안 가려잡는 어찌말에 해당한다.

한길(2013:232)에서 밝힌 바와 같이 <그렇게까지, 별로>이 뜻을 지닌

---

189) 이 장의 일부인 부정법을 가려잡는 '도' 결합 어찌말에 관하여는 한길(2015ㄴ:147-171, 2016)을 깁고 다듬은 것이다.

'그다지'는 긍정월에서는 쓰이지 않고 부정월에서만 쓰이어 부정법을 가려잡는 어찌말에 해당하고, <꽤 잘>의 뜻을 지닌 '곧잘'은 부정월에서는 쓰이지 않고 긍정월에서만 쓰이기 때문에 부정법을 안 가려잡는 어찌말에 해당한다.

> (1) ㄱ. 오늘은 날씨가 **그다지** 덥**지 않**다.
>   *오늘은 날씨가 **그다지** 덥다.
>   ㄴ. *저 사람은 운동을 **곧잘** 하**지 않**는다.
>   저 사람은 운동을 **곧잘** 한다.

  (1)에서 ㄱ의 '그다지'는 부정월에서만 꾸밈말로 쓰여 부정월을 가려잡는 어찌말이고, ㄴ의 '곧잘'은 긍정월에서만 꾸밈말로 쓰여 부정월을 안 가려잡는 어찌말이다.
  부정법 제약 어찌말 가운데 부정월만을 가려잡게 하는 도움토씨 '도'와 '는'[190]이 긍정월이나 부정월을 가리지 않는 어찌씨나 어찌씨 밖의 낱말 및 말도막에 덧붙어 부정월만을 가려잡는 어찌말이 만들어진다. '조금'과 '도' 결합형 '조금도'를 비교해 보면, 쓰임과 뜻에서 차이가 남을 알 수 있다.

> (2) ㄱ. 나는 점심을 **조금** 먹었다./**조금** 먹**지 않**았다.
>   ㄴ. *나는 점심을 **조금도** 먹었다.[191]/**조금도** 먹지 않았다.

---

190) '도'와 '는'의 여러 쓰임 가운데 하나로, 특정의 낱말에 결합하여 부정월에서만 쓰이게 한다.
191) '조금'에 힘줌의 '도'가 결합하면 다음 보기와 같이 긍정월에서도 적격하게 쓰인다. 이 경우의 '조금도'는 <전혀>를 뜻하지 않는다.
  ㄱ. 철수가 밥을 **조금도** 먹었네.
  ㄴ. 성금으로는 **조금도** 괜찮습니다.

'조금'은 긍정월이나 부정월을 가리지 않고 꾸밈말로 쓰일 수 있지만, '조금도'는 부정월만을 가려잡아 꾸밈말로 쓰인다. 또한 뜻에서도 단순히 <조금+도>의 뜻이 아니라 새로운 뜻인 <전혀>를 나타낸다.192)

도움토씨 '도'만이 아니라 '는'도 긍정월이나 부정월을 가리지 않고 꾸밈말로 쓰일 수 있는 일부 어찌씨에 덧붙어 부정월만을 가려잡는 기능을 가지게 한다. 예컨대 '다'는 긍정이나 부정월에서 꾸밈말로 쓰일 수 있지만, '는'이 결합하면 (3)과 같이 부정월에서만 적격하게 쓰인다.

(3) ㄱ. *학생들이 **다는** 왔다.
    ㄴ. 학생들이 **다는 안** 왔다.

'다'는 긍정이나 부정월을 가리지 않고 꾸밈말로 쓰일 수 있지만, '다는'은 부정월만을 가려잡아 꾸밈말로 쓰인다. 또한 의미에서도 단순히 <다+는>의 의미가 아니라 부정과 어우러져 새로운 의미인 <일부>를 나타낸다.

이와 같이 부정월을 가려잡는 어찌말로 처리해야 할 '도' 결합형에는 '조금도', '하나도', '추호도', '털끝만큼도', '눈곱만큼도', '꿈에도' 따위가 있으며, '는' 결합형에는 '다시는'과 '더는', '자주는', '다는' 따위가 있다.193) 여기에서는 긍정이나 부정월을 가리지 않는 어찌씨나 어찌씨 밖의 낱말 및 말도막에 '도'가 결합함으로써 부정월을 가려잡는 어찌말의 통사적 특성에 초점을 두어 논의하고자 한다.

---

192) 이와 같이 '조금도'는 '조금'과 쓰임 및 뜻에서 달라졌기 때문에 '조금도' 자체를 한 낱말로 보되, 어찌씨와 같은 기능을 하므로 어찌씨에 포함시키기로 한다.
193) 이들 가운데 사전류에서는 『고』가 '꿈에도'를 어찌씨로 처리하였으며, 최현배(1971)와 허웅(1995:412)은 '조금도'와 '털끝만큼도'를 어찌씨로 처리하였다.

9.1.2 부정 표현을 가려잡는 '도' 결합 어찌말의 선정 원칙

도움토씨 '도'의 여러 쓰임 가운데 하나로, '도'가 임자씨나 어찌씨 뒤에 놓여 부정월에서만 쓰이며 그 부정의 뜻을 강조하여 나타내는 데 쓰인다.194)

    (4) ㄱ. 복권에 당첨되리라고 상상**도** 하**지 않**았다.
        ㄴ. 어떤 누구**도** 이 방에 들어오**지 못한**다.
        ㄷ. 성한 곳이 한 군데**도 없**다.
        ㄹ. 어머니는 일을 잠시**도** 쉬**지 않**으신다.

(4)에서의 '도'가 임자씨(ㄱ, ㄴ, ㄷ)이나 어찌씨(ㄹ)에 덧붙어 부정월에서만 쓰이게 함은 (4)에 대립되는 긍정월이 부적격한 월이 됨을 통해 확인할 수 있다.

    (5) ㄱ. *복권에 당첨되리라고 상상**도** 했다.
        ㄴ. *어떤 누구**도** 이 방에 들어온다.
        ㄷ. *성한 곳이 한 군데**도** 있다.
        ㄹ. *어머니는 일을 잠시**도** 쉬신다.

(4)가 부정월에서만 쓰일 수 있는 원인은 '도'가 덧붙은 임자씨나 어찌씨에 있는 것이 아니라 '도' 자체에 있다. 왜냐하면 '상상', '어떤 누구', '한 군데', '잠시'에 '도'가 덧붙지 않고 다른 토씨가 덧붙으면, (6)과 같이

---

194) '도'는 부정 낱말 풀이씨나 부정월만 가려잡는 풀이씨 안에 끼어들어가 통사적 짜임새로 바꾸는 일을 하기도 한다. 예컨대 '어림없다', '얼씬하지 않다/못하다'에서 '도'가 끼어들어 '어림도 없다', '얼씬도 하지 않다/못하다'란 통사적 짜임새로 바뀌었다.

긍정월에서 쓰일 수 있기 때문이다.

(6) ㄱ. 복권에 당첨되리라고 상상을 했다.
ㄴ. 어떤 누구라도 이 방에 들어올 수 있다.
ㄷ. 성한 곳이 한 군데가 있다.
ㄹ. 어머니는 일을 잠시만 쉬신다.

다시 말해서 '도'가 특정의 임자씨나 어찌씨에 덧붙어 부정월에서만 쓰이게 하기 때문에 (3)은 적격한 월이 되었다. (6)에서 밑줄 친 토씨가 '도'로 바뀌게 되면 (5)와 같은 부적격한 월이 되며, 반드시 부정월로 바꾸어야만 (4)와 같이 적격한 월이 된다.

긍정월이나 부정월을 가리지 않는 '상상', '(어떤) 누구', '(한) 군데', '잠시'에 '도'가 덧붙어 부정월에서만 쓰이게 되었지만, '상상도', '(어떤) 누구도', '(한) 군데도', '잠시도'가 한 낱말로 만들어지는 것은 아니다. '상상', '(어떤) 누구', '(한) 군데', '잠시'가 본연의 뜻을 지니고 있고, '도' 자체도 본연의 뜻 및 기능을 가지고 있기 때문에 '도' 자체가 도움토씨로서의 기능을 유지하게 된다.

그러나 일부 임자씨('임자씨+토씨' 포함)나 어찌씨에, 부정월에서만 쓰여 강조의 뜻을 나타내는 '도'가 결합됨으로써 부정월을 가려잡을 뿐만 아니라 임자씨나 어찌씨 본연의 뜻을 유지하지 못하는 것들이 있다. '도' 자체도 본연의 뜻을 유지하지 못하고 앞부분과 합쳐져 새로운 뜻을 얻게 되며, 아울러 기능상으로도 어찌씨와 같이 꾸밈말로 쓰이는 것들이 있다. 이에 속하는 것으로는 '조금도', '하나도', '추호도', '털끝만큼도', '눈곱만큼도', '꿈에도' 따위가 있다.195)

---

195) '조금도'와 '털끝만큼도'를 최현배(1971:600)에서는 "지우는 것((否定副詞)"이라 하여 어찌씨로 처리하였다.

이들은 '조금', '꿈에', '추호', '털끝만큼', '눈곱만큼', '하나'의 축자적 의미와 '도' 의미가 단순히 합쳐진 것이 아니라 새로운 뜻인 <전혀>의 의미 특성을 가진 어찌말로 쓰인다.

(7) ㄱ. 그럴 생각은 **조금도** 없다.
ㄴ. 그럴 생각은 **하나도** 없다.
ㄷ. 그럴 생각은 **추호도** 없다.
ㄹ. 그럴 생각은 **털끝만큼도** 없다.
ㅁ. 그럴 생각은 **눈곱만큼도** 없다.
ㅂ. 그럴 생각은 **꿈에도** 없다.

(6)에서 밑줄 친 부분은 어찌씨와 마찬가지로 부정 낱말 '없다'를 꾸미며, 축자적 의미와 달리 기본적 의미로 <전혀>를 나타내어, 어찌씨 '전혀'로 대치하더라도 뜻에서 차이를 보이지 않는다. 또한 이들은 한 몸처럼 녹아 붙어 부정월에서만 꾸밈말로 쓰이기 때문에 하나의 낱말로 간주하되, 어찌씨에 포함시키는 것도 고려해 볼 수 있다.

이 장에서는 '조금도', '하나도', '추호도', '털끝만큼도', '눈곱만큼도', '꿈에도'가 부정월을 가려잡는 어찌말에 해당하는지 구체적으로 논의하고, 각각의 통사적 특성을 살피기로 한다.

9.1.3 부정 표현을 가려잡는 '도' 결합 어찌말

9.1.3.1 조금도

'조금'은 <정도나 분량이 적게. 시간적으로 짧게>를 뜻하는 어찌씨와 <적은 정도나 분량. 짧은 동안>을 뜻하는 이름씨로 쓰인다.[196] 어찌씨

'조금'은 긍정월이나 부정월을 가리지 않고 꾸밈말로 쓰일 수 있어 이 장의 논의 대상에서 제외된다.

'조금'에 '도'가 덧붙되, (8)과 같이 '조금'의 의미와 '뜻이나 쓰임이 그대로 유지되는 '조금도'는 긍정월에서도 적격하게 쓰인다.

(8) ㄱ. 철수가 밥을 **조금도** 먹었네.
ㄴ. 이 과일은 **조금도** 팝니까?

(8)에서 '조금도'는 '조금'의 뜻과 '도'의 뜻이 그대로 합쳐져 있으며, 긍정월에서 꾸밈말로 쓰였다.

'조금'에 부정월만을 가려잡게 하는 도움토씨 '도'가 덧붙음으로써[197] '조금'의 의미와 '도'의 의미가 그대로 유지되는 것이 아니라 <전혀>의 의미를 획득하는 '조금도'는 부정월만을 가려잡기 때문에 부정 표현을 가려잡는 어찌말에 속하게 된다. '조금도'가 어찌씨 '조금'에 도움토씨 '도'가 덧붙은 두 낱말인지 아니면 '조금'과 '도'가 결합과정을 거쳐 하나의 어찌씨로 합성되었는지 살피기로 한다. 최현배(1971:600)를 제외한 사전류에는 '조금도'가 어찌씨로 올림말에 올라 있지 않기 때문에 두 낱말로 간주한 것으로 볼 수 있다. 이 장에서는 '조금도'를 합성어찌씨로 볼

---

196) 이름씨 '조금'의 보기를 들면 다음과 같다. ㄱ의 '조금'은 <적은 정도나 분량>의 뜻을, ㄴ의 '조금'은 <짧은 동안>의 뜻을 지닌 이름씨이다.
ㄱ. **조금**의 실수도 용납되지 않는다.
ㄴ. **조금** 전에 친구가 왔다.
197) '조금' 뒤에는 도움토씨 '도'만이 아니라 '은', '만'도 결합될 수 있지만, '도'만이 부정월을 가려잡을 뿐이고 '은'이나 '만'은 긍정월이나 부정월을 가리지 않고 꾸밈말로 쓰일 수 있다. 또한 '조금은'과 '조금만'에서의 '조금'은 본디뜻을 유지하고 있다.
조금은 : 이 물건을 **조금은** 판다.
　　　　 이 물건을 **조금은** 안 판다.
조금만 : 철수는 밥을 **조금만** 먹는다.
　　　　 철수는 밥을 **조금만** 안 먹는다.

가능성이 충분하지만, 어찌씨 '조금'에 도움토씨 '도'가 덧붙어 구성된 어찌말로 보고, 왜 그렇게 보아야 하는지 살피기로 한다.

'조금도'를 합성어찌씨로 볼 수 있는 근거로 두 가지를 들 수 있다. 첫째, 어찌씨 '조금'에 토씨 '도'가 단순히 덧붙었다면 의미상으로 '조금'의 의미가 유지되어야 하며, 토씨 '도'도 도움토씨로서의 의미를 더하는 것에 국한되어야 한다. 그러나 '조금도'의 의미는 단순히 <조금+도>의 의미와는 그다지 관계없는, 새로운 의미인 <전혀>의 뜻을 지니고 있다. 따라서 '조금도'가 쓰인 자리에 '전혀'로 대치되어 쓰이더라도 의미적으로나 용법에 있어서 차이가 없게 된다.

> (9) ㄱ. 돈이 **조금도** 없다.
> → 돈이 **전혀** 없다.
> ㄴ. 저분은 한국어를 **조금도** 모른다.
> → 저분이 한국어를 **전혀** 모른다.

곧 '조금'과 '도'가 결합하여 새로운 의미를 가지게 되었기 때문에 한 낱말로 합쳐진 어찌씨로 볼 수 있는 개연성이 있다.

둘째, <전혀>를 뜻하는 '조금도'는 부정월에서만 꾸밈말로 쓰인다는 점이다. '조금'은 부정월만이 아니라 긍정월에서도 자연스럽게 쓰인다. 도움토씨 '도'가 결합되는 경우에 부정월에서만 쓰여야 할 까닭이 없다. 이를테면 '조금'과 맞섬관계에 있는 '많이'의 경우를 보기로 한다.

> (10) ㄱ. 철수가 밥을 **많이** 먹는다.
> ㄴ. 철수가 밥을 **많이** **안** 먹는다.

'많이'는 긍정월이건 부정월이건 가리지 않고 꾸밈말로 쓰일 수 있어

(10)의 ㄱ과 ㄴ이 적격한 월이 되었다. (10)에서 '많이' 다음에 '도'가 결합되더라도 (11)과 같이 둘 다 적격한 월이 된다.

(11) ㄱ. 철수가 밥을 **많이도** 먹는다.
ㄴ. 철수가 밥을 **많이도 안** 먹는다.

(11)에서 '많이' 다음에 도움토씨 '도'가 결합되었지만 모두 적격한 월이 되었다. 의미상으로도 '많이'의 의미에 '도'의 <힘줌>의 의미가 더해져 있고, '도'가 삭제되더라도 <힘줌>의 의미만 덜어질 뿐이고 모두 적격한 월이 되기 때문에 '많이도'는 한 낱말이 아니라 어찌씨 '많이'에 도움토씨 '도'가 덧붙은 두 낱말에 해당한다.
'많이'와 마찬가지로 '조금'도 긍정월이건 부정월이건 가리지 않고 (12)와 같이 꾸밈말로 쓰일 수 있다.

(12) ㄱ. 철수가 밥을 **조금** 먹는다.
ㄴ. 철수가 밥을 **조금 안** 먹는다.

그러나 (12)에서 '조금' 다음에 부정월만을 가려잡게 하는 '도'가 결합되면, (13)과 같이 긍정월인 경우에는 부적격한 월이 되고 부정월인 경우에는 적격한 월이 되지만, <'정도나 분량이 적게. 시간적으로 짧게'의 힘줌>에서 <전혀>의 뜻으로 의미가 크게 달라지고 만다.

(13) ㄱ. *철수가 밥을 **조금도** 먹는다.198)
ㄴ. 철수가 밥을 **조금도** 안 먹는다.

---

198) '조금도'가 <전혀>의 뜻이 아니고 '조금'과 '도'의 뜻을 그대로 유지하는 경우에는 적격한 월이 된다.

이와 같이 '조금'에 도움토씨 '도'가 결합함으로서 의미가 달라지고 쓰임에서 차이를 보이기 때문에 '조금도' 자체를 합성어찌씨로 보는 것도 타당성이 있다.199) 따라서 '조금도'는 <전혀>를 뜻하는 어찌씨로 부정 표현을 가려잡는 통사적 특성을 가지는 것으로 볼 수도 있다.200)

그러나 '조금도'를 합성어찌씨로 보는 데 망설여지는 결정적인 근거가 있다. '조금도'가 한 낱말이라면 '조금'과 '도' 사이에 다른 요소가 끼어들어 확대될 수 없어야 한다. <전혀>의 뜻을 지닌 '조금도'는 뜻과 쓰임에서 별다른 차이 없이 확대되어 불연속 형식 '조금의…도'를 이룰 수 있다. 일부 임자말이나 부림말이 쓰인 부정월에서의 '조금도'는 ['조금+의'와 임자말/부림말을 구성하고 있는 이름씨+의]로 뜻에서 별다른 차이 없이 바뀌어 쓰일 수 있다.

(14) ㄱ. 그 일에 대해서는 미련이 **조금도** 없다.
→그 일에 대해서는 **조금의 미련도** 없다.
ㄴ. 선생님은 실수를 **조금도** 용납하지 않으신다.
→선생님은 **조금의 실수도** 용납하지 않으신다.

이렇게 되면 어찌씨 '조금도'는 불연속 형식인 '조금…도'로 바뀌면서 '조금'이 이름씨에 속하게 된다. '조금'에는 반드시 '의'만이 결합되며, '도' 자리에는 어떤 다른 토씨로도 대치될 수 없는 특성을 보이게 되어 마치 한 몸처럼 작용하게 된다. 이를 정리하면 (15)와 같다.

---

199) '조금도'를 합성어찌씨로 처리하는 까닭은 뿌리 '조금'에 낱말에 해당하는 도움토씨 '도'가 합성된 것으로 보기 때문이다.
200) 도움토씨 '밖에'가 '조금'에 결합하더라도 부정월에서만 꾸밈말로 쓰인다. 그러나 '조금밖에'를 한 낱말인 어찌씨로 보지 않는 까닭은 '조금밖에'의 '조금'은 본디뜻을 유지하고 있고 '밖에'도 본디뜻과 기능을 그대로 유지하고 있기 때문이다. 곧 '조금 밖에'가 부정월만을 가려잡는 것은 '밖에'의 본디 기능이다.

(15) ㄱ. A가 **조금도** 부정

   →**조금의** A**도** 부정

ㄴ. A를 **조금도** 부정

   →**조금의** A**도** 부정

조건: 단 A는 특정의 이름씨임.

따라서 '조금도'는 한 낱말로 보아 합성어찌씨로 간주할 수 있는 충분한 근거도 있지만, '조금'과 '도'로 분리 확대될 수 있는 점에서 어찌씨 '조금'과 토씨 '도'가 어울려 어찌말로 쓰이는 것으로 보는 것이 합리적이다.

어찌말 '조금도'는 단순부정이나 능력부정을 가려잡는다. '조금도'는 의향법에 제약이 없어 시킴월이나 함께함월에서는 '-지 말-'을 가려잡는다.

(16) ㄱ. 철수는 **조금도** 쉬**지 않**는다.

ㄴ. 철수는 **조금도** 움직이**지 못한**다.

ㄷ. **조금도** 쉬**지 마**라./쉬**지 말**자.

(16)에 대립되는 긍정월은 (17)과 같이 모두 부적격한 월이 되는 것으로 보아 '조금도'가 부정법을 가려잡는 어찌말에 해당함이 확실하다.

(17) ㄱ. *철수는 **조금도** 쉰다.

ㄴ. *철수는 **조금도** 움직인다.

ㄷ. ***조금도** 쉬어라./*쉬자.

'조금도'는 부정 낱말 풀이씨 가운데 '아니다', '없다', '모르다'를 가려잡는다. 이들의 긍정 낱말인 '이다', '있다', '일다'인 경우에는 당연히 가려잡지 않는다.

(18) ㄱ. 이번 일은 **조금도** 우려할 일이 **아니**다.

ㄴ. 나는 사과할 생각이 **조금도 없**다.

ㄷ. 철수는 영어를 **조금도 모른**다.

<전혀>의 의미를 지닌 '조금도'는 부정월에서 꾸밈말로만 쓰이지만, 삭제되어도 '조금도'의 뜻만 덜어질 뿐이고 월의 적격성에 영향을 미치지 않기 때문에 월 짜임에서 필수 요소에 해당되지 않는다. (16)과 (18)에서 '조금도'가 삭제되더라도 월의 적격성에는 영향을 미치지 않음이 이를 증명해 준다.

9.1.3.2 하나도[201]

'하나'는 <수의 처음>을 뜻하는 셈씨로, 도움토씨 '도'가 덧붙으면 두 가지 뜻을 나타낸다. 첫째로, '하나'와 '도'가 본유의 뜻을 그대로 유지하는 것으로, 긍정월과 부정월을 가리지 않고 쓰인다.

(19) ㄱ. 간식용 사과로는 **하나도** 많다.

ㄴ. 간식용 사과로는 **하나도** 적**지 않**다.

(19)에서 '하나도'는 셈씨로서의 '하나'와 도움토씨로서의 '도'가 의미와 기능을 그대로 유지하고 있어 한 낱말로 합쳐진 것으로 볼 수 없다. 곧 셈씨 '하나'와 도움토씨 '도'인 두 낱말이 어울려 있는 것으로 보인다. 또한 '하나도'는 ㄱ과 같이 긍정월에서도 쓰이고, ㄴ과 같이 부정월에서도 쓰일 수 있어 부정월만을 가려잡는 것도 아니기 때문에 이 장의 논의

---

201) 사전류에서는 '하나도'를 어찌씨로 보지는 않았지만, 『표』에서는 셈씨 '하나'에 도움토씨 '도'로 이루어진 두 낱말로, <조금도, 전혀>의 뜻을 가진 것으로 보고 있다.

대상에 해당하지 않는다.

둘째로, '하나도'가 단순히 <하나+도>의 뜻이 아니라 <전혀. 조금도>의 뜻을 나타내는 것이 있다. 이에 속하는 '하나도'를 합성어찌씨로 볼 수 있지만, 앞에서 살핀 '조금도'에서와 마찬가지로 셈씨 '하나'에 도움토씨 '도'가 어울려 어찌말로 쓰이는 것으로 보고자 한다.

셈씨 '하나'에 도움토씨 '도'가 단순히 덧붙었다면 의미상으로 '하나'의 의미가 유지되어야 하며, 도움토씨 '도'도 도움토씨로서의 의미를 더하는 것에 국한 되어야 한다. 그러나 (20)에서 '하나도'의 의미는 단순히 <하나+도>의 의미와는 관계없는, 새로운 의미인 <전혀. 조금도>의 뜻을 지니고 있다. 따라서 '하나도'가 쓰인 자리에 '전혀'나 '조금도'가 대치되어 쓰이더라도 뜻으로나 쓰임에 있어서 차이가 없게 된다.

(20) ㄱ. 너한테는 잘못이 **하나도** 없다.

  → 너한테는 잘못이 **전혀/조금도** 없다.

ㄴ. 이번 영화는 **하나도** 즐겁지 않다.

  → 이번 영화는 **전혀/조금도** 즐겁지 않다.

따라서 '하나'와 '도'가 합쳐져 결합과정을 거쳐 새로운 의미인 <전혀/조금도>란 뜻을 지닌 새로운 낱말로 만들어진 것으로 볼 수도 있다.

또한 용법에서도 <전혀/조금도>의 '하나도'는 '하나'나 '도'의 기능과 달리 부정월에서만 꾸밈말로 쓰인다는 점이다. 곧 (20) ㄱ과 ㄴ이 부정월이기 때문에 적격한 월이 되었지만, 이에 대립되는 긍정월인 경우에는 (21)과 같이 부적격한 월이 된다.

(21) ㄱ. *너한데는 잘못이 **하나도** 있다.

ㄴ. *이번 영화는 **하나도** 즐겁다.

'하나'는 부정월만을 가려잡지는 않으며, '도'도 마찬가지이지만, '하나도'로 결합함으로써 부정월만을 가려잡는다는 점에서, '하나도'를 새로운 기능을 가지게 된 낱말로 보는 것이 가능하다.

<전혀, 조금도>를 뜻하는 '하나도'는 새로운 낱말로서 월에서 어찌씨와 같은 기능을 수행하기 때문에 어찌씨의 범주에 포함시킬 수도 있지만, '하나도'는 의미와 용법에서 별다른 차이 없이 확대되어 불연속 형식 '하나의…도'를 이루는 경우가 있기 때문에202) 셈씨 '하나'에 도움토씨 '도'가 덧붙어 이루어진 어찌말로 처리한다.

<전혀. 조금도>를 뜻하는 '하나도'는 단순부정이나 능력부정을 가려잡는다. '하나도'는 의향법에 제약이 없기 때문에 시킴월이나 함께함월에서는 '-지 말-'을 가려잡는다.

    (22) ㄱ. 나는 **하나도** 부끄럽**지 않**다.
        ㄴ. 나는 시험 준비를 **하나도** 하**지 못했**다.
        ㄷ. 저분 말은 **하나도** 믿**지 마**라./믿**지 말**자.

(22)에 대립되는 긍정월은 (23)과 같이 모두 부적격한 월이 되는 것으로 보아, '하나도'가 부정법을 가려잡는 어찌말에 해당함이 확실하다.

    (23) ㄱ. *나는 **하나도** 부끄럽다.
        ㄴ. *나는 시험 준비를 **하나도** 했다.
        ㄷ. *저분 말은 **하나도** 믿어라./*믿자.

---

202) 다음 보기와 같이 '하나도'가 '하나의 … 도'로 바뀌더라도 뜻과 쓰임에서 별다른 차이를 보이지 않는다.
   ㄱ. 철수는 결점이 **하나도** 없다.
   ㄴ. 철수는 **하나의** 결점**도** 없다.

'하나도'는 부정 낱말 풀이씨 가운데 '아니다', '없다', '모르다'를 가려 잡는다. 이들의 긍정 낱말인 '이다', '있다', '알다'인 경우에는 가려잡지 않는다.

(24) ㄱ. 왼손 사용은 **하나도** 부끄러운 일이 **아니**다.
ㄴ. 너한테는 잘못이 **하나도 없**다.
ㄷ. 나는 뭐가 뭔지 **하나도 모르**겠다.

<전혀. 조금도>를 뜻하는 '하나도'는 부정월에서 꾸밈말로만 쓰여 부정월만을 가려잡지만, 삭제되어도 '하나도'의 뜻만 덜어질 뿐이고 월의 적격성에 영향을 미치지 않기 때문에 월 짜임에서 필수 요소는 아니다. (21)과 (23)에서 '하나도'가 삭제되더라도 월의 적격성에는 영향을 미치지 않음이 이를 증명해 준다.

9.1.3.3 추호(秋毫)도

<가을에 짐승의 털이 매우 가늘어지는 데에서 '가을 털끝만큼 매우 조금'을 비유적으로 이르는 말>을 뜻하는 '추호(秋毫)'는 이름씨에 해당한다. 대다수 이름씨에는 여러 가지 토씨가 결합될 수 있는 데 반하여, '추호(秋毫)'에는 '의'와 '라도', '도'만이 결합 가능한, 제약이 심한 이름씨로 보는 것이 일반적이다. 이 장에서는 '추호(秋毫)의'와 '추호(秋毫)라도'에서 '추호(秋毫)'는 이름씨이고 '의'와 '라도'는 토씨에 해당하는 것으로 본다.

(25) ㄱ. 우리 회사는 **추호의** 실수도 용납하**지 않**는다.
ㄴ. **추호라도** 속이는 일이 있으면 용서치 **않**겠다.

(25)에서 '추호(秋毫)'는 <매우 적음>의 뜻을 비유적으로 나타내는 이름씨이고, 여기에 토씨 '의'와 '라도'가 덧붙어 토씨 본연의 기능을 가지고 있기 때문에 '추호(秋毫)의'와 '추호(秋毫)라도'는 이름씨+토씨의 짜임새로, 한 낱말에 해당하지 않는다.

'추호(秋毫)도'는 <매우 적음>의 뜻을 비유적으로 나타내는 '추호(秋毫)'에 <힘줌이나 마찬가지>의 뜻을 나타내는 도움토씨 '도'가 단순히 덧붙은 것이 아니라, 결합과정을 거쳐 <조금도. 전혀>의 새로운 뜻을 나타내는 어찌씨로 만들어진 것으로 볼 수도 있다. 그 까닭은 '조금도'에서와 마찬가지이다. '추호도'는 축자적 의미인 <추호+도>의 뜻이 아니라 <조금도. 전혀>의 의미로 달라진다는 점이다. 또한 '추호도'는 부정월만을 가려잡아 꾸밈말로 쓰인다는 점이다. '도' 결합 전과 후가 뜻에서 차이를 보이고 쓰임에서도 차이를 보이기 때문에 '추호도' 자체를 한 낱말로 보고, 쓰임에서 어찌씨와 같기 때문에 어찌씨에 포함시킬 수도 있다.

'추호도'가 한 낱말라면 '추호'와 '도' 사이에 다른 요소가 끼어들어 확대될 수 없어야 한다. <전혀>의 뜻을 지닌 '추호도'는 뜻과 쓰임에서 별다른 차이 없이 확대되어 불연속 형식 '추호의…도'를 이룰 수 있다.

일부 임자말이나 부림말이 쓰인 부정월에서 '추호도'는 ['추호+의'와 임자말/부림말을 구성하고 있는 이름씨+도]로 뜻에서 별다른 차이 없이 바뀌어 쓰일 수 있다.

(26) ㄱ. 오차가 **추호도 없**어야 한다.
　　　→**추호의** 오차**도 없**어야 한다.
　　ㄴ. 오차를 **추호도** 인정하**지 않**았다.
　　　→**추호의** 오차도 인정하**지 않**았다.

(26)에서와 같이 어찌말 '추호도'는 불연속 형식인 '추호의…도'로 바

꾸면서 '추호'가 이름씨에 속하게 된다. '추호'에는 반드시 '의'만이 결합되며, '도' 자리에는 어떤 다른 토씨로도 대치될 수 없는 특성을 보이게 되어 마치 한 몸처럼 작용하게 된다. 이를 정리하면 (27)과 같다.

(27) ㄱ. A가 **추호도** 부정/**추호도** A가 부정
　　　→**추호의** A**도** 부정
　　ㄴ. A를 **추호도** 부정/**추호도** A를 부정
　　　→**추호의** A**도** 부정
　　조건: 단 A는 특정의 이름씨임.

따라서 '추호도'는 한 낱말로 보아 합성어찌씨로 간주할 수 있는 충분한 근거도 있지만, '추호'와 '도'로 분리 확대될 수 있는 점에서 이름씨 '추호'와 도움토씨 '도'가 어울려 어찌말로 쓰이는 것으로 보는 것이 합리적이다.

'추호도'는 단순부정이나 능력부정에서 꾸밈말로 쓰이는 특성을 지니기 때문에 부정 표현을 가려잡는 어찌말에 해당한다. '추호도'는 의향법에 제약이 없어 시킴월이나 함께함월에서는 '-지 말-'을 가려잡는다.

(28) ㄱ. 그의 마음은 **추호도** 동요하**지 않**았다.
　　ㄴ. 그는 **추호도** 거짓말을 하**지 못한**다.
　　ㄷ. **추호도** 겁을 내**지 마라.**/내**지 말**자.

(28)의 긍정월에 해당하는 (29)가 부적격한 월이 되는 것으로 보아 '추호도'가 부정월에서만 꾸밈말로 쓰이고 긍정월에서는 꾸밈말로 쓰이지 않음이 확인된다.

(29) ㄱ. *그의 마음은 **추호도** 동요했다.

ㄴ. *그는 **추호도** 거짓말을 한다.

ㄷ. ***추호도** 겁을 내라./*내자.

(29)에서 '추호도'가 삭제되면 적격한 월이 되지만, (29)가 부적격한 월이 된 까닭은 '추호도'가 쓰였기 때문이다. 곧 '추호도'가 부정월만을 가려잡는 어찌말이기 때문이다.

'추호도'는 부정 낱말 풀이씨 가운데 '아니다', '없다', '모르다'를 가려잡는다. 이들의 긍정 낱말인 '이다', '있다', '알다'인 경우에는 당연히 가려잡지 않는다.

    (30) ㄱ. 저 사람은 **추호도** 범인이 **아니**다.

        ㄴ. 용서를 빌 생각은 **추호도** **없**습니다.

        ㄷ. 그 일에 대해서는 **추호도** **모른**다.

'추호도'는 부정월에서 꾸밈말로만 쓰여 부정월만을 가려잡지만, 삭제되어도 '추호도'의 뜻만 덜어질 뿐이고 월의 적격성에 영향을 미치지 않기 때문에 월 짜임에서 필수 요소에 해당되지 않는다. (27)과 (29)에서 '추호도'가 삭제되더라도 월의 적격성에는 영향을 미치지 않음이 이를 증명해 준다.

9.1.3.4 털끝만큼도[203)]

'털끝'은 <털의 끝>이란 뜻의 이름씨와 <아주 적거나 작은 것>을 비유적으로 이르는 뜻의 이름씨로 나뉜다. <털의 끝>이란 뜻의 '털끝'에는 대다수의 토씨가 덧붙을 수 있어 별다른 제약이 없지만, <아주 적거나

---

203) '털끝만큼도'와 쓰임 및 뜻이 같은 것으로 '털끝만치도'가 있다.

작은 것>을 비유적으로 이르는 '털끝'에는 극히 일부의 토씨만이 결합될 수 있다. 결합 가능한 토씨로는 도움토씨 '만큼'이 있다.

(31) ㄱ. 나는 **털끝만큼**의 잘못도 **없다**.
　　ㄴ. 그 아이는 **털끝만큼**이라도 건드리**지 마라**.

(31)에서와 같이 <아주 적거나 작은 것>을 비유적으로 이르는 '털끝'에는 '만큼'만이 결합된다. 여기서의 '털끝만큼'은 <아주 적거나 적은 것 정도>의 뜻으로, '털끝'의 의미와 도움토씨 '만큼'의 의미가 더하여 있을 뿐이고, 두 의미가 합쳐져 제3의 뜻을 만들지 않기 때문에 한 낱말에 해당하지 않는다. 따라서 '털끝'이란 이름씨와 도움토씨 '만큼'이란 두 낱말에 해당한다. '털끝만큼' 자체가 월조각으로는 잘 쓰이지 않고 (31)에서와 같이 토씨 '의'나 '이라도'가 덧붙어 월조각으로 쓰이는데, '털끝만큼'과 '의', '이라도'도 각각 본유의 의미적 특성을 지니고 있다. '털끝만큼'에는 이들 토씨 밖에 (32)와 같이 도움토씨 '도'가 덧붙을 수 있다.

(32) ㄱ. 이 가게는 **털끝만큼도** 속이**지 않**는다.
　　ㄴ. 이 아이는 **털끝만큼도** 건드리**지 못한**다.
　　ㄷ. 그 일에 대해서는 **털끝만큼도** 염려하**지 마라**.

(32)에서 '털끝만큼도'는 의미상 <아주 적거나 적은 것 정도>에 '도'의 의미인 <힘줌이나 마찬가지>가 더해져 있는 것이 아니라, <조금도, 전혀>의 뜻으로 바뀌었다. 만일 단지 더해져 있다면 [이름씨(털끝)+토씨(만큼)+토씨(도)]의 짜임새로 세 낱말에 해당하겠지만, 셋이 합쳐져 새로운 의미가 만들어졌기 때문에 '털끝만큼도' 자체를 한 낱말로 볼 수도 있다. '털끝만큼도'는 어찌씨와 같은 자리에서 풀이씨를 꾸미는 기능을 하기

때문에 어찌씨의 범주에 포함시킬 수도 있다. '털끝만큼도'를 앞에서 살펴 '조금도'나 '전혀'로 대치하더라도 뜻과 쓰임에서 그리 차이를 보이지 않는다. 또한 '털끝만큼도'는 긍정월에서는 꾸밈말로 쓰이지 않고, (31)과 같이 부정월에서만 꾸밈말로 쓰이는 점에서 새로운 용법을 얻게 된 것으로 보아 어찌씨로 설정될 수도 있다. '털끝만큼도'가 한 낱말이라면 '털끝만큼'과 '도' 사이에 다른 요소가 끼어들어 확대될 수 없어야 한다. <전혀>의 뜻을 지닌 '털끝만큼도'는 뜻과 쓰임에서 별다른 차이 없이 확대되어 불연속 형식 '털끝만큼의…도'를 이룰 수 있기 때문에 '털끝만큼도'를 한 낱말로 보기가 어렵다.

일부 임자말이나 부림말이 쓰인 부정월에서의 '털끝만큼도'는 ['털끝만큼+의'와 임자말/부림말을 구성하고 있는 이름씨+도]로 뜻에서 별다른 차이 없이 바뀌어 쓰일 수 있다.

> (33) ㄱ. **털끝만큼도** 빈틈이 **없**다.
>   → **털끝만큼의** 빈틈도 **없**다.
> ㄴ. **털끝만큼도** 잘못을 저지르**지 마**라.
>   → **털끝만큼의** 잘못**도** 저지르**지 마**라.

(33)에서와 같이, 어찌말 '털끝만큼도'는 불연속 형식인 '털끝만큼…도'로 바뀌면서 '털끝만큼'은 두 낱말인 '이름씨+토씨'에 속하게 된다. '털끝만큼'에는 '의'만이 결합될 수 있으며, '도' 자리에는 어떤 다른 토씨로도 대치될 수 없는 특성을 보이게 되어 마치 한 몸처럼 작용하게 된다. 이를 정리하면 (34)와 같다.

> (34) ㄱ. A가 **털끝만큼도** 부정/**털끝만큼도** A가 부정
>   → **털끝만큼의** A도 부정

ㄴ. A를 **털끝만큼도** 부정/**털끝만큼도** A를 부정

→ **털끝만큼의** A**도** 부정

조건: 단 A는 특정의 이름씨임.

'털끝만큼도'는 단순부정이나 능력부정에서 꾸밈말로 쓰이는 특성을 지니기 때문에 부정 표현을 가려잡는 어찌말에 해당한다. '털끝만큼도'는 의향법에 제약이 없어 시킴월이나 함께함월에서는 '-지 말-'을 가려잡는다.

'털끝만큼도'가 긍정월에서는 꾸밈말로 쓰이지 않음은 (32)에 대립되는 긍정월이 (35)와 같이 부적격한 월이 됨을 통해 확인된다.

(35) ㄱ. *이 가게는 **털끝만큼도** 속인다.

ㄴ. *이 아이는 **털끝만큼도** 건드린다.

ㄷ. *그 일에 대해서는 **털끝만큼도** 염려해라.

(35)에서 '털끝만큼도'가 삭제되면 적격한 월이 되지만, '털끝만큼도'가 꾸밈말로 쓰였기 때문에 부적격한 월이 되었다. 따라서 (34)가 부적격한 월이 되게 하는 역할은 '털끝만큼도'가 하였다. 이와 같이 '털끝만큼도'가 부정월만을 가려잡지만, (32)에서 '털끝만큼도'가 삭제되더라도 '털끝만큼도'의 뜻만 덜어질 뿐이고 월의 적격성에는 영향을 미치지 않기 때문에 '털끝만큼도'는 월 짜임에서 필수 요소는 아니다.

'털끝만큼도'는 부정 낱말 풀이씨 가운데 '아니다', '없다', '모르다'를 가려잡는다. 이들의 긍정 낱말인 '이다', '있다', '알다'인 경우에는 당연히 가려잡지 않는다.

(36) ㄱ. 이 문제는 **털끝만큼도** 걱정할 일이 **아니**다.

ㄴ. 네 일에 간섭할 생각은 **털끝만큼도** **없**다.

ㄷ. 나는 그 일에 대해서 **털끝만큼도** **모른**다.

'털끝'이 '하나'와 결합과정을 거쳐 <아무것도, 아무리 작은 것이라도>를 뜻하는 익은말이 만들어진다. 이 익은말도 긍정월에서는 쓰이지 않고 부정월에서만 쓰이기 때문에 부정 표현을 가려잡는 통사적 짜임새에 해당한다.

(37) ㄱ. 아군은 전쟁 통에 **털끝 하나** 다치**지 않**았다.
　　 ㄴ. 이 물건은 **털끝 하나** 건드리**지 못**했다.
　　 ㄷ. 내 물건에는 **털끝 하나** 손대**지 마라**.

(37)에 대립되는 긍정월이 (38)과 같이 부적격한 월이 됨을 통해 '털끝 하나'가 부정월에서만 쓰임이 확인된다.

(38) ㄱ. *아군은 전쟁 통에 **털끝 하나** 다쳤다.
　　 ㄴ. *이 물건은 **털끝 하나** 건드렸다.
　　 ㄷ. *내 물건에는 **털끝 하나** 손대라.

'털끝 하나'가 '털끝 하나 건드렸다가는 혼나는 줄 알아.'와 같이 긍정월에 쓰이는 일이 있기도 하지만, 내재적으로는 <털끝 하나 건드리지 마라>를 함의하기 때문에 '털끝 하나'가 부정월을 가려잡는다는 원칙에서 벗어나는 것은 아니다.

9.1.3.5 눈곱만큼도[204]

'눈곱'은 <눈에서 나오는 진득한 액체>란 뜻의 이름씨와 <아주 적거나 작은 것>을 비유적으로 이르는 뜻의 이름씨로 나뉜다. <눈에서 나오

---

204) '눈곱만큼도'와 쓰임 및 뜻이 같은 것으로 '눈곱만치도'가 있다.

는 진득한 액체>란 뜻의 '눈곱'에는 대다수의 토씨가 덧붙을 수 있어 별다른 제약이 없지만, <아주 적거나 작은 것>을 비유적으로 이르는 '눈곱'에는 극히 일부의 토씨만이 결합될 수 있다. 결합 가능한 토씨로는 도움토씨 '만큼'이 있다.

(39) ㄱ. 그 일에 대하여 **눈곱만큼**의 미련도 **없**다.
ㄴ. **눈곱만큼**이라도 오해가 있으면 **안** 된다.
ㄷ. 인정이라고는 **눈곱만큼**밖에 **없**다.

(39)에서와 같이 <아주 적거나 작은 것>을 비유적으로 이르는 뜻의 '눈곱'에는 '만큼'만이 결합된다. 여기서의 '눈곱만큼'은 <아주 적거나 적은 것 정도>의 뜻으로, '눈곱'의 의미와 도움토씨 '만큼'의 의미가 더하여 있을 뿐이고, 두 의미가 합쳐져 제3의 뜻을 만들지 않기 때문에 한 낱말에 해당하지 않는다. 따라서 '눈곱'이란 이름씨와 도움토씨 '만큼'이란 두 낱말에 해당한다. '눈곱만큼' 자체가 월조각으로는 잘 쓰이지 않고 (39)에서와 같이 토씨 '의'나 '이라도', '밖에'가 덧붙어 월조각으로 쓰이는데, '눈곱만큼'과 '의', '이라도', '밖에'는 각각 본유의 의미적 특성을 지니고 있다. '눈곱만큼'에는 이들 토씨 밖에 (40)과 같이 도움토씨 '도'가 덧붙을 수 있다.

(40) ㄱ. 나는 **눈곱만큼도** 잘못을 저지르**지 않**았다.
ㄴ. 나는 거짓말은 **눈곱만큼도** 하**지 못한**다.
ㄷ. 그 일은 **눈곱만큼도** 염려하**지 마**라.

(40)에서 '눈곱만큼도'는 의미상 <아주 적거나 저은 것 정도>에 '도'의 의미인 <힘줌이나 마찬가지>가 더해져 있는 것이 아니라 <조금도. 전

혀>의 뜻으로 바뀌었다. 만일 단순히 '도'의 의미가 더해져 있다면 [이름씨(눈곱)+토씨(만큼)+토씨(도)]의 짜임새로 세 낱말에 해당하겠지만, 셋이 합쳐져 새로운 의미가 만들어졌기 때문에 '눈곱만큼도' 자체를 한 낱말로 볼 수도 있다. '눈곱만큼도'는 어찌씨와 같은 자리에서 풀이씨를 꾸미는 기능을 하기 때문에 어찌씨의 범주에 포함시킬 수도 있다. '눈곱만큼도'를 앞에서 살핀 '조금도'나 '전혀'로 대치하더라도 뜻과 쓰임에서 그리 차이를 보이지 않는다. 또한 '눈곱만큼도'는 긍정월에서는 꾸밈말로 쓰이지 않고, (40)과 같이 부정월에서만 꾸밈말로 쓰이는 점에서 새로운 용법을 얻게 된 것으로 보아 어찌씨로 설정할 수도 있다. '눈곱만큼도'가 한 낱말이라면 '눈곱만큼'과 '도' 사이에 다른 요소가 끼어들어 확대될 수 없어야 한다. <전혀>의 뜻을 지닌 '눈곱만큼도'는 뜻과 쓰임에서 별다른 차이 없이 확대되어 불연속 형식 '눈곱만큼의…도'를 이룰 수 있기 때문에 '눈곱만큼도'를 한 낱말로 보기가 어렵다.

일부 임자말이나 부림말이 쓰인 부정월에서의 '눈곱만큼도'는 ['눈곱만큼+의'와 임자말/부림말을 구성하고 있는 이름씨+도]로 의미상 차이 없이 바뀌어 쓰일 수 있다.

> (41) ㄱ. 저분은 **눈곱만큼도** 거짓말을 하**지 못한**다.
> → 저분은 **눈곱만큼의** 거짓말도 하**지 못한**다.
> ㄴ. **눈곱만큼도** 여유가 **없**다.
> → **눈곱만큼의** 여유도 **없**다.

(41)에서와 같이, '눈곱만큼도'는 불연속 형식인 '눈곱만큼…도'로 바뀌면서 '눈곱만큼'은 두 낱말인 '이름씨+토씨'에 속하게 된다. '눈곱만큼'에는 반드시 '의'만이 결합되며, '도' 자리에는 어떤 다른 토씨로도 대치될 수 없는 특성을 보이게 되어 마치 한 몸처럼 작용하게 된다. 이를 정리

하면 (42)와 같다.

(42) ㄱ. A가 **눈곱만큼도** 부정/**눈곱만큼도** A가 부정
→**눈곱만큼의** A도 부정
ㄴ. A를 **눈곱만큼도** 부정/**눈곱만큼도** A를 부정
→**눈곱만큼의** A도 부정
조건: 단 A는 특정의 이름씨임.

'눈곱만큼도'는 단순부정이나 능력부정에서 꾸밈말로 쓰이는 특성을 지니기 때문에 부정 표현을 가려잡는 어찌말에 해당한다. '눈곱만큼도'는 의향법에 제약이 없기 때문에 시킴월이나 함께함월에서는 '-지 말-'을 가려잡는다.

'눈곱만큼도'가 긍정월에서는 꾸밈말로 쓰이지 않음은 (40)에 대립되는 긍정월이 (43)과 같이 부적격한 월이 됨을 통해 확인된다.

(43) ㄱ. *나는 **눈곱만큼도** 잘못을 저질렀다.
ㄴ. *나는 거짓말은 **눈곱만큼도** 한다.
ㄷ. *그 일은 **눈곱만큼도** 염려해라.

(43)에서 '눈곱만큼도'가 삭제되면 적격한 월이 되지만, '눈곱만큼도'가 꾸밈말로 쓰였기 때문에 부적격한 월이 되었다. 따라서 (43)이 부적격한 월이 되게 하는 역할은 '눈곱만큼도'가 하였다. 이와 같이 '눈곱만큼도'가 부정월을 가려잡는 통제자이지만, (40)에서 '눈곱만큼도'가 삭제되더라도 '눈곱만큼도'의 뜻만 덜어질 뿐이고 월의 적격성에는 영향을 미치지 않기 때문에 '눈곱만큼도'는 월 짜임에서 필수 요소에 해당하지는 않는다.

'눈곱만큼도'는 부정 낱말 풀이씨 가운데 '아니다', '없다', '모르다'를

가려잡는다. 이들의 긍정 낱말인 '이다', '있다', '알다'인 경우에는 당연히 가려잡지 않는다.

> (44) ㄱ. 저분은 **눈곱만큼도** 미워할 사람이 **아니**다.
>   ㄴ. 여행가고 싶은 생각이 **눈곱만큼도 없**다.
>   ㄷ. 난 그 일에 대해 **눈곱만큼도 모른**다.

'눈곱만큼도'는 앞에서 살핀 '추호도', '털끝만큼도'와 뜻과 쓰임에서 별다른 차이가 드러나지 않음을 알 수 있다.

9.1.3.6 꿈에도[205]

'꿈에도'가 축자적 의미와 내재적 의미가 같은 것은 어찌말에 해당하지 않는다. 이름씨 '꿈'에 토씨 '에'와 '도'가 덧붙은 것으로, (44)와 같이 긍정월에도 쓰이고 부정월에서도 쓰이어 이 장의 논의 대상에서 제외된다.

> (45) ㄱ. 그분이 **꿈에도** 나타나셨어.
>   ㄴ. 북한에 계신 형님이 **꿈에도** 나타나**지 않**네.

그러나 축자적 의미와 달리 <조금도. 전혀>의 의미를 가진 '꿈에도'는 어찌씨로 합성된 것으로 볼 수도 있는데, 그 까닭은 '조금도'에서와 마찬가지이다. 곧 '꿈에'는 축자적 의미와 내재적 의미가 같지만, '꿈에도'는 단순히 <꿈에+도>의 의미가 아니라 <조금도. 전혀>의 의미로 달라진다는 점이다. 또한 '꿈에'는 긍정월이나 부정월을 가리지 않고 어찌말로

---

205) '꿈'에 토씨 '에'와 '도'가 결합한 [[[이름씨]+토씨]+토씨]인 짜임새와 달리 <조금도. 전혀>의 뜻을 지닌 '꿈에도'가 있다. 사전류에서 『고』에만 '꿈에도'가 어찌씨로 올라 있다.

쓰일 수 있지만, <조금도. 전혀>의 '꿈에도'는 부정월만을 가려잡아 꾸밈말로 쓰인다는 점이다. '도' 결합 전과 후가 뜻에서 차이를 보이고 쓰임에서도 차이를 보이기 때문에 '꿈에도' 자체를 한 낱말로 보고, 용법상 어찌씨와 같기 때문에 어찌씨에 포함시킬 수도 있다. '꿈에도'는 뜻과 쓰임에서 차이 없이 불연속 형식 '꿈에…도'로 확대되는 것은 아니지만 '조금도', '하나도', '추호도', '털끝만큼도', '눈곱만큼도'에서와의 동형성에 따라 한 낱말로 보지 않고, 이름씨 '꿈'에 토씨 '에'와 '도'가 어울려 어찌말로 쓰이는 것으로 본다.

<조금도. 전혀>의 뜻을 지닌 어찌말 '꿈에도'는 단순부정이나 능력부정에서 꾸밈말로 쓰이는 특성을 지니기 때문에 부정 표현을 가려잡는 어찌말에 해당한다. '꿈에도'는 의향법에 제약이 없어 시킴월이나 함께함월에서는 '-지 말-'을 가려잡는다.

(46) ㄱ. 그런 생각은 **꿈에도** 하**지 않**았다.
　　 ㄴ. 그런 일은 **꿈에도** 생각하**지 못했**다.
　　 ㄷ. 그런 생각은 **꿈에도** 하**지 마라**./하**지 말**자.

(46)의 긍정월에 해당하는 (47)이 부적격한 월이 되는 것으로 보아 '꿈에도'가 부정월에서만 꾸밈말로 쓰이고 긍정월에서는 쓰이지 않음이 확인된다.

(47) ㄱ. *그런 생각은 **꿈에도** 했다.
　　 ㄴ. *그런 일은 **꿈에도** 생각했다.
　　 ㄷ. *그런 생각은 **꿈에도** 해라./*하자.

'꿈에도'는 부정 낱말 풀이씨 가운데 '없다', '모르다'를 가려잡기도 한다. 이들의 긍정 낱말인 '있다', '알다'인 경우에는 당연히 가려잡지 않는다.

(48) ㄱ. 그럴 생각은 **꿈에도 없**다.
　　 ㄴ. 자네가 그러리라고는 **꿈에도 몰랐**네.

'꿈에도'는 부정월에서만 꾸밈말로 쓰여 부정월을 가려잡지만, 삭제되어도 '꿈에도'의 뜻만 덜어질 뿐이고 월의 적격성에 영향을 미치지 않기 때문에 월 짜임에서 필수 요소에 해당되지 않는다. (46)과 (48)에서 '꿈에도'가 삭제되더라도 월 적격성에는 영향을 미치지 않음이 이를 증명해 준다.

9.1.4 마무리

부정월을 가려잡는 어찌말 가운데 부정월만을 가려잡게 하는 도움토씨 '도'가 긍정월이나 부정월을 가리지 않는 어찌씨(조금, 다시, 더)나, 어찌씨 밖의 특정 낱말(하나, 추호)나, 말마디(털끝만큼, 눈곱만큼, 꿈에)에 덧붙어 부정월만을 가려잡는 어찌말이 만들어진다. 부정월을 가려잡는 '도' 결합형에는 '조금도', '하나도', '추호도', '털끝만큼도', '눈곱만큼도', '꿈에도'가 있다. 이 장에서는 이들이 왜 부정월을 가려잡는 어찌말에 해당하는지, '도'가 결합함으로써 이들 어찌말이 어떤 통사적 특성을 보이는지 따위에 관하여 논의하였다.

'도' 결합형인 '조금도', '하나도', '추호도', '털끝만큼도', '눈곱만큼도', '꿈에도'는 '조금', '하나', '추호', '털끝만큼', '눈곱만큼', '꿈에'의 축자적 의미와 '도' 의미가 단순히 합쳐진 것이 아니라 새로운 뜻으로 <전혀>의 의미 특성을 가진다. 또한 기능상 어찌씨와 일치할 뿐만 아니라 한 몸처럼 합쳐져 부정월에서 주로 풀이씨의 꾸밈말로 쓰이지만, 한 낱말인 어찌씨에 속하지 않고 두 낱말 이상으로 이루어진 어찌말의 범주에 포함되었다.

이들 어찌말은 부정월만을 가려잡음이 확실하지만, 이들 어찌말이 꾸밈말로 쓰인 월에서 삭제되더라도 월의 적격성에서 문제가 되지 않기 때문에 월 짜임에서 필수 요소는 아니다. 곧 이들 어찌말이 꾸밈말로 쓰이기 위해서는 반드시 부정월이어야 하지만, 부정월을 짜 이루는 데 필수 요소는 아니다. 이들 어찌말은 부정 낱말 풀이씨 가운데 '아니다'('꿈에도'는 제외), '없다', '모르다'를 가려잡는다.

이들 어찌말 가운데 '조금도', '추호도', '털끝만큼도', '눈곱만큼도'는 뜻에서 별다른 차이 없이 불연속형식인 '조금…도', '추호…도', '털끝만큼…도', '눈곱만큼…도'로 바뀌어 쓰일 수 있다. '조금도'는 불연속 형식인 '조금…도'로 바뀌면서 '조금'이 이름씨에 속하게 되고, '조금'에는 반드시 '의'만이 결합되며, '도' 자리에는 어떤 다른 토씨로도 대치될 수 없는 특성을 보인다. '추호도'는 ['추호+의'와 임자말/부림말을 구성하고 있는 이름씨+도]로, '털끝만큼도'는 ['털끝만큼+의'와 임자말/부림말을 구성하고 있는 이름씨+도]로, '눈곱만큼도'는 ['눈곱만큼+의'와 임자말/부림말을 구성하고 있는 이름씨+도]로 의미상 차이 없이 바뀌어 쓰일 수 있다.

9.2 부정 표현을 가려잡는 '도' 결합 [한+이름씨]N의 통사 특성

9.2.1 들머리

대다수의 이름씨는 부정월에서건 긍정월에서건 가리지 않고 쓰일 수 있지만, 일부는 부정월에서만 쓰이는 통사적 지배 제약을 지니고 있다.

부정월에서만 쓰이는 이름씨가 긍정월에서 쓰이면 부적격한 월이 되기 때문에 이들 이름씨는 부정 표현을 가려잡는 통제자로, 부정월을 가려잡는 이름씨이다. <마음에 두고 걱정하거나 잊지 않음>의 뜻을 지닌 '괘념'은 부정월에서만 쓰이는 통사 지배 제약이 따라, 긍정월에서 쓰이면 부적격한 월이 된다.

(1) ㄱ. *아이들 말투에 **괘념**을 하세요.
ㄴ. 아이들 말투에 **괘념**을 하**지 마**세요.

(1)에서 '괘념'은 부정월을 가려잡는 이름씨에 해당한다. 이처럼 본디 부정월을 가려잡는 이름씨가 있지만, 본디 부정월을 가려잡는 이름씨는 아니었으나 도움토씨 '도'가 결합함으로써 부정월에서만 쓰이는 이름씨들이 있다.[206] 이를테면 [한(셈매김씨) + 이름씨]합성이름씨 구조로 이루어진 '한잠'은 본디 부정월이나 긍정월을 가리지 않고 쓰이지만, 도움토씨 '도'가 통합하여 쓰이면 부정월을 가려잡으며, 긍정월에서 쓰이면 부적격한 월이 되는 통사적 특성을 지닌다.[207]

(2) ㄱ. 철수는 쉬는 시간에 **한잠**을 청했다.
ㄴ. 철수는 쉬는 시간에도 **한잠**을 청하**지 못했**다.

---

[206] 어찌씨 가운데서도 본디 부정월을 가려잡지 않았으나 도움토씨 '도'가 결합함으로써 부정월만을 가려잡는 것들이 있다. 이에 관한 논의는 9.1에서 이루어진 바 있다.
[207] 셈매김씨 '한'은 ①'그 수량이 하나인', ②'같은', ③'대략', ④'어떤'의 뜻을 나타내는 말로, 이 장에서는 ①과 관련된 '한'을 대상으로 삼았다. 각각의 '한'의 보기를 들면 다음과 같다.
①학생이 **한** 명이다.
②철수와 순이는 **한** 마을에서 살았다.
③학생이 **한** 사십 명쯤 된다.
④옛날 **한** 마을에 노부부가 살았다.

<짧은 시간 동안 잠시 자는 잠>의 뜻을 지닌 '한잠'은 (2)에서와 같이 긍정월이건 부정월이건 가리지 않고 쓰일 수 있어 부정월을 가려잡는 이름씨에 해당하지 않는다. '한잠'에 도움토씨 '도'가 결합한 '한잠도'는 (3)에서와 같이 부정월에서만 적격하게 쓰이고 긍정월에서 쓰이면 부적격해진다.

(3) ㄱ. *철수가 **한잠도** 잤다.
   ㄴ. 철수가 **한잠도 안** 잤다./자**지 않**았다.
   ㄷ. 철수가 **한잠도 못** 잤다./자**지 못했**다.

이 장에서는 '도'가 결합하여 부정월을 가려잡는 [한(셈매김씨) + 이름씨]_{합성이름씨}를 선정하고, 이에 해당하는 이름씨 가운데 부정월을 가려잡는 것들의 통사적 특성을 규명하고자 한다.[208]

9.2.2 [한 이름씨]와 [한+이름씨]의 구별 방법

통사적 짜임새인 셈매김씨 '한'과 이름씨의 통합형 [한 이름씨]와 '한'과 '이름씨'가 결합과정을 거쳐 [한+이름씨]로 도출된 합성이름씨는 여러 면에서 차이를 보여 식별이 가능하다.[209]

의미적인 면에서 통합형 [한 이름씨]는 셈매김씨로서의 '한'의 의미와 '이름씨'의 의미가 그대로 유지되지만, 합성이름씨인 [한+이름씨]는 셈매김씨로서의 '한'의 의미를 유지하지 못하고 이름씨와의 결합과정을 거쳐

---

208) 파생이름씨 [한-+이름씨]에 해당하는 것은 이 장의 논의 대상에서 제외된다. 파생 앞가지 '한-'은 ①'큰, 커다란'[한길] ②'한창, 가장 성한'[한여름] ③'바로'[한복판] ④'가득한'[한아름]이란 뜻을 지녀 매김씨 '한'과는 관련이 없다.
209) [한+이름씨]에서 '한'이 셈매김씨에 해당하지 않는 것들은 제외된다.

새로운 의미를 얻게 된다. 예컨대 '한 잔'과 '한잔'의 의미 차이를 보면
이를 확연히 알 수 있다.

(4) ㄱ. 오늘 커피 **한 잔**을 마셨다.
　　ㄴ. 퇴근 후 **한잔**을 하러 가자.

(4ㄱ)에서의 '한 잔'은 '한'과 '잔'의 의미 합계에 해당하여 의미 변화가
없지만, (4ㄴ)의 '한잔'은 '한'과 '잔'의 단순 의미 합계가 아니라 <간단하
게 한 차례 마시는 술>이란 새로운 의미를 얻게 된다. 합성법에 의해
새로운 단어로 도출되는 경우 의미변화는 필수적이기 때문에 통사적 짜
임새 [한 잔]이 결합과정을 거쳐 합성이름씨 [한잔]으로 어휘화하면서
'한'의 의미만이 아니라 '잔'의 의미도 변화를 겪게 되었다. (4ㄱ)에서는
셈매김씨로서의 '한'의 의미가 그대로 유지되어 있기 때문에 다른 셈매
김씨로 대치하더라도 적격해지지만, (4ㄴ)에서는 '한'이 셈매김씨로서의
의미를 유지하지 못하기 때문에 다른 셈매김씨로 대치하면 부적격해진다.

(5) ㄱ. 오늘 커피 **두/세/⋯ 잔**을 마셨다.
　　ㄴ. *퇴근 후 **두/세/⋯잔**을 하러 가자.

통합형 [한 이름씨]에서 이름씨 자리에 놓일 수 있는 것으로는 광범위
하여 대다수의 단위성 매인이름씨가 놓일 수 있지만, 합성이름씨인 [한+
이름씨]에서는 이름씨 자리에 놓일 수 있는 것이 아주 제한적이다. 곧
통합형 [한 이름씨]에서 모든 이름씨가 '한'과 결합과정을 거쳐 합성이름
씨로 어휘화하는 것은 아니고 극히 일부 이름씨만 '한과 결합과정을 거
쳐 합성이름씨로 어휘화한다.210)

---

210) 이를테면 통합형 '한 사람'이 '한사람'이란 합성이름씨로 어휘화하지는 않는다. [한

통합형 [한 이름씨]에 '도'가 결합하면 주로 부정월에서 쓰인다. 긍정월에서 쓰이면 부적격해지는 경우가 많지만 긍정월에서 쓰이는 것이 전혀 불가능한 것은 아니다. 이름씨로 '잔'이 놓이는 경우를 살피기로 한다.

(6) ㄱ. *오늘 커피는 **한 잔도** 마셨다.
ㄴ. 오늘 커피는 **한 잔도** 마시**지 않**았다.
ㄷ. 건강에는 커피 **한 잔도** 많다.

이름씨로 '사람'이 놓이는 경우에도 '잔'에서와 같이 주로 부정월에서 쓰이며, 긍정월에 쓰이면 부적격한 경우가 있다. (7ㄷ)과 같이 긍정월에서 쓰이는 것이 전혀 불가능한 것은 아니다.

(7) ㄱ. *오늘은 **한 사람도** 만났다.
ㄴ. 오늘은 **한 사람도 안/못** 만났다.
ㄷ. 할 일이 없어 **한 사람도** 많다.

이와 같이 통합형 [한 이름씨]에 '도'가 결합하면 일부 긍정월에서 쓰이기도 하지만, 주로 부정월을 가려잡는 특성을 보인다.

합성이름씨인 [한+이름씨]에 '도'가 결합하면 주로 부정월에서 쓰인다. <매우 짧은 동안>의 뜻을 지닌 '한순간'에 '도'가 결합하면 부정월에서만 쓰이는 특성을 지닌다. '도'가 결합하지 않으면 긍정월이건 부정월이건 가리지 않고 쓰일 수 있지만, '도'가 결합함으로써 부정월에서만 쓰인다.

(8) ㄱ. *어린 시절의 가난을 **한순간도** 잊었다.
ㄴ. 어린 시절의 가난을 **한순간도** 잊**지 않**았다.

이름씨]에서 이름씨 자리에 놓일 수 있는 것은 광범위하지만 낱말 되기 과정을 거쳐 합성이름씨로 도출될 수 있는 것은 극히 제한적이다.

따라서 '한순간도'는 '한순간'과 달리 부정월을 가려잡는 특성을 지니고 있음이 확인된다. 이런 특성은 물론 도움토씨 '도'로 말미암는 것이다.

통합형 [한 이름씨]와 합성이름씨 [한+이름씨]에서 이름씨가 동일한 경우가 있다. 이름씨가 '번'인 경우를 예로 보면 다음과 같다.

(9) ㄱ. 나는 그분을 **한 번** 만났다.
ㄴ. 나는 그분을 언제 **한번** 만나겠어.

(9ㄱ)에서의 '한 번'은 통사적 짜임새로, '한'과 '번'의 의미의 합계이지만, (9ㄴ)의 '한번'은 <기회가 있는 어떤 때>란 의미를 지닌 합성이름씨에 해당한다. (9ㄱ)의 '한 번'에 '도'가 결합하면 부적격한 월이 되지만 부정월로 바꾸면 적격한 월이 된다.

(10) ㄱ. *나는 그분을 **한 번도** 만났다.
ㄴ. 나는 그분을 **한 번도 안/못** 만났다.

(9ㄴ)의 '한번'에 '도'가 결합하면 부적격한 월이 될 뿐 아니라 부정월로 바꾸더라도 부적격한 월이 된다.

(11) ㄱ. *나는 그분을 언제 **한번도** 만나겠어.
ㄴ. *나는 그분을 언제 **한번도 안/못** 만나겠어.

이와 같이 통합형 [한 이름씨]에는 '도'가 결합하면 주로 부정월에서 쓰이지만, 합성이름씨 [한+이름씨]에는 이름씨의 종류에 따라 '한순간'에서와 같이 부정월에서만 쓰이기도 하고, '한번'과 같이 '도'가 결합될 수 없기도 하여 차이를 보인다.[211]

같은 이름씨로 이루어진 통합형 [한 이름씨]와 합성이름씨 [한+이름씨]의 식별이 명징하게 이루어지는 것은 아니다. 사전적 처리에서도 사전에 따라 합성이름씨로 처리하느냐 통합형으로 처리하느냐에서 차이를 보이는 점이 이를 뒷받침해 준다.[212] 사전적 처리를 보면, 통합형 '한 끼'이냐 합성이름씨 '한끼'이냐에서 『한』과 『고』에서는 합성이름씨로 처리하였지만 『표』와 『연』에서는 통합형으로 처리하였다. '한'과 '끼'가 합쳐져 새로운 의미를 만든 것이 아니고 단순히 두 의미가 유지되며, '한' 자리에 다른 셈매김씨가 놓일 수 있는 점에서 통합형 [한 끼]로 보는 것이 더 합리적이다.[213] 합성이름씨인 경우 [한+이름씨]에서 '한'이 셈매김씨에서 유래하되 '이름씨'와 결합하여 '두 세 … ' 등 셈매김씨로의 기능을 잃고 이름씨와 결합하여 새로운 의미를 얻은 것으로 한정한다. 따라서 합성이름씨 [한+이름씨]는 '한' 자리에 다른 셈매김씨가 놓일 수 없는 특성을 가진다.

이 장에서는 [한+이름씨]로 이루어진 합성이름씨를 선정한 다음, '한순간'과 같이 '도'가 결합하여 부정월에서만 쓰이는 것을 가려내고, '도'가 결합된 이들 합성이름씨의 통사 특성을 규명하기로 한다.

---

211) '도'가 결합하여 부정월에서 적격하게 쓰이는 경우는 모두 통합형 [한 이름씨]에 해당한다.

212) [한+이름씨]의 사전적 처리를 보면 다음과 같다.

	『표』	『연』	『고』	『한』
한잠	0	0	0	0
한순간	0	-	0	0
한주먹	0	-	-	-
한치	-	0	-	-
한말씀	-	-	0	-

213) [한 끼]에 '도' 결합하면 구토 부성월에서 쓰이게 된다.
ㄱ. *오늘 **한 끼도** 먹었다.
ㄴ. 오늘 **한 끼도 안/못** 먹었다.

9.2.3 부정 표현을 가려잡는 '도' 결합 [한+이름씨]_N

[한+이름씨]_N 가운데 이름씨 자리에 놓일 수 있는 것은 일부이며, 그 가운데에서도 '도'가 결합 가능하되, '도'가 결합함으로써 부정월에서만 쓰이는 것은 극히 제한적이다. 앞에서 살핀 '한번'에서와 같이, '도'가 결합 가능한 경우에는 통합형 '한 번'에 해당하는 것이 있어 통합형 [한 이름씨]와 합성이름씨 [한+이름씨]가 차이 나는 것들이 더러 있다. 통합형 [한 가지]와 <형태, 성질, 동작 따위가 서로 같은 것>의 뜻을 지닌 합성이름씨 [한가지]를 보면, 통합형 [한 가지]에는 '도'가 결합하여 부정월에서 쓰이지만, [한가지]에는 '도'가 결합될 수 없다. 따라서 [한가지]도 이 장의 논의 대상에서 제외된다.

    (12) ㄱ. 책은 **한 가지도 안** 가져왔다.
         ㄴ. *죽은 자와 **한가지도 아니**다.

곧 통합형 [한 가지]에는 토씨 결합에 별다른 제약이 없으며, 도움토씨 '도'가 결합되면 주로 부정월에서 쓰이지만, 합성이름씨 [한가지]는 주로 토씨 '로'와 잡음씨 '이다'와 함께 쓰일 뿐이고 도움토씨 '도'가 결합되지 못한다. 따라서 합성이름씨 [한가지]는 부정월을 가려잡는 '도' 결합 [한+이름씨]와 무관하다. 합성이름씨 [한가지]와 마찬가지로 쓰이는 것들을 제외하고²¹⁴⁾ '도'가 결합함으로서 부정월에서만 쓰이는 합성이름씨 [한+이름씨]를 선정한 다음, 각각의 통사적 특성을 규명하기로 한다. 이에 해당하는 합성이름씨로는 '한구석', '한마디', '한말씀', '한순간', '한

---

214) 이에 속하는 것들로는 '한곳<일정한 곳. 또는 같은 곳>', '한번<지나간 과거의 어느 때>', '한잔<가볍게 마시는 술>' 따위가 있다. 도움토씨 '도'가 결합되는 경우에는 통합형 [한 이름씨]에 해당한다.

술', '한숨', '한시', '한입', '한잠', '한치', '한푼'을 선정하였다.

9.2.3.1 한구석

<①한쪽으로 치우쳐 구석진 곳. ②한쪽 면이나 한쪽 부분>의 뜻을 지닌 '한구석'은 긍정월이건 부정월이건 가리지 않고 쓰일 수 있지만,[215] 도움토씨 '도'가 결합한 '한구석도'는 (13)과 같이 부정월에서 쓰이며, 긍정월에서 쓰이면 부적격해진다.

(13) ㄱ. *그는 **한구석도** 나무랄 데가 있다.
ㄴ. 그는 **한구석도** 나무랄 데가 **없**다.

'한구석도'는 단순부정이나 능력부정을 가려잡기도 하지만, 뒤에 부정낱말 '없다'가 놓이는 경우가 많다.

(14) ㄱ. 마음 어느 **한구석도** 편안하**지 않**다.
ㄴ. 애인으로서 어느 **한구석도** 채워 주**지 못한**다.
ㄷ. 그는 어느 **한구석도** 실수가 **없**다.

②의 의미인 '한구석'에 '도' 밖의 토씨가 결합되면 긍정월에서도 쓰이게 되어 이 장의 논의 대상에 포함되지 않는다.

(15) ㄱ. 나는 가슴 **한구석이** 허전해지는 것을 느꼈다.
ㄴ. 그는 술로써 마음 **한구석을** 달랬다.

---

215) '한구석'은 나음과 같이 긍정월(ㄱ)이건 부정월(ㄴ)이건 가리지 않고 쓰일 수 있다.
ㄱ. 마음 **한구석이** 텅 비어 있다.
ㄴ. 마음 **한구석이** 개운하지 않다.

부정월에서 쓰이는 '한구석도' 다음에 이름씨가 놓이는 경우에는 뜻에서 별다른 차이 없이 '한구석의 이름씨+도'로의 변환이 가능하다. 곧 '한구석도'는 불연속 형식인 '한구석의 …도'로 뜻에서 별다른 차이 없이 변환될 수 있다.

(16) ㄱ. 그는 어느 **한구석도** 실수가 <u>없</u>다.
　　　→그는 어느 **한구석의** 실수도 <u>없</u>다.
　　ㄴ. 그는 어느 **한구석도** 나무랄 데가 <u>없</u>다.
　　　→그는 어느 **한구석의** 나무랄 데**도** <u>없</u>다.

도움토씨 '도' 자리에는 '이라도'가 놓일 수 있다. '한구석'에 '이라도'가 결합하는 경우, 일부는 형식상으로는 긍정의 베풂월과 물음월에서 쓰이더라도 내재적으로는 부정의 베풂월로 해석되어 반어법 월에 해당하기도 한다.

(17) ㄱ. 그 녀석이 **한구석이라도** 믿을 데가 있어야지.
　　ㄴ. 이번 장마에 **한구석이라도** 온전하겠니?

(17)은 형식상으로는 긍정의 베풂월(ㄱ)과 긍정의 물음월(ㄴ)이지만, 내재적으로는 (18)과 같이 모두 부정의 베풂월로 해석되어, '한구석이라도'가 부정 표현을 가려잡음이 확인된다.

(18) ㄱ. [그 녀석이 **한구석도** 믿을 데가 <u>없</u>다.]
　　ㄴ. [이번 장마에 **한구석도** 온전하<u>지</u> <u>않</u>다.]

'한구석도'는 (13ㄱ)에서와 같이 긍정월에서 쓰이면 부적격한 월이 되지만, '한구석도'가 삭제되면 적격한 월이 되는 것으로 보아 (13ㄱ)을 부적격하게 만드는 요인은 '한구석도'로 보는 것이 온당하다. 따라서 '한구석도'가 부정 표현을 가려잡는 통사적 특성을 지니는 것으로 보는 것이 합리적이다.

9.2.3.2 한마디

<짧거나 간단한 말>의 뜻을 지닌 '한마디'는 (19)에서와 같이 긍정월이건 부정월이건 가리지 않고 쓰일 수 있다. 따라서 '한마디' 자체는 부정 표현 제약에 영향을 미치지 않는다.

(19) ㄱ. 그는 옆에서 **한마디**를 거들었다.
　　 ㄴ. 그는 옆에서 **한마디**를 거들**지 않**았다

그러나 도움토씨 '도'가 결합된 '한마디도'는 (20)에서와 같이 부정월에서 쓰이며, 긍정월에서 쓰이면 부적격해진다.

(20) ㄱ. *기자들의 질문에 그는 **한마디도** 답하였다.
　　 ㄴ. 기자들의 질문에 그는 **한마디도** 답하**지 않**았다.

(20ㄱ) 긍정월이기 때문에 '한마디도'가 쓰여 부적격한 월이 되었지만, '한마디도'가 삭제되면 적격한 월이 되는 것으로 보아 '한마디도'가 부정월을 가려잡게 하는 통제자임이 확인된다.
'한마디도'는 (21)과 같이 단순부정이나 능력부정에서 쓰이며, 함께함월이나 시킴월에서는 '-지 말-'을 가려잡는다.

(21) ㄱ. 신변에 관한 이야기는 **한마디도** 하**지 않**았다.

ㄴ. 모두들 말 **한마디도** 하지 **못했**다.

ㄷ. 이번 일에 대하여 **한마디도** 하**지 말자**./하**지 마라**.

'한마디도'가 부정월만을 가려잡기 때문에 (21)의 긍정월인 (22)는 당연히 부적격한 월이 된다.

> (22) ㄱ. *신변에 관한 이야기는 **한마디도** 하였다.
>
> ㄴ. *모두들 말 **한마디도** 하였다.
>
> ㄷ. *이번 일에 대하여 **한마디도** 하자./*하여라.

'한마디도' 뒤에는 부정 낱말 '없다', '모르다'가 놓이기도 한다. 이들 부정 낱말의 긍정 낱말인 '있다', '알다'가 놓이면 당연히 부적격한 월이 된다.

> (23) ㄱ. 나와는 **한마디도** 의논이 **없**었다./*있었다.
>
> ㄴ. 그는 영어를 **한마디도 모른**다./*안다.

부정월에서 쓰이는 '한마디도' 다음에 이름씨가 놓이는 경우에는 뜻에서 별다른 차이 없이 불연속 형식 '한마디의 이름씨+도'로의 변환이 가능하다. 변환된 불연속 형식도 당연히 부정월을 가려잡는다.

> (24) ㄱ. 나와는 **한마디도** 의논이 **없**었다.
>
> → 나와는 **한마디의** 의논**도 없**었다.
>
> ㄴ. 이번 일에 대해 **한마디도** 설명을 하**지 않**았다.
>
> → 이번 일에 대해 **한마디의** 설명**도** 하**지 않**았다.

'한마디도'가 부정월을 가려잡지만 (25)와 같이 극히 일부 긍정월을 가려잡는 경우도 있다.

(25) ㄱ. 너한테는 이 말 **한마디도** 아깝다.

　　ㄴ. 이 상황에서는 말 **한마디도** 소중하다.

'한마디도'는 (25)와 같이 극히 일부 긍정월을 가려잡기도 하지만,216) 이는 특이한 경우에 해당한다. 대부분의 긍정월에서 쓰이면 부적격해지기 때문에 '한마디도'가 부정월을 가려잡는 특성을 지니는 것으로 보더라도 별 무리가 없다.

9.2.3.3 한말씀217)

<예의를 갖추면서 짧고 정중하게 하는 말>의 뜻을 지닌 '한말씀'은 부정월이건 긍정월이건 가리지 않고 쓰일 수 있으며, '한마디'의 높임말에 해당한다. '한마디'에서와 같이 '한말씀'은 긍정월이건 부정월이건 가리지 않고 쓰일 수 있어 '한말씀' 자체는 부정월 제약에 영향을 미치지 않는다.

(26) ㄱ. 선생님께서 **한말씀**을 하시겠습니까?

　　ㄴ. 선생님께서 **한말씀**을 **안** 하셨습니다.

'한말씀'은 주체, 객체, 들을이가 높임의 대상인 경우, 그를 높이는 말에 해당한다. '한말씀'에 '도'가 결합한 '한말씀도'는 '한마디도'와 마찬가

---

216) '한마디도'가 어떤 조건에서 긍정월에서 쓰이더라도 적격한지 명확하지 않다.

217) 『고』에서는 '한말씀'을 낱말인 이름씨로 올림말로 실었지만 『연』과 『표』, 『한』 등에서는 낱말로 올라 있지 않다. '말씀'의 예사말인 '말'은 '한'과 결합하여 '한말'이란 합성이름씨를 이루지 않는다.

지로 부정월에서 적격하게 쓰인다. (27)에서는 '한말씀'이 주체를 높이는 말에 해당하며, '한말씀도'는 부정월에서만 적격하게 쓰이는 통사적 특성을 지닌다.

(27) ㄱ. **철수가 한마디도/*한말씀도** 하**지 않**는다.
ㄴ. **선생님**께서 **한말씀도** 하**지 않**으신다.
ㄷ. ***선생님**께서 **한말씀도** 하신다.

(28)에서는 '한말씀'이 객체를 높이는 말에 해당하며, '한말씀도'는 부정월에서만 적격하게 쓰이는 통사적 특성을 지닌다.

(28) ㄱ. 철수가 **순이**에게 **한마디도/*한말씀도** 하**지 않**았다.
ㄴ. 철수가 **선생님**께 **한말씀도** 드리**지 않**았다.
ㄷ. *철수가 **선생님**께 **한말씀도** 드렸다.

(29)에서는 '한말씀'은 들을이를 높이는 말에 해당하며, '한말씀도'는 부정월에서만 적격하게 쓰이는 통사적 특성을 지닌다.

(29) ㄱ. **너는 한마디도/*한말씀도 안** 했다.
ㄴ. **선생님**(=청자)께서는 **한말씀도 안** 하셨습니다.
ㄷ. ***선생님**(=청자)께서는 **한말씀도** 하셨습니다.

'한말씀도'는 부정월 가운데 단순부정만이 아니라 (30)에서와 같이 능력부정을 가려잡으며, 뒤에 부정 낱말 '없다', '모르다'가 놓일 수 있다. 이들 부정 낱말의 긍정 낱말인 '있다', '알다'가 놓이면 당연히 부적격한 월이 된다.

(30) ㄱ. 아버지께서는 영어를 **한말씀도** 하**지 못**하신다.

ㄴ. 아버지께서는 온종일 **한말씀도 없**으시다.

ㄷ. 아버지께서 영어는 **한말씀도 모르**신다.

부정월에서 쓰이는 '한말씀도'는, 다음에 이름씨가 놓이는 경우에는 뜻에서 별다른 차이 없이 불연속 형식인 '한말씀의 이름씨+도'로 변환이 가능하다.

(31) ㄱ. 아버지께서는 **한말씀도** 변명을 하**지 않**으셨다.

→ 아버지께서는 한**말씀의** 변명도 하**지 않**으셨다.

ㄴ. 선생님께서는 이 일에 관해 **한말씀도** 언급이 **없**으셨다.

→ 선생님께서는 이 일에 관해 **한말씀의** 언급도 **없**으셨다.

'한말씀도'가 대체로 부정월을 가려잡지만 (32)와 같이 극히 일부 긍정월을 가려잡는 경우도 있다.

(32) ㄱ. 너한테는 선생님의 **한말씀도** 아깝다.

ㄴ. 저희에게는 선생님의 **한말씀도** 소중합니다.

'한말씀도'는 (32)와 같이 극히 일부 긍정월을 가려잡기도 하지만, 이는 특이한 경우에 해당한다. 대다수의 긍정월에서 쓰이면 부적격해지기 때문에 부정월을 가려잡는 특성을 지니는 것으로 보더라도 무방하다.

9.2.3.4 한순간

<매우 짧은 동안>의 뜻을 지닌 '한순간'은 (33)에서와 같이 긍정월이건 부정월이건 가리지 않고 쓰일 수 있어 '한순간' 자체는 부정월 제약

에 영향을 미치지 않는다.

(33) ㄱ. 이 일은 **한순간**에 할 수 있다.
ㄴ. 이 일은 **한순간**에 할 수 **없**다.

그러나 도움토씨 '도'가 결합된 '한순간도'는 (34)에서와 같이 부정월에서 쓰이며, 긍정월에서 쓰이면 부적격해진다.

(34) ㄱ. *어린 시절의 가난을 **한순간도** 잊었다.
ㄴ. 어린 시절의 가난을 **한순간도** 잊**지 않**았다.

부적격한 월인 (34ㄱ)에서 '한순간도'가 삭제되면 적격한 월이 되는 것으로 미루어 '한순간도'가 부정월을 가려잡는 통제자임이 확인된다.
'한순간도'는 단순부정이나 능력부정에서 쓰이며, 뒤에 부정 낱말 '없다'가 놓이기도 한다.

(35) ㄱ. 어머니는 아이에게서 **한순간도** 눈을 떼**지 않**았다.
ㄴ. 우리는 **한순간도** 마음 편히 지내**지 못**했다.
ㄷ. 너무 바빠서 **한순간도** 쉴 수 **없**다.

부정월에서 쓰이는 '한순간도' 다음에 이름씨가 놓이는 경우에는 이름씨에 따라 극히 일부 뜻에서 별다른 차이 없이 불연속 형식인 '한순간의 이름씨+도'로 변환이 가능하다.

(36) ㄱ. **한순간도** 방심을 하**지 마라**.
→ **한순간의** 방심도 하**지 마라**.
ㄴ. 그때 일은 **한순간도** 기억이 나**지 않**았다.

→그때 일은 **한순간의** 기억**도** 나**지 않**았다.

이름씨 가운데 일부는 (37)에서와 같이 '한순간의 이름씨+도'로 변환이 불가능하기도 하다.

(37) ㄱ. 철수는 **한순간도** 고향을 잊**지 않**았다.
　　　→*철수는 **한순간의** 고향**도** 잊**지 않**았다.
　　ㄴ. 그는 **한순간도** 담배를 입에서 떼**지 않**았다.
　　　→*그는 **한순간의** 담배**도** 입에서 떼**지 않**았다.

이와 같이 '한순간도'는 부정월을 가려잡되, 뒤에 이름씨가 놓이는 경우에 극히 일부 이름씨에서 뜻에서 별다른 차이 없이 불연속 형식인 '한순간의 이름씨+도'로 변환될 수 있는 통사적 특성을 지닌다.

9.2.3.5 한술

<적은 음식을 비유적으로 이르는 말>의 뜻을 지닌 '한술'은 (38)에서와 같이 긍정월이건 부정월이건 가리지 않고 쓰일 수 있어 '한술' 자체는 부정월 제약에 영향을 미치지 않는다.

(38) ㄱ. 어제 낮에 밥 **한술** 얻어먹었다.
　　ㄴ. 어제 낮에 밥 **한술** 얻어먹**지 못했**다.

그러나 도움토씨 '도'가 결합된 '한술도'는 (39)에서와 같이 부정월에서 쓰이며, 긍정월에서 쓰이면 부적격해진다.218)

---

218) '술'이 <음식을 숟가락으로 뜨는 횟수를 세는 단위를 나타냄>의 뜻을 지닌 매인이름씨인 경우에는 '한 술'이 통사적 짜임새로, '도'가 결합하더라도 긍정월에서 쓰일

(39) ㄱ. *그녀는 밥 **한술**도 뜨고 집을 나섰다.

ㄴ. 철수는 밥 **한술**도 뜨**지 않**고 집을 나섰다.

'한술도'는 단순부정이나 능력부정에서 쓰인다. 함께함월이나 시킴월에서는 '-지 말-'을 가려잡는다. 뒤에 부정 낱말 '없다'가 놓이기도 한다. '없다'의 긍정 낱말인 '있다'가 놓이면 부적격해진다.

(40) ㄱ. 어머니는 찬밥 **한술**도 **안** 버렸다./버리**지 않**았다.

ㄴ. 어머니는 찬밥 **한술**도 **못** 버렸다./버리**지 못했**다.

ㄷ. 밥은 **한술**도 먹**지 말**자./먹**지 마**라.

ㄹ. 밥이 **한술**도 **없**다./*있다.

'한술'에 도움토씨 '이라도'가 결합 가능하지만, '한술이라도'는 긍정월이건 부정월이건 가리지 않고 쓰일 수 있어[219] 부정월에서만 쓰이는 '한술도'와 차이를 보인다.

'한술도'는 앞에 임자말이나 부림말 자리에 놓이는 이름씨를 후치시켜 붙연속 형식 '한술의 이름씨도'로 의미상 차이 없이 변환될 수 있다.

(41) ㄱ. 밥이 **한술**도 **없**다.

→ **한술**의 밥도 **없**다.

ㄴ. 어머니는 찬밥을 **한술**도 **안** 버렸다.

→ 어머니는 **한술**의 찬밥도 **안** 버렸다.

수 있다.

간장 **한 술**도 필요하다.

간장은 **한 술**도 많다.

219) '한술이라도'는 다음과 같이 긍정월이나 부정월에서 쓰일 수 있다.

　ㄱ. 밥 **한술이라도** 먹어라.

　ㄴ. 밥은 **한술이라도** 먹지 마라.

다른 '[한+이름씨]도'에 속하는 것들은 뒤에 놓이는 이름씨를 불연속 형식 '[한+이름씨]의 이름씨도'로 변환하는 데 비해, '한숨도'는 앞에 임자말이나 부림말 자리에 놓이는 이름씨를 후치시켜 불연속 형식으로 변환한다는 점에서 특이하다.

9.2.3.6 한숨[220]

<잠깐 동안의 휴식이나 잠>의 뜻을 지닌 '한숨'은 (42)에서와 같이 긍정월이나 부정월에서 쓰일 수 있어 '한숨' 자체는 부정월 제약에 영향을 미치지 않는다.

(42) ㄱ. 늘어지게 **한숨** 자고 싶다.
  ㄴ. 어젯밤에 잠 **한숨** 자**지 못했**다.

그러나 도움토씨 '도'가 결합된 '한숨도'는 (43)에서와 같이 부정월에서 쓰이며, 긍정월에서 쓰이면 부적격해진다.

(43) ㄱ. *어젯밤부터 **한숨도** 잤어.
  ㄴ. 어젯밤부터 **한숨도** 자**지 못했**어.

'한숨'은 뒤에 놓이는 풀이씨에 제약이 극심하여, 주로 '자다'와 통사적 짜임새를 이룬다. 따라서 '한숨도'는 단순부정인 '한숨도 안 자-/자지 않

---

220) <잠깐 동안의 휴식이나 잠>의 뜻을 지닌 '한숨'과 소리 같은 말로 <걱정이 있거나 서러울 때 또는 긴장이 풀려서 안도할 때 길게 몰아서 내쉬는 숨>의 뜻을 지닌 '한숨'이 있다. 이 뜻의 '한숨'은 '도'와 결합하더라도 긍정월에서 쓰일 수 있어 이 장의 논의 대상에 해당하지 않는다.
사장님은 땅이 꺼질 듯 **한숨도** 내 쉬었다.

-'이나 '한숨도 못 자-/자지 못하-'의 통사적 짜임새를 이루어 쓰이는 것이 일반적이며, 능력부정인 경우는 '자다' 대신 '이루다'가 쓰이기도 한다. '한숨도'는 불연속 형식인 '한숨의 이름씨+도'로 변환되는 경우가 없다.

> (44) ㄱ. 숙제하느라 **한숨도 안** 잤다./자**지 않**았다.
> ㄴ. 숙제하느라 **한숨도 못** 잤다./자**지 못했**다.
> ㄷ. 숙제하느라 **한숨도 못** 이루었다./이루**지 못했**다.

이와 같이 '한숨도'는 부정월을 가려잡으며, 공기관계를 이룰 수 있는 풀이씨로는 '자다', '이루다'로 극히 제한적인 특성을 지닌다.

9.2.3.7 한시[221]

<짧은 시간. 잠깐 동안>의 뜻을 지닌 '한시'는 (45)에서와 같이 긍정월과 부정월에서 쓰일 수 있어, '한시' 자체는 부정월 제약에 영향을 미치지 않는다.

> (45) ㄱ. 갈 길이 멀어 **한시**가 바쁘다.
> ㄴ. 오늘의 치욕을 **한시**라도 잊**지 마**라.

'한시'에는 결합 가능한 토씨가 극히 제한적이다. 주로 임자자리토씨 '가'와 도움토씨 '라도', '도'가 결합될 수 있다. 도움토씨 '도'가 결합된 '한시도'는 (46)에서와 같이 부정월에서 쓰이며, 긍정월에서 쓰이면 부적격해진다.

---

221) <같은 시간. 비슷한 시간>의 뜻의 '한시'는 파생앞가지 '한-'과 '시'가 결합과정을 통해 도출된 파생이름씨에 해당한다.

(46) ㄱ. *아이들은 **한시도** 가만히 있는다.
ㄴ. 아이들은 **한시도** 가만히 있**지 않**는다.

'한시도'는 단순부정이나 능력부정에서 쓰인다. 뒤에 부정 낱말 '없다'
가 놓이기도 한다. '한시도'는 불연속 형식인 '한시의 이름씨+도'로 변환
되는 경우가 없다.

(47) ㄱ. 너는 **한시도** 집에 붙어있**지 않**는구나.
ㄴ. 엄마는 아이한테서 **한시도** 눈을 떼**지 못했**다.
ㄷ. **한시도** 마음 놓을 날이 **없**다.

도움토씨 '라도'가 결합된 '한시라도'는 (48)과 같이 긍정월(ㄱ)이건 부
정월(ㄴ)이건 가리지 않고 쓰일 수 있어, 부정월만 가려잡는 '한시도'와
차이를 보인다.

(48) ㄱ. **한시라도** 빨리 이곳을 떠나시오.
ㄴ. 그는 **한시라도** 고향 풍경을 잊**지 않**았다.

이와 같이 '한시도'는 부정월을 가려잡으며, '한시' 뒤에 '도' 밖에 임자
자리토씨 '가'와 도움토씨 '라도'가 결합될 수 있지만, '한시도'만이 부정
월을 가려잡는 특성을 지닌다.

9.2.3.8 한입

<①입에 음식물이 가득 찬 상태. ②한 번 입을 벌린 상태>의 뜻을 지
닌 '한입'은 ①의 뜻일 때 (49)에서와 같이 긍정월과 부정월에서 쓰일 수
있어 '한입' 자체는 부정월 제약에 영향을 미치지 않는다.[222]

(49) ㄱ. 그는 밥을 **한입** 가득 넣었다.

　　ㄴ. 그는 밥을 **한입** 가득 넣**지 않**았다.

①의 '한입'에는 여러 종류의 토씨가 결합될 수 있다. 결합이 가능한 토씨 가운데 도움토씨 '도'가 결합된 '한입도'는 (50)에서와 같이 부정월에서 쓰이며, 긍정월에서 쓰이면 부적격해진다.[223]

(50) ㄱ. *그는 밥을 **한입도** 먹었다.

　　ㄴ. 그는 밥을 **한입도** 먹**지 않**았다.

'한입도'는 단순부정이나 능력부정에서 쓰인다. 뒤에 부정 낱말 '없다'가 놓이기도 한다. '한입도'는 불연속 형식인 '한입의 이름씨+도'로 변환되는 경우가 없다.

(51) ㄱ. 체중을 줄이느라 빵 **한입도** 먹**지 않**았다.

　　ㄴ. 너무 아파서 빵 **한입도** 먹**지 못했**다.

　　ㄷ. 너무 아파서 빵 **한입도** 먹을 수 **없**다.

①의 '한입'은 부정월만을 가려잡지 않지만 '도'가 결합함으로서 '한입도'는 부정월을 가려잡는 통사적 특성을 지니게 된다.

9.2.3.9 한잠

<①깊게 든 잠. ②잠시 드는 잠>의 뜻을 지닌 '한잠'은 ①인 경우에는

---

222) ②의 뜻인 '한입'은 주로 토씨 '에'가 붙어 '한입에'로 고정되어 쓰이는 특성을 보인다. 또한 도움토씨 '도'가 결합될 수 없어 이 장의 연구 대상에서 제외된다.

223) 도움토씨 '밖에'도 결합이 가능하지만, '밖에'는 항상 부정월만을 가려잡는 기능을 가지고 있는 점에서 '도'와 차이를 보인다.
　　나는 밥을 **한입밖에** **안/못** 먹었다.

긍정월과 부정월에서 쓰일 수 있으며, 도움토씨 '도'가 결합되지 않아[224) 이 장의 연구 대상에서 제외된다.

(52) ㄱ. 어제 밤에 **한잠**을 푹 잤다.
     ㄴ. 어제 밤에 **한잠**을 푹 **못** 잤다.
     ㄷ. *어제 밤에 **한잠**도 푹 **안/못** 잤다.

②의 의미인 경우 '도'가 결합된 '한잠도'는 부정월에서 쓰이며, 긍정월에서 쓰이면 부적격해진다.

(53) ㄱ. *밤새 **한잠도** 잤다.
     ㄴ. 밤새 **한잠도 못** 잤다.

'한잠도'는 단순부정이나 능력부정에서 쓰이기도 하지만, 뒤에 놓이는 풀이씨에 제약이 심하다. 곧 '자다', '이루다' 따위에 한정된다. '이루다'가 놓이는 경우에는 주로 능력부정에서 쓰인다.

(54) ㄱ. 철수는 시험공부를 하느라 **한잠도** 자**지 않**았다.
     ㄴ. 철수는 시험공부를 하느라 **한잠도** 자**지 못했**다.
     ㄷ. 걱정이 되어 **한잠도** 이루**지 못했**다.

②의 의미인 '한잠'에 '도' 밖의 토씨가 결합되거나, 토씨가 결합되지 않으면 긍정월에서도 쓰이게 되어 '한잠' 자체는 부정월 제약에 영향을 미치지 않는다.

(55) ㄱ. 철수는 쉬는 시간에 **한잠을** 청하였다.

---

224) '한잠'에 '도'가 결합되는 경우에는 ②의 '한잠'에 해당한다.

ㄴ. 낮잠이라도 **한잠** 주무세요.

②의 의미인 '한잠'은 부정월만을 가려잡지 않지만 '도'가 결합함으로써 '한잠도'는 부정월을 가려잡는 통사적 특성을 지니게 된다. '한잠도'는 불연속 형식인 '한잠의 이름씨+도'로 변환되는 경우가 없다.

9.2.3.10 한치[225)]

<아주 짧은 거리나 길이>의 뜻을 지닌 '한치'는 통사적 짜임새인 '한치'와 의미가 다를 뿐 아니라[226)] 쓰임에서도 차이를 보인다. 합성이름씨 '한치'는 부정월에서 쓰이며 긍정월에서 쓰이면 부적격해진다.

(56) ㄱ. *미래에 대해서는 **한치** 앞을 내다본다.
　　ㄴ. 미래에 대해서는 **한치** 앞을 내다보**지 못한**다.

'한치'는 부정월에서 쓰이지만 제약이 심하다. '한치'에 결합될 수 있는 도움토씨로는 '도'가 있으며, 매김자리토씨 '의'가 결합될 수 있다. '의'는 (57)에서와 같이 생략되어 쓰이기도 한다. '한치'는 단순부정이나 능력부정을 가리지 않고 쓰일 수 있으며, 뒤에 부정 낱말 '없다', '모르다'가 놓일 수 있다.

(57) ㄱ. 오차는 **한치**도 허용되**지 않**는다.
　　ㄴ. 사람의 운명이란 **한치** 앞도 내다보**지 못한**다.

---

225) 『연』에서는 '한치'를 <아주 짧은 거리나 길이>의 뜻을 지닌 이름씨로 올림말로 실었지만 『표』와 『한』, 『고』 등에서는 낱말로 올라 있지 않다.
226) '한 치'에서의 '치'는 <한 자의 10분의 1의 길이 단위>를 나타내는 매인이름씨로, 셈매김씨와 통사적 짜임새를 이룬다.

ㄷ. **한치의** 실수도 없어야 한다.

ㄹ. 사람은 누구든지 **한치** 앞도 **모른**다.

'한치도 이름씨'인 경우에 불연속 형식 '한치(의) 이름씨도'로 치환하더라도 뜻과 쓰임에서 별다른 차이를 보이지 않는다.

(58) ㄱ. **한치도 망설임**이 **없**다.

→ **한치(의)** 망설임**도** **없**다.

ㄴ. **한치도 실수**를 하**지 않**는다.

→ **한치(의)** 실수**도** 하**지 않**는다.

'한치도'는 부정월에서 쓰이지만, 반어법을 실현하는 긍정의 베풂월과 물음월에서도 적격하게 쓰이기도 한다.

(59) ㄱ. 미래에 대해서는 **한치도** 앞을 알 수가 있어야지.

ㄴ. 미래에 대해서는 **한치도** 앞을 알 수가 있겠니?

(59)는 형식상으로 긍정의 베풂월과 물음월이지만, 내재적으로 보면 부정의 베풂월로 해석된다. (59)의 의미를 다시 쓰면 (60)과 같다.

(60) [미래에 대해서는 **한치도** 앞을 알 수가 **없**다.]

따라서 (59)도 부정의 뜻을 함의한다는 점에서 '한치도'가 부정 표현을 가려잡는다는 점은 유효하다.

다른 [한+이름씨]들과는 다르게 '한치'는 단독으로도 부정월을 가려잡으며, '도'가 결합되는 경우에도 부정월을 가려잡는 통사적 특성을 지닌다.

9.2.3.11 한푼[227)

<얼마 안 되는 돈>의 뜻을 지닌 '한푼'은 (61)에서와 같이 긍정월이나 부정월에서 쓰일 수 있어 '한푼' 자체는 부정월 제약에 영향을 미치지 않는다.

> (61) ㄱ. 너무 박하게 굴지 말고 **한푼**만 더 내 놓아라.
> ㄴ. 돈이라곤 **한푼** 내놓**지 않**는다.

'한푼'에는 여러 토씨가 결합될 수 있지만, 토씨가 결합됨으로써 부정월을 가려잡는 토씨로는 '도'와 '밖에'가 있다. '밖에'는 그 자체가 부정월만을 가려잡지만, '도'는 그렇지 않다. 도움토씨 '도'가 결합된 '한푼도'는 (62)에서와 같이 부정월에서 쓰이며, 긍정월에서 쓰이면 부적격해진다.

> (62) ㄱ. *용돈을 **한푼도** 주었다.
> ㄴ. 용돈을 **한푼도 안** 주었다.

(62ㄱ)에서와 같이 긍정월에서 '한푼도'가 쓰여 부적격한 월이 되었음을 통해 '한푼도'는 부정월을 가려잡음이 확실하다. '한푼도'가 삭제되면 적격한 월이 됨을 통해 확인된다.

'한푼도'는 단순부정이나 능력부정에서 쓰인다. 뒤에 부정 낱말 '없다'가 놓이기도 한다.

> (63) ㄱ. 돈 **한푼도 안** 들었다./들**지 않**았다.

---

227) 『연』과 『고』에서는 '한푼'을 <얼마 안 되는 돈(연). 동전의 한 닢이라는 뜻으로 적은 돈을 이르는 말(고)>의 뜻을 지닌 이름씨로 올림말로 실었지만, 『표』와 『한』 등에서는 낱말로 올라 있지 않다.

ㄴ. 보상을 **한푼도 못** 받았다./받**지 못했**다.

ㄷ. 집에 돈이 **한푼도 없**다.

'한푼도 이름씨'인 경우에 불연속 형식 '한푼의 이름씨도'로 치환하더라도 뜻과 쓰임에서 별다른 차이를 보이지 않는다.

(64) ㄱ. 그녀는 **한푼도** 위자료를 받**지 않**았다.

→그녀는 **한푼의** 위자료도 받**지 않**았다.

ㄴ. **한푼도** 보상을 **못** 받았다.

→**한푼의** 보상**도 못** 받았다.

이와 같이 '한푼'은 부정월만을 가려잡지 않지만, '도'가 결합함으로서 '한푼도'는 부정월을 가려잡는 통사적 특성을 지니게 된다.

9.2.4. 마무리

이 장에서는 긍정월이나 부정월을 가리지 않고 월에서 쓰이는 합성이름씨 [한+이름씨] 가운데 도움토씨 '도'가 결합함으로서 부정월을 가려잡는 통제자로, 통사적 지배 제약을 일으켜 부정월에서만 쓰이는 것들을 가려내어 통사적 특성에 관하여 논의하였다.

통사적 짜임새인 [한 이름씨] 짜임새와 [한+이름씨]로 이루어진 합성이름씨를 식별해 내고, 이에 속하는 합성이름씨 가운데 '도'가 결합함으로서 부정월에서만 쓰이는 것을 선정하였다. 이에 해당하는 합성이름씨로는 '한구석', '한마디', '한말씀', '한순간', '한숨', '한숨', '한시', '한입', '한잠', '한치', '한푼' 따위가 포함되었다.

이들 이름씨는 긍정월이건 부정월이건 가리지 않고 쓰일 수 있지만, 도움토씨 '도'가 결합함으로써 부정월에서만 쓰이고 긍정월에서 쓰이는 경우 부적격한 월이 된다. 부적격한 긍정월에서 '[한+이름씨]+도'가 삭제되면 적격한 월이 되는 것으로 미루어 긍정월을 부적격하게 만드는 통제자는 '[한+이름씨]+도'이다. 따라서 '[한+이름씨]+도'가 부정월을 가려잡는 통사적 특성을 지니는 것으로 보았다.

부정월을 가려잡는 '[한+이름씨]+도'는 모두 단순부정이건 능력부정이건 가리지 않고 적격하게 쓰일 수 있다. 일부는 '없다', '모르다' 등 부정 풀이씨가 쓰인 월에서도 적격하게 쓰였다. '없다', '모르다' 둘 다 가려잡을 수 있는 것으로는 '한마디도', '한말씀도', '한시도' '한치도'가 있으며, '없다'만을 가려잡는 것으로는 '한구석도', '한순간도', '한술도', '한입도', '한푼도'가 있다. '모르다'만을 가려잡는 것은 없으며, 부정 풀이씨 가운데 어느 것도 가려잡지 않는 것으로는 '한숨도', '한잔도'가 있다.

일부는 형식상으로는 긍정월이지만 내재적으로 부정을 의미하는 반어법 월에서도 쓰일 수 있음을 확인하였다. 이에 해당하는 것으로는 '한구석도', '한마디도', '한치도'가 있다.

부정월을 가려잡는 '[한+이름씨]+도' 가운데 일부는 뒤에 이름씨가 놓이는 경우 '[한+이름씨]의 이름씨도'로 뜻에서 차이 없이 변환될 수 있어 불연속 형식 '[한+이름씨] … 도'로 실현되기도 하였다. '한구석도', '한마디도', '한말씀도', '한치도', '한푼도'가 이에 해당하며, '한순간도'는 뒤에 놓이는 이름씨에 따라 변환이 가능한 것이 있고 불가능한 것도 있다. '한술도'는 앞에 임자말이나 부림말 자리에 놓이는 이름씨를 후치시켜 불연속 형식 '한술의 이름씨도'로 뜻에서 차이 없이 변환될 수 있다.

제 10 장

맺음말

이 글은 우리말의 낱말 가운데 부정 표현을 가려잡는 낱말을 연구대상으로 삼았다. 선정 원칙에 따라 이에 속하는 낱말을 선정하고, 낱말마다 지니는 통사적 특성을 밝히는 데 목적이 있다. 부정 표현을 가려잡는 낱말의 통사적 특성을 밝힘으로써 낱말이 지니는 통사적 특성을 정밀화하고자 하였다.

낱말 가운데 일부는 월 짜임에 제약을 일으키고 말본 범주에 영향을 미치는 통사적 지배 제약을 일으키는 통제자 역할을 하는 것을 낱말의 통사적 기능이라고 하고, 말본 범주 가운데 부정 표현에 국한하여 낱말이 지니는 부정법 제약의 통사적 기능을 논의하였다.

부정법은 주어진 언어 내용을 의미적으로 부정하는 말본적 방법으로, 주어진 언어 내용은 긍정일 수도 있고 부정일 수도 있다. 부정인 경우에는 이중 부정으로 긍정에 해당한다. 부정의 방식을 갖추면 뜻에서 부정만이 아니라 긍정을 나타내더라도 부정법의 테두리에 포함된다. 부정 표현의 반어법 따위에서는 긍정을 나타내기도 한다. 따라서 부정은 형식상 부정과 내용상 부정으로 나눌 수 있다. 첫째, 형식이 부정이고 내용도 부정인 경우, 둘째, 형식은 부정이지만 내용이 부정이 아닌 경우, 셋째,

형식이 부정이 아니지만 내용이 부정인 경우로 나뉜다. 이 세 가지가 부정 표현에 해당하지만, 셋째인 경우에는 부정법의 테두리에 포함되지 않는다. 이 세 가지 조건 가운데 최소한 한 가지 조건을 만족시키는 낱말을 부정 표현을 가려잡는 낱말로 선정하였다. 선정된 낱말을 품사[씨]별로 구분하여 통사적 특성을 다음과 같이 논의하였다.

제2장에서는 부정 표현을 가려잡는 이름씨에 관하여 통사적 특성을 규명하였다. 부정 표현을 가려잡는 이름씨는 부정 표현을 가려잡는 통사적 지배 제약을 일으키는 통제자에 해당하며, 일반 이름씨와 달리 토씨와의 결합에 제약이 심하고 통합관계를 이룰 수 있는 풀이씨에도 극히 한정되었다.

부정 표현만을 가려잡는 이름씨로는 '간단', '거침', '과언', '꽤념', '기탄', '꼼짝', '내색', '다수', '더이상', '두말', '별도리', '볼품', '별차', '보통내기', '본데', '상종', '숨김', '스스럼', '아랑곳', '아무짝', '이만저만', '여간내기', '일언반구', '입추', '주변머리', '주체', '터무니', '하등' 따위가 선정되었고, 뭇뜻 가운데 일부가 부정 표현을 가려잡는 이름씨로는 '경황', '까닭', '구김살', '꾸밈', '끄떡', '낯', '물색', '별것', '별수', '별수단', '별일', '주책', '털끝' 따위가 선정되었다. 주로 부정 표현을 가려잡는 이름씨로는 '개뿔', '거리낌', '미동', '별고', '볼품', '인정사정', '일고', '일면식', '쥐뿔', '채신', '추호', '틀림', '형언' 따위가 선정되었다. 부정 표현을 가려잡는 매인이름씨로는 '겨를', '나위', '리'가 선정되었다.

위에서 선정한 부정 표현을 가려잡는 이름씨들은 특수한 통사적 제약을 보이기 때문에 각각의 통사적 특성을 규명하고자 하였다.

제3장에서는 부정 표현을 가려잡는 움직씨에 관하여 통사적 특성을 규명하였다. 극히 일부 움직씨는 부정월이나 부정으로 해석되는, 반어법을 실현하는 긍정월에서만 적격하게 쓰여 부정 표현을 가려잡는 이름씨

에 해당한다. 이들 움직씨가 부정 표현을 가려잡게 하는 통사적 지배제약을 일으키는 통제자에 해당한다.

전적으로 부정 표현을 가려잡는 움직씨로는 '개의하다', '괘념하다', '굴하다', '꼼짝달싹하다', '끊이다', '달가워하다', '묵과하다', '서슴다', '아랑곳하다' 따위가 선정되었고, 두 가지 이상의 뭇뜻 가운데 일부가 부정 표현을 가려잡는 움직씨로는 '끄떡하다', '상관하다' 따위가 선정되었다. 극히 일부 긍정월에서 사용되지만 주로 부정 표현을 가려잡는 움직씨로는 '꼼짝하다', '내색하다', '두말하다', '상종하다', '형언하다' 따위가 선정되었다.

위에서 선정한 부정 표현을 가려잡는 움직씨들은 각기 통사적 제약에서 차이를 보이기 때문에 움직씨마다 지니는 개별적인 통사적 특성을 밝히고자 하였다.

제4장에서는 부정 표현을 가려잡는 그림씨에 관하여 통사적 특성을 규명하였다. 일부 그림씨는 부정월에서만 적격하게 쓰이고, 긍정월에서 쓰이면 부적격한 월이 되었다. 부정월에서만 쓰이는 그림씨가 부정 표현을 가려잡는 그림씨에 해당한다. 이들 그림씨가 부정 표현을 가려잡게 하는 통사적 지배 제약을 일으키는 통제자에 해당한다.

전적으로 부정월만을 가려잡는 그림씨로는 '남부럽다', '대수롭다', '마뜩하다', '별다르다', '석연하다', '칠칠맞다', '탐탁스럽다', '탐탁하다' 따위가 선정되었고, 뭇뜻 가운데 일부가 부정월이나 부정 표현을 가려잡는 그림씨로는 '녹록하다', '달갑다', '마땅하다', '변변하다', '칠칠하다' 따위가 선정되었다. 극히 일부 긍정월에서 사용되지만 주로 부정 표현을 가려잡는 그림씨로는 '심상하다', '여간하다', '종잡다', '주체하다' 따위가 선정되었다.

위에서 선정한 부정 표현을 가려잡는 그림씨에 따라 통사적 제약에서 차이를 보이기 때문에 그림씨마다 지니는 개별적인 통사적 특성을 밝히고자 하였다.

제5장에서는 부정 표현을 가려잡는 어찌씨에 관하여 통사적 특성을 규명하였다. 일부 어찌씨는 부정법에 영향을 미쳐 부정월이나 부정 낱말만을 가려잡는데, 이에 속하는 것들이 부정 표현을 가려잡는 어찌씨이다. 부정월을 가려잡는 어찌씨 가운데 전적으로 부정월만 가려잡는 것, 뭇뜻을 가진 어찌씨로 의미에 따라 일부가 부정월을 가려잡는 것, 일부 긍정월에서도 쓰이는 일이 있지만 주로 부정월을 가려잡는 것 등 세 가지로 나누어 논의하였다.

전적으로 부정월만 가려잡는 어찌씨에는 '간대로', '결코', '구태여', '당최', '도무지', '도저히', '도통', '미처', '바이', '변변히', '별달리', '별로', '별반', '비단', '여간', '통' 따위가 있다. 뭇뜻 가운데 일부가 부정 표현을 가려잡는 어찌씨로는 '결단코', '과히', '굳이', '그렇게', '그다지', '그리', '끝내', '도대체', '백날', '설마', '아예', '영', '일절', '전연', '전혀', '절대(로)', '종내' 따위가 선정되었다. 일부 긍정월을 가려잡기도 하지만 주로 부정 표현을 가려잡는 어찌씨로는 '더이상', '만만히', '쓸데없이', '이루', '좀처럼/좀체', '지레', '차마', '채', '함부로' 따위가 선정되었다.

위에서 선정한 부정 표현을 가려잡는 어찌씨들은 각기 통사적 제약이 다르기 때문에 어찌씨마다 지니는 개별적인 통사적 특성을 밝히고자 하였다.

제6장에서는 토씨 가운데 부정월에서 적격하게 쓰이지만 긍정월에서 쓰이면 부적격해지는 토씨를 선정하고, 이에 해당하는 각 토씨의 통사적 특성과 의미 기능을 규명하였다. 부정월을 가려잡는 토씨로는 '밖에', '이라고는', '커녕', '은커녕'이 선정되었으며, 형식상으로는 부정월이지만 내재적으로 긍정월로 해석되거나, 형식상으로는 긍정월이지만 내재적으로

부정월로 해석되는 반어법 월을 가려잡는 토씨로 '인들'이 선정되었다. 이들 토씨는 부정월을 가려잡는 통사적 지배 제약을 일으키는 통제자이다.

'밖에'는, 형식적으로는 부정월에 해당하지만 내재적으로는 부정의 의미를 나타내지 않고 긍정의 의미적 기능을 나타낸다. '이라고는'은 도움토씨 '이라고'와 '는'이 결합과정을 거쳐 도출된 합성토씨로, 부정월을 가려잡는 통사적 특성을 지닌다. '커녕'은 통사적 짜임새 'A커녕 B도/조차/마저 부정'으로 주로 쓰인다. A와 B는 같은 의미 부류에 속하는 낱말로, A보다는 B가 덜 하거나, 못하거나, 안 좋은 것을 나타내는 경우가 많다. 뒤에 놓이는 부정의 꾸밈 영역은 B에만 영향을 미치는 것이 아니라 A에도 영향을 미친다. '은커녕'은 '커녕'과 용법이 대체로 일치한다. '커녕'의 힘줌말에 해당한다. 도움토씨 '인들'은 주로 반어법을 실현하는 물음월을 가려잡는다. 형식상 부정월지만 내재적으로 긍정월에 해당하거나, 형식상 긍정월지만 내재적으로 부정월에 해당하는 월을 가려잡는다.

제7장에서는 부정월을 가려잡는 대이름씨 '아무', '아무것', '아무데'와 매김씨 '아무', '아무런'의 통사적 특성을 살펴보았다. 대이름씨 '아무'는 토씨의 종류에 제약이 심한 편으로, '아무'에 결합되어 부정월에서만 쓰이게 하는 토씨로는 '도'가 있다. '아무도'가 부정월을 선택하는 통제자이다. '아무것'에 '도'가 결합된 '아무것도'가 부정 표현을 선택하는 통제자이다. '아무데'에 '도'가 결합된 '아무데도'가 부정월을 선택하는 통제자이다.

매김씨 '아무'는 <①전혀 어떠한. ②어떤 사람이나 사물 따위를 특별히 정하지 않고 이를 때 쓰는 말>의 뜻 가운데 ①의 뜻인 '아무'만이 부정 표현을 가려잡는 통제자 역할을 하였다. '아무런'은 <전혀 어떠한>의 뜻을 나타내며, 부정 표현을 가려잡는 통제자 역할을 하였다.

제8장에서는 긍정월이나 부정월을 가리지 않고 꾸밈말로 쓰일 수 있는 일부 어찌씨에 도움토씨 '는'이 결합되어 꾸밈말로 쓰이면서 부정월

만을 가려잡거나 주로 부정월을 가려잡는 어찌말로, '다시는'과 '더는', '일부러는', '다는', '그냥은'이 선정되었고, 부정월을 주로 가려잡는 것으로는 '자주는', '많이는', ''멀리는' 따위가 선정되었다. 이들은 단지 해당 어찌씨의 기능에 '는'이 결합된 것이 아니라 합쳐져 부정월만을 가려잡는 새로운 통사적 특성과 의미 기능을 지니게 되었다.

제9장에서는 첫째, 부정월을 가려잡는 어찌말 가운데 부정월만을 가려잡게 하는 도움토씨 '도'가 긍정월이나 부정월을 가리지 않는 어찌씨(조금, 다시, 더)나, 어찌씨 밖의 특정 낱말(하나, 추호)이나, 말마디(털끝만큼, 눈곱만큼, 꿈에)에 덧붙어 부정월만을 가려잡는 어찌말로, '조금도', '하나도', '추호도', '털끝만큼도', '눈곱만큼도', '꿈에도'를 선정하고, 이들이 왜 부정월을 가려잡는 어찌말에 해당하는지, '도'가 결합함으로서 어떤 통사적 특성을 보이는지 따위에 관하여 논의하였다.

둘째, 긍정월이나 부정월을 가리지 않고 월에서 쓰이는 합성이름씨 [한+이름씨] 가운데 도움토씨 '도'가 결합함으로서 부정월을 가려잡는 통제자로 통사적 지배 제약을 일으켜 부정월에서만 쓰이는 것들로, '한구석', '한마디', '한말씀', '한순간', '한술', '한숨', '한시', '한입', '한잠', '한치', '한푼' 따위를 선정하고, 이들의 통사적 특성에 관하여 규명하였다.

고려대학교 민족문화연구원(편)(2009), 『고려대 한국어대사전』, 고려대학교 민족문
　　　화연구원.

고영근(1989), 『국어 형태론 연구』, 탑출판사.

고영근·구본관(2008), 『우리말 문법론』, 집문당.

국립국어연구원(편)(2001), 『표준국어대사전』, 두산동아.

권재일(1992), 『한국어 통사론』, 민음사.

금성판(1991), 『국어대사전』, 금성출판사.

김경훈(1996), 『현대 국어 부사어 연구』, 서울대학교 박사학위논문.

김규선(1971), 「국어 접두파생법」, 『국어교육연구』 2, 경북사대 국어교육연구회.

김기혁(1995), 『국어 문법 연구』, 박이정.

김동식(1981), 「부정 아닌 부정」, 『언어』 6-2, 한국언어학회.

김민수(1982), 『국어문법론』, 일조각.

김석득(1971), 「한국어 부정법에 대하여」, 『국어국문학』 53, 국어국문학회.

_____(1992), 『우리말 형태론』, 탑출판사.

김영희(1985), 「셈숱말로서의 정도부사」, 『한글』 190, 한글학회.

김윤경(1985), 『나라말본』(한결김윤경전집 3), 연세대학교출판부.

김택구(1984), 「우리말 부사어의 통어 기능」, 『두메 박지홍 선생 회갑기념논문집』.

남기심·고영근(1993), 『표준국어문법론』, 탑출판사.

남기심(2001), 『현대국어 통사론』, 태학사.

남기심(외)(2006), 『왜 다시 품사론인가』, 커뮤니케이션북스.

남풍현(1976), 「국어 부정법의 발달」, 『문법연구』 제3집, 문법연구회.

민현식(1999), 『국어문법연구』, 역락.

박선자(1983), 『한국어 어찌말 연구』, 부산대학교 박사학위논문.

_____(1996), 『한국어 어찌말의 통어의미론』, 세종출판사.

박승빈(1935), 『조선어학』, 통문관.

박정규(1996), 『국어 부정문 연구』, 보고사.

박창해(2007), 『현대 한국어 통어론 연구』, 연세대학교출판부.

서상규(1984), 「부사의 통사적 기능과 부정의 해석」, 『한글』 186, 한글학회.

서울대학교 대학원 국어연구회 편(1990), 『국어연구 어디까지 왔나』, 동아출판사.

서정수(1974), 「국어 부정법에 관한 연구」, 『문법연구』 제1집, 문법연구회.

_____(1994), 『국어문법』, 뿌리깊은나무.

_____(2005), 『한국어의 부사』, 서울대학교출판부.

성광수(1971), 「부정 변형에 대하여」, 『국어국문학』 52, 국어국문학회.

성기철(2007), 『한국어 문법 연구』, 글누림.

손남익(1995), 『국어 부사 연구』, 도서출판 박이정.

_____(1996), 「국어 부사의 수식 대상」, 『한국어학』 제4집, 한국어학회.

_____(1997). 「서법부사와 호응어」, 『인문학보』 제23집, 강릉대학교 인문과학연구소.

_____(1998), 「국어 상징부사어와 공기어 제약」, 『한국어 의미학』 3, 한국어 의미
학회.

_____(1999), 「국어 부사어와 공기어 제약」, 『한국어학』 제9집, 한국어학회.

송석중(1993), 『한국어 문법의 새 조명』, 지식산업사.

신기철·신용철(편)(1977), 『새우리말큰사전』, 삼성출판사.

안상철(1998), 『형태론』, 민음사.

연세대학교 언어정보개발원(편)(2001), 『연세한국어사전』, 두산동아.

오규환 외(역)(2015), 『형태론의 이해』, 역락. ·

이석규(1988), 『현대국어 정도 어찌씨의 의미 연구』, 건국대학교 박사학위논문.

이희승(1982), 『국어대사전』, 민중서림.

임유종(1999), 『한국어 부사 연구』, 한국문화사.

임홍빈(1998), 『국어 문법의 심층1,2,3』, 태학사.

전상범(1999), 『형태론』, 한신문화사.

정인승(1956), 『표준 고등말본』, 신구문화사.

주시경(1992), 『국어문법』(주시경전서 3), 탑출판사.

최현배(1971), 『우리말본』, 정음사.

한글학회(편)(1992), 『우리말큰사전』, 어문각.

한 길(1977), 『한국어 부정어에 관한 연구』, 연세대학교 석사학위논문.

_____(1981), 「'있다'를 풀이말로 하는 문장에서의 높임과 부정」, 『강원대학교논문
집』 15, 강원대학교.

_____(1983), 「정도어찌씨에 관한 의미론적 연구」, 『새국어교육』 37·38, 한국국어

　　교육학회.

_____(2002), 『현대 우리말의 높임법 연구』, 역락.

_____(2005), 『현대 우리말의 반어법 연구』, 역락.

_____(2006), 『현대 우리말의 형태론』, 역락.

_____(2012), 「정도부사 '훨씬', '가장', '더/덜'의 용법」, 『인문과학연구』 제35집, 강원대학교 인문과학연구소.

_____(2013), 「보충어를 요구하는 통사 부사의 용법」, 『인문과학연구』 제39집, 강원대학교 인문과학연구소.

_____(2013), 『우리말 어찌씨의 짜임새 연구』, 역락.

_____(2015a), 「문장 구성을 제약하는 통사 부사의 용법」, 『국어학과 국어교육학』, 채륜.

_____(2015b), 「부정문을 가려잡는 '도' 결합 부사어 연구」, 『인문과학연구』 제46집. 강원대학교 인문과학연구소.

_____(2016a), 『현대 우리말의 통사 어찌씨 연구』, 역락.

_____(2016b), 「부정문을 가려잡는 필수 부사의 통사적 특성」, 『정신문화연구』 제143호, 한국학중앙연구원.

_____(2017a), 「부정문을 가려잡는 '는' 결합 부사어 연구」, 『정신문화연구』 제147호, 한국학중앙연구원.

_____(2017b), 「'있다1-3'의 의미와 문법적 특성」, 『어문학보』 제38집, 강원대학교 사범대학 국어교육과.

_____(2018), 「우리말의 부정문을 가려잡는 조사 연구」, 『인문과학연구』 제57집, 강원대학교 인문과학연구소.

허　웅(1981), 『언어학』, 샘문화사.

_____(1983), 『국어학』, 샘문화사.

_____(1995), 『20세기 우리말의 형태론』, 샘문화사.

_____(1999), 『20세기 우리말의 통어론』, 샘문화사.

홍사만(2002), 『국어 특수조사 신연구』, 역락.

[ㄱ]

[ㄴ]

[ㄷ]

저자 **한 길**

　연세대학교 문과대학 국어국문학과 마침(76)
　같은 대학교 대학원 문학석사(78), 문학박사(87)
　미국 슬리퍼리 록 대학교 교환교수(91~92)
　미국 브리검 영 대학교 객원교수(98~99)
　일본 천리대학 초빙교수(04~05)
　요르단대학교 해외한국학 파견교수(12~13)
　강원대학교 인문대학 국어국문학과 교수(81~)

저서　『국어 종결어미 연구』(1991, 강원대학교출판부)
　　　『현대 우리말의 높임법 연구』(2002, 역락)
　　　『현대 우리말의 마침씨끝 연구』(2004, 역락)
　　　『현대 우리말의 반어법 연구』(2005, 역락)
　　　『현대 우리말의 형태론』(2006, 역락)
　　　『우리말의 낱말 생성 되풀이법 연구』(2009, 강원대학교출판부)
　　　『현대 우리말의 되풀이법 연구』(2009, 역락)
　　　『우리말의 비슷한 꼴 되풀이 낱말 연구』(2010, 역락)
　　　『외국인 대상 한국의 언어와 문화』(2011, 역락)
　　　『우리말 어찌씨의 짜임새 연구』(2014, 역락)
　　　『우리말의 통사 어찌씨 연구』(2016, 역락) 외 다수

논문　「월조각의 되풀이법 연구」외 다수

우리말의 부정 표현을 가려잡는 낱말 연구

초판1쇄 인쇄 2018년 12월 20일
초판1쇄 발행 2018년 12월 27일

지 은 이 한 길
펴 낸 이 이대현
펴 낸 곳 도서출판 역락
책임편집 임애정
편   집 이태곤 권분옥 홍혜정 박윤정 문선희 백초혜
디 자 인 안혜진 홍성권
마 케 팅 박태훈 안현진

주   소 서울시 서초구 동광로46길 6-6 문창빌딩 2층(우 06589)
전   화 02-3409-2060(편집), 2058(영업)
팩   스 02-3409-2059
전자메일 youkrack@hanmail.net
홈페이지 www.youkrackbooks.com
블로그 blog.naver.com/youkrack3888
등록번호 1999년 4월 19일 제303-2002-000014호

정가는 뒤표지에 있습니다.

ISBN 979-11-6244-314-9 93710

* 이 도서의 국립중앙도서관 출판시도서목록(CIP)은 서지정보유통지원시스템 홈페이지(http://seoji.nl.go.kr)와
  국가자료공동목록시스템(http://www.nl.go.kr/kolisnet)에서 이용하실 수 있습니다.(CIP제어번호: CIP2018041218)